Ex. Libris.
D. Delafaye.
Acad Chirurg.
Paris.

76

OEUVRES
DE
Mr. DE VOLTAIRE.

NOUVELLE EDITION,

Revuë, corrigée & confidérablement augmentée, avec des Figures en Taille-douce.

TOME TROISIE'ME.

A AMSTERDAM,
Aux Dépens de la Compagnie,
M. DCC. XLI.

PIÉCES

Contenuës dans le Tome III.

I. AVERTISSEMENT fur la Tragédie de ZAYRE.

II. EPITRE Dédicatoire à M. Fakener.

III. AUTRE à Mlle le Goffin Actrice.

IV. ZAYRE.

V. EPITRE Dédicatoire à Madame la Marquife du Chaftelet fur la Tragédie d'ALZIRE.

VI. DISCOURS Préliminaire fur cette Piéce.

VII. ALZIRE, ou les AMÉRICAINS.

VIII. PRÉFACE des Editeurs fur la Tragédie de Jules-Céfar.

IX. Lettre de Mr Algaroti sur le même Sujet.

X. La Mort de Jules-César.

XI. Epitre Dédicatoire à Madame la Marquise de Prie, sur la Comédie de l'Indiscret.

XII. L'Indiscret.

AVERTISSE-

AVERTISSEMENT.

CEUX qui aiment l'Histoire Littéraire seront bien aises de sçavoir comment cette Piéce fut faite. Plusieurs Dames avoient reproché à l'Auteur qu'il n'y avoit pas assez d'amour dans ses Tragédies. Il leur répondit qu'il ne croyoit pas que ce fut la véritable place de l'Amour ; mais que puisqu'il falloit absolument des Héros amoureux, il en feroit tout comme un autre. La Piéce fut achevée en dix-huit jours : elle eut un grand succès. On l'apela à Paris Tragédie Chrétienne, & on l'a joüée fort souvent à la place de Polieucte.

EPITRE

EPITRE

DEDICATOIRE,

A MONSIEUR

FAKENER

MARCHAND ANGLAIS,

Depuis, Ambassadeur à Constantinople.

VOus êtes Anglais, mon cher Ami, & je suis né en France ; mais ceux qui aiment les Arts sont tous concitoyens. Les honnêtes gens qui pensent, ont à peu près les mêmes principes, & ne composent qu'une République. Ainsi il n'est pas plus étrange, de voir aujourd'hui une Tragédie Française dédiée à un Anglais, ou à un Italien, que si un Citoyen d'Ephèse ou d'Athènes, avoit autrefois adressé son Ouvrage à un Grec d'une autre Ville. Je vous offre donc cette Tragédie comme à mon compatriote dans la Littérature, & comme à mon ami intime.

ÉPITRE.

Je joüis en même-tems du plaisir de pouvoir dire à ma Nation, de quel œil les Négocians sont regardez chez vous, quelle estime on sçait avoir en Angleterre pour une Profession qui fait la grandeur de l'Etat, & avec quelle supériorité quelques-uns d'entre vous representent leur Patrie dans le Parlement, & sont au rang des Législateurs.

Je sçai bien que cette Profession est méprisée de nos Petits-Maîtres ; mais vous sçavez aussi que nos Petits-Maîtres & les vôtres sont l'espéce la plus ridicule, qui rampe avec orgueil sur la surface de la Terre.

Une raison encore qui m'engage à m'entretenir de Belles-Lettres avec un Anglais plûtôt qu'avec un autre, c'est votre heureuse liberté de penser ; elle en communique à mon esprit, mes idées se trouvent plus hardies avec vous.

    Quiconque avec moi s'entretient,
    Semble disposer de mon ame,
    S'il sent vivement, il m'enflamme,
    Et, s'il est fort, il me soutient.
    Un Courtisan pêtri de feinte
    Fait dans moi tristement passer
    Sa défiance & sa contrainte ;
    Mais un esprit libre & sans crainte
    M'enhardit & me fait penser.

Mon feu s'échauffe à sa lumiére,
Ainsi qu'un jeune Peintre instruit
Sous Coypel & sous l'Argiliére,
De ces Maîtres qui l'ont conduit
Se rend la touche familiére ;
Il prend malgré lui leur maniére
Et compose avec leur esprit.
C'est pourquoi Virgile se fit
Un devoir d'admirer Homére,
Il le suivit dans sa carriére,
Et son émule il se rendit,
Sans se rendre son plagiaire.

Ne craignez pas qu'en vous envoyant ma Piéce, je vous en fasse une longue apologie ; je pourrois vous dire pourquoi je n'ai pas donné à Zayre une vocation plus déterminée au Christianisme, avant qu'elle reconnût son pere, & pourquoi elle cache son secret à son Amant, &c. Mais les Esprits sages, qui aiment à rendre justice, verront bien mes raisons, sans que je les indique ; pour les Critiques déterminés, qui sont disposez à ne me pas croire, ce seroit peine perduë que de leur dire mes raisons.

Je me vanterai avec vous d'avoir fait seulement une Piéce assez simple, qualité dont on doit faire cas de toutes façons.

Cette

EPITRE.

Cette heureuse simplicité
Fut un des plus dignes partages
De la sçavante Antiquité.
Anglais, que cette nouveauté
S'introduise dans vos usages ;
Sur votre Théâtre infecté
D'horreurs, de gibets, de carnages,
Mettez donc plus de vérité
Avec de plus nobles images.
Adisson l'a déja tenté,
C'étoit le Poëte des Sages ;
Mais il étoit trop concerté,
Et dans son Caton si vanté,
Ses deux filles, en vérité,
Sont d'insipides personnages.
Imitez du grand Adisson,
Seulement ce qu'il a de bon:
Polissez la rude action
De vos Melpomènes sauvages ;
Travaillez pour les Connoisseurs
De tous les tems, de tous les âges,
Et répandez dans vos Ouvrages
La simplicité de vos mœurs.

Que Messieurs les Poëtes Anglais ne s'imaginent pas que je veüille leur donner Zaïre pour modéle:

modèle : je leur prêche la simplicité, le naturel, & la douceur des Vers ; mais je ne me fais point du tout le Saint de mon Sermon. Si Zaïre a eû quelque succès, je le dois beaucoup moins à la bonté de mon Ouvrage, qu'à la prudence que j'ai eûë de parler d'amour le plus tendrement qu'il m'a été poſſible. J'ai flatté en cela le goût de mon Auditoire : on eſt aſſez ſûr de réüſſir quand on parle aux paſſions des gens plus qu'à leur Raiſon ; on veut de l'amour, quelque bon Chrétien que l'on ſoit, & je ſuis très-perſuadé que bien en prit au Grand Corneille de ne s'être pas borné dans ſon Polieucte à faire caſſer les Statuës de Jupiter par les Néophytes, car telle eſt la corruption du Genre Humain, que peut-être.

De Polieucte la belle ame
Auroit foiblement attendri,
Et les vers Chrétiens qu'il déclame
Seroient tombez dans le décri ;
N'eût été l'amour de ſa femme
Pour ce Payen ſon favori,
Qui méritoit bien mieux ſa flamme
Que ſon bon dévot de mari.

Même avanture à peu près eſt arrivée à Zaïre. Tous ceux qui vont aux Spectacles, m'ont aſſûré, que ſi elle n'avoit été que convertie,

EPITRE.

elle auroit peu interreffé; mais elle eft amoureufe de la meilleure foi du monde, & voilà ce qui a fait fa fortune. Cependant il s'en faut bien que j'aye échapé à la cenfure.

 Plus d'un éplucheur intraitable
 M'a vetillé, m'a critiqué:
 Plus d'un railleur impitoyable
 Prétendoit que j'avois croqué,
 Un peu clairement expliqué,
 Un Roman très-peu vraifemblable,
 Dans ma cervelle fabriqué,
 Que le fujet en eft tronqué,
 Que la fin n'eft pas raifonnable;
 Même on m'avoit pronoftiqué
 Ce fifflet tant épouvantable,
 Avec quoi le Public choqué
 Régale un Auteur miférable.
 Cher ami, je me fuis moqué
 De leur cenfure infuportable;
 J'ai mon Drame en public rifqué,
 Et le Parterre favorable
 Au lieu du fifflet, m'a claqué.
 Des larmes mêmes ont offufqué
 Plus d'un œil, que j'ai remarqué
 Pleurer de l'air le plus aimable;

          Mais

ÉPITRE.

Mais je ne fuis point requinqué,
Par un fuccès fi defirable,
Car j'ai comme un autre marqué
Tous les *deficit* de ma Fable.
Je fçai qu'il eft indubitable,
Que pour former œuvre parfait,
Il faudroit fe donner au diable,
Et c'eft ce que je n'ai pas fait.

Je n'ofe me flatter que les Anglais faffent à Zaïre le même honneur qu'ils ont fait à Brutus (*), dont on va joüer la Traduction fur le Théâtre de Londres. Vous avez ici la réputation de n'être ni affez dévots pour vous foucier beaucoup du vieux Lufignan, ni affez tendres pour être touchez de Zaïre. Vous paffez pour aimer mieux une intrigue de Conjurez, qu'une intrigue d'Amans. On croit qu'à votre Théâtre on bat des mains au mot de Patrie, & chez nous à celui d'Amour; cependant la vérité eft que vous mettez de l'amour tout comme nous dans vos Tragédies. Si vous n'avez pas la réputation d'être tendres, ce n'eft pas que vos Héros de Théâtre ne foient amoureux; mais c'eft qu'ils expriment rarement leur paffion d'une maniére

(*) M. de Voltaire s'eft trompé ; on a traduit & joüé Zaïre en Angleterre avec beaucoup de fuccès.

re naturelle. Nos Amans parlent en Amans, & les vôtres ne parlent encore qu'en Poëtes.

 Si vous permettez que les Français ſoient vos Maîtres en galanterie, il y a bien des choſes en récompenſe, que nous pourrions prendre de vous. C'eſt au Théâtre Anglais que je dois la hardieſſe que j'ai eûë, de mettre ſur la Scène les noms de nos Rois, & des anciennes Familles du Royaume. Il me paroît que cette nouveauté pourroit être la ſource d'un genre de Tragédie, qui nous eſt inconnu juſqu'ici, & dont nous avons beſoin. Il ſe trouvera ſans doute des Génies heureux, qui perfectionneront cette idée, dont Zaïre n'eſt qu'une foible ébauche. Tant que l'on continuëra en France de protéger les Lettres, nous aurons aſſez d'Ecrivains. La Nature forme preſque toûjours des hommes en tout genre de talent; il ne s'agit que de les encourager & de les employer. Mais ſi ceux qui ſe diſtinguent un peu n'étoient ſoutenus par quelque récompenſe honorable, & par l'attrait plus flatteur de la conſidération, tous les Beaux Arts pourroient bien dépérir un jour au milieu des abris élévés pour eux, & ces Arbres plantez par Loüis XIV. dégénéreroient faute de culture: le Public auroit toûjours du goût, mais les grands Maîtres manqueroient: un Sculpteur dans ſon Académie verroit des hommes médiocres à côté de lui, & n'éléveroit pas ſa penſée juſqu'à Girardon

don & au Pujet ; un Peintre se contenteroit de se croire supérieur à son Confrére, & ne songeroit pas à égaler le Poussin. Puissent les Successeurs de Loüis XIV. suivre toûjours l'exemple de ce grand Roi, qui donnoit d'un coup d'œil une noble émulation à tous les Artistes ! Il encourageoit à la fois un Racine & un Vanrobès.... Il portoit notre Commerce & notre gloire par-delà les Indes ; il étendoit ses graces sur des Etrangers étonnez d'être connus & récompensez par notre Cour. Par-tout où étoit le mérite, il avoit un Protecteur dans Loüis XIV.

    Car de son Astre bienfaisant
    Les influences libérales,
    Du Caire au bord de l'Occident,
    Et sous les glaces Boréales
    Cherchoient le mérite indigent.
    Avec plaisir ses mains royales
    Répandoient la gloire & l'argent,
    Le tout sans brigue & sans cabales.
    Guillelmini, Viviani,
    Et le céleste Cassini

    Auprès des Lis venoient se rendre,
    Et quelque forte pension
    Vous auroit pris le grand Newton,
    Si Newton avoit pu se prendre.

Ce sont-là les heureux succès
Qui faisoient la gloire immortelle
De Loüis & du nom Français ;
Ce Loüis étoit le modèle
De l'Europe & de vos Anglais.
On craignit que par ses progrès,
Il n'envahît à tout jamais
La Monarchie universelle ;
Mais il l'obtint par ses bienfaits.

Vous n'avez pas chez vous de fondations pareilles aux Monumens de la munificence de nos Rois, mais votre Nation y suplée ; vous n'avez pas besoin des regards du Maître pour honorer & récompenser les grands talens en tout genre. Le Chevalier Steele & le Chevalier Vanbrouk, étoient en même-tems Auteurs Comiques, & Membres du Parlement. La Primatie du Docteur Tillotson, l'Ambassade de Mr. Prior, la Charge de Mr. Newton, le Ministére de Mr. Adisson, ne sont que les suites ordinaires de la considération qu'ont chez vous les grands Hommes ; vous les comblez de biens pendant leur vie, vous leur élevez des Mausolées & des Statuës après leur mort ; il n'y a pas jusqu'aux Actrices célébres, qui n'ayent chez vous leur place dans les Temples, à côté des grands Poëtes.

Votre

Votre Ofilde & fa devanciére
Bracegirdle la Minaudiére,
Pour avoir fçu dans leurs beaux jours
Réüffir au grand art de plaire,
Ayans achevé leur carriére,
S'en furent avec le concours
De votre République entiére,
Sous un grand poële de velours,
Dans votre Eglife pour toûjours,
Loger de fuperbe maniére.
Leur ombre en paroît encore fiére,
Et s'en vante avec les Amours.
Tandis que le divin Moliére,
Bien plus digne d'un tel honneur,
A peine obtint le froid bonheur
De dormir dans un Cimetiére :
Et que l'aimable le Couvreur,
A qui j'ai fermé la paupiére,
N'a pas eu même la faveur
De deux cierges & d'une biére;
Et que Monfieur de Laubiniére
Porta la nuit par charité
Ce corps autrefois fi vanté,
Dans un vieux Fiacre empaqueté,
Vers le bord de notre Riviére.

       Voyez-

Voyez-vous pas à ce recit
L'Amour irrité qui gémit,
Qui s'envole en brisant ses armes,
Et Melpoméne toute en larmes,
Qui m'abandonne, & se bannit
Des Lieux ingrats qu'elle embellit
Si long-tems de ses nobles charmes.

Tout semble ramener les Français à la barbarie dont Loüis XIV. & le Cardinal de Richelieu les ont tirez. Malheur aux Politiques qui ne connoissent pas le prix des Beaux Arts. La Terre est couverte de Nations aussi puissantes que nous; d'où vient cependant que nous les regardons presque toutes avec peu d'estime? C'est par la raison qu'on méprise dans la Société un homme riche, dont l'esprit est sans goût & sans culture. Sur-tout ne croyez pas que cet empire de l'esprit, & cet honneur d'être le modèle des autres Peuples, soit une gloire frivole : elle est la marque infaillible de la grandeur d'un Empire : c'est toûjours sous les plus grands Princes que les Arts ont fleuri ; & leur décadence est l'époque de celle d'un Etat. L'Histoire est pleine de ces exemples, mais ce sujet me meneroit trop loin ; il faut que je finisse cette Lettre déja trop longue, en vous envoyant un petit Ouvrage, qui trouve naturellement sa place à la tête de cette te Tragédie. C'eſt une Epître en Vers, à celle qui a joüé le rôle de Zaïre : je lui devois au moins un compliment pour la façon dont elle s'en eſt acquitée ;

> Car le Prophête de la Mécque
> Dans ſon Sérail n'a jamais eu
> Si gentille Arabeſque ou Gréque :
> Son œil noir, tendre, & bien fendu,
> Sa voix, & ſa grace extrinſéque,
> Ont mon Ouvrage défendu,
> Contre l'Auditeur qui rebéque ;
> Mais quand le Lecteur morfondu
> L'aura dans ſa Bibliothéque,
> Tout mon honneur ſera perdu.

Adieu, mon Ami, cultivez toûjours les Lettres & la Philoſophie, ſans oublier d'envoyer des Vaiſſeaux dans les Echelles du Levant. Je vous embraſſe de tout mon cœur.

V.

EPITRE

EPITRE

A MADEMOISELLE GOSSIN,

Jeune Actrice, qui a representé le Rôle de Zaïre avec beaucoup de succès.

JEUNE Goſſin, reçois mon tendre hommage,
Reçois mes Vers au Théâtre aplaudis,
Protége-les. ZAYRE eſt ton ouvrage,
Il eſt à toi, puiſque tu l'embellis.
Ce ſont tes yeux, ces yeux ſi pleins de charmes,
Ta voix touchante, & tes ſons enchanteurs,
Qui du Critique ont fait tomber les armes.
Ta ſeule vûë adoucit les Cenſeurs,
L'Illuſion, cette Reine des cœurs,
Marche à ta ſuite, inſpire les allarmes,
Le ſentiment, les regrets, les douleurs,
Et le plaiſir de répandre des larmes.
Le Dieu des Vers qu'on alloit dédaigner,
Eſt par ta voix aujourd'hui ſûr de plaire,
Le Dieu d'Amour à qui tu fus plus chére,
Eſt par tes yeux bien plus ſûr de régner.

Entre

EPITRE.

Entre ces Dieux deformais tu vas vivre :
Hélas ! long-tems je les fervis tous deux,
Il en eft un que je n'ofe plus fuivre.
Heureux cent fois le mortel amoureux,
Qui tous les jours peut te voir & t'entendre,
Que tu reçois avec un fouris tendre,
Qui voit fon fort écrit dans tes beaux yeux,
Qui meurt d'amour, qui te plaît, qui t'adore,
Qui pénétré de cent plaifirs divers,
A tes genoux oubliant l'Univers,
Parle d'Amour, & t'en reparle encore,
Et malheureux qui n'en parle qu'en Vers !

ACTEURS.

ACTEURS.

OROSMANE, Soudan de Jérusalem.
LUSIGNAN, Prince du Sang des Rois de Jérusalem.
ZAYRE,
FATIME, } Esclaves du Soudan.
NÉRESTAN,
CHATILLON, } Chevaliers Français.
CORASMIN,
MELEDOR, } Officiers du Soudan.
UN ESCLAVE,
SUITE.

La Scène est au Sérail de Jérusalem.

ZAYRE,

ZAIRE TRAGEDIE.

ZAYRE,
TRAGEDIE.

ACTE PREMIER.

SCENE PREMIERE.

ZAYRE, FATIME.

FATIME.

E ne m'attendois pas, jeune & belle
Zaïre,
Aux nouveaux sentimens que ce lieu
vous inspire.
Quel espoir si flâteur, ou quels heureux des-
tins,
De vos jours ténébreux ont fait des jours se-
rains ?

La

La paix de votre cœur augmente avec vos charmes.
Cet éclat de vos yeux n'eſt plus terni de larmes,
Vous ne les tournez plus vers ces heureux Climats
Où ce brave Français devoit guider nos pas ;
Vous ne me parlez plus de ces belles Contrées
Où d'un Peuple poli les femmes adorées,
Reçoivent cet encens que l'on doit à vos yeux,
Compagnes d'un Epoux & Reines en tous lieux,
Libres ſans deshonneur, & ſages ſans contrainte,
Et ne devans jamais leurs vertus à la crainte.
Ne ſoupirez-vous plus pour cette liberté ?
Le Sérail d'un Soudan, ſa triſte auſtérité,
Ce nom d'Eſclave enfin, n'ont-ils rien qui vous gêne ?
Préférez-vous Solyme aux rives de la Seine ?

ZAYRE.

On ne peut deſirer ce qu'on ne connoît pas ;
Sur les bords du Jourdain le Ciel fixa nos pas.
Au Sérail des Soudans dès l'enfance enfermée,
Chaque jour ma Raiſon s'y voit accoutumée.
Le reſte de la Terre, anéanti pour moi,
M'abandonne au Soudan, qui nous tient ſous ſa loi :
Je

Je ne connois que lui, sa gloire, sa puissance :
Vivre sous Orosmane est ma seule espérance,
Le reste est un vain songe.

FATIME.

                Avez-vous oublié
Ce généreux Français dont la tendre amitié
Nous promit si souvent de rompre notre chaîne ?
Combien nous admirions son audace hautaine,
Quelle gloire il acquit dans ces tristes combats
Perdus par les Chrétiens sous les murs de Damas !
Orosmane vainqueur admirant, son courage,
Le laissa sur sa foi partir de ce rivage.
Nous l'attendons encore, sa générosité
Devoit payer le prix de notre liberté.
N'en aurions-nous conçû qu'une vaine espérance ?

ZAYRE.

Peut-être sa promesse a passé sa puissance.
Depuis plus de deux ans, il n'est point revenu.
Un étranger, Fatime, un captif inconnu,
Promet beaucoup, tient peu, permet à son courage
Des sermens indiscrets, pour sortir d'esclavage.
Il devoit délivrer dix Chevaliers Chrétiens,
Venir rompre leurs fers, ou reprendre les siens.
                      J'admirai

J'admirai trop en lui cet inutile zèle.
Il n'y faut plus penser.

FATIME.

Mais s'il étoit fidèle ;
S'il revenoit enfin dégager ses sermens,
Ne voudriez-vous pas....

ZAYRE.

Fatime, il n'eſt plus tems.
Tout eſt changé....

FATIME.

Comment ? que prétendez-vous dire ?

ZAYRE.

Va, c'eſt trop te celer le Deſtin de Zaïre,
Le ſecret du Soudan doit encor ſe cacher,
Mais mon cœur dans le tien ſe plaît à s'épancher.
Depuis près de trois mois, qu'avec d'autres Cap-
    tives,
On te fit du Jourdain abandonner les rives,
Le Ciel, pour terminer les malheurs de nos jours,
D'une main plus puiſſante a choiſi le ſecours,
Ce ſuperbe Oroſmane....

FATIME.

Eh bien ?

ZAYRE.

ZAYRE.

Ce Soudan même,
Ce Vainqueur des Chrétiens.... chére Fatime....
 il m'aime....
Tu rougis... je t'entends... garde-toi de penser,
Qu'à briguer ses soupirs je puisse m'abaisser,
Que d'un Maître absolu la superbe tendresse
M'offre l'honneur honteux du rang de sa Maî-
 tresse,
Et que j'essuïe enfin l'outrage & le danger
Du malheureux éclat d'un amour passager.
Cette fierté qu'en nous soutient la modestie,
Dans mon cœur à ce point ne s'est pas démentie.
Plûtôt que jusques-là j'abaisse mon orgüeil,
Je verrois sans pâlir les fers & le cercueïl :
Je m'en vais t'étonner, son superbe courage
A mes foibles apas presente un pur hommage,
Parmi tous ces objets à lui plaire empressés,
J'ai fixé ses regards à moi seule adressés,
Et l'hymen confondant leurs intrigues fatales,
Me soumettra bien-tôt son cœur & mes rivales.

FATIME.

Vos apas, vos vertus, sont dignes de ce prix,
Mon cœur en est flâté plus qu'il n'en est sur-
 pris :
Que vos félicités, s'il se peut, soient parfaites,
Je me vois avec joïe au rang de vos Sujettes.

ZAYRE.

Sois toûjours mon égale, & goûte mon bonheur.
Avec toi partagé je sens mieux sa douceur.

FATIME.

Hélas ! puisse le Ciel souffrir cet hymenée !
Puisse cette grandeur qui vous est destinée,
Qu'on nomme si souvent du faux nom de bon-
  heur,
Ne point laisser de trouble au fond de votre cœur !
N'est-il point en secret de frein qui vous retienne ?
Ne vous souvient-il plus que vous fûtes Chrétien-
  ne ?

ZAYRE.

Ah ! que dis-tu ? pourquoi rapeler mes ennuis ?
Chére Fatime, hélas ! sçai-je ce que je suis ?
Le Ciel m'a-t'il jamais permis de me connoître,
Ne m'a-t'il pas caché le sang qui m'a fait naître ?

FATIME.

Nérestan qui nâquit non loin de ce séjour,
Vous dit que d'un Chrétien vous reçutes le jour;
Que dis-je ? cette Croix qui sur vous fut trouvée,
Parure de l'enfance avec soin conservée,
Ce signe des Chrétiens que l'art dérobe aux yeux
Sous ce brillant éclat d'un travail précieux,
                                        Cette

TRAGEDIE.

Cette Croix, dont cent fois mes soins vous ont parée,
Peut-être entre vos mains est-elle demeurée
Comme un gage secret de la fidélité,
Que vous deviez au Dieu que vous avez quitté.

ZAYRE.

Je n'ai point d'autre preuve, & mon cœur qui s'ignore,
Peut-il suivre une loi que mon amant abhorre ?
La Coutume, en ces lieux plia mes premiers ans
A la Religion des heureux Musulmans :
Je le vois trop : les soins qu'on prend de notre enfance,
Forment nos sentimens, nos mœurs, notre créance ;
J'eusse été près du Gange esclave des faux Dieux,
Chrétienne dans Paris, Musulmane en ces lieux.
L'instruction fait tout, & la main de nos Peres
Grave en nos foibles cœurs ces premiers caractéres,
Que l'exemple & le tems nous viennent retracer,
Et que peut-être en nous, Dieu seul peut effacer.
Prisonniére en ces lieux tu n'y fus renfermée
Que lorsque ta Raison par l'âge confirmée,
Pour éclairer ta foi te prêtoit son flambeau ;
Pour moi des Sarrazins esclave en mon berceau,
La foi de nos Chrétiens me fut trop tard connuë ;
Contre elle cependant, loin d'être prévenuë,

Cette Croix, je l'avouë, a souvent malgré moi
Saisi mon cœur surpris de respect & d'effroi ;
J'osois l'invoquer même avant qu'en ma pensée,
D'Orosmane en secret l'image fut tracée ;
J'honore, je chéris, ces charitables loix
Dont ici Nérestan me parla tant de fois,
Ces loix qui de la Terre écartans les miséres,
Des humains attendris font un Peuple de freres ;
Obligés de s'aimer, sans doute, ils sont heureux.

FATIME.

Pourquoi donc aujourd'hui vous déclarer contr'eux ?
A la Loi Musulmane à jamais asservie,
Vous allez des Chrétiens devenir l'ennemie,
Vous allez épouser leur superbe Vainqueur.

ZAYRE.

Eh ! qui refuseroit le present de son cœur ?
De toute ma foiblesse il faut que je convienne,
Peut-être sans l'amour, j'aurois été Chrétienne ;
Peut-être qu'à ta Loi j'aurois sacrifié,
Mais Orosmane m'aime, & j'ai tout oublié.
Je ne vois qu'Orosmane, & mon ame enyvrée
Se remplit du bonheur de s'en voir adorée.
Mets-toi devant les yeux sa grace, ses exploits,
Songe à ce bras puissant, vainqueur de tant de
 Rois,

A cet aimable front que la gloire environne ;
Je ne te parle point du Sceptre qu'il me donne ;
Non, la reconnoiſſance eſt un foible retour,
Un tribut offenſant, trop peu fait pour l'amour ;
Mon cœur aime Oroſmane, & non ſon Diadême,
Chére Fatime, en lui je n'aime que lui-même.
Peut-être j'en crois trop un penchant ſi flateur ;
Mais ſi le Ciel ſur lui déployant ſa rigueur,
Aux fers que j'ai portés eût condamné ſa vie,
Si le Ciel ſous mes loix eût rangé la Syrie,
Ou mon amour me trompe, ou Zaïre aujourd'hui
Pour l'élever à ſoi deſcendroit juſqu'à lui.

FATIME.

On marche vers ces lieux, ſans doute, c'eſt lui-même.

ZAYRE.

Mon cœur qui le prévient, m'annonce ce que j'aime.
Depuis deux jours, Fatime, abſent de ce Palais,
Enfin mon tendre amour le rend à mes ſouhaits.

B 3   SCENE

SCENE II.

OROSMANE, ZAYRE, FATIME.

OROSMANE.

Vertueuse Zaïre, avant que l'hymenée
Joigne à jamais nos cœurs & notre destinée,
J'ai cru, sur mes projets, sur vous, sur mon amour,
Devoir en Musulman vous parler sans détour.
Les Soudans qu'à genoux cet Univers contemple,
Leurs usages, leurs droits, ne sont point mon exemple;
Je sçai que notre Loi favorable aux plaisirs,
Ouvre un champ sans limite à nos vastes desirs,
Que je puis à mon gré, prodiguant mes tendresses,
Recevoir à mes pieds l'encens de mes Maîtresses,
Et tranquile au Sérail, dictant mes volontés,
Gouverner mon Païs du sein des voluptés;
Mais la molesse est douce, & sa suite est cruelle;
Je vois autour de moi cent Rois vaincus par elle,
Je vois de Mahomet ces lâches successeurs,
Ces Califes tremblans dans leurs tristes grandeurs,

Couchés

TRAGEDIE.

Couchés fur les débris de l'Autel & du Trône,
Sous un nom fans pouvoir, languir dans Babylone;
Eux, qui feroient encor, ainfi que leurs ayeux,
Maître du Monde entier, s'ils l'avoient été d'eux.
Boüillon leur arracha Solyme & la Syrie;
Mais bien-tôt pour punir une Secte ennemie,
Dieu fufcita le bras du puiffant Saladin;
Mon Pere, après fa mort, affervit le Jourdain,
Et moi foible héritier de fa grandeur nouvelle,
Maître encor incertain d'un Etat qui chancelle,
Je vois ces fiers Chrétiens, de rapine altérés,
Des bords de l'Occident vers nos bords attirés;
Et lorfque la Trompette & la voix de la Guerre,
Du Nil au Pont-Euxin font retentir la Terre,
Je n'irai point en proïe à de lâches amours,
Aux langueurs d'un Sérail abandonner mes jours.
J'attefte ici la Gloire, & Zaïre, & ma flâme,
De ne choifir que vous pour Maîtreffe & pour femme,
De vivre votre ami, votre amant, votre époux,
De partager mon cœur entre la guerre & vous.
Ne croyez pas non plus, que mon honneur confie
La vertu d'une époufe à ces monftres d'Afie,
Du Sérail des Soudans gardes injurieux,
Et des plaifirs d'un Maître efclaves odieux:
Je fçai vous eftimer autant que je vous aime,

Et

Et fur votre vertu me fier à vous-même :
Après un tel aveu, vous connoiffez mon cœur,
Vous fentez qu'en vous feule il a mis fon bonheur,
Vous comprenez affez quelle amertume affreufe
Corromproit de mes jours la durée odieufe,
Si vous ne receviez les dons que je vous faits,
Qu'avec ces fentimens que l'on doit aux bienfaits.
Je vous aime, Zaïre, & j'attends de votre ame
Un amour qui réponde à ma brûlante flâme :
Je l'avouërai, mon cœur ne veut rien qu'ardemment,
Je me croirois haï d'être aimé foiblement ;
De tous mes fentimens tel eft le caractére,
Je veux avec excès vous aimer & vous plaire.
Si d'une égale amour votre cœur eft épris,
Je viens vous époufer, mais c'eft à ce feul prix,
Et du nœud de l'hymen l'étreinte dangereufe,
Me rend infortuné s'il ne vous rend heureufe.

ZAYRE.

Vous, Seigneur, malheureux ! Ah ! fi votre grand cœur
A fur mes fentimens pu fonder fon bonheur,
S'il dépend en effet de mes flâmes fecrettes,
Quel mortel fut jamais plus heureux que vous l'êtes !

Ces

Ces noms chers & sacrés, & d'Amant & d'E-
poux,
Ces noms nous sont communs; & j'ai par-dessus
vous,
Ce plaisir si flatteur à ma tendresse extrême,
De tenir tout, Seigneur, du bienfaiteur que j'ai-
me,
De voir que ses bontés font seules mes destins,
D'être l'ouvrage heureux de ses augustes mains,
De révérer, d'aimer un Héros que j'admire.
Oüi, si parmi les cœurs soumis à votre Em-
pire,
Vos yeux ont discerné les hommages du mien,
Si votre auguste choix....

SCENE III.

OROSMANE, ZAYRE, FATIME, CORASMIN.

CORASMIN.

Cet esclave Chrétien,
Qui sur sa foi, Seigneur, a passé dans la France,
Revient au moment même, & demande audience.

FATIME.

O Ciel !

OROSMANE.

Il peut entrer. Pourquoi ne vient-il pas ?

CORASMIN.

Dans la premiére enceinte il arrête ses pas :
Seigneur, je n'ai pas cru qu'aux regards de son
　　　Maître,
Dans ces augustes lieux, un Chrétien pût paroî-
　　tre,

OROSMANE.

Qu'il paroisse ; en tous lieux, sans manquer de
　　　respect,

　　　　　　　　　　　　　Chacun

TRAGEDIE.

Chacun peut deformais joüir de mon aspect.
Je vois avec mépris ces maximes terribles,
Qui font de tant de Rois des tyrans invisibles.

SCENE IV.

OROSMANE, ZAYRE, FATIME,
CORASMIN, NE'RESTAN.

NE'RESTAN.

REspectable ennemi qu'estiment les Chrétiens,
Je reviens dégager mes fermens & les tiens;
J'ai satisfait à tout, c'est à toi d'y soufcrire;
Je te fais aporter la rançon de Zaïre,
Et celle de Fatime, & de dix Chevaliers,
Dans les murs de Solyme illustres prisonniers.
Leur liberté par moi trop long-tems retardée,
Quand je reparoîtrois leur dût être accordée;
Sultan, tiens ta parole, ils ne font plus à toi,
Et dès ce moment même ils font libres par moi.
Mais grace à mes soins, quand leur chaîne est brisée,
A t'en payer le prix ma fortune épuisée,
Je ne le céle pas, m'ôte l'espoir heureux
De faire ici pour moi ce que je fais pour eux;
Une pauvreté noble est tout ce qui me reste,

B. 6. J'arrache

J'arrache des Chrétiens à leur prison funeste,
Je remplis mes sermens, mon honneur, mon devoir,
Il me suffit; Je viens me mettre en ton pouvoir,
Je me rends prisonnier, & demeure en ôtage.

OROSMANE.

Chrétien, je suis content de ton noble courage;
Mais ton orgueil ici se seroit-il flaté
D'effacer Orosmane en générosité ?
Reprends ta liberté, remporte tes richesses,
A l'or de ces rançons joins mes justes largesses;
Au lieu de dix Chrétiens que je dus t'accorder,
Je t'en veux donner cent, tu les peux demander,
Qu'ils aillent sur tes pas aprendre à ta Patrie,
Qu'il est quelques vertus au fond de la Syrie;
Qu'ils jugent en partans, qui méritoit le mieux,
Des Lusignans, ou moi, l'Empire de ces lieux.
Mais parmi ces Chrétiens que ma bonté délivre,
Lusignan ne fut point réservé pour te suivre :
De ceux qu'on peut te rendre il est seul excepté,
Son nom seroit suspect à mon autorité :
Il est du sang Français qui régnoit à Solyme,
On sçait son droit au Trône, & ce droit est un crime,
Du Destin qui fait tout, tel est l'Arrêt cruel.
Si j'eusse été vaincu je serois criminel :
Lusignan,

TRAGEDIE.

Lusignan, dans les fers, finira sa carriére,
Et jamais du Soleil ne verra la lumiére :
Je le plains ; mais pardonne à la néceſſité,
Ce reſte de vangeance & de févérité ;
Pour Zaïre, crois-moi, ſans que ton cœur s'of-
    fenſe,
Elle n'eſt pas d'un prix qui ſoit en ta puiſſance ;
Tes Chevaliers Français, & tous leurs Souve-
    rains,
S'uniroient vainement pour l'ôter de mes mains.
Tu peux partir.

NERESTAN.

Qu'entends-je ? elle nâquit Chrétienne :
J'ai pour la délivrer ta parole, & la ſienne ;
Et quant à Luſignan, ce Vieillard malheureux,
Pourroit-il ? . . .

OROSMANE.

Je t'ai dit, Chrétien, que je le veux.
J'honore ta vertu ; mais cette humeur altiére
Se faiſant eſtimer commence à me déplaire ;
Sors, & que le Soleil levé ſur mes Etats
Demain près du Jourdain ne te retrouve pas.
                    Il ſort.

FATIME.

O Dieu, ſecourez-nous.

                    OROSMANE.

OROSMANE.

     Et vous, allez, Zaïre,
Prenez dans le Sérail un souverain empire,
Commandez en Sultane, & je vais ordonner
La pompe d'un hymen qui vous doit couronner.

―――――――――――

SCENE V.

OROSMANE, CORASMIN.

OROSMANE.

Corasmin, que veut donc cet Esclave infidèle ?
Il soupiroit... ses yeux se sont tournez vers elle.
Les as-tu remarquez ?

CORASMIN.

     Que dites-vous, Seigneur,
De ce soupçon jaloux écoutez-vous l'erreur ?

OROSMANE.

Moi, jaloux ! qu'à ce point ma fierté s'avilisse ?
Que j'éprouve l'horreur de ce honteux suplice ?
Moi, que je puisse aimer comme l'on sçait haïr ?
Quiconque est soupçonneux invite à le trahir ;
         Je

TRAGEDIE.

Je vois à l'amour seul ma Maîtresse asservie,
Cher Corasmin, je l'aime avec idolâtrie,
Mon amour est plus fort, plus grand que mes bienfaits,
Je ne suis point jaloux.... si je l'étois jamais....
Si mon cœur.... Ah ! chassons cette importune idée,
D'un plaisir pur & doux mon ame est possédée :
Vas, fais tout préparer pour ces momens heureux
Qui vont joindre ma vie à l'objet de mes vœux :
Je vais donner une heure aux soins de mon Empire,
Et le reste du jour sera tout à Zaïre.

Fin du premier Acte.

ACTE

ACTE II.

SCENE PREMIERE.

NE'RESTAN, CHATILLON.

CHATILLON.

O BRAVE Néreſtan, Chevalier généreux,
Vous qui briſez les fers de tant de malheureux :
Vous, Sauveur des Chrétiens qu'un Dieu Sauveur envoïe,
Paroiſſez, montrez-vous, goûtez la douce joïe
De voir nos compagnons pleurans à vos genoux,
Baiſer l'heureuſe main qui nous délivre tous :
Aux portes du Sérail en foule ils vous demandent
Ne privez point leurs yeux du Héros qu'ils attendent,
Et qu'unis à jamais ſous notre Bienfaicteur...

NE'RESTAN.

Illuſtre Châtillon, modérez cet honneur ;
J'ai rempli d'un Chrétien le devoir ordinaire,
J'ai fait ce qu'à ma place on vous auroit vu faire.

TRAGEDIE.

CHATILLON.

Sans doute, & tout Chrétien, tout digne Chevalier,
Pour sa Religion se doit sacrifier ;
Et la félicité des cœurs tels que les nôtres,
Consiste à tout quitter pour le bonheur des autres.
Heureux à qui le Ciel a donné le pouvoir
De remplir comme vous un si noble devoir !
Pour nous, tristes joüets du sort qui nous oprime,
Nous malheureux François, Esclaves dans Solyme,
Oubliez dans les fers, où long-tems sans secours,
Le Pere d'Orosmane abandonna nos jours :
Jamais nos yeux sans vous ne reverroient la France.

NE'RESTAN.

Dieu s'est servi de moi, Seigneur, sa Providence
De ce jeune Orosmane a fléchi la rigueur ;
Mais quel triste mélange altére ce bonheur !
Que de ce fier Soudan la clémence odieuse,
Répand sur ses bienfaits une amertume affreuse !
Dieu me voit & m'entend, il sçait si dans mon cœur
J'avois d'autres projets que ceux de sa grandeur.
Je faisois tout pour lui : j'espérois de lui rendre
Une jeune Beauté qu'à l'âge le plus tendre,

Le

Le cruel Noradin fit Esclave avec moi,
Lorsque les ennemis de notre auguste Foi,
Baignans de notre sang la Syrie enyvrée,
Surprirent Lusignan vaincu dans Césarée :
Du Sérail des Sultans sauvé par des Chrétiens,
Remis depuis trois ans dans mes premiers liens,
Renvoyé dans Paris sur ma seule parole,
Seigneur, je me flâtois... Espérance frivole,
De ramener Zaïre à cette heureuse Cour,
Où Loüis, des vertus a fixé le séjour :
Déja même la Reine, à mon zèle propice,
Lui tendoit de son Trône une main protectrice ;
Enfin lorsqu'elle touche au moment souhaité
Qui la tiroit du sein de sa captivité,
On la retient... Que dis-je... Ah ! Zaïre elle-même,
Oubliant les Chrétiens pour ce Soudan qui l'aime...
N'y pensons plus... Seigneur, un refus plus cruel
Vient m'accabler encore d'un déplaisir mortel,
Des Chrétiens malheureux l'espérance est trahie.

CHATILLON.

Je vous offre pour eux, ma liberté, ma vie,
Disposez-en, Seigneur, elle vous apartient.

NE'RESTAN.

Seigneur, ce Lusignan qu'à Solyme on retient,

Ce

Ce dernier d'une race en Héros si féconde,
Ce Guerrier dont la gloire avoit rempli le Monde,
Ce Héros malheureux de Boüillon descendu,
Aux soupirs des Chrétiens ne sera point rendu.

CHATILLON.

Seigneur, s'il est ainsi, votre faveur est vaine :
Quel indigne Soldat voudroit briser sa chaîne,
Alors que dans les fers son Chef est retenu ?
Lusignan, comme à moi, ne vous est pas connu,
Seigneur, remerciez ce Ciel, dont la clémence
A pour votre bonheur placé votre naissance,
Long-tems après ces jours à jamais détestez,
Après ces jours de sang & de calamitez,
Où je vis sous le joug de nos barbares Maîtres,
Tomber ces murs sacrez conquis par nos Ancêtres.
Ciel ! si vous aviez vû ce Temple abandonné,
Du Dieu que nous servons, le Tombeau profané,
Nos peres, nos enfans, nos filles & nos femmes,
Aux pieds de nos Autels expirans dans les flâmes,
Et notre dernier Roi courbé du faix des ans,
                                    Massacré

Maſſacré ſans pitié ſur ſes fils expirans !
Luſignan, le dernier de cette auguſte race,
Dans ces momens affreux ranimant notre audace,
Au milieu des débris des Temples renverſez,
Des vainqueurs, des vaincus, & des morts en-
taſſez,
Terrible, & d'une main reprenant cette épée,
Dans le ſang infidèle à tout moment trempée,
Et de l'autre à nos yeux montrant avec fierté
De notre ſainte Foi le ſigne redouté,
Criant à haute voix, François, ſoyez fidèles...
Sans doute en ce moment, le couvrant de ſes
aîles,
La vertu du Très-Haut qui nous ſauve aujour-
d'hui,
Aplaniſſoit ſa route, & marchoit devant lui,
Et des triſtes Chrétiens la foule délivrée,
Vint porter avec nous ſes pas dans Céſarée :
Là, par nos Chevaliers d'une commune voix,
Luſignan fut choiſi pour nous donner des loix.
O mon cher Néreſtan ! Dieu qui nous humilie,
N'a pas voulu ſans doute, en cette courte vie,
Nous accorder le prix qu'il doit à la vertu,
Vainement pour ſon nom nous avons combattu.
Reſſouvenir affreux, dont l'horreur me devore !
Jéruſalem en cendre, hélas ! fumoit encore,

Lorſque

TRAGEDIE.

Lorſque dans notre azyle attaquez & trahis,
Et livré par un Grec à nos fiers ennemis,
La flâme, dont brûla Sion deſeſpérée,
S'étendit en fureur aux murs de Céſarée,
Ce fut-là le dernier de trente ans de revers,
Là, je vis Luſignan chargé d'indignes fers,
Inſenſible à ſa chûte, & grand dans ſes miſéres,
Il n'étoit attendri que des maux de ſes freres.
Seigneur, depuis ce tems, ce Pere des Chrétiens,
Reſſerré loin de nous, blanchi dans ſes liens,
Gémit dans un cachot, privé de la lumiére,
Oublié de l'Aſie, & de l'Europe entiére :
Tel eſt ſon ſort affreux ; & qui peut aujour-
   d'hui,
Quand il ſouffre pour nous, ſe voir héureux ſans
   lui ?

NE'RESTAN.

Ce bonheur, il eſt vrai, ſeroit d'un cœur bar-
   bare :
Que je hais le deſtin qui de lui nous ſépare !
Que vers lui vos diſcours m'ont ſans peine en-
   traîné !
Je connois ſes malheurs, avec eux je ſuis né,
Sans un trouble nouveau je n'ai pû les entendre;
Votre priſon, la ſienne, & Céſarée en cendre,

                              Sont

Sont les premiers objets, sont les premiers revers
Qui frapérent mes yeux à peine encore ouverts,
Je sortois du berceau; ces images sanglantes
Dans vos tristes recits me sont encore presentes.
Au milieu des Chrétiens dans un Temple immo-
  lez,
Quelques enfans, Seigneur avec moi rassemblez,
Arrachez par des mains de carnage fumantes,
Aux bras ensanglantez de nos meres tremblantes,
Nous fûmes transportez dans ce Palais des Rois,
Dans ce même Sérail, Seigneur, où je vous vois;
Noradin m'éleva près de cette Zaïre,
Qui depuis . . . . . pardonnez si mon cœur en sou-
  pire,
Qui depuis égarée en ce funeste lieu,
Pour un Maître barbare abandonna son Dieu.

CHATILLON.

Telle est des Musulmans la funeste prudence,
De leurs Chrétiens captifs, ils séduisent l'enfance,
Et je benis le Ciel propice à nos desseins,
Qui dans vos premiers ans vous sauva de leurs
  mains ;
Mais, Seigneur, après tout, cette Zaïre même,
Qui renonce aux Chrétiens pour le Soudan qui
  l'aime,

De

De son crédit au moins nous pourroit secourir,
Qu'importe de quel bras Dieu daigne se servir?
M'en croirez-vous? le Juste aussi-bien que le sage,
Du crime & du malheur sçait tirer avantage;
Vous pourriez de Zaïre employer la faveur
A fléchir Orosmane, à toucher son grand cœur,
A nous rendre un Héros, que lui-même a dû plaindre,
Que sans doute il admire, & qui n'est plus à craindre.

NÉRESTAN.

Mais ce même Héros, pour briser ses liens,
Voudra-t-il qu'on s'abaisse à ces honteux moïens?
Et quand il le voudroit, est-il en ma puissance
D'obtenir de Zaïre un moment d'audience?
Croyez-vous qu'Orosmane y daigne consentir!
Le Sérail à ma voix pourra-t-il se rouvrir!
Quand je pourrois enfin paroître devant elle,
Que faut-il espérer d'une femme infidèle,
A qui mon seul aspect doit tenir lieu d'affront,
Et qui lira sa honte écrite sur mon front?
Seigneur, il est bien dur, pour un cœur magnanime,
D'attendre des secours de ceux qu'on mésestime :
Leurs refus sont affreux, leurs bienfaits font rougir.

CHATILLON.

Songez à Lusignan, songez à le servir.

NE'RESTAN.

Et bien.... Mais quels chemins jusqu'à cette infidèle
Pourront.... On vient à nous. Que vois-je ? ô Ciel ! c'est elle.

―――――――――

SCENE II.

ZAYRE, CHATILLON, NE'RESTAN.

ZAYRE à Nérestan.

C'Est vous, digne Français, à qui je viens parler,
Le Soudan le permet, cessez de vous troubler,
Et rassurant mon cœur qui tremble à votre aproche,
Chassez de vos regards la plainte & le reproche ;
Seigneur, nous nous craignons, nous rougissons tous deux,
Je souhaite & je crains de rencontrer vos yeux ;

L'un

TRAGEDIE.

L'un à l'autre attachés depuis notre naiſſance,
Une affreuſe priſon renferma notre enfance,
Le ſort nous accabla du poid des mêmes fers
Que la tendre amitié nous rendoit plus legers:
Il me fallut depuis gémir de votre abſence,
Le Ciel porta vos pas aux rives de la France:
Priſonnier dans Solyme, enfin je vous revis,
Un entretien plus libre alors m'étoit permis,
Eſclave dans la foule où j'étois confonduë,
Aux regards du Soudan je vivois inconnuë:
Vous daignâtes bien-tôt, ſoit grandeur, ſoit pitié,
Soit plûtôt digne effet d'une pure amitié,
Revoyant des Français le glorieux Empire,
Y chercher la rançon de la triſte Zaïre;
Vous l'aportez, le Ciel a trompé vos bienfaits,
Loin de vous dans Solyme il m'arrête à jamais;
Mais quoi que ma fortune ait d'éclat & de charmes,
Je ne puis vous quitter ſans répandre des larmes,
Toûjours de vos bontés je vais m'entretenir,
Chérir de vos vertus le tendre ſouvenir,
Comme vous des humains ſoulager la miſére,
Protéger les Chrétiens, leur tenir lieu de mere,
Vous me les rendez chers, & ces infortunés....

Tome III.   C   NE'RESTAN.

NE'RESTAN.

Vous, les protéger ! vous, qui les abandonnez !
Vous, qui des Lusignans foulant aux pieds la cendre....

ZAYRE.

Je la viens honorer, Seigneur, je viens vous rendre...
Le dernier de ce sang, votre amour, votre espoir :
Oüi, Lusignan est libre, & vous l'allez revoir.

CHATILLON.

O Ciel ! nous reverrions notre apui, notre pere !

NE'RESTAN.

Les Chrétiens vous dévroient une tête si chére !

ZAYRE.

J'avois sans espérance osé la demander,
Le généreux Soudan veut bien nous l'accorder,
On l'améne en ces lieux.

NE'RESTAN.

Que mon ame est émuë !
ZAYRE.

TRAGEDIE.

ZAYRE.

Mes larmes, malgré moi, me dérobent fa vûë,
Ainſi que ce Vieillard, j'ai langui dans les fers;
Qui ne ſçait compâtir aux maux qu'on a ſoufferts?

NE'RESTAN.

Grand Dieu! que de vertu dans une ame infidelle.

SCENE III.

ZAYRE, LUSIGNAN, CHATILLON, NE'RESTAN,
Pluſieurs Eſclaves Chrétiens.

LUSIGNAN.

Du ſéjour du trépas, quelle voix me rapelle?
Suis-je avec des Chrétiens?... guidez mes pas tremblans.
Mes maux m'ont affoibli plus encore que mes ans.
En s'aſſeïant. Suis-je libre en effet?

ZAYRE.

Oüi, Seigneur; oüi vous l'êtes.

CHATILLON.

Vous vivez, vous calmez nos douleurs inquiétes.

Tous

Tous nos triſtes Chrétiens....

LUSIGNAN.

O jour! ô douce voix!
Chatillon, c'eſt donc vous? c'eſt vous que je re-
vois!
Martyr, ainſi que moi, de la Foi de nos Peres,
Le Dieu que nous ſervons finit-il nos miſéres?
En quels lieux ſommes-nous? Aidez mes foibles
yeux.

CHATILLON.

C'eſt ici le Palais qu'ont bâti vos Ayeux,
Du fils de Noradin c'eſt le ſéjour profane.

ZAYRE.

Le Maître de ces lieux, le puiſſant Oroſmane
Sçait connoître, Seigneur, & chérir la vertu.
Ce généreux Français qui vous eſt inconnu,

En montrant Néreſtan.

Par la gloire amené des rives de la France,
Venoit de dix Chrétiens payer la délivrance:
Le Soudan, comme lui, gouverné par l'honneur
Croit en vous délivrant, égaler ſon grand cœur.

LUSIGNAN.

Des Chevaliers Français tel eſt le caractére,

TRAGEDIE. 33

Leur Noblesse en tout tems me fut utile & chére.
Trop digne Chevalier, quoi ! vous passez les Mers
Pour soulager nos maux, & pour briser nos fers !
Ah, parlez, à qui dois-je un service si rare ?

NE'RESTAN.

Mon nom est Nérestan, le sort long-tems barbare,
Qui dans les fers ici me mit presque en naissant,
Me fit quitter bien-tôt l'Empire du Croissant,
A la Cour de Loüis, guidé par mon courage,
De la guerre sous lui j'ai fait l'aprentissage,
Ma fortune & mon rang sont un don de ce Roi,
Si grand par sa valeur, & plus grand par sa foi,
Je le suivis, Seigneur, au bord de la Charante,
Lorsque du fier Anglais la valeur menaçante,
Cédant à nos efforts trop long-tems captivés
Satisfit en tombant aux Lys qu'ils ont bravés ;
Venez, Prince, & montrez au plus grand des Monarques,
De vos fers glorieux les vénérables marques ;
Paris va révérer le Martyr de la Croix,
Et la Cour de Loüis est l'Asyle des Rois.

LUSIGNAN.

Hélas de cette Cour j'ai vu jadis la gloire,
Quand Philippe à Bovine enchaînoit la victoire,

C 3   Je

Je combattois, Seigneur, avec Montmorency,
Melun, Deftaing, de Nefle, & ce fameux Couci.
Mais à revoir Paris je ne dois plus prétendre :
Vous voyez qu'au tombeau je fuis prêt à defcendre,
Je vais au Roi des Rois demander aujourd'hui
Le prix de tous les maux que j'ai foufferts pour lui.
Vous, généreux témoin de mon heure derniére,
Tandis qu'il en eft tems, écoutez ma priére,
Néreftan, Châtillon, & vous... de qui les pleurs
Dans ces momens fi chers honorent mes malheurs,
Madame, ayez pitié du plus malheureux pere
Qui jamais ait du Ciel éprouvé la colére,
Qui répand devant vous des larmes que le tems
Ne peut encore tarir dans mes yeux expirans.
Une fille, trois fils, ma fuperbe efpérance,
Me furent arrachés dès leur plus tendre enfance :
Ó mon cher Châtillon, tu dois t'en fouvenir.

CHATILLON.

De vos malheurs encore vous me voyez frémir.

LUSIGNAN.

Prifonnier avec moi dans Céfarée en flâme,
Tes yeux virent périr mes deux fils & ma femme.

CHATILLON.

TRAGEDIE.

CHATILLON.

Mon bras chargé de fers ne les put secourir.

LUSIGNAN.

Hélas ! & j'étois pere, & je ne pus mourir !
Veillez du haut des Cieux, chers enfans que j'im-
　　plore,
Sur mes autres enfans, s'ils sont vivans encore :
Mon dernier fils, ma fille, aux chaînes ré-
　　servés,
Par de barbares mains pour servir conservés,
Loin d'un Pere accablé, furent portés en-
　　semble,
Dans ce même Sérail, où le Ciel nous rassemble.

CHATILLON.

Il est vrai, dans l'horreur de ce péril nouveau,
Je tenois votre fille à peine en son berceau :
Ne pouvant la sauver, Seigneur, j'allois moi-
　　même
Répandre sur son front l'eau sainte du Baptême,
Lorsque les Sarrazins de carnage fumans,
Revinrent l'arracher à mes bras tout sanglans ;
Votre plus jeune fils à qui les destinées
Avoient à peine encor accordé quatre années,
Trop capable déja de sentir son malheur,
Fut dans Jérusalem conduit avec sa sœur.

C 4　　　NE'RES-

NE'RESTAN.

De quel reſſouvenir mon ame eſt déchirée!
A cet âge fatal j'étois dans Céſarée,
Et tout couvert de ſang, & chargé de liens,
Je ſuivis en ces lieux la foule des Chrétiens.

LUSIGNAN.

Vous... Seigneur!... Ce Sérail éleva votre en-
    fance?...
En les regardant.
Hélas! de mes enfans auriez-vous connoiſſance?
Ils ſeroient de votre âge, & peut-être mes yeux...
Quel ornement, Madame, étranger en ces
    lieux?
Depuis quand l'avez-vous?

ZAYRE.

                  Depuis que je reſpire,
Seigneur..... Eh quoi! D'où vient que votre
    ame ſoupire?

LUSIGNAN.

Ah! daignez confier à mes tremblantes mains....

ZAYRE.

De quel trouble nouveau tous mes ſens ſont at-
    teints!
                          Seigneur

TRAGEDIE.

Seigneur, que faites-vous ?

LUSIGNAN.

O Ciel ! ô Providence !
Mes yeux, ne trompez point ma timide espé-
 rance ;
Seroit-il bien possible ? Oüi, c'est elle.... Je voi
Ce present qu'une épouse avoit reçu de moi,
Et qui de mes enfans ornoit toûjours la tête,
Lorsque de leur naissance on célébroit la fête :
Je revoi... Je succombe à mon saisissement.

ZAYRE.

Qu'entens-je ? & quel soupçon m'agite en ce moment ?
Ah, Seigneur !....

LUSIGNAN.

Dans l'espoir dont j'entrevois les charmes
Ne m'abandonnez pas, Dieu qui voyez mes lar-
 mes ;
Dieu mort sur cette Croix, & qui revis pour nous,
Parle, achéve, ô mon Dieu ! ce sont-là de tes
 coups ;
Quoi ! Madame, en vos mains elle étoit demeu-
 rée ?
Quoi ! tous les deux Captifs, & pris dans Césarée ?

C 5   ZAYRE.

ZAYRE.

Oüi, Seigneur.

NE'RESTAN.

Se peut-il?

LUSIGNAN.

Leur parole, leurs traits,
De leur Mere en effet sont les vivans portraits :
Oüi, grand Dieu, tu le veux, tu permets que je voye :
Dieu, ranime mes sens trop foibles pour ma joïe.
Madame.... Nérestan.... Soutiens-moi, Châtillon...
Nérestan, si je dois nommer encore ce nom,
Avez-vous dans le sein la cicatrice heureuse
Du fer dont à mes yeux une main furieuse...

NE'RESTAN.

Oüi, Seigneur, il est vrai.

LUSIGNAN.

Dieu juste ! heureux momens !

NE'RESTAN *se jettant à genoux.*

Ah, Seigneur ! ah Zaïre !

LUSIGNAN.

TRAGEDIE.

LUSIGNAN.

Aprochez, mes enfans.

NE'RESTAN.

Moi, votre fils!

ZAYRE.

Seigneur.

LUSIGNAN.

Heureux jour qui m'éclaire!
Ma fille! mon cher fils! embraffez votre pere.

CHATILLON.

Que d'un bonheur fi grand mon cœur fe fent toucher!

LUSIGNAN.

De vos bras, mes enfans, je ne puis m'arracher:
Je vous revois enfin, chére & trifte famille,
Mon fils, digne héritier.....Vous...hélas! vous?
 ma fille!
Diffipez mes foupçons; ôtez-moi cette horreur,
Ce trouble qui m'accable au comble du bonheur.
Toi qui feul as conduit fa fortune & la mienne,

Mon

Mon Dieu qui me la rends, me la rends-tu Chrétienne ?
Tu pleure, malheureuſe, & tu baiſſe les yeux,
Tu te tais ! je t'entends ! ô crime ! ô juſtes Cieux !

ZAYRE.

Je ne puis vous tromper : ſous les loix d'Oroſmane....
Puniſſez votre fille.... Elle étoit Muſulmane.

LUSIGNAN.

Que la foudre en éclat ne tombe que ſur moi !
Ah, mon fils ! à ces mots j'euſſe expiré ſans toi.
Mon Dieu, j'ai combattu ſoixante ans pour ta gloire,
J'ai vu tomber ton Temple & périr ta mémoire,
Dans un cachot affreux abandonné, vingt ans,
Mes larmes t'imploroient pour mes triſtes enfans,
Et lorſque ma famille eſt par toi réünie,
Quand je trouve une fille, elle eſt ton ennemie ;
Je ſuis bien malheureux.... c'eſt ton pere, c'eſt moi ;
C'eſt ma ſeule priſon qui t'a ravi ta foi :
Ma fille, tendre objet de mes derniéres peines,
Songe au moins, ſonge au ſang qui coule dans tes veines ;

C'eſt

C'est le sang de vingt Rois, tous Chrétiens com‑
 me moi,
C'est le sang des Héros, défenseurs de ma Loi,
C'est le sang des Martyrs... ô fille encore trop
 chére,
Connois-tu ton destin, sçais-tu quelle est ta mere?
Sçais-tu bien qu'à l'instant, que son flanc mit au
 jour
Ce triste & dernier fruit d'un malheureux amour,
Je la vis massacrer par la main forcenée,
Par la main des Brigands à qui tu t'es donnée?
Tes freres, ces martyrs égorgés à mes yeux,
T'ouvrent leurs bras sanglans tendus du haut des
 Cieux :
Ton Dieu que tu trahis, ton Dieu que tu blasphê‑
 mes,
Pour toi, pour l'Univers, est mort en ces lieux
 mêmes,
En ces lieux où mon bras le servit tant de fois,
En ces lieux où son sang te parle par ma voix.
Voi ces murs, voi ce Temple envahi par tes Maî‑
 tres,
Tout annonce le Dieu qu'ont vangé tes Ancê‑
 tres :
Tourne les yeux, sa Tombe est près de ce Pa‑
 lais,
C'est ici la Montagne où lavant nos forfaits,
Il voulut expirer sous les coups de l'Impie,
C'est-là que de sa Tombe il rapela sa vie ;
Tu ne sçaurois marcher dans cet auguste lieu,
Tu n'y peux faire un pas sans y trouver ton Dieu,

Et

Et tu n'y peux rester sans renier ton pere,
Ton honneur qui te parle, & ton Dieu qui t'é-
　claire.
Je te vois dans mes bras, & pleurer & frémir ;
Sur ton front pâlissant, Dieu met le repentir,
Je voi la Vérité dans ton cœur descenduë,
Je retrouve ma fille après l'avoir perduë,
Et je reprends ma gloire & ma félicité,
En dérobant mon sang à l'infidélité.

NÉRESTAN.

Je revoi donc ma sœur ?... Et son ame...

ZAYRE.

　　　　　　　　　Ah, mon pere !
Cher Auteur de mes jours : Parlez, que dois-je
　faire ?

LUSIGNAN.

M'ôter, par un seul mot, ma honte, & mes ennuis:
Dire, je suis Chrétienne.

ZAYRE.

　　　　　Oüi.... Seigneur.... Je le suis.

LUSIGNAN.

Dieu, reçois son aveu du sein de ton Empire.
　　　　　　　　　　　　　　　SCENE

SCENE IV.

ZAYRE, LUSIGNAN, CHATILLON, NE'RESTAN, CORASMIN.

CORASMIN.

MAdame, le Soudan m'ordonne de vous dire,
Qu'à l'inſtant, de ces lieux, il faut vous retirer,
Et de ces vils Chrétiens ſur-tout vous ſéparer.
Vous, Français, ſuivez-moi, de vous je dois répondre.

CHATILLON.

Où ſommes-nous, grand Dieu, quel coup vient nous confondre !

LUSIGNAN.

Notre courage, amis, doit ici s'animer.

ZAYRE.

Hélas, Seigneur !

LUSIGNAN.

O vous que je n'oſe nommer,
Jurez-

44 ZAYRE,

Jurez-moi de garder un secret si funeste,

ZAYRE.

Je vous le jure.

LUSIGNAN.

Allez, le Ciel fera le reste.

Fin du second Acte.

TRAGEDIE.

ACTE III.

SCENE PREMIERE.

OROSMANE, CORASMIN.

OROSMANE.

Vous étiez, Corasmin, trompé par vos allarmes ;
Non, Loüis, contre moi ne tourne point ses armes,
Les Français sont lassés de chercher desormais
Des Climats que pour eux le destin n'a point faits ;
Ils n'abandonnent point leur fertile Patrie,
Pour languir aux Deserts de l'aride Arabie,
Et venir arroser de leur sang odieux,
Ces palmes, que pour nous Dieu fait croître en ces lieux.
Ils couvrent de Vaisseaux la Mer de la Syrie,
Loüis, des bords de Chipre épouvante l'Asie ;
Mais j'aprens que ce Roi s'éloigne de nos Ports,
De la féconde Egypte il menace les bords,
J'en reçois à l'instant la première nouvelle,
Contre les Mamelus son courage l'apelle,
Il cherche Meledin, mon secret ennemi,

Sur

Sur leurs divisions mon Trône est affermi ;
Je ne crains plus enfin l'Egypte, ni la France,
Nos communs ennemis cimentent ma puissance,
Et prodigues d'un sang qu'ils dévroient ménager,
Prennent, en s'immolant, le soin de me vanger.
Relâche ces Chrétiens, ami, je les délivre,
Je veux plaire à leur Maître, & leur permets de vivre,
Je veux que sur la Mer on les mene à leur Roi,
Que Loüis me connoisse, & respecte ma foi ;
Mene-lui Lusignan, dis-lui que je lui donne
Celui que la naissance allie à sa Couronne,
Celui que par deux fois mon Père avoit vaincu,
Et qu'il tint enchaîné tandis qu'il a vécu.

CORASMIN.

Son nom cher aux Chrétiens....

OROSMANE.

Son nom n'est point à craindre.

CORASMIN.

Mais, Seigneur, si Loüis.....

OROSMANE.

Il n'est plus tems de feindre.
Zaïre

TRAGEDIE. 47

Zaïre l'a voulu, c'eſt aſſez, & mon cœur,
En donnant Luſignan, le donne à mon vainqueur :
Loüis eſt peu pour moi, je fais tout pour Zaïre,
Nul autre ſur mon cœur n'auroit pris cet empire,
Je viens de l'affliger, c'eſt à moi d'adoucir
Le déplaiſir mortel qu'elle a du reſſentir,
Quand ſur les faux avis des deſſeins de la France
J'ai fait à ces Chrétiens un peu de violence.
Que dis-je ? ces momens perdus dans mon Conſeil,
Ont de ce grand hymen ſuſpendu l'apareil :
D'une heure encor, ami, mon bonheur ſe différe,
Mais j'emploirai du moins ce tems à lui complaire,
Zaïre ici demande un ſecret entretien
Avec ce Néreſtan, ce généreux Chrétien...

CORASMIN.

Et vous avez, Seigneur, encor cette indulgence ?

OROSMANE.

Ils ont été tous deux Eſclaves dans l'enfance,
Ils ont porté mes fers, ils ne ſe verront plus,
Zaïre enfin de moi n'aura point un refus.
Je ne m'en défends point, je foule aux pieds pour elle

Des

Des rigueurs du Sérail la contrainte cruelle ;
J'ai méprifé ces loix dont l'âpre auſtérité
Fait d'une vertu triſte une néceſſité ;
Je ne ſuis point formé du ſang Aſiatique ,
Né parmi les Rochers au ſein de la Taurique,
Des Scythes mes ayeux je garde la fierté,
Leurs mœurs, leurs paſſions, leur généroſité :
Je conſens qu'en partant, Néreſtan la revoïe,
Je veux que tous les cœurs ſoient heureux de ma joïe ;
Après ce peu d'inſtans volez à mon amour,
Tous ſes momens , ami , ſont à moi ſans retour ,
Va , ce Chrétien attend & tu peux l'introduire ,
Preſſe ſon entretien, obéïs à Zaïre.

TRAGEDIE.

SCENE II.

CORASMIN, NE'RESTAN.

CORASMIN.

EN ces lieux, un moment tu peux encor refter,
Zaïre à tes regards viendra fe prefenter.

SCENE III.

NE'RESTAN *feul*.

EN quel état, ô Ciel, en quels lieux je la laiffe !
O ma Religion ! ô mon Pere ! ô tendreffe !
Mais je la vois.

* * * * *
* * * *
* * *
* *

SCENE IV.

ZAYRE, NE'RESTAN.

NE'RESTAN.

Ma sœur, je puis donc vous parler?
Ah ! dans quel tems le Ciel nous voulut raſſem-
    bler ;
Vous ne reverrez plus un trop malheureux Pere.

ZAYRE.

Dieu, Luſignan !

NE'RESTAN.

          Il touche à ſon heure derniére.
Sa joïe en nous voyant, par de trop grands efforts,
De ſes ſens affoiblis a rompu les reſſorts,
Et cette émotion dont ſon ame eſt remplie,
A bien-tôt épuiſé les ſources de ſa vie ;
Mais pour comble d'horreurs à ces derniers mo-
    mens,
Il doute de ſa fille & de ſes ſentimens ;
Il meurt dans l'amertume, & ſon ame incertaine
Demande en ſoupirant ſi vous êtes Chrétienne.

ZAYRE.

TRAGEDIE.

ZAYRE.

Quoi, je suis votre sœur, & vous pouvez penser
Qu'à mon sang, à ma Loi, j'aille ici renoncer ?

NE'RESTAN.

Ah, ma sœur ! cette Loi n'est pas la vôtre encore,
Le jour qui vous éclaire est pour vous à l'Au-
    rore,
Vous n'avez point reçu ce gage précieux
Qui nous lave du crime, & nous ouvre les Cieux ;
Jurez par nos malheurs, & par votre famille,
Par ces Martyrs sacrés de qui vous êtes fille,
Que vous voulez ici recevoir aujourd'hui,
Le sceau du Dieu vivant qui nous attache à lui.

ZAYRE.

Oüi, je jure en vos mains par ce Dieu que j'a-
    dore,
Par sa Loi que je cherche, & que mon cœur
    ignore,
De vivre desormais sous cette sainte Loi....
Mais, mon cher frere.... Hélas ! que veut-elle
    de moi ?
Que faut-il . . . . .

NE'RESTAN.

Détester l'Empire de vos Maîtres,
                              Servir,

Servir, aimer ce Dieu qu'ont aimé nos Ancêtres,
Qui nâquit, qui souffrit, qui mourut en ces lieux,
Qui nous a rassemblez, qui m'améne à vos yeux:
Est-ce à moi d'en parler ? moins instruit que fidèle,
Je ne suis qu'un soldat, & je n'ai que du zèle:
Un Pontife Sacré viendra jusqu'en ces lieux
Vous aporter la vie, & dessiller vos yeux:
Songez à vos sermens, & que l'eau du Baptême,
Ne vous aporte point la mort & l'anathême:
Obtenez qu'avec lui je puisse revenir;
Mais à quel titre, ô Ciel ! faut-il donc l'obtenir ?
A qui le demander dans ce Sérail profane ?....
Vous, le Sang de vingt Rois, Esclave d'Orosmane,
Parente de Loüis, fille de Lusignan,
Vous Chrétienne, & ma sœur Esclave d'un Soudan ?
Vous m'entendez..... je n'ose en dire davantage:
Dieu ! nous réserviez-vous à ce dernier outrage ?

ZAYRE.

Ah, cruel ! poursuivez. Vous ne connoissez pas
Mon secret, mes tourmens, mes vœux, mes attentats ?
Mon frere, ayez pitié d'une sœur égarée,
Qui brûle, qui gémit, qui meurt desespérée:

TRAGEDIE.

Je suis Chrétienne hélas!... j'attends avec ardeur
Cette Eau sainte, cette Eau qui peut guérir mon
   cœur :
Non, je ne serai point indigne de mon frere,
De mes ayeux, de moi, de mon malheureux pere.
Mais parlez à Zaïre, & ne lui cachez rien,
Dites... quelle est la Loi de l'Empire Chrétien...
Quel est le châtiment pour une infortunée,
Qui loin de ses parens aux fers abandonnée,
Trouvant chez un Barbare un généreux apui,
Auroit touché son ame, & s'uniroit à lui ?

NE'RESTAN.

O Ciel ! que dites-vous ? Ah ! la mort la plus
   prompte
Devroit....

ZAYRE.

C'en est assez, frape, & préviens ta honte.

NE'RESTAN.

Qui vous, ma sœur ?

ZAYRE.

    C'est moi que je viens d'accuser,
Orosmane m'adore... & j'allois l'épouser.

NE'RESTAN.

L'épouser ! est-il vrai, ma sœur ? est-ce vous-même ?
Vous la fille des Rois.

ZAYRE.

Frape, dis-je, je l'aime.

NE'RESTAN.

Oprobre malheureux du Sang dont vous sortez,
Vous demandez la mort & vous la méritez ;
Et si je n'écoutois que ta honte & ma gloire,
L'honneur de ma Maison, mon pere, sa mé-
  moire,
Si la Loi de ton Dieu que tu ne connois pas,
Si ma Religion ne retenoit mon bras,
J'irois dans ce Palais, j'irois au moment même,
Immoler de ce fer un Barbare qui t'aime,
De son indigne flanc le plonger dans le tien,
Et ne l'en retirer que pour percer le mien.
Ciel ! tandis que Loüis, l'Exemple de la Terre,
Au Nil épouvanté ne va porter la guerre,
Que pour venir bien-tôt, frapant des coups plus
  sûrs,
Délivrer ton Dieu même, & lui rendre ces murs :
Zaïre, cependant, ma sœur, son alliée,
Au Tyran d'un Sérail par l'hymen est liée,

Et je vais donc aprendre à Lusignan trahi,
Qu'un Tartare est le Dieu que sa fille a choisi ?
En ce moment affreux, hélas ! ton pere expire,
En demandant à Dieu le salut de Zaïre.

ZAYRE.

Arrête, mon cher frere ..... arrête, con-
 nois-moi,
Peut-être que Zaïre est digne encore de toi ;
Mon frere, épargne-moi cet horrible langage,
Ton courroux, ton reproche, est un plus grand
 outrage,
Plus sensible pour moi, plus dur que ce trépas,
Que je te demandois & que je n'obtiens pas.
L'état où tu me vois accable ton courage,
Tu souffres, je le vois, je souffre davantage ;
Je voudrois que du Ciel le barbare secours,
De mon sang, dans mon cœur, eût arrêté le
 cours ;
Le jour qu'empoisonné d'une flâme profane,
Ce pur sang des Chrétiens brûla pour Orosmane,
Le jour que de ta sœur, Orosmane charmé...
Pardonnez-moi, Chrétiens ; qui ne l'auroit aimé ?
Il faisoit tout pour moi, son cœur m'avoit
 choisie,
Je voyois sa fierté pour moi seule adoucie ;
C'est lui qui des Chrétiens a ranimé l'espoir :
C'est à lui que je dois le bonheur de te voir :
Pardonne ; ton courroux, mon pere, ma ten-
 dresse,

D 2 Mes

Mes fermens, mon devoir, mes remords, ma foiblesse,
Me servent de suplice, & ta sœur en ce jour
Meurt de son repentir plus que de son amour.

NE'RESTAN.

Je te blâme & te plains ; crois-moi, la Providence
Ne te laissera point périr sans innocence :
Je te pardonne, hélas ! ces combats odieux,
Dieu ne t'a point prêté son bras victorieux,
Ce bras qui rend la force aux plus foibles courages,
Soutiendra ce roseau plié par les orages.
Il ne souffrira pas qu'à son culte engagé,
Entre un Barbare & lui, ton cœur soit partagé.
Le Baptême éteindra ces feux dont il soupire,
Et tu vivras fidèle, ou périras Martyre :
Achéve donc ici ton serment commencé,
Achéve & dans l'horreur dont ton cœur est pressé,
Promets au Roi Loüis, à l'Europe, à ton Pere,
Au Dieu qui déja parle à ce cœur si sincére,
De ne point accomplir cet hymen odieux,
Avant que le Pontife ait éclairé tes yeux,
Avant qu'en ma presence il te fasse Chrétienne,
Et que Dieu par ses mains, t'adopte & te soutienne ;
Le promets-tu, Zaïre ?...

ZAYRE.

TRAGEDIE.

ZAYRE.

Oüi, je te le promets,
Rends-moi Chrétienne & libre, à tout je me soumets.
Va, d'un pere expirant, va fermer la paupiére,
Va, je voudrois te suivre, & mourir la première.

NE'RESTAN.

Je pars, adieu, ma sœur, adieu, puisque mes vœux
Ne peuvent t'arracher à ce Palais honteux,
Je reviendrai bientôt, par un heureux Batême,
T'arracher aux Enfers, & te rendre à toi-même.

SCENE V.

ZAYRE seule.

ME voilà seule, ô Dieu! que vais-je devenir?
Dieu, commande à mon cœur de ne te point trahir.
Hélas! suis-je en effet, ou Françaiſe ou Sultane,
Fille de Lusignan, ou femme d'Orosmane?
Suis-je amante, ou Chrétienne? ô sermens que j'ai faits!
Mon pere, mon païs, vous ferez satisfaits.

D 3   Fatime

Fatime ne vient point, quoi ! dans ce trouble extrême,
L'Univers m'abandonne ! on me laiſſe à moi-même !
Mon cœur peut-il porter, ſeul & privé d'apui,
Le fardeau des devoirs qu'on m'impoſe aujourd'hui ?
A ta Loi, Dieu puiſſant, oüi, mon ame eſt renduë ;
Mais fais que mon Amant s'éloigne de ma vûë.
Cher Amant ! ce matin l'aurois-je pu prévoir,
Que je dûſſe aujourd'hui redouter de te voir ?
Moi, qui de tant de feux juſtement poſſédée,
N'avois d'autre bonheur, d'autre ſoin, d'autre idée,
Que de t'entretenir, écouter ton amour,
Te voir, te ſouhaiter, attendre ton retour,
Hélas ! & je t'adore : & t'aimer eſt un crime !

SCENE

SCENE VI.

ZAYRE, OROSMANE.

OROSMANE.

Paroiffez, tout eft prêt; le beau feu qui m'anime
Ne fouffre plus, Madame, aucun retardement,
Les flambeaux de l'hymen brillent pour votre Amant;
Les parfums de l'encens rempliffent la Mofquée,
Du Dieu de Mahomet la puiffance invoquée,
Confirme mes fermens, & préfide à mes feux,
Mon peuple profterné pour vous offre fes vœux,
Tout tombe à vos genoux, vos fuperbes Rivales,
Qui difputoient mon cœur, & marchoient vos égales,
Heureufes de vous fuivre & de vous obéïr,
Devant vos volontés vont apprendre à fléchir.
Le Trône, les feftins, & la cérémonie,
Tout eft prêt, commencez le bonheur de ma vie.

ZAYRE.

Où fuis-je, malheureufe, ô tendreffe! ô douleur!

OROSMANE.

Venez.

ZAYRE,

ZAYRE.

Où me cacher ?

OROSMANE.

Que dites-vous ?

ZAYRE.

Seigneur.

OROSMANE.

Donnez-moi votre main, daignez, belle Zaïre...

ZAYRE.

Dieu de mon pere ! hélas ! que pourrai-je lui dire ?

OROSMANE.

Que j'aime à triompher de ce tendre embarras
Qu'il redouble ma flâme, & mon bonheur...

ZAYRE.

Hélas !

OROSMANE.

Ce trouble à mes defirs vous rend encor plus chére,

D'une

TRAGEDIE.

D'une vertu modeste il est le caractére,
Digne & charmant objet de ma constante foi,
Venez, ne tardez plus.

ZAYRE.

Fatime, soutien-moi....
Seigneur.

OROSMANE.

O Ciel ! eh quoi !

ZAYRE.

Seigneur, cet hymenée
Etoit un bien suprême à mon ame étonnée :
Je n'ai point recherché le Trône & la grandeur;
Qu'un sentiment plus juste occupoit tout mon cœur !
Hélas ! j'aurois voulu qu'à vos vertus unie,
Et méprisant pour vous les Trônes de l'Asie,
Seule, & dans un Desert auprès de mon époux,
J'eusse pû sous mes pieds les fouler avec vous;
Mais... Seigneur... ces Chrétiens...

OROSMANE.

Ces Chrétiens... Quoi, Madame ?
Qu'auroient donc de commun cette Secte & ma flâme ?

ZAYRE.

ZAYRE.

Lusignan, ce Vieillard accablé de douleurs,
Termine en ces momens sa vie & ses malheurs.

OROSMANE.

Eh bien ! quel intérêt si pressant & si tendre,
A ce Vieillard Chrétien votre cœur peut-il prendre ?
Vous n'êtes point Chrétienne, élevée en ces lieux,
Vous suivez dès long-tems la foi de mes ayeux :
Un Vieillard qui succombe au poid de ses années,
Peut-il troubler ici vos belles destinées ?
Cette aimable pitié qu'il s'attire de vous,
Doit se perdre avec moi dans des momens si doux.

ZAYRE.

Seigneur, si vous m'aimez, si je vous étois chére. . . .

OROSMANE.

Si vous l'êtes, ah Dieu !

ZAYRE.

Souffrez que l'on différe. . . .
Permettez

TRAGEDIE.

Permettez que ces nœuds par vos mains assemblez....

OROSMANE.

Que dites-vous ? ô Ciel ! est-ce vous qui parlez, Zaïre ?

ZAYRE.

Je ne puis soutenir sa colére.

OROSMANE.

Zaïre !

ZAYRE.

Il m'est affreux, Seigneur, de vous déplaire,
Excusez ma douleur..... non, j'oublie à la fois,
Et tout ce que je suis, & tout ce que je dois ;
Je ne puis soutenir cet aspect qui me tuë,
Je ne puis.... ah, souffrez que loin de votre vûë,
Seigneur, j'aille cacher mes larmes, mes ennuis,
Mes vœux, mon desespoir, & l'horreur où je suis.

Elle sort.

* * *
* *
*

SCENE

SCENE VII.

OROSMANE, CORASMIN.

OROSMANE.

JE demeure immobile, & ma langue glacée
Se refuse aux transports de mon ame offensée :
Est-ce à moi que l'on parle ? ai-je bien entendu ?
Est-ce moi qu'elle fuit ? ô Ciel ! & qu'ai-je vû ?
Corasmin, quel est donc ce changement extrême ?
Je la laisse échaper ! je m'ignore moi-même.

CORASMIN.

Vous seul causez son trouble, & vous vous en
    plaignez,
Vous accusez, Seigneur, un Cœur où vous régnez.

OROSMANE.

Mais pourquoi donc ces pleurs, cette horreur,
    cette fuite,
Cette douleur si sombre en ses regards écrite ?
Si c'étoit ce Français.... quel soupçon ! quelle
    horreur !
Quelle lumiére affreuse a passé dans mon cœur !
Hélas ! je repoussois ma juste défiance :
                      Un

TRAGEDIE.

Un Barbare, un Esclave, auroit cette insolence !
Cher ami, je verrois un cœur comme le mien,
Réduit à redouter un Esclave Chrétien ?
Mais, parle, tu pouvois observer son visage,
Tu pouvois de ses yeux entendre le langage :
Ne me déguise rien, mes feux sont-ils trahis ?
Aprens-moi mon malheur.... tu trembles....
  tu fremis...
C'en est assez.

CORASMIN.

   Je crains d'irriter vos allarmes
Il est vrai que ces yeux ont versé quelques larmes ;
Mais, Seigneur, après tout, je n'ai rien observé
Qui doive...

OROSMANE.

   A cet affront, je serois réservé !..
Non, si Zaïre, ami, m'avoit fait cette offense,
Elle eût avec plus d'art trompé ma confiance :
Le déplaisir secret de son cœur agité,
Si ce cœur est perfide, auroit-il éclaté ?
Ecoute, garde-toi de soupçonner Zaïre.
Mais, dis-tu, ce Français gémit, pleure, soupire :
Que m'importe après tout le sujet de ses pleurs ?
Qui sçait si l'amour même entre dans ses douleurs !

Et

Et qu'ai-je à redouter d'un Esclave infidèle,
Qui demain pour jamais se va séparer d'elle ?

CORASMIN.

N'avez-vous pas, Seigneur, permis, malgré nos loix,
Qu'il joüit de sa vûë une seconde fois ?
Qu'il revînt en ces lieux.

OROSMANE.

     Qu'il revînt ? lui, ce Traître,
Qu'aux yeux de ma Maîtresse il osât reparoître ?
Oüi, je le lui rendrois, mais mourant, mais puni,
Mais versant à ses yeux le sang qui m'a trahi :
Déchiré devant elle, & ma main degoutante,
Confondroit dans son sang, le sang de son Amante. . . .
Excuse les transports de ce cœur offensé ;
Il est né violent, il aime, il est blessé.
Je connois mes fureurs, & je crains ma foiblesse,
A des troubles honteux je sens que je m'abaisse :
Non, c'est trop sur Zaïre arrêter un soupçon,
Non, son cœur n'est point fait pour une trahison :
Mais ne crois pas non plus que le mien s'avilisse,
A souffrir des rigueurs, à gémir d'un caprice ;

A

TRAGEDIE. 67

A me plaindre, à reprendre, à redonner ma foi ;
Les éclaircissemens sont indignes de moi.
Il vaut mieux sur mes sens reprendre un juste empire,
Il vaut mieux oublier jusqu'au nom de Zaïre.
Allons que le Sérail soit fermé pour jamais,
Que la terreur habite aux portes du Palais,
Que tout ressente ici le frein de l'Esclavage,
Des Rois de l'Orient suivons l'antique usage.
On peut pour son Esclave, oubliant sa fierté,
Laisser tomber sur elle un regard de bonté ;
Mais il est trop honteux d'avoir une foiblesse ;
Aux mœurs de l'Occident laissons cette bassesse,
Ce Sexe dangereux qui veut tout asservir,
S'il régne dans l'Europe, ici doit obéïr.

Fin du troisiéme Acte.

ACTE

ACTE IV.

SCENE PREMIERE.

ZAYRE, FATIME.

FATIME.

Que je vous plains, Madame, & que je vous admire !
C'est le Dieu des Chrétiens, c'est Dieu qui vous inspire.
Il donnera la force à vos bras languissans
De briser des liens si chers & si puissans.

ZAYRE.

Eh ! pourrai-je achever ce fatal sacrifice ?

FATIME.

Vous demandez sa grace, il vous doit sa justice :
De votre cœur docile il doit prendre le soin.

ZAYRE.

TRAGEDIE.

ZAYRE.

Jamais de son apui je n'eus tant de besoin.

FATIME.

Si vous ne voyez plus votre auguste famille,
Le Dieu que vous servez vous adopte pour fille :
Vous êtes dans ses bras, il parle à votre cœur ;
Et quand ce saint Pontife, organe du Seigneur,
Ne pourroit aborder dans ce Palais profane....

ZAYRE.

Ah ! j'ai porté la mort dans le sein d'Orosmane,
J'ai pu desespérer le cœur de mon Amant.
Quel outrage, Fatime, & quel affreux moment !
Mon Dieu, vous l'ordonnez, j'eusse été trop heureuse.

FATIME.

Quoi ! vous regretteriez cette chaîne honteuse ?
Hazarder la victoire, ayant tant combattu !

ZAYRE.

Victoire infortunée ! inhumaine vertu !
          Non,

Non, tu ne connois pas ce que je sacrifie.
Cet amour si puissant, ce charme de ma vie,
Dont j'espérois, hélas! tant de félicité,
Dans toute son ardeur n'avoit point éclaté.
Fatime, j'offre à Dieu mes blessures cruelles:
Je moüille devant lui de larmes criminelles
Ces lieux, où tu m'as dit qu'il choisit son sé-
    jour;
Je lui crie en pleurant, ôte-moi mon amour,
Arrache-moi mes vœux, remplis-moi de toi-
    même :
Mais, Fatime, à l'instant les traits de ce que
    j'aime,
Ces traits chers & charmans que toûjours je re-
    voi,
Se montrent dans mon ame entre le Ciel & moi.
Eh bien, Race des Rois, dont le Ciel me fit
    naître,
Pere, Mere, Chrétiens, vous, mon Dieu, vous,
    mon Maître,
Vous qui de mon Amant me privez aujourd'hui,
Terminez donc mes jours qui ne sont plus pour
    lui.
Que j'expire innocente, & qu'une main si chére,
De ces yeux qu'il aimoit ferme au moins la pau-
    piére.
Ah! que fait Orosmane? Il ne s'informe pas
Si j'attends loin de lui la vie ou le trépas :
Il me fuit, il me laisse, & je n'y peux survivre.

                      FATIME.

TRAGEDIE.

FATIME.

Quoi vous ! Fille des Rois, que vous prétendez
　　suivre !
Vous dans les bras d'un Dieu, votre éternel
　　apui ?....

ZAYRE.

Eh ! pourquoi mon Amant n'est-il pas né pour
　　lui ?
Orosmane est-il fait pour être sa victime ?
Dieu pourroit-il haïr un cœur si magnanime ?
Généreux, bienfaisant, juste, plein de vertus ;
S'il étoit né Chrétien, que feroit-il de plus ?
Et plût à Dieu du moins que ce saint Interpré-
　　te,
Ce Ministre sacré que mon ame souhaite,
Du trouble où tu me vois vînt bien-tôt me ti-
　　rer !
Je ne sçai ; mais enfin, j'ose encore espérer
Que ce Dieu, donc cent fois on m'a peint la
　　clémence,
Ne réprouveroit point une telle alliance :
Peut-être de Zaïre en secret adoré,
Il pardonne aux combats de ce cœur déchiré :
Peut-être en me laissant au Trône de Syrie,
Il soutiendroit par moi les Chrétiens de l'Asie.
Fatime, tu le sçais, ce puissant Saladin,
Qui ravit à mon Sang l'Empire du Jourdain ;
Qui fit comme Orosmane admirer sa clémence,
　　　　　　　　　　　　　　　　　Au

Au sein d'une Chrétienne il avoit pris naissance.

FATIME.

Ah ! Ne voyez-vous pas que pour vous consoler....

ZAYRE.

Laisse-moi ; je vois tout , je meurs sans m'aveugler :
Je vois que mon Païs , mon Sang , tout me condamne :
Que je suis Lusignan , que j'adore Orosmane ;
Que mes vœux , que mes jours à ses jours sont liez.
Je voudrois quelquefois me jetter à ses pieds ;
De tout ce que je suis faire un aveu sincére.

FATIME.

Songez que cet aveu peut perdre votre frere,
Expose les Chrétiens qui n'ont que vous d'apui,
Et va trahir le Dieu qui vous rapelle à lui.

ZAYRE.

Ah ! si tu connoissois le grand cœur d'Orosmane !

FATIME.

Il est le protecteur de la Loi Musulmane,

Et

Et plus il vous adore, & moins il peut souffrir
Qu'on vous ose annoncer un Dieu qu'il doit haïr.
Le Pontife à vos yeux en secret va se rendre,
Et vous avez promis.

ZAYRE.

Eh bien, il faut l'attendre.
J'ai promis, j'ai juré de garder ce secret:
Hélas ! qu'à mon Amant je le tais à regret,
Et pour comble d'horreur je ne suis plus aimée.

SCENE II.

OROSMANE, ZAYRE.

OROSMANE.

Madame, il fut un tems où mon ame charmée,
Ecoutant sans rougir des sentimens trop chers,
Se fit une vertu de languir dans vos fers.
Je croyois être aimé, Madame, & votre Maître
Soupirant à vos pieds, devoit s'attendre à l'être:
Vous ne m'entendrez point, Amant foible & jaloux,
En reproches honteux éclater contre vous;
Cruelle-

Cruellement bleſſé, mais trop fier pour me plain-
dre,
Trop généreux, trop grand pour m'abaiſſer à
feindre,
Je viens vous déclarer que le plus froid mépris
De vos caprices vains fera le digne prix.
Ne vous préparez point à tromper ma tendreſ-
ſe,
A chercher des raiſons, dont la flateuſe adreſſe
A mes yeux ébloüis colorant vos refus,
Vous raméne un Amant, qui ne vous connoît
plus,
Et qui craignant ſur-tout qu'à rougir on l'expo-
ſe,
D'un refus outrageant veut ignorer la cauſe;
Madame, ç'en eſt fait, un autre va monter
Au rang que mon amour vous daignoit preſenter,
Une autre aura des yeux, & va du moins con-
noître
De quel prix mon amour, & ma main devoient
être.
Il pourra m'en coûter, mais mon cœur s'y ré-
ſout,
Aprenez qu'Oroſmane eſt capable de tout:
Que j'aime mieux vous perdre, & loin de votre
vûë
Mourir deſeſpéré de vous avoir perduë,
Que de vous poſſéder, s'il faut qu'à votre foi
Il en coûte un ſoupir qui ne ſoit pas pour moi;
Allez, mes yeux jamais ne reverront vos char-
mes.

ZAYRE

TRAGEDIE.

ZAYRE.

Tu m'as donc tout ravi, Dieu, témoin de mes larmes ?
Tu veux commander feul à mes fens éperdus....
Eh bien, puifqu'il eft vrai que vous ne m'aimez plus,
Seigneur....

OROSMANE.

Il eft trop vrai que l'honneur me l'ordonne,
Que je vous adorai, que je vous abandonne,
Que je renonce à vous, que vous le defirez,
Que fous une autre loi.... Zaïre, vous pleurez ?

ZAYRE.

Ah, Seigneur ! ah ! du moins gardez de jamais croire,
Que du rang d'un Soudan je regrette la gloire :
Je fçai qu'il faut vous perdre, & mon fort l'a voulu,
Mais, Seigneur, mais mon cœur ne vous eft pas connu.
Me puniffe à jamais ce Ciel qui me condamne,
Si je regrette rien que le cœur d'Orofmane.

OROSMANE.

Zaïre, vous m'aimez ?

ZAYRE.

ZAYRE.

Dieu, ſi je l'aime, hélas!

OROSMANE.

Quel caprice odieux que je ne conçois pas !
Vous m'aimez ? Eh, pourquoi vous forcez-
  vous ? cruelle,
A déchirer le cœur d'un Amant ſi fidelle ?
Je me connoiſſois mal ; oüi dans mon deſeſpoir
J'avois cru ſur moi-même avoir plus de pouvoir.
Va, mon cœur eſt bien loin d'un pouvoir ſi fu-
  neſte,
Zaïre, que jamais la vangeance céleſte
Ne donne à ton Amant enchaîné ſous ta loi,
La force d'oublier l'amour qu'il a pour toi.
Qui, moi ? Que ſur mon Trône un autre fût
  placée !
Non, je n'en eus jamais la fatale penſée :
Pardonne à mon courroux, à mes ſens interdits,
Ces dédains affectez & ſi bien démentis ;
C'eſt le ſeul déplaiſir que jamais dans ta vie,
Le Ciel aura voulu que ta tendreſſe eſſuïe.
Je t'aimerai toûjours . . . mais d'où vient que
  ton cœur
En partageant mes feux différoit mon bonheur ?
Parle. Etoit-ce un caprice ? Eſt-ce crainte d'un
  Maître,
D'un Soudan, qui pour toi veut renoncer à l'être ?
Seroit-ce un artifice ? épargne-toi ce ſoin,

L'art

TRAGEDIE.

L'art n'eſt pas fait pour toi, tu n'en a pas beſoin,
Qu'il ne ſoüille jamais le ſaint nœud qui nous lie,
L'art le plus innocent tient de la perfidie ;
Je n'en connus jamais, & mes ſens déchirés
Plein d'un amour ſi vrai….

ZAYRE.

Vous me deſeſpérez ;
Vous m'êtes cher, ſans doute, & ma tendreſſe extrême
Eſt le comble des maux pour ce cœur qui vous aime.

OROSMANE.

O Ciel ! expliquez-vous, quoi ! toûjours me troubler ?
Se peut-il ?…

ZAYRE.

Dieu puiſſant, que ne puis-je parler ?

OROSMANE.

Quel étrange ſecret me cachez-vous, Zaïre ?
Eſt-il quelque Chrétien qui contre moi conſpire,
Me trahit-on ? parlez.

ZAYRE.

Eh ! peut-on vous trahir ?
Seigneur, entr'eux & vous, vous me verriez courir:
On ne vous trahit point, pour vous rien n'eſt à craindre,
Mon malheur eſt pour moi, je ſuis la ſeule à plaindre.

OROSMANE.

Vous, à plaindre, grand Dieu ?

ZAYRE.

Souffrez qu'à vos genoux
Je demande en tremblant une grace de vous.

OROSMANE.

Une grace ! ordonnez, & demandez ma vie.

ZAYRE.

Plût au Ciel, qu'à vos jours la mienne fut unie !
Oroſmane.... Seigneur..... permettez qu'aujourd'hui,
Seule, loin de vous-même, & toute à mon ennui
D'un œil plus recüeilli contemplant ma fortune,
Je cache à votre oreille une plainte importune...
Demain tous mes ſecrets vous feront révélés.

OROSMANE.

TRAGEDIE.

OROSMANE.

De quelle inquiétude, ô Ciel, vous m'accablez !
Pouvez-vous !...

ZAYRE.

Si pour moi l'amour vous parle encore,
Ne me refufez pas la grace que j'implore.

OROSMANE.

Eh bien, il faut vouloir tout ce que vous voulez,
J'y confens, il en coûte à mes fens defolés,
Allez, fouvenez-vous que je vous facrifie
Les momens les plus beaux, les plus chers de ma vie.

ZAYRE.

En me parlant ainfi, vous me percez le cœur.

OROSMANE.

Eh bien, vous me quittez, Zaïre ?

ZAYRE.

Hélas, Seigneur !

SCENE III.

OROSMANE, CORASMIN.

OROSMANE.

AH ! c'eſt trop tôt chercher ce ſolitaire azyle,
C'eſt trop tôt abuſer de ma bonté facile,
Et plus j'y penſe, ami, moins je puis concevoir
Le ſujet ſi caché de tant de deſeſpoir.
Quoi donc, par ma tendreſſe élevée à l'Empire,
Dans le ſein du bonheur que ſon ame deſire,
Près d'un Amant qu'elle aime, & qui brûle à ſes pieds,
Ses yeux remplis d'amour, de larmes ſont noyés ? . . .
Je ſuis bien indigné de voir tant de caprices.
Mais moi-même après tout eus-je moins d'injuſtices ?
Ai-je été moins coupable à ſes yeux offenſés ?
Eſt-ce à moi de me plaindre ? on m'aime, c'eſt aſſez.
Il me faut expier par un peu d'indulgence,
De mes tranſports jaloux l'injurieuſe offenſe :
Je me rends ; je le vois, ſon cœur eſt ſans détours,
La Nature naïve anime ſes diſcours :
Elle eſt dans l'âge heureux où régne l'innocence,

TRAGEDIE.

A sa sincérité je dois ma confiance:
Elle m'aime sans doute, oüi, j'ai lu devant toi
Dans ses yeux attendris, l'amour qu'elle a pour moi,
Et son ame éprouvant cette ardeur qui me touche,
Vingt fois pour me le dire a volé sur sa bouche ;
Qui peut avoir un cœur assez traître, assez bas,
Pour montrer tant d'amour, & ne le sentir pas ?

SCENE IV.

OROSMANE, CORASMIN, MELEDOR.

MELEDOR.

CEtte Lettre, Seigneur, à Zaïre adressée,
Par vos Gardes saisie, & dans mes mains laissée...

OROSMANE.

Donne .... qui la portoit ? ... Donne.

MELEDOR.

      Un de ces Chrétiens
Dont vos bontés, Seigneur, ont brisé les liens ;

Au Sérail, en secret, il alloit s'introduire,
On l'a mis dans les fers.

OROSMANE.

Hélas! que vais-je lire?
Laisse-nous.... je frémis.

SCENE V.

OROSMANE, CORASMIN.

CORASMIN.

Cette Lettre, Seigneur,
Pourra vous éclaircir, & calmer votre cœur.

OROSMANE.

Ah! lisons, ma main tremble, & mon ame éton-
    née
Prévoit que ce Billet contient ma destinée.
Lisons... „ Chére Zaïre, il est tems de nous
    voir.
„ Il est vers la Mosquée une secrette issuë,
„ Où vous pouvez sans bruit, & sans être aper-
    „ çuë,
„ Tromper vos surveillans, & remplir notre es-
    „ poir:
    „ Il

TRAGÉDIE. 83

„Il faut vous hazarder : vous connoiffez mon
„ zèle,
„Je vous attends, je meurs, fi vous n'êtes fi-
„ dèle.
Eh bien, cher Corafmin, que dis-tu ?

CORASMIN.

Moi, Seigneur ?
Je fuis épouvanté de ce comble d'horreur.

OROSMANE.

Tu vois comme on me traite.

CORASMIN.

O trahifon horrible !
Seigneur, à cet affront vous êtes infenfible ?
Vous, dont le cœur tantôt fur un fimple foupçon
D'une douleur fi vive a reçu le poifon ?
Ah ! fans doute l'horreur d'une action fi noire
Vous guérit d'un amour qui bleffoit votre gloire.

OROSMANE.

Cours chez elle à l'inftant, va, vole, Corafmin.
Montre-lui cet écrit . . . . qu'elle tremble . . . .
     & foudain
De cent coups de poignard que l'infidèle meure,
Mais avant de fraper.... ah ! cher ami, demeure,
               E 4   Demeure,

Demeure, il n'eſt pas tems. Je veux que ce Chrétien
Devant elle amené .... non..... je ne veux
plus rien ....
Je me meurs.... je ſuccombe à l'excès de ma rage.

CORASMIN.

On ne reçut jamais un ſi ſanglant outrage.

OROSMANE.

Le voilà donc connu, ce ſecret plein d'horreur!
Ce ſecret qui peſoit à ſon infâme cœur!
Sous le voile emprunté d'une crainte ingénuë,
Elle veut quelque-tems ſe ſouſtraire à ma vûë.
Je me fais cet effort; je la laiſſe ſortir;
Elle part en pleurant.... & c'eſt pour me trahir.
Quoi, Zaïre !

CORASMIN.

   Tout ſert à redoubler ſon crime.
Seigneur, n'en ſoyez pas l'innocente victime,
Et de vos ſentimens rapelant la grandeur ....

OROSMANE.

C'eſt-là ce Néreſtan, ce Héros plein d'honneur,
Ce Chrétien ſi vanté qui rempliſſoit Solyme
De ce faſte impoſant de ſa vertu ſublime?

Je

TRAGEDIE. 85

Je l'admirois moi-même, & mon cœur combattu
S'indignoit qu'un Chrétien m'égalât en vertu.
Ah ! qu'il va me payer sa fourbe abominable !
Mais Zaïre, Zaïre est cent fois plus coupable.
Une Esclave Chrétienne, & que j'ai pu laisser
Dans les plus vils emplois languir sans l'abaisser !
Une Esclave ! Elle sçait ce que j'ai fait pour elle.
Ah malheureux !

CORASMIN.

Seigneur, si vous souffrez mon zèle,
Si parmi les horreurs qui doivent vous troubler,
Vous vouliez . . . . .

OROSMANE.

Oüi, je veux la voir & lui parler ;
Allez, volez, Esclave, & m'amenez Zaïre.

CORASMIN.

Hélas ! en cet état que pourrez-vous lui dire ?

OROSMANE.

Je ne sçai, cher ami, mais je prétends la voir.

CORASMIN.

Ah ! Seigneur, vous allez dans votre desespoir

E 5   Vous

Vous plaindre, menacer, faire couler ses larmes,
Vos bontés contre vous lui donneront des armes,
Et votre cœur séduit malgré tous vos soupçons,
Pour la justifier cherchera des raisons.
M'en croirez-vous ? cachez cette Lettre à sa vûë,
Prenez pour la lui rendre une main inconnuë,
Par-là, malgré la fraude & les déguisemens,
Vos yeux démêleront ses secrets sentimens,
Et des plis de son cœur verront tout l'artifice,

OROSMANE.

Penses-tu qu'en effet Zaïre me trahisse ?...
Allons, quoiqu'il en soit, je vais tenter mon sort,
Et pousser la vertu jusqu'au dernier effort :
Je veux voir à quel point une femme hardie
Sçaura de son côté pousser la perfidie.

CORASMIN.

Seigneur, je crains pour vous ce funeste entretien,
Un cœur tel que le vôtre . . . . .

OROSMANE.

       Ah ! n'en redoute rien :
A son exemple, hélas ! ce cœur ne sçauroit feindre,
Mais j'ai la fermeté de sçavoir me contraindre :
           Oüi,

Oüi, puisqu'elle m'abaisse à connoître un rival...
Tiens, reçoi ce billet à tous trois si fatal :
Va, choisis pour le rendre un Esclave fidèle,
Mets en de sûres mains cette Lettre cruelle,
Va, cours... je ferai plus, j'éviterai ses yeux,
Qu'elle n'aproche pas... c'est elle, justes Cieux ?

SCENE VI.

OROSMANE, ZAYRE, CORASMIN.

ZAYRE.

SEigneur, vous m'étonnez ; quelle raison soudaine,
Quel ordre si pressant près de vous me raméne ?

OROSMANE.

Eh bien, Madame ! il faut que vous m'éclaircissiez :
Cet ordre est important plus que vous ne croyez ;
Je me suis consulté..... Malheureux l'un par l'autre,
Il faut régler d'un mot & mon sort & le vôtre.
Peut-être qu'en effet ce que j'ai fait pour vous,
Mon orgüeil oublié, mon Sceptre à vos genoux,

E. 6.   Mes-

Mes bienfaits, mon respect, mes soins, ma con-
fiance,
Ont arraché de vous quelque reconnoissance.
Votre cœur par un Maître attaqué chaque jour,
Vaincu par mes bienfaits, crut l'être par l'amour;
Dans votre ame, avec vous il est tems que je
lise,
Il faut que ses replis s'ouvrent à ma franchise,
Jugez-vous : répondez avec la vérité
Que vous devez au moins à ma sincérité.
Si de quelqu'autre amour l'invincible puissance
L'emporte sur mes soins, ou même les balance,
Il faut me l'avoüer, & dans ce même instant,
Ta grace est dans mon cœur ; prononce, elle t'at-
tend ;
Sacrifie à ma foi l'insolent qui t'adore,
Songe que je te vois, que je te parle encore,
Que ma foudre à ta voix pourra se détourner,
Que c'est le seul moment où je peux pardonner.

ZAYRE.

Vous, Seigneur ! vous osez me tenir ce langage ?
Vous, cruel ?..... aprenez, que ce cœur qu'on
outrage
Et que par tant d'horreurs le Ciel veut éprouver,
S'il ne vous aimoit pas, est né pour vous bra-
ver :
Je ne crains rien ici que ma funeste flâme ;
N'imputez qu'à ce feu qui brûle encor mon
ame,

N'imputez

TRAGEDIE. 89

N'imputez qu'à l'amour que je dois oublier,
La honte où je descends de me justifier.
J'ignore si le Ciel qui m'a toûjours trahie,
A destiné pour vous ma malheureuse vie,
Quoi qu'il puisse arriver, je jure par l'honneur
Qui, non moins que l'amour, est gravé dans
    mon cœur :
Je jure que Zaïre à soi-même renduë,
Des Rois les plus puissans détesteroit la vûë,
Que tout autre, après vous, me seroit odieux;
Voulez-vous plus sçavoir, & me connoître
    mieux ?
Voulez-vous que ce cœur à l'amertume en proïe,
Ce cœur desespéré devant vous se déploïe ?
Sçachez donc qu'en secret il pensoit malgré lui,
Tout ce que devant vous il déclare aujourd'hui,
Qu'il soupiroit pour vous, avant que vos ten-
    dresses
Vinssent justifier mes naissantes foiblesses,
Qu'il prévint vos bienfaits, qu'il brûloit à vos
    pieds,
Qu'il vous aimoit enfin lorsque vous m'igno-
    riez,
Qu'il n'eût jamais que vous, n'aura que vous
    pour Maître :
J'en atteste le Ciel, que j'offense peut-être ?
Et si j'ai mérité son éternel courroux,

               Si

Si mon cœur fut coupable, ingrat, c'étoit pour
vous.

OROSMANE.

Quoi ? des plus tendres feux fa bouche encor
m'aſſûre !
Quel excès de noirceur ! Zaïre !... ah, la parjure !
Quand de fa trahifon j'ai la preuve en ma main !

ZAYRE.

Que dites-vous ? quel trouble agite votre fein ?

OROSMANE.

Je ne fuis point troublé. Vous m'aimez ?

ZAYRE.

Votre bouche
Peut-elle me parler avec ce ton farouche ?
D'un feu fi tendrement déclaré chaque jour,
Vous me glacez de crainte, en me parlant d'a-
mour.

OROSMANE.

Vous m'aimez ?

ZAYRE.

ZAYRE.

Vous pouvez douter de ma tendreſſe ?
Mais encore une fois quelle fureur vous preſſe ?
Quels regards effraïans vous me lancez ! hélas !
Vous doutez de mon cœur ?

OROSMANE.

Non, je n'en doute pas.
Allez, rentrez, Madame.

SCENE VII.

OROSMANE, CORASMIN.

OROSMANE.

Ami, sa perfidie
Au comble de l'horreur ne s'est pas démentie,
Tranquile dans le crime, & fausse avec douceur,
Elle a jusques au bout soutenu sa noirceur.
As-tu trouvé l'Esclave ? as-tu servi ma rage ?
Connoîtrai-je à la fois son crime & mon outrage ?

CORASMIN.

Oüi, je viens d'obéïr ; mais vous ne pouvez pas
Soupirer desormais pour ses traîtres apas :
Vous la verrez sans doute avec indifférence,
Sans que le repentir succéde à la vangeance,
Sans que l'amour sur vous en repousse les traits.

OROSMANE.

Corasmin, je l'adore encor plus que jamais.

CORASMIN.

TRAGEDIE.

CORASMIN.

Vous ? ô Ciel ! Vous ?

OROSMANE.

Je vois un raïon d'espérance.
Cet odieux Chrétien, l'Eléve de la France,
Est jeune, impatient, leger, présomptueux,
Il peut croire aisément ses téméraires vœux :
Son amour indiscret, & plein de confiance,
Aura de ses soupirs hazardé l'insolence :
Un regard de Zaïre aura pû l'aveugler,
Sans doute il est aisé de s'en laisser troubler :
Il croit qu'il est aimé ; c'est lui seul qui m'offense.
Peut-être ils ne sont point tous deux d'intelligence :
Zaïre n'a point vû ce Billet criminel,
Et j'en croïois trop tôt mon déplaisir mortel.
Corasmin, écoutez.... Dès que la nuit plus sombre
Aux crimes des Mortels viendra prêter son ombre,
Si-tôt que ce Chrétien, chargé de mes bienfaits,
Néreſtan, paroîtra sous les murs du Palais ;
Ayez soin qu'à l'instant la Garde le saisisse,
Qu'on prépare pour lui le plus honteux suplice,
Et que chargé de fers il me soit presenté.
Laissez, sur-tout, laissez Zaïre en liberté.

Tu

Tu vois mon cœur, tu vois à quel excès je l'aime,
Ma fureur est plus grande, & j'en tremble moi-même.
J'ai honte des douleurs où je me suis plongé,
Mais malheur aux ingrats qui m'auront outragé.

Fin du quatriéme Acte.

ACTE V.

SCENE PREMIERE.

OROSMANE, CORASMIN.

Un Efclave.

OROSMANE *à l'Efclave.*

ON l'a fait avertir, l'ingrate va paroître.
Songe que dans tes mains eft le fort de
    ton Maître,
Donne-lui le Billet de ce traître Chrétien,
Rends-moi compte de tout, examine-la bien.
Porte-moi fa réponfe : on aproche . . . . c'eft
    elle.

A Corafmin.

Vien, d'un malheureux Prince, ami tendre &
    fidèle,
Vien m'aider à cacher ma rage, & mes ennuis.

SCENE II.

ZAYRE, FATIME, L'ESCLAVE.

ZAYRE.

EH ! qui peut me parler dans l'état où je suis ?
A tant d'horreurs, hélas ! qui pourra me souf-
    traire ?
Le Sérail est fermé ! Dieu ! si c'étoit mon frere !
Si la main de ce Dieu pour soutenir ma foi,
Par des chemins cachez le conduisoit vers moi !
Quel Esclave inconnû se presente à ma vûë ?

L'ESCLAVE.

Cette Lettre en secret en mes mains parvenuë,
Pourra vous assûrer de ma fidélité.

ZAYRE.

Donne.
Elle lit.

FATIME *à part pendant que Zaïre lit.*
Dieu tout-puissant, éclate en ta bonté,
Fais descendre ta grace en ce séjour profane,
Arrache ma Princesse au barbare Orosmane.

ZAYRE.

TRAGEDIE. 97

ZAYRE à *Fatime*.

Je voudrois te parler.

FATIME à *l'Esclave*.

Allez, retirez-vous ;
On vous rapellera, soyez prêt, laissez-nous.

SCENE III.

ZAYRE, FATIME.

ZAYRE.

Lis ce Billet, hélas ! dis-moi ce qu'il faut faire;
Je voudrois obéïr aux ordres de mon frere.

FATIME.

Dites plûtôt, Madame, aux ordres éternels
D'un Dieu qui vous demande aux pieds de ses
    Autels.
Ce n'est point Néreftan, c'est Dieu qui vous
    apelle.

ZAYRE.

Je le sçais, à sa voix je ne suis point rebelle,
                               J'en

J'en ai fait le serment, mais puis-je m'engager,
Moi, les Chrétiens, mon Frere, en un si grand
  danger ?

FATIME.

Ce n'est point leur danger dont vous êtes trou-
  blée,
Votre amour parle seul à votre ame ébranlée.
Je connois votre cœur, il penseroit comme eux,
Il hazarderoit tout, s'il n'étoit amoureux.
Ah ! connoissez du moins l'erreur qui vous en-
  gage.
Vous tremblez d'offenser l'Amant qui vous
  outrage.
Quoi ! ne voyez-vous pas toutes ses cruautez,
Et l'ame d'un Tartare à travers ses bontez ?
Ce Tigre encor farouche au sein de sa tendresse,
Même en vous adorant, menaçoit sa Maîtresse....
Et votre cœur encor ne s'en peut détacher,
Vous soupirez pour lui ?

ZAYRE.

                    Qu'ai-je à lui reprocher ?
C'est moi qui l'offensois, moi qu'en cette journée,
Il a vû souhaiter ce fatal hymenée ;
Le Trône étoit tout prêt ; le Temple étoit paré,
Mon Amant m'adoroit, & j'ai tout différé.
Moi, qui devois ici trembler sous sa puissance,
J'ai de ses sentimens bravé la violence,

                                          J'ai

J'ai soumis son amour, il fait ce que je veux,
Il m'a sacrifié ses transports amoureux.

FATIME.

Ce malheureux amour dont votre ame est blessée,
Peut-il en ce moment remplir votre pensée ?

ZAYRE.

Ah ! Fatime, tout sert à me desespérer :
Je sçai que du Sérail rien ne peut me tirer :
Je voudrois des Chrétiens voir l'heureuse Contrée,
Quitter ce lieu funeste à mon ame égarée ;
Et je sens qu'à l'instant prompte à me démentir,
Je fais des vœux secrets pour n'en jamais sortir.
Quel état ! quel tourment ! Non, mon ame inquiéte
Ne sçait ce qu'elle doit, ni ce qu'elle souhaite ;
Une terreur affreuse est tout ce que je sens.
Dieu, détourne de moi ces noirs pressentimens,
Prends soin de nos Chrétiens, & veille sur mon frere ;
Prends soin du haut des Cieux d'une tête si chére ;
Oüi, je le vais trouver, je lui vais obéïr.
Mais dès que de Solyme il aura pû partir.
Par son absence alors à parler enhardie,
J'aprends à mon Amant le secret de ma vie :
Je lui dirai le culte où mon cœur est lié,

IJ

Il lira dans ce cœur, il en aura pitié ;
Mais dussai-je au suplice être ici condamnée,
Je ne trahirai point le sang dont je suis née.
Va, tu peux amener mon cher frere en ces lieux.
Rapelle cet Esclave.

SCENE IV.

ZAYRE seule.

O Dieu de mes Ayeux,
Dieu de tous mes parens, de mon malheureux Pere,
Que ta main me conduise, & que ton œil m'éclaire !

SCENE V.
ZAYRE, L'ESCLAVE.
ZAYRE.

Allez dire au Chrétien qui marche sur vos pas,
Que mon cœur aujourd'hui ne le trahira pas,
Que Fatime en ces lieux va bien-tôt l'introduire.

A part.

Allons, rassûre-toi, malheureuse Zaïre.

SCENE VI.
OROSMANE, CORASMIN, L'ESCLAVE.
OROSMANE.

Que ces momens, grand Dieu, sont lents pour ma fureur !

A Meledor.

Et bien, que t'a-t-on dit ? Réponds. Parle.

L'ESCLAVE.

L'ESCLAVE.

　　　　　　　　　　　　Seigneur,
On n'a jamais senti de si vives allarmes.
Elle a pâli, tremblé, ses yeux versoient des lar-
　　mes,
Elle m'a fait sortir, elle m'a rapelé,
Et d'une voix tombante, & d'un cœur tout trou-
　　blé,
Près de ces lieux, Seigneur, elle a promis d'at-
　　tendre,
Celui, qui cette nuit à ses yeux doit se rendre.

OROSMANE.

A Meledor.　　　　　*A Corasmin.*

Allez, il me suffit. Ote-toi de mes yeux.
Laisse-moi. Tout mortel me devient odieux.
Laisse-moi seul, te dis-je, à ma fureur extrême,
Je hais le monde entier, je m'abhorre moi-même.

TRAGEDIE.

SCENE VII.

OROSMANE *seul.*

OU suis-je ? ô Ciel ! Où suis-je ? Où portai-je
    mes vœux ?
Zaïre, Nérestan... couple ingrat, couple affreux,
Traîtres, arrachez-moi ce jour que je respire,
Ce jour souillé par vous.... misérable Zaïre,
Tu ne joüiras pas... Corasmin, revenez.

SCENE VIII.

OROSMANE, CORASMIN.

OROSMANE.

AH ! trop cruel Ami, quoi ! vous m'abandon-
    nez.
Venez, a-t-il paru, ce Rival, ce coupable ?

CORASMIN.

Rien ne paroît encor.

OROSMANE.

                Ô nuit ! nuit effroyable !

Peux-tu prêter ton voile à de pareils forfaits ?
Zaïre !.... l'infidèle.... après tant de bien-
faits....
J'aurois d'un œil ferein, d'un front inaltérable
Contemplé de mon rang la chûte épouvantable,
J'aurois fçu dans l'horreur de la captivité,
Conferver mon courage & ma tranquilité ;
Mais me voir à ce point trompé par ce que j'ai-
me ?....

CORASMIN.

Eh ! que prétendez-vous dans cette horreur extrême ?
Quel eft votre deffein ?

OROSMANE.

N'entends-tu pas des cris ?

CORASMIN.

Seigneur.

OROSMANE.

Un bruit affreux a frapé mes efprits.
On vient.

CORASMIN.

Non, jufqu'ici nul Mortel ne s'avance,

Le

Le Sérail est plongé dans un profond silence ;
Tout dort ; tout est tranquile, & l'ombre de la nuit....

OROSMANE.

Hélas ! le crime veille, & son horreur me suit.
A ce coupable excès porter sa hardiesse !
Tu ne connoissois pas mon cœur & ma tendresse,
Combien je t'adorois ! quels feux ! ah, Corasmin !
Un seul de ses regards auroit fait mon destin.
Je ne pus être heureux, ni souffrir que par elle.
Prends pitié de ma rage. Oüi, cours... Ah, la cruelle !

CORASMIN.

Est-ce vous qui pleurez ? Vous, Orosmane ? ô Cieux !

OROSMANE.

Voilà les premiers pleurs qui coulent de mes yeux ;
Tu vois mon sort, tu vois la honte où je me livre,
Mais ces pleurs sont cruels, & la mort va les suivre :
Plains, Zaïre, plains-moi, l'heure aproche ; ces pleurs,
Du sang qui va couler sont les avant-coureurs.

CORASMIN.

Ah ! je tremble pour vous.

OROSMANE.

Frémis de mes souffrances,
Frémis de mon amour, frémis de mes vangeances.
Aproche, viens, j'entends.... je ne me trompe pas.

CORASMIN.

Sous les murs du Palais quelqu'un porte ses pas.

OROSMANE.

Va saisir Nérestan, va, dis-je, qu'on l'enchaîne ;
Que tout chargé de fers à mes yeux on l'entraîne.

SCENE

TRAGEDIE.

SCENE IX.

OROSMANE, ZAYRE & FATIME,
marchant pendant la nuit dans l'enfoncement du Théâtre.

ZAYRE.

Vien, Fatime.

OROSMANE.

Qu'entends-je ! eſt-ce-là cette voix,
Dont les ſons enchanteurs m'ont ſéduit tant de fois,
Cette voix qui trahit un feu ſi légitime,
Cette voix infidèle, & l'organe du crime ?
Perfide !... vangeons-nous... quoi ! c'eſt-elle ?
ô deſtin !

Il tire ſon poignard.

Zaïre ! ah Dieu... ce fer échape de ma main.

ZAYRE *à Fatime.*

C'eſt ici le chemin, vien, ſoutient mon courage.

FATIME.

Il va venir.

OROSMANE.

OROSMANE.

Ce mot me rend toute ma rage.

ZAYRE.

Je marche en friſſonnant, mon cœur eſt éperdu...
Eſt-ce vous, Néreſtan, que j'ai tant attendu ?

OROSMANE *courant à Zaïre.*

C'eſt moi que tu trahis : tombe à mes pieds, parjure.

ZAYRE *tombant dans la couliſſe.*

Je me meurs : ô mon Dieu !

OROSMANE.

J'ai vangé mon injure.
Otons-nous de ces lieux. Je ne puis... Qu'ai-je
fait ?...
Rien que de juſte... Allons, j'ai puni ſon forfait.
Ah ! voici ſon Amant que mon deſtin m'envoïe,
Pour remplir ma vangeance & ma cruelle joïe.

* *
*

SCENE

TRAGEDIE.

SCENE DERNIERE.

OROSMANE, ZAYRE, NE'RESTAN,
CORASMIN, FATIME, ESCLAVES.

OROSMANE.

APproche, malheureux, qui viens de m'arracher,
De m'ôter pour jamais ce qui me fut si cher,
Méprisable ennemi, qui fais encor paraître
L'audace d'un Héros avec l'ame d'un traître,
Tu m'imposois ici pour me deshonorer.
Va, le prix en est prêt, tu peux t'y préparer,
Tes maux vont égaler les maux où tu m'expose,
Et ton ingratitude, & l'horreur que tu cause.
Avez-vous ordonné son suplice?

CORASMIN.

Oüi, Seigneur.

OROSMANE.

Il commence déja dans le fond de ton cœur.
Tes yeux cherchent par-tout, & demandent encore
La perfide qui t'aime, & qui me deshonore.
Regarde, elle est ici.

NE'RESTAN.

ZAYRE,

NE'RESTAN.

Que dis-tu ? Quelle erreur...

OROSMANE.

Regarde-la, te dis-je.

NE'RESTAN.

Ah ! que vois-je ? Ah, ma sœur !
Zaïre !... Elle n'eſt plus. Ah, Monſtre ! Ah jour horrible !

OROSMANE.

Sa Sœur ! Qu'ai-je entendu ? Dieu ! ſeroit-il poſſible ?

NE'RESTAN.

Barbare, il eſt trop vrai : Viens épuiſer mon flanc
Du reſte infortuné de cet auguſte ſang.
Luſignan, ce Vieillard, fut ſon malheureux pere,
Il venoit dans mes bras d'achever ſa miſére,
Et d'un pere expiré j'aportois en ces lieux
La volonté derniére, & les derniers adieux ;
Je venois, dans un cœur trop foible & trop ſenſible,
Rapeler des Chrétiens le culte incorruptible :
Hélas ! elle offenſoit notre Dieu, notre Loi ;
Et

Et ce Dieu la punit d'avoir brûlé pour toi.

OROSMANE.

Zaïre!... Elle m'aimoit? Eſt-il bien vrai, Fatime?
Sa Sœur? J'étois aimé?

FATIME.

     Cruel! voilà ſon crime.
Tigre altéré de ſang, tu viens de maſſacrer
Celle qui malgré ſoi conſtante à t'adorer,
Se flatoit, eſpéroit que le Dieu de ſes peres
Recevroit le tribut de ſes larmes ſincéres;
Qu'il verroit en pitié cet amour malheureux,
Que peut-être il voudroit vous réünir tous deux:
Hélas! à cet excès ſon cœur l'avoit trompée,
De cet eſpoir trop tendre elle étoit occupée,
Tu balançois ſon Dieu dans ſon cœur allarmé.

OROSMANE.

Tu m'en as dit aſſez. O Ciel! j'étois aimé!
Va, je n'ai pas beſoin d'en ſçavoir davantage....

NE'RESTAN.

Cruel! qu'attends-tu donc pour aſſouvir ta rage;
Il ne reſte que moi de ce ſang glorieux,
Dont ton pere & ton bras ont inondé ces lieux;

    F 6 Rejoins

Rejoins un malheureux à sa triste famille,
Au Héros, dont tu viens d'assassiner la fille.
Tes tourmens sont-ils prêts ? je puis braver tes coups,
Tu m'as fait éprouver le plus cruel de tous.
Mais la soif de mon sang qui toûjours te devore,
Permet-elle à l'honneur de te parler encore ?
En m'arrachant le jour souviens-toi des Chrétiens
Dont tu m'avois juré de briser les liens ;
Dans sa férocité ton cœur impitoyable,
De ce trait généreux seroit-il bien capable ;
Parle ; à ce prix encor je benis mon trépas.

OROSMANE *allant vers le corps de Zaïre.*

Zaïre !

CORASMIN.

Hélas ! Seigneur, où portez-vous vos pas ?
Rentrez ; trop de douleur de votre ame s'empare,
Souffrez que Nérestan....

NE'RESTAN.

Qu'ordonnes-tu, Barbare ?

OROSMANE *après une longue pause.*

Qu'on détache ses fers. Ecoutez, Corasmin,
Que tous ses Compagnons soient délivrés soudain,

Aux

Aux malheureux Chrétiens prodiguez mes largesses.
Comblés de mes bienfaits, chargés de mes richesses,
Jusqu'au Port de Joppé vous conduirez leurs pas.

CORASMIN.

Mais, Seigneur....

OROSMANE.

Obéïs, & ne replique pas,
Vole, & ne trahis point la volonté suprême
D'un Soudan, qui commande, & d'un ami qui t'aime,
Va, ne perds point de tems, fors, obéïs......

A Nérestan. Et toi,

Guerrier infortuné, mais moins encor que moi,
Quitte ces lieux sanglans, remporte en ta Patrie
Cet objet, que ma rage a privé de la vie.
Ton Roi, tous tes Chrétiens aprenans tes malheurs,
N'en parleront jamais sans répandre des pleurs ;
Mais si la vérité par toi se fait connoître,
En détestant mon crime, on me plaindra peut-être.
Porte aux tiens ce poignard, que mon bras égaré
A plongé dans un sein qui dût m'être sacré ;
Dis-leur que j'ai donné la mort la plus affreuse

A

A la plus digne femme, à la plus vertueuse,
Dont le Ciel ait formé les innocens apas;
Dis-leur qu'à ses genoux j'avois mis mes Etats,
Dis-leur que dans son sang cette main s'est plon-
    gée,
Dis que je l'adorois, & que je l'ai vangée. *Il se
tuë.*

Aux siens.
Respectez ce Héros, & conduisez ses pas.

NE'RESTAN.

Guide-moi, Dieu puissant, je ne me connois
    pas :
Faut-il qu'à t'admirer ta fureur me contraigne,
Et que dans mon malheur ce soit moi qui te plai-
    gne !

Fin du cinquième & dernier Acte.

L'ALZIRE,

L'ALZIRE,
OU LES
AMÉRICAINS,
TRAGÉDIE.

A MADAME
LA MARQUISE
DU CHASTELET.

*ADAME*,

Quel foible hommage pour Vous, qu'un de ces Ouvrages de Poësie, qui n'ont qu'un tems, qui doivent leur mérite à la faveur passagère du Public & à l'illusion du Théâtre, pour tomber ensuite dans la foule & dans l'obscurité!

Qu'est-ce en effet qu'un Roman mis en action & en vers, devant celle qui lit les Ouvrages de Géométrie

métrie avec la même facilité que les autres lisent les Romans ; devant celle qui n'a trouvé dans Locke, ce sage Précepteur du Genre Humain, que ses propres sentimens & l'histoire de ses pensées ; enfin aux yeux d'une personne, qui, née pour les agrémens, leur préfére la Vérité ?

Mais, MADAME, le plus grand génie, & sûrement le plus desirable, est celui qui ne donne l'exclusion à aucun des beaux Arts. Ils sont tous la nourriture & le plaisir de l'ame : y en a t'il dont on doive se priver ? Heureux l'esprit que la Philosophie ne peut dessécher, & que les charmes des Belles Lettres ne peuvent amollir, qui sçait se fortifier avec Locke, s'éclairer avec Clarke & Newton, s'élever dans la lecture de Cicéron & de Bossuet, s'embellir par les charmes de Virgile & du Tasse !

Tel est votre génie, MADAME ; il faut que je ne craigne point de le dire, quoique vous craigniez de l'entendre. Il faut que votre exemple encourage les personnes de votre Sexe & de votre Rang, à croire qu'on s'annoblit encore en perfectionnant sa Raison, & que l'esprit donne des graces.

Il a été un tems en France, & même dans toute l'Europe, où les hommes pensoient déroger, & les femmes sortir de leur état, en osans s'instruire. Les uns ne se croyoient nez que pour la guerre, ou pour l'oisiveté ; & les autres, que pour la coquéterie.

Le ridicule même que Moliére & Despréaux ont jetté sur les Femmes sçavantes, a semblé dans un Siécle poli, justifier les préjugez de la Barbarie.

Mais

EPITRE.

Mais Moliére, ce Législateur dans la Morale & dans les Bienséances du monde, n'a pas assûrément prétendu, en attaquant les Femmes sçavantes, se mocquer de la Science & de l'Esprit. Il n'en a joüé que l'abus & l'affectation; ainsi que dans son Tartuffe, il a diffamé l'Hypocrisie, & non pas la Vertu.

Si, au lieu de faire une Satyre contre les Femmes, l'exact, le solide, le laborieux, l'élégant Despréaux avoit consulté les Femmes de la Cour les plus spirituelles, il eût ajoûté à l'art & au mérite de ses Ouvrages, si bien travaillez, des graces & des fleurs qui leur eussent encore donné un nouveau charme. En vain, dans sa Satyre des Femmes, il a voulu couvrir de ridicule une Dame qui avoit apris l'Astronomie; il eût mieux fait de l'aprendre lui-même.

L'esprit philosophique fait tant de progrès en France depuis quarante ans, que si Boileau vivoit encore, lui qui osoit se moquer d'une Femme de condition, parce qu'elle voyoit en secret Roberval & Sauveur, seroit obligé de respecter & d'imiter celles qui profitent publiquement des lumiéres des Maupertuis, des Réaumur, des Mairan, des Dufay, & des Cléraux; de tous ces véritables Sçavans, qui n'ont pour objet qu'une Science utile, & qui en la rendans agréable, la rendent insensiblement nécessaire à notre Nation. Nous sommes au tems, j'ose le dire, où il faut qu'un Poëte soit Philosophe, & où une Femme peut l'être hardiment.

Dans le commencement du dernier Siécle, les Français aprirent à arranger des mots. Le Siécle

des

des choses est arrivé. Telle qui lisoit autrefois Montagne, l'Astrée, & les Contes de la Reine de Navarre, étoit une Sçavante. Les Deshoulliéres & les Daciers, illustres dans différens genres, sont venuës depuis. Mais votre Sexe a encore tiré plus de gloire de celles qui ont mérité qu'on fît pour elles le Livre charmant des Mondes, & les Dialogues sur la lumiére, qui vont paroître; Ouvrage peut-être comparable aux Mondes.

Il est vrai qu'une Femme qui abandonneroit les devoirs de son état pour cultiver les Sciences, seroit condamnable, même dans ses succès; mais, MADAME, le même esprit qui méne à la connoissance de la Vérité, est celui qui porte à remplir ses devoirs.

La Reine d'Angleterre, qui a servi de Médiatrice entre les deux plus grands Métaphysiciens de l'Europe, Clarke & Léibnitz, & qui pouvoit les juger, n'a pas négligé pour cela un moment les soins de Reine, de Femme & de Mere.

Christine, qui abandonna le Trône pour les Beaux-Arts, fut une grande Reine, tant qu'elle régna. La petite-fille du grand Condé, dans laquelle on voit revivre l'esprit de son Ayeul, n'a-t'elle pas ajoûté une nouvelle considération au sang dont elle est sortie?

Vous, MADAME, dont on peut citer le nom à côté de celui de tous les Princes, vous faites aux Lettres le même honneur. Vous en cultivez tous les genres. Elles sont votre occupation dans
l'âge

l'âge des plaisirs. Vous faites plus ; vous cachez ce mérite étranger au monde, avec autant de soin que vous l'avez acquis. Continuez, MADAME, à chérir, à oser cultiver les Sciences, quoique cette lumière, long-tems renfermée dans vous-même, ait éclaté malgré vous. Ceux qui ont répandu en secret des bienfaits doivent-ils renoncer à cette vertu, quand elle est devenuë publique ?

Eh ! pourquoi rougir de son mérite ? L'esprit orné n'est qu'une beauté de plus. C'est un nouvel Empire. On souhaite aux Arts la protection des Souverains : celle de la Beauté n'est-elle pas au-dessus ?

Permettez-moi de dire encore, qu'une des raisons qui doivent faire estimer les femmes qui font usage de leur esprit, c'est que le goût seul les détermine. Elles ne cherchent en cela qu'un nouveau plaisir, & c'est en quoi elles sont bien loüables.

Pour nous autres hommes, c'est souvent par vanité, quelquefois par intérêt, que nous consumons notre vie dans la culture des Arts. Nous en faisons les instrumens de notre fortune ; c'est une espéce de profanation. Je suis fâché qu'Horace dise de lui :

(*) L'Indigence est le Dieu qui m'inspira des Vers.

(*) —————————— Paupertas impulit audax
Ut versus facerem. ——————

Horat. Epist. Lib. II. Epist. 2. *vs.* 51.

La

EPITRE.

La roüille de l'Envie, l'artifice des Intrigues, le poison de la Calomnie, l'assassinat de la Satire (si j'ose m'exprimer ainsi) deshonorent parmi les hommes une profession qui par elle-même a quelque chose de divin.

Pour moi, MADAME, qu'un penchant invincible a déterminé aux Arts dès mon enfance; je me suis dit de bonne heure ces paroles, que je vous ai souvent répétées, de Cicéron, ce Consul Romain qui fut le pere de la Patrie, de la Liberté & de l'Eloquence. (*) „ *Les Lettres forment la* „ *Jeunesse, & font les charmes de l'âge avancé. La* „ *prospérité en est plus brillante. L'adversité en* „ *reçoit des consolations; & dans nos maisons,* „ *dans celles des autres, dans les voyages, dans* „ *la solitude, en tout tems, en tous lieux, elles* „ *font la douceur de notre vie.*

Je les ai toûjours aimées pour elles-mêmes; mais à present, MADAME, je les cultive pour vous, pour mériter, s'il est possible, de passer auprès de vous le reste de ma vie, dans le sein de la retraite, de la paix, peut-être de la Vérité, à qui vous sacrifiez dans votre jeunesse les plaisirs faux, mais enchanteurs du monde; enfin pour être à portée de dire un jour avec Lucréce, ce Poëte

Philosophe

(*) Studia Adolescentiam alunt, Senectutem oblectant, secundas res ornant, adversis perfugium ac solatium præbent; delectant domi, non impediunt foris, pernoctant nobiscum, peregrinantur, rusticantur.

EPITRE.

Philosophe dont les beautez & les erreurs vous sont si connuës :

(†) Heureux ! qui retiré dans le Temple des Sages,
Voit en paix sous ses pieds se former les orages :
Qui contemple de loin les mortels insensez,
De leur joug volontaire esclaves empressez,
Inquiets, incertains du chemin qu'il faut suivre,
Sans penser, sans joüir, ignorent l'art de vivre;
Dans l'agitation consumans leurs beaux jours,
Poursuivans la fortune & rampans dans les Cours.
O vanité de l'homme ! O foiblesse ! O misére !

Je n'ajoûterai rien à cette longue Epître, touchant la Tragédie que j'ai l'honneur de vous dédier. Comment en parler, MADAME, après avoir parlé de vous ? Tout ce que je puis dire, c'est que je l'ai

---

(†) *Sed nil dulcius est, bene quàm munita tenere*
Edita doctrinâ Sapientum templa serena,
Despicere unde queas alios, passimque videre
Errare, atque viam palanteis quærere vitæ,
Certare ingenio, contendere nobilitate,
Noctes atque dies niti præstante labore
Ad summas emergere opes, rerumque potiri.
O miseras hominum mentes ! O pectora cæca !

l'ai composée dans votre maison & sous vos yeux. J'ai voulu la rendre moins indigne de vous, en y mettant de la nouveauté, de la vérité & de la vertu. J'ai essayé de peindre ce sentiment généreux, cette humanité, cette grandeur d'ame qui fait le bien & qui pardonne le mal, ces sentimens tant recommandez par les Sages de l'Antiquité, & épurez dans notre Religion, ces vraies Loix de la Nature, toûjours si mal suivies. Vous avez ôté bien des défauts à cet Ouvrage, vous connoissez ceux qui le défigurent encore. Puisse le Public, d'autant plus sévére qu'il a d'abord été plus indulgent, me pardonner, comme vous, mes fautes !

Puisse au moins cet hommage, que je vous rends, MADAME, périr moins vîte que mes autres Ecrits ! Il seroit immortel, s'il étoit digne de celle à qui je l'adresse.

Je suis avec un profond respect,

MADAME,

Votre très-humble & très-obéïssant Serviteur,

DE VOLTAIRE.

DISCOURS

DISCOURS
PRÉLIMINAIRE.

ON a tâché dans cette Tragédie, toute d'invention & d'une espéce assez neuve, de faire voir combien le véritable esprit de Religion l'emporte sur les vertus de la Nature.

La Religion d'un Barbare consiste à offrir à ses Dieux le sang de ses Ennemis. Un Chrétien mal instruit n'est souvent guére plus juste. Etre fidéle à quelques pratiques inutiles, & infidéle aux vrais devoirs de l'homme : faire certaines priéres, & garder ses vices ; jeûner, mais haïr, cabaler, persécuter ; voilà sa Religion. Celle du Chrétien véritable est de regarder tous les hommes comme ses freres, de leur faire du bien, & de leur pardonner le mal.

Tel est Gusman au moment de sa mort, tel est Alvarès dans le cours de sa vie ; tel j'ai peint Henri IV. même au milieu de ses foiblesses.

On trouvera dans presque tous mes Ecrits cette humanité qui doit être le premier caractére d'un Etre pensant : on y verra (si j'ose m'exprimer ainsi) le desir du bonheur des hommes, l'horreur de l'injuftice & de l'opreffion ; & c'eft cela feul qui a jufqu'ici tiré mes Ouvrages de l'obfcurité où leurs défauts devoient les enfévelir.

Voilà pourquoi la HENRIADE s'eft foutenuë malgré les efforts de quelques Français jaloux, qui ne veulent pas abfolument que la France ait un Poëme Épique. Il y a toûjours un petit nombre de Lecteurs, qui ne laiffent point empoifonner leur jugement du venin des cabales & des intrigues, qui n'aiment que le vrai, qui cherchent toûjours l'homme dans l'Auteur. Voilà ceux devant qui j'ai trouvé grace. C'eft à ce petit nombre d'hommes que j'adreffe les réfléxions fuivantes ; j'efpére qu'ils les pardonneront à la néceffité où je fuis de les faire.

Un Etranger s'étonnoit un jour à Paris d'une foule de Libelles de toute efpéce, & d'un déchaînement cruel, par lequel un homme étoit oprimé. Il faut aparemment, dit-il, que cet homme foit d'une grande ambition, & qu'il cherche à s'élever à quelqu'un de ces poftes qui irritent la cupidité humaine & l'envie. Non, lui répondit-on, c'eft un Citoyen obfcur, retiré, qui vit plus avec Virgile & Locke, qu'avec fes Compatriotes, & dont la figure n'eft pas plus connuë de quelques-uns de fes ennemis, que du Graveur qui a prétendu graver fon Portrait. C'eft l'Auteur de quelques

ques Piéces qui vous ont fait verfer des larmes, & de quelques Ouvrages dans lefquels, malgré leurs défauts, vous aimez cet efprit d'humanité, de juftice, de liberté qui y régne. Ceux qui le calomnient, ce font des hommes pour la plûpart plus obfcurs que lui, qui prétendent lui difputer un peu de fumée, & qui le perfécuteront jufqu'à fa mort, uniquement à caufe du plaifir qu'il vous a donné.

Cet Etranger fe fentit quelque indignation pour les Perfécuteurs, & quelque bienveillance pour le Perfécuté.

Il eft dur, il faut l'avoüer, de ne point obtenir de fes Contemporains & de fes Compatriotes, ce que l'on peut efpérer des Etrangers & de la Poftérité. Il eft bien cruel, bien honteux pour l'Efprit humain, que la Littérature foit infectée de ces haines perfonnelles, de ces cabales, de ces intrigues qui dévroient être le partage des Efclaves de la fortune. Que gagnent les Auteurs en fe déchirans mutuellement ? Ils aviliffent une profeffion qu'il ne tient qu'à eux de rendre refpectable. Faut-il que l'Art de penfer, le plus beau partage des hommes, devienne une fource de ridicule ; & que les gens d'efprit, rendus fouvent par leurs querelles le joüet des Sots, foient les Bouffons d'un Public dont ils dévroient être les Maîtres ?

Virgile, Varius, Pollion, Horace, Tibulle, étoient amis ; les monumens de leur amitié subsistent, & aprendront à jamais aux hommes que les esprits supérieurs doivent être unis. Si nous n'atteignons pas à l'excélence de leur génie, ne pouvons-nous pas au moins avoir leurs vertus ? Ces hommes sur qui l'Univers avoit les yeux, qui avoient à se disputer l'admiration de l'Asie, de l'Afrique, de l'Europe, s'aimoient pourtant & vivoient en freres ; & nous, qui sommes renfermez sur un si petit Théâtre, nous, dont les noms à peine connus dans un coin du Monde passeront bien-tôt comme nos modes, nous nous acharnons les uns contre les autres pour un éclair de réputation, qui, hors de notre petit Horifon, ne frape les yeux de personne. Nous sommes dans un tems de disette, nous avons peu, nous nous l'arrachons. Virgile & Horace ne se disputoient rien, parce qu'ils étoient dans l'abondance.

On a imprimé un Livre, *De Morbis Artificum : de la maladie des Artistes*. La plus incurable est cette jalousie & cette bassesse. Mais ce qu'il y a de deshonorant, c'est que l'intérêt a souvent plus de part encore que l'envie à toutes ces petites Brochures satiriques, dont nous sommes inondés. On demandoit il n'y a pas long-tems à un homme qui avoit fait je ne sçai quelle mauvaise Brochure contre son ami & son bienfaicteur, pourquoi il s'étoit emporté à cet excès d'ingratitude ? Il répondit

dit froidement : Il faut que je vive.

De quelque source que partent ces outrages, il est sûr qu'un homme qui n'est attaqué que dans ses Ecrits ne doit jamais répondre aux Critiques ; car si elles sont bonnes, il n'a autre chose à faire qu'à se corriger ; & si elles sont mauvaises, elles meurent en naissans. Souvenons-nous de la Fable du Bocalini. " Un „ Voyageur, dit-il, étoit importuné dans son „ chemin du bruit des Cigales, il s'arrêta pour „ les tuer ; il n'en vint pas à bout, & ne fit „ que s'écarter de sa route. Il n'avoit qu'à con- „ tinuer paisiblement son voyage ; les Cigales „ seroient mortes d'elles-mêmes au bout de „ huit jours „.

Il faut toûjours que l'Auteur s'oublie ; mais l'homme ne doit jamais s'oublier, *se ipsum deferere turpissimum est*. On sçait que ceux qui n'ont pas assez d'esprit pour attaquer nos Ouvrages, calomnient nos personnes ; quelque honteux qu'il soit de leur répondre, il le seroit quelquefois davantage de ne leur répondre pas.

On m'a traité, dans vingt Libelles, d'homme sans Religion, & une des belles preuves qu'on en a aportées, c'est que dans Oedipe, Jocaste dit ces Vers :

Les Prêtres ne sont point ce qu'un vain Peuple pense,

Notre crédulité fait toute leur science.

Ceux qui m'ont fait ce reproche, sont aussi raisonnables

raisonnables pour le moins que ceux qui ont imprimé que la HENRIADE dans plusieurs endroits *sentoit bien son Semipélagien.*

On renouvelle souvent cette accusation cruelle d'Irreligion, parce que c'est le dernier refuge des Calomniateurs. Comment leur répondre ? comment s'en consoler, sinon en se souvenant de la foule de ces grands hommes, qui depuis Socrate jusqu'à Descartes, ont essuïé ces calomnies atroces ? Je ne ferai ici qu'une seule question : Je demande qui a le plus de religion, ou le Calomniateur qui persécute, ou le Calomnié qui pardonne.

Ces mêmes Libelles me traitent d'homme envieux de la réputation d'autrui ; je ne connois l'envie que par le mal qu'elle m'a voulu faire. J'ai défendu à mon esprit d'être satirique, & il est impossible à mon cœur d'être envieux.

J'en apelle à l'Auteur de Radamiste & d'Electre, dont les Ouvrages m'ont inspiré les premiers le desir d'entrer quelque tems dans la même carriére : ses succès ne m'ont jamais coûté d'autres larmes que celles que l'attendrissement m'arrachoit aux representations de ses Piéces ; il sçait qu'il n'a fait naître en moi que de l'émulation & de l'amitié.

L'Auteur ingénieux & digne de beaucoup de considération, qui vient de travailler sur un Sujet à peu près semblable à ma Tragédie, &
qui

qui s'est exercé à peindre ce contraste des mœurs de l'Europe & de celles du Nouveau Monde, matière si favorable à la Poësie, enrichira peut-être le Théâtre de sa Piéce nouvelle. Il verra si je serai le dernier à lui aplaudir, & si un indigne amour propre ferme mes yeux aux beautez d'un Ouvrage.

J'ose dire avec confiance que je suis plus attaché aux beaux Arts qu'à mes Ecrits : sensible à l'excès dès mon enfance pour tout ce qui porte le caractére de génie, je regarde un grand Poëte, un bon Musicien, un bon Peintre, un Sculpteur habile (s'il a de la probité) comme un homme que je dois chérir, comme un frere que les Arts m'ont donné ; les jeunes gens qui voudront s'apliquer aux Lettres, trouveront en moi un ami, plusieurs y ont trouvé un pere. Voilà mes sentimens ; quiconque a vécu avec moi sçait bien que je n'en ai point d'autres.

Je me suis cru obligé de parler ainsi au Public sur moi-même une fois en ma vie. A l'égard de ma Tragédie, je n'en dirai rien. Réfuter des Critiques est un vain amour propre, confondre la Calomnie est un devoir.

ACTEURS.

ACTEURS.

D. GUSMAN, Gouverneur du Pérou.

D. ALVARES, Pere de Gufman, ancien Gouverneur.

ZAMORE, Souverain d'une partie du Potoze.

MONTEZE, Souverain d'une autre partie.

ALZIRE, Fille de Montéze.

EMIRE,
CEPHANE, } Suivantes d'Alzire.

OFFICIERS ESPAGNOLS.

AMÉRICAINS.

La Scène est dans la Ville de Los-Reyes, autrement Lima.

ALZIRE,

ALZIRE TRAGEDIE.

ALZIRE,
OU
LES AMERICAINS,
TRAGÉDIE.

ACTE PREMIER.

SCENE PREMIERE.
ALVARES, D. GUSMAN.
ALVARES.

U Conseil de Madrid l'Autorité suprê-
me
Pour Successeur enfin, me donne un fils
que j'aime.
Faites régner le Prince & le Dieu que je sers,
Sur la riche moitié d'un Nouvel Univers :

G 5 Gouver-

Gouvernez cette Rive en malheurs trop féconde,
Qui produit les trefors & les crimes du monde;
Je vous remets, mon fils, ces honneurs fouve-
　　rains
Que la vieilleſſe arrache à mes débiles mains.
J'ai conſumé mon âge au fein de l'Amérique;
Je montrai le premier au Peuple du Méxique (*)
L'apareil inoüi, pour ces Mortels nouveaux,
De nos Châteaux aîlez qui voloient fur les eaux:
Des Mers de Magellan juſqu'aux Aſtres de l'Our-
　　fe,
Les Vainqueurs Caſtillans (†), ont dirigé ma
　　courſe;
Heureux, ſi j'avois pû, pour fruit de mes tra-
　　vaux,
En Chrétiens vertueux changer tous ces Héros!
Mais qui peut arrêter l'abus de la victoire?
Leurs cruautez, mon fils, ont obſcurci leur
　　gloire;
Et j'ai pleuré long-tems fur ces triſtes Vain-
　　queurs,
Que le Ciel fit ſi grands, ſans les rendre meil-
　　leurs.
Je touche au dernier pas de ma longue carriére
Et mes yeux ſans regret quitteront la lumiére,
　　　　　　　　　　　　　　　　S'ils

(*) L'Expédition du Méxique ſe fit en 1517. & celle du Pérou en 1525. Ainſi Alvarès a pû aiſément les voir. Los-Reyes lieu de la Scéne fut bâti en 1525.

(†) On ſçait quelles cruautez Fernand Cortez exer-ça au Méxique, & Pizaro au Pérou.

S'ils vous ont vû régir, sous d'équitables loix,
L'Empire du Potoze & la Ville des Rois.

GUSMAN.

J'ai conquis avec vous ce sauvage Hémisphére,
Dans ces Climats brûlans j'ai vaincu sous mon Pere ;
Je dois de vous encore aprendre à gouverner,
Et recevoir vos loix plûtôt que d'en donner.

ALVARES.

Non, non, l'autorité ne veut point de partage :
Consumé de travaux, apesanti par l'âge,
Je suis las du pouvoir ; c'est assez si ma voix
Parle encor au Conseil, & régle vos exploits.
Croyez-moi, les Humains que j'ai trop sçû connoître
Méritent peu, mon fils, qu'on veüille être leur maître.
Je consacre à mon Dieu, négligé trop long-tems,
De ma caducité les restes languissans.
Je ne veux qu'une grace, elle me sera chére,
Je l'attends comme ami, je la demande en pere.
Mon fils, remettez-moi ces Esclaves obscurs,
Aujourd'hui, par votre ordre, arrêtez dans nos murs ;
Songez que ce grand jour doit être un jour propice,
Marqué par la Clémence & non par la Justice.

GUSMAN.

Quand vous priez un fils, Seigneur, vous commandez ;
Mais daignez voir au moins ce que vous hazardez.
D'une Ville naiſſante encor mal aſſûrée
Au Peuple Américain nous défendons l'entrée :
Empêchons, croyez-moi, que ce Peuple orguëilleux
Au fer qui l'a dompté n'accoutume ſes yeux ;
Que mépriſant nos loix & prompt à les enfreindre,
Il oſe contempler des Maîtres qu'il doit craindre.
Il faut toûjours qu'il tremble, & n'aprenne à nous voir
Qu'armez de la vangeance ainſi que du pouvoir.
L'Américain farouche eſt un monſtre ſauvage,
Qui mort en fremiſſant le frein de l'Eſclavage :
Soumis au châtiment, fier dans l'impunité,
De la main qui le flâte il ſe croit redouté.
Tout pouvoir, en un mot, périt par l'indulgence,
Et la ſévérité produit l'obéïſſance.
Je ſçai qu'aux Caſtillans il ſuffit de l'honneur,
Qu'à ſervir ſans murmure ils mettent leur grandeur :
Mais le reſte du monde, eſclave de la crainte,
A beſoin qu'on l'oprime & ſert avec contrainte ;
Les Dieux même adorez dans ces Climats affreux,

S'ils

TRAGEDIE. 137

S'ils ne sont teints de sang, n'obtiennent point de
    vœux (*).

ALVARES.

Ah ! mon fils, que je hais ces rigueurs tyranniques !
Les pouvez-vous aimer ces forfaits politiques ;
Vous, Chrétien, vous, choisi pour régner desormais
Sur des Chrétiens nouveaux au nom d'un Dieu de
    paix ?
Vos yeux ne sont-ils pas assouvis des ravages
Qui de ce Continent dépeuplent les Rivages ?
Des bords de l'Orient n'étois-je donc venu
Dans un Monde idolâtre, à l'Europe inconnu,
Que pour voir abhorrer sous ce brûlant Tropique
Et le nom de l'Europe & le nom Catholique !
Ah ! Dieu nous envoyoit, par un contraire choix,
Pour annoncer son nom, pour faire aimer ses
    Loix :
Et nous, de ces Climats destructeurs implacables,
Nous, & d'or & de sang toûjours insatiables,
Deserteurs de ces Loix qu'il falloit enseigner,
Nous égorgeons ce Peuple au lieu de le gagner ;
Par nous tout est en sang, par nous tout est en
    poudre,
Et nous n'avons du Ciel imité que de la foudre.
                            Notre

(*) On immoloit des hommes en Amérique ; mais il n'y a aucun Peuple qui n'ait été coupable de cette horrible superstition.

                                    SCENE

Notre nom, je l'avouë, infpire la terreur,
Les Efpagnols font craints, mais ils font en hor-
    reur :
Fléaux du Nouveau Monde, injuftes, vains,
    avares,
Nous feuls en ces Climats, nous fommes les Bar-
    bares,
L'Américain farouche en fa fimplicité
Nous égale en courage, & nous paffe en bonté.
Hélas! fi, comme vous, il étoit fanguinaire,
S'il n'avoit des vertus, vous n'auriez plus de pere.
Avez-vous oublié qu'ils m'ont fauvé le jour ?
Avez-vous oublié, que, près de ce féjour,
Je me vis entouré par ce Peuple en furie
Rendu cruel enfin par notre barbarie ?
Tous les miens, à mes yeux, terminérent leur fort;
J'étois feul, fans fecours, & j'attendois la mort :
Mais à mon nom, mon fils, je vis tomber leurs
    armes,
Un jeune Américain, les yeux baignez de larmes,
Au lieu de me fraper, embraffa mes genoux.
„ Alvarès, me dit-il, Alvarès eft-ce vous ?
„ Vivez, votre vertu nous eft trop néceffaire :
„ Vivez, aux malheureux fervez long-tems de
    „ pere,
„ Qu'un Peuple de Tyrans qui veut nous en-
    „ chaîner
„ Du moins par cet exemple aprenne à pardonner;
„ Allez, la grandeur d'ame eft ici le partage
„ Du Peuple infortuné qu'ils ont nommé fau-
    „ vage.

Eh

Eh bien, vous gémiffez, je fens qu'à ce recit
Votre cœur, malgré vous, s'émeut & s'adoucit,
L'humanité vous parle ainfi que votre pere !
Ah ! fi la cruauté vous étoit toûjours chére,
De quel front aujourd'hui pourriez-vous vous
  offrir
Au vertueux Objet qu'il vous faut attendrir,
A la fille des Rois de ces triftes Contrées,
Qu'à vos fanglantes mains la fortune a livrées?
Prétendez-vous, mon fils, cimenter ces liens
Par le fang répandu de fes Concitoyens ?
Ou bien attendez-vous que fes cris & fes larmes
De vos févéres mains faffent tomber les armes?

GUSMAN.

Eh bien, vous l'ordonnez, je brife leurs liens,
J'y confens ; mais fongez qu'il faut qu'ils foient
  Chrétiens.
Ainfi le veut la Loi : quitter l'Idolâtrie
Eft un titre en ces Lieux pour mériter la vie :
A la Religion gagnons-les à ce prix :
Commandons aux Cœurs même, & forçons les
  Efprits ;
De la néceffité le pouvoir invincible
Traîne aux pieds des Autels un courage inflé-
  xible.
Je veux que ces Mortels, efclaves de ma Loi,
Tremblent fous un feul Dieu, comme fous un feul
  Roi.

         ALVA-

ALVARES.

Ecoutez-moi, mon fils ; plus que vous je defire
Qu'ici la Vérité fonde un nouvel Empire,
Que le Ciel & l'Espagne y soient sans ennemis,
Mais les Cœurs oprimez ne sont jamais soumis,
J'en ai gagné plus d'un, je n'ai forcé personne,
Et le vrai Dieu, mon fils, est un Dieu qui pardonne.

GUSMAN.

Je me rends donc, Seigneur, & vous l'avez voulu,
Vous avez sur un fils un pouvoir absolu ;
Oüi, vous amoliriez le cœur le plus farouche,
L'indulgente vertu parle par votre bouche.
Eh bien, puisque le Ciel voulut vous accorder
Ce don, cet heureux don, de tout persuader,
C'est de vous que j'attends le bonheur de ma vie ;
Alzire contre moi par mes feux enhardie,
Se donnant à regret, ne me rend point heureux.
Je l'aime, je l'avouë, & plus que je ne veux ;
Mais enfin je ne peux, même en voulant lui plaire,
De mon cœur trop altier fléchir le caractére,
Et rampant sous ses Loix, esclave d'un coup d'œil,
Par des soumissions caresser son orgüeil.
Je ne veux point sur moi lui donner tant d'empire,
Vous seul, vous pouvez tout sur le pere d'Alzire,
En un mot, parlez-lui pour la derniére fois ;
Qu'il commande à sa fille & force enfin son
    choix.

Daignez

Daignez... mais c'en eſt trop, je rougis que
    mon pere
Pour l'intérêt d'un fils s'abaiſſe à la priére.

ALVARES.

C'en eſt fait, j'ai parlé, mon fils, & ſans rougir
Monteze a vû ſa fille, il l'aura ſçû fléchir;
De ſa Famille auguſte en ces lieux priſonniére,
Le Ciel a par mes ſoins conſolé la miſére.
Pour le vrai Dieu Monteze a quitté ſes faux
    Dieux,
Lui-même de ſa fille a deſſillé les yeux,
De tout ce Nouveau Monde Alzire eſt le modèle,
Le Peuple incertain fixe les yeux ſur elle :
Son cœur aux Caſtillans va donner tous les cœurs,
L'Amérique à genoux adoptera nos mœurs;
La Foi doit y jetter ſes racines profondes,
Votre Hymen eſt le nœud qui joindra les deux
    Mondes.
Ces féroces Humains, qui déteſtent nos Loix,
Voyans entre vos bras la fille de leurs Rois,
Vont d'un eſprit moins fier & d'un cœur plus
    facile,
Sous votre joug heureux baiſſer un front docile;
Et je verrai, mon fils, grace à ces doux liens,
Tous les cœurs deſormais Eſpagnols & Chrétiens.
Monteze, vient ici, mon fils, allez m'attendre
Aux Autels, où ſa fille avec lui va ſe rendre.

SCENE II.

ALVARES, MONTEZE.

ALVARES.

EH bien ! votre sagesse & votre autorité
Ont d'Alzire en effet fléchi la volonté ?

MONTEZE.

Pere des Malheureux, pardonne si ma fille,
Dont Gusman détruisit l'Empire & la Famille,
Semble éprouver encor un reste de terreur,
Et d'un pas chancelant, marche vers son Vain-
    queur.
Les nœuds qui vont unir l'Europe & ma Patrie
Ont révolté ma fille en ces Climats nourrie :
Mais tous les préjugez s'effacent à ta voix,
Tes mœurs nous ont apris à révérer tes loix ;
C'est par toi que le Ciel à nous s'est fait con-
    noître,
Notre esprit éclairé te doit son nouvel être ;
Sous le fer Castillan ce Monde est abattu,
Il céde à la puissance, & nous à la Vertu.
De tes Concitoyens la rage impitoyable
Auroit rendu comme eux leur Dieu même haïs-
    sable :

Nous

Nous détestions ce Dieu qu'annonça leur fureur,
Nous l'aimons dans toi seul, il s'est peint dans ton cœur ;
Voilà ce qui te donne & Monteze & ma fille.
Instruits par tes vertus, nous sommes ta famille,
Sers lui long-tems de pere ainsi qu'à nos Etats :
Je la donne à ton fils, je la mets dans ses bras,
Le Pérou, le Potoze, Alzire est sa conquête,
Va dans ton Temple auguste en ordonner la fête,
Va, je crois voir des Cieux les Peuples éternels,
Descendre de leur Sphére & se joindre aux Mortels.
Je réponds de ma fille, elle va reconnoître
Dans le fier Don Gusman son Epoux & son Maître.

ALVARES.

Ah ! puisqu'enfin mes mains ont pû former ces nœuds,
Cher Monteze, au tombeau je descends trop heureux.
Toi, qui nous découvris ces immenses Contrées,
Rends du Monde aujourd'hui les bornes éclairées :
Dieu des Chrétiens, préside à ces vœux solemnels,
Les premiers qu'en ces lieux on forme à tes Autels ;
Descends, attire à toi l'Amérique étonnée.
Adieu, je vais presser cet heureux Hymenée,
Adieu, je vous devrai le bonheur de mon fils.

SCENE

SCENE III.

MONTEZE *seul.*

Dieu, destructeur des Dieux que j'avois trop servis,
Protége de mes ans la fin dure & funeste ;
Tout me fut enlevé, ma fille ici me reste,
Daigne veiller sur elle & conduire son cœur !

SCENE IV.

MONTEZE, ALZIRE.

MONTEZE.

Ma fille, il en est tems, consens à ton bonheur,
Ou plûtôt, si ta foi, si ton cœur me seconde,
Par ta félicité fais le bonheur du Monde :
Protége les vaincus, commande à nos vainqueurs,
Eteins entre leurs mains leurs foudres destructeurs :
Remonte au rang des Rois du sein de la misére,
Tu dois à ton état plier ton caractére :
Prends un cœur tout nouveau, viens, obéïs, suis-moi,
Et renais Espagnole, en renonçant à toi.

Séche

TRAGEDIE.

Séche tes pleurs, Alzire, ils outragent ton pere.

ALZIRE.

Tout mon sang est à vous, mais, si je vous suis chére,
Voyez mon desespoir & lisez dans mon cœur.

MONTEZE.

Non, je ne veux plus voir ta honteuse douleur,
J'ai reçû ta parole, il faut qu'on l'accomplisse.

ALZIRE.

Vous m'avez arraché cet affreux sacrifice;
Mais, quel tems, justes Cieux, pour engager ma foi !
Voici ce jour horrible où tout périt pour moi,
Où de ce fier Gusman le fer osa détruire
Des enfans du Soleil le redoutable Empire.
Que ce jour est marqué par des signes affreux !

MONTEZE.

Nous seuls rendons les jours heureux ou malheureux ;
Quitte un vain préjugé, l'Ouvrage de nos Prêtres,
Qu'à nos Peuples grossiers ont transmis nos Ancêtres.

ALZIRE.

ALZIRE.

Au même jour, hélas ! le vangeur de l'Etat,
Zamore mon espoir périt dans le combat,
Zamore mon Amant, choisi pour votre gendre.

MONTEZE.

J'ai donné comme toi des larmes à sa cendre,
Les Morts dans le tombeau n'exigent point ta foi,
Porte, porte aux Autels un cœur maître de soi;
D'un amour insensé pour des cendres éteintes
Commande à ta vertu d'écarter les atteintes.
Tu dois ton ame entiére à la Loi des Chrétiens,
Dieu t'ordonne par moi de former ces liens :
Il t'apelle aux Autels, il régle ta conduite ;
Entens sa voix.

ALZIRE.

Mon Pere, où m'avez-vous réduite!
Je sçai ce qu'est un pere, & quel est son pouvoir,
M'immoler quand il parle est mon premier devoir,
Et mon obéïssance a passé les limites ;
Mes yeux n'ont jusqu'ici rien vû que par vos yeux,
Mon cœur changé par vous abandonna ses Dieux.
Je ne regrette point leurs grandeurs terrassées
Devant ce Dieu nouveau, comme nous, abaissées.
Mais vous, qui m'assuriez dans mes troubles cruels
Que la paix habitoit aux pieds de ses Autels,

TRAGEDIE.

Que sa Loi, sa Morale, & consolante & pure,
De mes sens desolez guériroit la blessure,
Vous trompiez ma foiblesse ! Un trait toûjours
  vainqueur,
Dans le sein de ce Dieu, vient déchirer mon cœur.
Il y porte une image à jamais renaissante,
Zamore vit encore au cœur de son Amante.
Condamnez, s'il le faut, ces justes sentimens,
Ce feu victorieux de la mort & du tems,
Cet amour immortel ordonné par vous-même.
Unissez votre fille au fier Tyran qui m'aime;
Mon Païs le demande, il le faut, j'obéïs,
Mais tremblez, en formant ces nœuds mal assortis;
Tremblez, vous qui d'un Dieu m'annoncez la
  vangeance,
Vous qui me condamnez d'aller en sa presence
Promettre à cet Epoux, qu'on me donne aujour-
  d'hui,
Un cœur qui brûle encor pour un autre que lui.

MONTEZE.

Ah, que dis-tu, ma fille ! épargne ma vieillesse
Au nom de la Nature, au nom de ma tendresse !
Par nos destins affreux que ta main peut changer,
Par ce cœur paternel que tu viens d'outrager,
Ne rends point de mes ans la fin trop douloureuse.
Ai-je fait un seul pas que pour te rendre heureuse?
Joüis de mes travaux ; mais crains d'empoisonner
Ce bonheur difficile où j'ai sçû t'amener.
        Ta

Ta carriére nouvelle, aujourd'hui commencée,
Par la main du devoir eſt à jamais tracée.
Ce Monde gémiſſant te preſſe d'y courir,
Il n'eſpére qu'en toi, voudrois-tu le trahir ?
Aprends à te dompter.

ALZIRE.

Faut-il aprendre à feindre ?
Quelle ſcience, hélas !

SCENE V.
D. GUSMAN, ALZIRE.
GUSMAN.

J'Ai ſujet de me plaindre
Que l'on opoſe encor à mes empreſſemens
L'offenſante lenteur de ces retardemens.
J'ai ſuſpendu ma loi, prête à punir l'audace
De tous ces ennemis dont vous vouliez la grace.
Ils ſont en liberté ; mais j'aurois à rougir,
Si ce foible ſervice eût pû vous attendrir.
J'attendois encore moins de mon pouvoir ſuprê-
    me,
Je voulois vous devoir à ma flamme, à vous-
    même,
Et je ne penſois pas, dans mes vœux ſatisfaits,
Que ma félicité vous coûtât des regrets.

ALZIRE.

ALZIRE.

Que puisse seulement la colére céleste
Ne pas rendre ce jour à tous les deux funeste !
Vous voyez quel effroi me trouble & me confond,
Il parle dans mes yeux, il est peint sur mon front.
Tel est mon caractére, & jamais mon visage
N'a de mon cœur encore démenti le langage:
Qui peut se déguiser pourroit trahir sa foi,
C'est un art de l'Europe, il n'est pas fait pour moi.

GUSMAN.

Je vois votre franchise, & je sçai que Zamore
Vit dans votre mémoire & vous est cher encore.
Ce Cacique (*) obstiné, vaincu dans les combats,
S'arme encor contre moi de la nuit du trépas ;
Vivant je l'ai dompté, mort doit-il être à craindre ?
Cessez de m'offenser & cessez de le plaindre ;
Votre devoir, mon nom, mon cœur en sont blessez,
Et ce cœur est jaloux des pleurs que vous versés.

ALZIRE.

Ayez moins de colére & moins de jalousie,

(*) Le mot propre est Inca : mais les Espagnols accoutumez dans l'Amérique Septentrionale au titre de Cacique, le donnérent d'abord à tous les Souverains du nouveau Monde.

Un rival au tombeau doit caufer peu d'envie.
Je l'aimai, je l'avouë, & tel fut mon devoir.
De ce Monde oprimé Zamore étoit l'efpoir,
Sa foi me fut promife, il eut pour moi des charmes,
Il m'aima fon trépas me coûte encor des larmes.
Vous, loin d'ofer ici condamner ma douleur,
Jugez de ma conftance & connoiffez mon cœur;
Et quittant avec moi cette fierté cruelle,
Méritez, s'il fe peut, un amour fi fidèle.

SCENE VI.

GUSMAN *feul.*

Son orgueïl, je l'avouë, & fa fincérité
Etonne mon courage & plaît à ma fierté.
Allons, ne fouffrons pas que cette humeur altiére
Coûte plus à dompter que l'Amérique entiére :
La groffiére Nature, en formant fes apas,
Lui laiffe un cœur fauvage, & fait pour ces Climats :
Le devoir fléchira fon courage rebelle,
Ici tout m'eft foumis, il ne refte plus qu'elle ;
Que l'hymen en triomphe & qu'on ne dife plus,
Qu'un Vainqueur & qu'un Maître effuya des refus.

Fin du premier Acte.

ACTE

ACTE II.

SCENE PREMIERE.

ZAMORE, AMÉRICAINS.

ZAMORE.

AMIS de qui l'audace, aux Mortels peu commune,
Renaît dans les dangers & croît dans l'infortune;
Illuſtres Compagnons de mon funeſte ſort,
N'obtiendrons-nous jamais la vangeance ou la mort?
Vivrons-nous ſans ſervir Alzire & la Patrie,
Sans ôter à Guſman ſa déteſtable vie,
Sans punir, ſans trouver cet inſolent vainqueur,
Sans vanger mon Païs qu'a perdu ſa fureur?
Dieux impuiſſans! Dieux vains de nos vaſtes Contrées!
A des Dieux ennemis vous les avez livrées:
Et ſix cens Eſpagnols ont détruit ſous leurs coups
Mon Païs & mon Trône, & vos Temples & vous.
Vous n'avez plus d'Autels & je n'ai plus d'Empire,
Nous avons tout perdu, je ſuis privé d'Alzire,
J'ai porté mon courroux, ma honte & mes regrets

Dans les fables mouvans, dans le fond des Forêts;
De la Zone brûlante & du milieu du Monde
L'Aftre du jour (*) a vu ma courfe vagabonde
Jufqu'aux lieux où ceffant d'éclairer nos Climats
Il raméne l'Année & revient fur fes pas.
Enfin votre amitié, vos foins, votre vaillance
A mes vaftes defirs ont rendu l'efpérance;
Et j'ai cru fatisfaire, en cet affreux féjour,
Deux vertus de mon cœur, la vangeance & l'a-
    mour,
Nous avons raffemblé des mortels intrépides,
Eternels ennemis de nos Maîtres avides,
Nous les avons laiffés dans ces Forêts errans
Pour obferver ces murs bâtis par nos Tyrans.
J'arrive, on nous faifit; une foule inhumaine
Dans des goufres profonds nous plonge & nous
    enchaîne.
De ces lieux infernaux on nous laiffe fortir,
Sans que de notre fort on nous daigne avertir.
Amis où fommes-nous? ne pourra-t'on m'inftruire
Qui commande en ces lieux, quel eft le fort d'Al-
    zire?
Si Monteze eft Efclave & voit encor le jour,
S'il traîne fes malheurs en cette horrible Cour?
Chers & triftes Amis du malheureux Zamore

(*) L'Aftronomie, la Géographie, la Géométrie étoient cultivées au Pérou. On traçoit les Lignes fur des Colomnes pour marquer des Equinoxes & les Sol-fticcs.

TRAGEDIE.

Ne pouvez-vous m'aprendre un destin que j'ignore ?

UN AMÉRICAIN.

En des lieux différens, comme toi, mis aux fers,
Conduits en ce Palais par des chemins divers,
Etrangers, inconnus chez ce Peuple farouche,
Nous n'avons rien apris de tout ce qui te touche.
Cacique infortuné, digne d'un meilleur sort,
Du moins si nos Tyrans ont résolu ta mort,
Tes amis avec toi, prêts à cesser de vivre,
Sont dignes de t'aimer, & dignes de te suivre.

ZAMORE.

Après l'honneur de vaincre, il n'est rien sous les Cieux,
De plus grand en effet qu'un trépas glorieux ;
Mais mourir dans l'oprobre & dans l'ignominie,
Mais laisser en mourant des fers à sa Patrie,
Périr sans se vanger, expirer par les mains
De ces Brigands d'Europe & de ces Assassins,
Qui de sang enyvrés, de nos tresors avides,
De ce Monde usurpé desolateurs perfides,
Ont osé me livrer à des tourmens honteux,
Pour m'arracher des biens plus méprisables qu'eux,
Entraîner au tombeau des Citoyens qu'on aime,
Laisser à ces Tyrans la moitié de soi-même,
Abandonner Alzire à leur lâche fureur,
Cette mort est affreuse & fait frémir d'horreur.

SCENE II.

ALVARES, ZAMORE, AME′RICAINS.

ALVARES.

Soyez libres, vivez.

ZAMORE.

Ciel ! que viens-je d'entendre ?
Quelle eft cette vertu que je ne puis comprendre ?
Quel Vieillard, ou quel Dieu, vient ici m'étonner !
Tu parois Efpagnol & tu fçais pardonner !
Es-tu Roi ? Cette Ville eft-elle en ta puiffance ?

ALVARES.

Non ; mais je puis au moins protéger l'innocence.

ZAMORE.

Quel eft donc ton deffein, Vieillard trop généreux ?

ALVARES.

Celui de fecourir les mortels malheureux.

ZAMORE.

TRAGEDIE.

ZAMORE.

Eh ! qui peut t'inspirer cette auguste clémence ?

ALVARES.

Dieu, ma Religion, & la reconnoissance.

ZAMORE.

Dieu, ta Religion ! Quoi ces Tyrans cruels,
Monstres desaltérés dans le sang des Mortels,
Qui dépeuplent la Terre & dont la barbarie
En vaste solitude a changé ma Patrie,
Dont l'infâme avarice est la suprême loi,
Mon pere ! ils n'ont donc pas le même Dieu que toi ?

ALVARES.

Ils ont le même Dieu, mon fils, mais ils l'outragent ;
Nés sous la Loi des Saints, dans le crime ils s'engagent.
Ils ont tous abusé de leur nouveau pouvoir
Tu connois leurs forfaits, mais connois mon devoir.
Le Soleil par deux fois a, d'un Tropique à l'autre,
Eclairé dans sa marche & ce Monde & le nôtre,
Depuis que l'un des tiens, par un noble secours,
Maître de mon destin, daigna sauver mes jours ;
Mon cœur dès ce moment partagea vos misères,
Tous vos Concitoyens sont devenus mes freres ;
Et je mourrois heureux si je pouvois trouver

Ce

Ce Héros inconnu qui m'a pu conserver.

ZAMORE.

A ses traits, à son âge, à sa vertu suprême,
C'est lui; n'en doutons point; c'est Alvares lui-même.
Pourrois-tu parmi nous reconnoître le bras,
A qui le Ciel permit d'empêcher ton trépas ?

ALVARES.

Que me dit-il ? Aproche. O Ciel, ô Providence !
C'est lui, voilà l'objet de ma reconnoissance.
Mes yeux, mes tristes yeux affoiblis par les ans,
Hélas ! avez-vous pu le chercher si long-tems ?
Mon bienfaiteur ! mon fils ! (*) parle, que dois-je faire ?
Daigne habiter ces lieux & je t'y sers de pere.
La mort a respecté ces jours que je te doi,
Pour me donner le tems de m'acquiter vers toi.

ZAMORE.

Mon pere, ah ! si jamais ta Nation cruelle,
Avoit de tes vertus montré quelqu'étincelle,
Crois-moi, cet Univers aujourd'hui desolé,
Au devant de leur joug sans peine auroit volé;
Mais autant que ton ame est bienfaisante & pure,
Autant leur cruauté fait frémir la Nature,
Et j'aime mieux périr que de vivre avec eux.

Tout

(*) Il l'embrasse.

Tout ce que j'ose attendre & tout ce que je veux,
C'est de sçavoir au moins si leur main sanguinaire
Du malheureux Monteze a fini la misére,
Si le pere d'Alzire......hélas ! tu vois les pleurs
Qu'un souvenir trop cher arrache à mes douleurs.

ALVARES.

Ne cache point tes pleurs, cesse de t'en défendre,
C'est de l'humanité la marque la plus tendre.
Malheur aux cœurs ingrats & nés pour les forfaits,
Que les douleurs d'autrui n'ont attendri jamais !
Aprens que ton ami plein de gloire & d'années
Coule ici près de moi ses douces destinées.

ZAMORE.

Le verrai-je ?

ALVARES.

Oüi, crois-moi ; puisse-t'il aujourd'hui
T'engager à vivre comme lui !

ZAMORE.

Quoi ! Monteze.... dis-tu ?

ALVARES.

Je veux que de sa bouche
Tu sois instruit ici de tout ce qui le touche,
Du sort qui nous unit, de ces heureux liens
Qui vont joindre mon Peuple à tes Concitoyens ;
Je vais dire à mon fils, dans l'excès de ma joïe,

Ce bonheur inoüi que le Ciel nous envoye.
Je te quitte un moment, mais c'eſt pour te ſervir,
Et pour ſerrer les nœuds qui vont tous nous unir.

SCENE III.

ZAMORE, AMÉRICAINS.

ZAMORE.

DEs Cieux enfin ſur moi la bonté ſe déclare,
Je trouve un homme juſte en ce ſéjour barbare.
Alvarès eſt un Dieu qui, parmi ces pervers,
Deſcend pour adoucir les mœurs de l'Univers.
Il a dit-il un fils : ce fils ſera mon frere ;
Qu'il ſoit digne, s'il peut, d'un ſi vertueux pere !
Ô jour ! ô doux eſpoir à mon cœur éperdu !
Monteze, après trois ans, tu vas m'être rendu.
Alzire, chére Alzire, ô toi que j'ai ſervie,
Toi pour qui j'ai tout fait, toi l'ame de ma vie,
Serois-tu dans ces lieux ? hélas ! me gardes-tu
Cette fidélité, la première vertu ?
Un cœur infortuné n'eſt point ſans défiance....
Mais quel autre Vieillard à mes regards s'avance ?

SCENE

TRAGEDIE.

SCENE IV.
MONTEZE, ZAMORE, AMERICAINS.

ZAMORE.

CHer Monteze, est-ce toi que je tiens dans mes bras ?
Revoi ton cher Zamore échapé du trépas,
Qui du sein du tombeau renaît pour te défendre;
Revoi ton tendre ami, ton allié, ton gendre.
Alzire est-elle ici ? parle quel est son sort ?
Achéve de me rendre ou la vie ou la mort.

MONTEZE.

Cacique malheureux ! sur le bruit de ta perte,
Aux plus tendres regrets notre ame étoit ouverte,
Nous te redemandions à nos cruels destins,
Autour d'un vain tombeau que t'ont dressé nos mains.
Tu vis : puisse le Ciel te rendre un sort tranquile,
Puissent tous nos malheurs finir dans cet azile !
Zamore, ah ! quel dessein t'a conduit en ces lieux ?

ZAMORE.

La soif de me vanger, toi, ta fille, & mes Dieux.

MONTEZE.

Que dis-tu ?

ZAMORE.

Souviens-toi du jour épouvantable
Où ce fer Espagnol, terrible, invulnérable,
Renversa, détruisit jusqu'en leurs fondemens
Ces murs que du Soleil ont bâti les enfans (*).
Gusman étoit son nom. Le destin qui m'oprime
Ne m'aprit rien de lui que son nom & son crime.
Ce nom, mon cher Monteze, à mon cœur si fatal,
Du pillage & du meurtre étoit l'affreux signal.
A ce nom, de mes bras on m'arracha ta fille,
Dans un vil esclavage on traîna ta famille :
On démolit ce Temple & ces Autels chéris,
Où nos Dieux m'attendoient pour me nommer ton fils :
On me traîna vers lui ; dirai-je à quel suplice,
A quels maux me livra sa barbare avarice,
Pour m'arracher ces biens par lui déïfiés,
Idoles de son Peuple, & que je foule aux pieds ?
Je fus laissé mourant au milieu des tortures.
Le tems ne peut jamais affoiblir les injures,
Je viens après trois ans d'assembler des amis

Dans

(*) Les Péruviens qui avoient leurs Fables comme les Peuples de notre Continent, croyoient que leur premier Inca qui bâtit Cusco, étoit fils du Soleil.

TRAGEDIE.

Dans leur commune haine avec nous affermis :
Ils font dans nos Forêts & leur foule héroïque
Vient périr fous ces murs ou vanger l'Amérique.

MONTEZE.

Je te plains ; mais hélas ! où vas-tu t'emporter ?
Ne cherche point la mort qui vouloit t'éviter.
Que peuvent tes amis & leurs armes fragiles,
Des Habitans des eaux, dépouilles inutiles,
Ces marbres impuiffans en fabres façonnés,
Ces Soldats prefque nuds & mal difciplinés,
Contre ces fiers Géans, ces Tyrans de la Terre
De fer étincelans, armés de leur tonnerre,
Qui s'élancent fur nous auffi promts que les vents,
Sur des Monftres guerriers pour eux obéïffans.
L'Univers a cédé... cédons, mon cher Zamore.

ZAMORE.

Moi fléchir, moi ramper, lorfque je vis encore !
Ah ! Monteze, crois-moi, ces foudres, ces éclairs,
Ce fer, dont nos Tyrans font armés & couverts,
Ces rapides Courfiers qui fous eux font la guerre,
Pouvoient à leur abord, épouvanter la Terre.
Je les vois d'un œil fixe & leur ofe infulter,
Pour les vaincre, il fuffit de ne rien redouter.
Leur nouveauté, qui feule a fait ce Monde efclave,
Subjugue qui la craint, & céde à qui la brave.
L'or, ce poifon brillant qui naît dans nos Climats,

Attire

ALZIRE,

Attire ici l'Europe, & ne nous défend pas.
Le fer manque à nos mains : les Cieux, pour nous avares,
Ont fait ce don funeste à des mains plus barbares ;
Mais pour vanger enfin nos Peuples abattus,
Le Ciel, au lieu de fer, nous donna des vertus.
Je combats pour Alzire, & je vaincrai pour elle.

MONTEZE.

Le Ciel est contre toi : calme un frivole zèle.
Les tems sont trop changés.

ZAMORE.

    Que peux-tu dire, hélas !
Les tems sont-ils changés, si ton cœur ne l'est pas ?
Si ta fille est fidèle à ses vœux, à sa gloire :
Si Zamore est present encor à sa mémoire ?
Tu détournes les yeux, tu pleurs, tu gémis !

MONTEZE

Zamore infortuné !

ZAMORE.

    Ne suis-je plus ton fils ?
Nos Tyrans ont flétri ton ame magnanime ;
Sur le bord de la tombe ils t'ont apris le crime.

MONTEZE.

Je ne suis point coupable, & tous ces Conquérans,
        Ainsi

TRAGEDIE. 163

Ainsi que tu le crois, ne sont point des Tyrans.
Il en est que le Ciel guida dans cet Empire,
Moins pour nous conquérir qu'afin de nous instruire ;
Qui nous ont aporté de nouvelles vertus,
Des Secrets immortels, & des Arts inconnus,
La science de l'homme, un grand exemple à suivre;
Enfin, l'Art d'être heureux, de penser, & de vivre.

ZAMORE.

Que dis-tu ! quelle horreur ta bouche ose avoüer ?
Alzire est leur esclave, & tu peux les loüer !

MONTEZE.

Elle n'est point esclave.

ZAMORE.

Ah ! Monteze, ah ! mon pere,
Pardonne à mes malheurs, pardonne à ma colére !
Songe qu'elle est à moi par des nœuds éternels :
Oüi, tu me l'as promise aux pieds des Immortels ;
Ils ont reçu sa foi, son cœur n'est point parjure.

MONTEZE.

N'atteste point ces Dieux enfans de l'imposture,
Ces Fantômes affreux, que je ne connois plus,
Sous le Dieu que j'adore ils sont tous abattus.

ZAMORE.

ZAMORE.

Quoi, ta Religion ! Quoi, la Loi de nos peres !

MONTEZE.

J'ai connu son néant, j'ai quitté ses chiméres;
Puisse le Dieu des Dieux, dans ce Monde ignoré,
Manifester son Etre à ton cœur éclairé !
Puisse-tu mieux connoître, ô ! malheureux Zamore,
Les vertus de l'Europe, & le Dieu qu'elle adore !

ZAMORE.

Quelles vertus ! Cruel ! les Tyrans de ces Lieux
T'ont fait esclave en tout, t'ont arraché tes Dieux !
Tu les as donc trahis, pour trahir ta promesse ?
Alzire a-t'elle encore imité ta foiblesse ?
Garde-toi . . . .

MONTEZE.

Va, mon cœur ne se reproche rien.
Je dois benir mon sort, & pleurer sur le tien.

ZAMORE.

Si tu trahis ta foi, tu dois pleurer sans doute.
Pren pitié des tourmens que ton crime me coûte;
Pren pitié de ce cœur enyvré tour à tour
De zèle pour mes Dieux, de vangeance & d'amour.
Je cherche ici Gusman, j'y vole pour Alzire,
Vien,

TRAGEDIE.

Vien, conduis-moi vers elle, & qu'à ses pieds
 j'expire.
Ne me dérobe point le bonheur de la voir,
Crains de porter Zamore au dernier desespoir,
Reprens un cœur humain, que ta vertu bannie...

SCENE V.

MONTEZE, ZAMORE. Suite.

UN GARDE à Monteze.

SEigneur, on vous attend pour la cérémonie.

MONTEZE.

Je vous suis.

ZAMORE.

    Ah! cruel, je ne te quitte pas.
Quelle est donc cette pompe, où s'adressent tes
 pas?
Monteze...

MONTEZE.

Adieu, crois-moi, fui de ce lieu funeste.

ZAMORE.

Dût m'accabler ici la colére céleste,
Je te suivrai.

MONTEZE.

Pardonne à mes soins paternels.
        Aux

Aux Gardes.

Gardes empêchez-les de me suivre aux Autels.
Ces Payens, élevez dans des Loix étrangéres,
Pourroient de nos Chrétiens profaner les Myftéres :
Il ne m'apartient pas de vous donner des loix,
Mais Gufman vous l'ordonne & parle par ma voix.

SCENE VI.

ZAMORE, AME´RICAINS.

ZAMORE.

QU'ai-je entendu, Gufman ! O trahifon ! O rage !
O comble des forfaits ! lâche & dernier outrage
Il ferviroit Gufman ! l'ai-je bien entendu !
Dans l'Univers entier n'eft-il plus de vertu !
Alzire, Alzire auffi fera-t'elle coupable ?
Aura-t'elle fucé ce poifon déteftable
Aporté parmi nous par ces Perfécuteurs,
Qui pourfuivent nos jours & corrompent nos mœurs ?
Gufman eft donc ici ? que réfoudre & que faire ?

UN AME´RICAIN.

J'ofe ici te donner un confeil falutaire.
Celui qui t'a fauvé, ce Vieillard vertueux,

Bien-

Bien-tôt avec son fils va paroître à tes yeux.
Aux Portes de la Ville obtien qu'on nous conduise.
Sortons, allons tenter notre illustre entreprise :
Allons tout préparer contre nos ennemis,
Et sur-tout n'épargnons qu'Alvarès & son Fils.
J'ai vû de ces remparts l'étrangére structure,
Cet Art nouveau pour nous, vainqueur de la Nature ;
Ces angles, ces fossez, ces hardis boulevards,
Ces Tonnerres d'airain grondant sur les remparts.
Ces piéges de la Guerre, où la mort se presente,
Tout étonnans qu'ils sont, n'ont rien qui m'épouvante.
Hélas ! nos Citoyens enchaînez en ces lieux,
Servent à cimenter cet azyle odieux ;
Ils dressent d'une main dans les fers avilie,
Ce Siége de l'orgüeil & de la tyrannie.
Mais, crois-moi, dans l'instant qu'ils verront leurs Vangeurs,
Leurs mains vont se lever sur leurs Persécuteurs ;
Eux-mêmes ils détruiront cet effroyable ouvrage,
Instrument de leur honte & de leur esclavage.
Nos Soldats, nos Amis, dans ces fossez sanglans,
Vont te faire un chemin sur leurs corps expirans.
Partons, & revenons, sur ces coupables têtes,
Tourner ces traits de feu, ce fer & ces tempêtes,
Ce salpêtre enflammé, qui d'abord à nos yeux
Parut un feu sacré, lancé des mains des Dieux.
Connoissons, renversons cette horrible puissance,

Que

Que l'orgueil trop long-tems fonda sur l'ignorance.

ZAMORE.

Illustres malheureux ! que j'aime à voir vos cœurs
Embrasser mes desseins, & sentir mes fureurs !
Puissions-nous de Gusman punir la barbarie !
Que son sang satisfasse au sang de ma Patrie !
Triste Divinité des mortels offensez,
Vangeance ! arme nos mains, qu'il meure, & c'est assez,
Qu'il meure... mais hélas ! plus malheureux que braves,
Nous parlons de punir & nous sommes Esclaves.
De notre sort affreux le joug s'apesantit.
Alvarès disparoît, Monteze nous trahit,
Ce que j'aime est peut-être en des mains que j'abhorre ;
Je n'ai d'autre douceur que d'en douter encore.
Mes amis, quels accens remplissent ce séjour :
Ces flambeaux allumez ont redoublé le jour ?
J'entends l'Airain tonnant de ce Peuple barbare :
Quelle Fête, ou quel crime, est-ce donc qu'il prépare ?
Voyons si de ces lieux on peut au moins sortir ;
Si je puis vous sauver, ou s'il nous faut périr.

Fin du second Acte.

ACTE III.

SCENE PREMIERE.

ALZIRE *seule.*

Manes de mon Amant, j'ai donc trahi ma foi !
C'en est fait, & Gusman régne à jamais sur moi !
L'Océan, qui s'éleve entre nos Hémisphéres,
A donc mis entre nous d'impuissantes barriéres ;
Je suis à lui, l'Autel a donc reçu nos vœux,
Et déja nos sermens sont écrits dans les Cieux !
O toi ! qui me poursuis, Ombre chére & sanglante,
A mes sens desolez, Ombre à jamais presente,
Cher Amant ! si mes pleurs, mon trouble, mes remords,
Peuvent percer ta Tombe, & passer chez les Morts ;
Si le pouvoir d'un Dieu fait survivre à sa cendre
Cet esprit d'un Héros, ce cœur fidèle & tendre ;
Cette ame qui m'aima jusqu'au dernier soupir,
Pardonne à cet Hymen où j'ai pu consentir.
Il falloit m'immoler aux volontez d'un Pere,

Au

Au bien de mes Sujets, dont je me fens la Mere,
A tant de malheureux, aux larmes des vaincus,
Au foin de l'Univers, hélas ! où tu n'es plus.
Zamore, laiffe en paix mon ame déchirée
Suivre l'affreux devoir où les Cieux m'ont livrée :
Souffre un joug impofé par la néceffité ;
Permets ces nœuds cruels, ils m'ont affez coûté.

SCENE II.

ALZIRE, EMIRE.

ALZIRE.

EH bien ! veut-on toûjours ravir à ma prefence,
Les Habitans des lieux fi chers à mon enfance ?
Ne puis-je voir enfin ces Captifs malheureux,
Et goûter la douceur de pleurer avec eux ?

EMIRE.

Ah ! plûtôt de Gufman redoutez la furie,
Craignez pour ces Captifs, tremblez pour la Patrie.
On nous menace, on dit qu'à notre Nation
Ce jour fera le jour de la deftruction.
On déploye aujourd'hui l'Etendart de la guerre,
On allume ces feux enfermez fous la terre ;

On

TRAGEDIE.

On assembloit déja le sanglant Tribunal,
Monteze est apellé dans ce Conseil fatal,
C'est tout ce que j'ai sçû.

ALZIRE.

Ciel ! qui m'avez trompée,
De quel étonnement je demeure frapée !
Quoi ! presque entre mes bras, & du pied de l'Autel,
Gusman contre les miens léve son bras cruel !
Quoi ! j'ai fait le serment du malheur de ma vie !
Serment, qui pour jamais m'avez assujettie !
Hymen, cruel Hymen ! sous quel Astre odieux,
Mon pere a-t'il formé tes redoutables nœuds !

SCENE III.

ALZIRE, EMIRE, CEPHANE.

CEPHANE.

Madame, un des Captifs, qui dans cette journée
N'ont dû leur liberté qu'à ce grand Hymenée,
A vos pieds en secret demande à se jetter.

ALZIRE.

Ah ! qu'avec assûrance il peut se presenter !

Sur

Sur lui, sur ses amis, mon ame est attendrie,
Ils sont chers à mes yeux, j'aime en eux la Patrie.
Mais quoi ! faut-il qu'un seul demande à me parler !

CEPHANE.

Il a quelques secrets, qu'il veut vous révéler.
C'est ce même Guerrier, dont la main tételaire
De Gusman votre Epoux sauva, dit-on, le Pere.

EMIRE.

Il vous cherchoit, Madame, & Monteze en ces lieux
Par des ordres secrets le cachoit à vos yeux.
Dans un sombre chagrin son ame envelopée,
Sembloit d'un grand dessein profondément frapée.

CEPHANE.

On lisoit sur son front le trouble & les douleurs.
Il vous nommoit, Madame, & répandoit des pleurs !
Et l'on connoît assez par ses plaintes secrettes,
Qu'il ignore, & le rang & l'éclat où vous êtes.

ALZIRE.

Quel éclat, cher Emire, & quel indigne rang !
Ce Héros malheureux, peut-être est de mon sang ;
De ma famille au moins il a vu la puissance ;
Peut-être de Zamore il avoit connoissance.

TRAGEDIE.

Qui sçait, si de sa perte il ne fut pas témoin ?
Il vient pour m'en parler : ah ! quel funeste soin.
Sa voix redoublera les tourmens que j'endure,
Il va percer mon cœur & r'ouvrir ma blessure,
Mais n'importe, qu'il vienne. Un mouvement
  confus
S'empare malgré moi de mes sens éperdus.
Hélas ! dans ce Palais arrosé de mes larmes,
Je n'ai point encor eû de moment sans allarmes.

SCENE IV.

ALZIRE, ZAMORE, EMIRE.

ZAMORE.

M'Est-elle enfin renduë ? Est-ce elle que je
  vois ?

ALZIRE.

Ciel ! tels étoient ses traits, sa démarche, sa voix.
Elle tombe entre les mains de sa Confidente.
Zamore... Je succombe ; à peine je respire.

ZAMORE.

Reconnoi ton Amant.

ALZIRE.

Zamore aux pieds d'Alzire
Est-ce une illusion ?

ZAMORE.

Non, je revis pour toi.
Je reclame à tes pieds tes sermens & ta foi.
O moitié de moi-même ! Idole de mon ame !
Toi, qu'un amour si tendre assûroit à ma flâme,
Qu'as-tu fait des saints nœuds qui nous ont en-
  chaînez ?

ALZIRE.

O jours! O doux momens d'horreur empoisonnez !
Cher & fatal objet de douleur & de joïe,
Ah ! Zamore, en quel tems faut-il que je te voïe ?
Chaque mot dans mon cœur enfonce le poignard.

ZAMORE.

Tu gémis & me vois !

ALZIRE.

Je t'ai revu trop tard.

ZAMORE.

Le bruit de mon trépas a dû remplir le Monde.
J'ai traîné loin de toi ma course vagabonde,
Depuis que ces Brigands, t'arrachans à mes bras,
M'enlevérent mes Dieux, mon Trône & tes apas.
Sçais-tu que ce Gusman, ce Destructeur sauvage,
Par des tourmens sans nombre éprouva mon cou-
  rage ?
Sçais-tu que ton Amant, à ton lit destiné,
Chére Alzire, aux Bourreaux se vit abandonné ?

TRAGEDIE.

Tu frémis. Tu ressens le courroux qui m'enflâme.
L'horreur de cette injure a passé dans ton ame.
Un Dieu sans doute, un Dieu, qui préside à l'amour,
Dans le sein du trépas me conserva le jour.
Tu n'as point démenti ce grand Dieu, qui me guide ;
Tu n'es point devenuë Espagnole & perfide.
On dit que ce Gusman respire dans ces lieux,
Je venois t'arracher à ce Monstre odieux.
Tu m'aimes : vangeons-nous ; livre-moi la victime.

ALZIRE.

Oüi, tu dois te vanger, tu dois punir le crime,
Frape.

ZAMORE.

Que me dis-tu ? Quoi tes vœux ! Quoi, ta foi !

ALZIRE.

Frape ; je suis indigne, & du jour & de toi.

ZAMORE.

Ah Monteze ! ah cruel ! mon cœur n'a pu te croire.

ALZIRE.

A-t-il osé t'aprendre une action si noire ?
Sçais-tu pour quel Epoux j'ai pu t'abandonner ?

ZAMORE.

Non, mais parle : aujourd'hui rien ne peut m'étonner.

ALZIRE.

ALZIRE.
Eh bien! Voi donc l'abîme où le sort nous engage:
Voi le comble du crime, ainsi que de l'outrage.

ZAMORE.
Alzire!

ALZIRE.
Ce Gusman.....

ZAMORE.
Grand Dieu!

ALZIRE.
Ton assassin,
Vient en ce même instant de recevoir ma main.

ZAMORE.
Lui!

ALZIRE.
Mon Pere, Alvarès, ont trompé ma jeunesse.
Ils ont à cet Hymen entraîné ma foiblesse.
Ta criminelle Amante, aux Autels des Chrétiens,
Vient, presque sous tes yeux, de former ces liens.
J'ai tout quitté, mes Dieux, mon Amant, ma Patrie:
Au nom de tous les trois, arrache-moi la vie.
Voilà mon cœur, il vole au-devant de tes coups.

ZAMORE.
Alzire, est-il bien vrai? Gusman est ton époux!

ALZIRE.
Je pourrois t'alléguer, pour affoiblir mon crime,
De mon pere sur moi le pouvoir légitime,
L'erreur où nous étions, mes regrets, mes combats,

Les

TRAGEDIE.

Les pleurs que j'ai trois ans donnez à ton trépas :
Que des Chrétiens vainqueurs Esclave infortunée,
La douleur de ta perte à leur Dieu m'a donnée :
Que je t'aimai toûjours, que mon cœur éperdu
A détesté tes Dieux qui t'ont mal défendu ;
Mais je ne cherche point, je ne veux point d'excuse,
Il n'en est point pour moi, lorsque l'amour m'accuse.
Tu vis, il me suffit. Je t'ai manqué de foi ;
Tranche mes jours affreux, qui ne sont plus pour toi.
Quoi ! tu ne me vois point d'un œil impitoyable ?

ZAMORE.

Non, si je suis aimé, non, tu n'es point coupable.
Puis-je encor me flâter de régner dans ton cœur ?

ALZIRE.

Quand Monteze, Alvarès, peut-être un Dieu vangeur,
Nos Chrétiens, ma foiblesse, au Temple m'ont conduite,
Sûre de ton trépas, à cet Hymen réduite,
Enchaînée à Gusman par des nœuds éternels,
J'adorois ta mémoire au pied de nos Autels.
Nos Peuples, nos Tyrans, tous ont sçu que je t'aime,
Je l'ai dit à la Terre, au Ciel, à Gusman même,
Et dans l'affreux moment, Zamore, où je te vois.
Je te le dis encor pour la derniére fois

ZAMORE.

ZAMORE,

Pour la derniére fois Zamore t'auroit vûë !
Tu me ferois ravie auſſi-tôt que renduë !
Ah ! ſi l'Amour encor te parloit aujourd'hui....

ALZIRE.

O Ciel ! c'eſt Guſman même, & ſon pere avec lui.

SCENE V.

ALVARES, GUSMAN, ZAMORE, ALZIRE, *Suite.*

ALVARES *à ſon Fils.*

TU vois mon bienfaicteur, il eſt auprès d'Alzire.

A Zamore.

O toi ! jeune Héros, toi par qui je reſpire,
Viens, ajoûte à ma joïe en cet auguſte jour,
Viens avec mon cher fils partager mon amour.

ZAMORE.

Qu'entens-je ? lui, Guſman ! lui, ton fils, ce barbare !

ALZIRE.

Ciel ! détourne les coups que ce moment prépare.

ALVARES.

Dans quel étonnement...

ZAMORE

TRAGEDIE.

ZAMORE.

Quoi ! le Ciel a permis,
Que ce vertueux pere eût cet indigne fils ?

GUSMAN à *Zamore*.

Esclave, d'où te vient cette aveugle furie ?
Sçais-tu bien qui je suis ?

ZAMORE.

Horreur de ma Patrie !
Parmi les malheureux que ton pouvoir a faits,
Connois-tu bien Zamore ? & vois-tu tes forfaits ?

GUSMAN.

Toi !

ALVARES.

Zamore !

ZAMORE.

Oüi, lui-même, à qui ta barbarie
Voulut ôter l'honneur, & crut ôter la vie ;
Lui, que tu fis languir dans des tourmens honteux,
Lui, dont l'aspect ici te fait baisser les yeux.
Ravisseur de nos biens, Tyran de notre Empire,
Tu viens de m'arracher le seul bien où j'aspire ;
Achéve, & de ce fer, *Trésor* de tes Climats,
Prévien mon bras vangeur, & prévien ton trépas.
La main, la même main, qui t'a rendu ton pere,

Dans ton sang odieux pourroit vanger la Terre(*);
Et j'aurois les Mortels & les Dieux pour amis,
En révérant le pere & puniffant le fils.

ALVARES à *Gusman*.

De ce difcours, ô Ciel, que je me fens confondre!
Vous fentez-vous coupable, & pouvez-vous ré-
    pondre?

GUSMAN.

Répondre à ce Rebelle & daigner m'avilir,
Jufqu'à le réfuter, quand je le dois punir!
Son jufte châtiment, que lui-même il prononce,
Sans mon refpect pour vous, eût été ma réponfe.
  A Alzire.
Madame, votre cœur doit vous inftruire affez,
A quel point en fecret ici vous m'offenfez;
Vous, qui, finon pour moi, du moins pour votre
    gloire,
Deviez de cet Efclave étouffer la mémoire;
Vous, dont les pleurs encor outragent votre
    Epoux,
                                  Vous,

(*) *Pere* doit rimer avec *Terre*, parce qu'on les prononce tous deux de même. C'eft aux oreilles & non pas
aux yeux qu'il faut rimer. Cela eft fi vrai, que le mot
Paon n'a jamais rimé avec *Phaon*, quoique l'ortographe
foit la même; & ce mot *encore* rime très-bien avec *abhorre*, quoiqu'il n'y ait qu'une R à l'un, & qu'il y ait deux
RR à l'autre. La Poëfie eft faite pour l'oreille : un ufage contraire ne feroit qu'une pédanterie ridicule.

Vous, que j'aimois assez pour en être jaloux.
ALZIRE.
A Gusman.   *A Alvare.*
Cruel! & vous, Seigneur! mon protecteur son pere,
A Zamore.
Toi! Jadis mon espoir en un tems plus prospére,
Voyez le joug horrible où mon sort est lié,
Et fremissez tous trois d'horreur & de pitié.

En montrant Zamore.
Voici l'Amant, l'Epoux que me choisit mon pere,
Avant que je connusse un nouvel Hémisphére,
Avant que de l'Europe on nous portât des fers.
Le bruit de son trépas perdit cet Univers ;
Je vis tomber l'Empire où régnoient mes Ancê-
    tres,
Tout changea sur la Terre, & je connus des Maî-
    tres.
Mon pere infortuné, plein d'ennuis & de jours,
Au Dieu que vous servez eut à la fin recours :
C'est ce Dieu des Chrétiens, que devant vous
    j'atteste,
Ses Autels sont témoins de mon Hymen funeste.
C'est aux pieds de ce Dieu, qu'un horrible ser-
    ment
Me donne au Meurtrier qui m'ôta mon Amant.
Je connois mal peut-être une loi si nouvelle;
Mais j'en crois ma vertu, qui parle aussi haut
    qu'elle.
Zamore, tu m'es cher, je t'aime, je le doi ;
Mais après mes sermens je ne puis être à toi.

Toi, Gusman, dont je suis l'épouse & la victime,
Je ne suis point à toi, cruel ! après ton crime.
Qui des deux osera se vanger aujourd'hui ?
Qui percera ce cœur que l'on arrache à lui ?
Toûjours infortunée, & toûjours criminelle,
Perfide envers Zamore, à Gusman infidelle,
Qui me délivrera, par un trépas heureux,
De la nécessité de vous trahir tous deux ?
Gusman, du sang des miens, ta main déja rougie,
Frémira moins qu'une autre à m'arracher la vie.
De l'Hymen, de l'Amour, il faut vanger les droits.
Punis une coupable, & sois juste une fois.

GUSMAN.

Ainsi vous abusez d'un reste d'indulgence,
Que ma bonté trahie opose à votre offense,
Mais vous le demandez, & je vais vous punir;
Votre suplice est prêt, mon rival va périr.
Hola, Soldats.

ALZIRE.

Cruel !

ALVARES.

Mon fils, qu'allez-vous faire ?
Respectez ses bienfaits, respectez sa misére.
Quel est l'état horrible, ô Ciel, où je me vois !
L'un tient de moi la vie, à l'autre je la dois !
Ah mes fils ! de ce nom ressentez la tendresse,

D'un

D'un Pere infortuné regardez la vieilleſſe,
Et du moins...

SCENE VI.

ALVARES, GUSMAN, ALZIRE, DON ALONZE, *Officier Eſpagnol.*

ALONZE.

Paroiſſez, Seigneur, & commandez,
D'armes & d'ennemis ces champs ſont inondez :
Ils marchent vers ces murs, & le nom de Zamore
Eſt le cri menaçant qui les raſſemble encore.
Ce nom ſacré pour eux ſe mêle dans les airs,
A ce bruit belliqueux des barbares concerts.
Sous leurs boucliers d'or les Campagnes mugiſſent,
De leurs cris redoublez les Echos retentiſſent,
En Bataillons ſerrez ils meſurent leurs pas,
Dans un ordre nouveau qu'ils ne connoiſſoient pas;
Et ce Peuple, autrefois vil fardeau de la Terre,
Semble aprendre de nous le grand art de la guerre.

GUSMAN.

Allons, à leurs regards il faut donc ſe montrer.
Dans la poudre à l'inſtant vous les verrez rentrer.

Héros

Héros de la Castille, Enfans de la Victoire,
Ce Monde est fait pour vous, vous l'êtes pour la gloire,
Eux pour porter vos fers, vous craindre, & vous servir.

ZAMORE.

Mortel égal à moi, nous faits pour obéir!

GUSMAN.

Qu'on l'entraîne.

ZAMORE.

Oses-tu? Tyran de l'innocence,
Oses-tu me punir d'une juste défense?

Aux Espagnols qui l'entourent.

Êtes-vous donc des Dieux qu'on ne puisse attaquer?
Et teints de notre sang, faut-il vous invoquer?

GUSMAN.

Obéissez.

ALZIRE.

Seigneur!

ALVARES.

Dans ton courroux sévére,
Songe au moins, mon cher fils, qu'il a sauvé ton Pere.

GUSMAN.

Seigneur, je songe à vaincre, & je l'apris de vous;
J'y vole, adieu.

SCENE

SCENE VII.
ALVARES, ALZIRE.

ALZIRE *se jettant à genoux.*

Seigneur, j'embraſſe vos genoux,
C'eſt à votre vertu que je rends cet hommage,
Le premier où le fort abaiſſa mon courage.
Vangez, Seigneur, vangez, ſur ce cœur affligé
L'honneur de votre fils par ſa femme outragé;
Mais à mes premiers nœuds mon ame étoit unie,
Hélas! peut-on deux fois ſe donner dans ſa vie?
Zamore étoit à moi, Zamore eut mon amour:
Zamore eſt vertueux, vous lui devez le jour.
Pardonnez... je ſuccombe à ma douleur mortelle.

ALVARES.

Je conſerve pour toi ma bonté paternelle,
Je plains Zamore & toi, je ſerai ton apui;
Mais ſonge au nœud ſacré qui t'attache aujour-
    d'hui.
Ne porte point l'horreur au ſein de ma famille:
Non, tu n'es plus à toi; ſois mon ſang, ſois ma fille.
Guſman fut inhumain, je le ſçai, j'en frémis;
Mais il eſt ton Epoux, il t'aime, il eſt mon fils,
Son ame à la pitié ſe peut ouvrir encore.

ALZIRE.

Hélas, que n'êtes-vous le pere de Zamore!

Fin du troiſiéme Acte.

ACTE

ACTE IV.

SCENE PREMIERE.
ALVARES, GUSMAN.

ALVARES.

Méritez donc, mon fils, un si grand avantage.
Vous avez triomphé du nombre & du courage,
Et de tous les Vangeurs de ce triste Univers
Une moitié n'est plus, & l'autre est dans vos fers.
Ah! n'ensanglantez point le prix de la victoire,
Mon fils, que la clémence ajoûte à votre gloire;
Je vais sur les vaincus étendant mes secours,
Consoler leur misére, & veiller sur leurs jours.
Vous, songez cependant qu'un pere vous implore;
Soyez homme & Chrétien, pardonnez à Zamore.
Ne pourrai-je adoucir vos infléxibles mœurs?
Et n'aprendrez-vous point à conquérir des cœurs?

GUSMAN.

Ah! vous percez le mien. Demandez-moi ma vie,
Mais laissez un champ libre à ma juste furie:
       Ménagez

Ménagez le courroux de mon cœur oprimé;
Comment lui pardonner? le barbare est aimé.

ALVARES.

Il en est plus à plaindre.

GUSMAN.

A plaindre? lui, mon pere!
Ah! qu'on me plaigne ainsi; la mort me sera chére.

ALVARES.

Quoi, vous joignez encor à cet ardent courroux
La fureur des soupçons, ce tourment des jaloux?

GUSMAN.

Et vous condamneriez jusqu'à ma jalousie?
Quoi ce juste transport dont mon ame est saisie,
Ce triste sentiment plein de honte & d'horreur,
Si légitime en moi, trouve en vous un censeur!
Vous voyez sans pitié ma douleur effrenée!

ALVARES.

Mêlez moins d'amertume à votre destinée;
Alzire a des vertus, & loin de les aigrir,
Par des dehors plus doux vous devez l'attendrir.
Son cœur de ces Climats conserve la rudesse,
Il résiste à la force, il céde à la souplesse,
Et la douceur peut tout sur notre volonté.

GUSMAN.

Moi que je flatte encor l'orgüeil de sa beauté!
Que sous un front serain déguisant mon outrage,

A

A de nouveaux mépris ma bonté l'encourage !
Ne devriez-vous pas, de mon honneur jaloux,
Au lieu de le blâmer, partager mon courroux ?
J'ai déja trop rougi d'époufer une Efclave,
Qui m'ofe dédaigner, qui me hait, qui me brave,
Dont un autre à mes yeux pofféde encor le cœur,
Et que j'aime, en un mot, pour comble de mal-
    heur.

ALVARES.

Ne vous repentez point d'un amour légitime ;
Mais fçachez le régler ; tout excès méne au cri-
    me.
Promettez-moi du moins de ne décider rien,
Avant de m'accorder un fecond entretien.

GUSMAN.

Eh ! que pourroit un fils refufer à fon pere ?
Je veux bien pour un tems fufpendre ma colére,
N'en exigez pas plus de mon cœur outragé.

ALVARES.

Je ne veux que du tems. *Il fort.*

GUSMAN *feul.*

    Quoi n'être point vangé !
Aimer, me repentir, être réduit encore
A l'horreur d'envier le deftin de Zamore,
D'un de ces vils mortels en Europe ignorez,
Qu'à peine du nom d'homme on auroit honorez...
Que vois-je ! Alzire ! ô Ciel....

TRAGEDIE. 189

SCENE II.
GUSMAN, ALZIRE, EMIRE.

ALZIRE.

C'Est moi, c'est ton Epouse,
C'est ce fatal objet de ta fureur jalouse,
Qui n'a pu te chérir, qui t'a dû révérer,
Qui te plaint, qui t'outrage, & qui vient t'implorer.
Je n'ai rien déguisé. Soit grandeur, soit foiblesse,
Ma bouche a fait l'aveu qu'un autre a ma tendresse:
Et ma sincérité, trop funeste vertu,
Si mon Amant périt, est ce qui l'a perdu.
Je vais plus t'étonner, ton épouse a l'audace,
De s'adresser à toi pour demander sa grace.
J'ai cru que Dom Gusman, tout fier, tout rigoureux,
Tout terrible qu'il est, doit être généreux.
J'ai pensé qu'un Guerrier, jaloux de sa puissance,
Peut mettre l'orgueil même à pardonner l'offense:
Une telle vertu séduiroit plus nos cœurs,
Que tout l'or de ces lieux n'éblouit nos vainqueurs.
Par ce grand changement dans ton ame inhumaine,
Par un effort si beau, tu vas changer la mienne,

Tu

Tu t'assûre ma foi, mon respect, mon retour,
Tous mes vœux (s'il en est qui tiennent lieu d'a-
 mour.)
Pardonne... je m'égare... éprouve mon courage,
Peut-être une Espagnole eût promis davantage.
Elle eût pu prodiguer les charmes de ses pleurs,
Je n'ai point leurs attraits, & je n'ai point leurs
 mœurs.
Ce cœur simple, & formé des mains de la Nature,
En voulant t'adoucir, redouble ton injure;
Mais enfin c'est à toi d'essayer desormais,
Sur ce cœur indompté la force des bienfaits.

GUSMAN.

Eh bien ! si les vertus peuvent tant sur votre ame,
Pour en suivre les loix, connoissez-les, Madame.
Etudiez nos mœurs avant de les blâmer,
Ces mœurs sont vos devoirs, il faut s'y confor-
 mer.
Sçachez que le premier est d'étouffer l'idée,
Dont votre ame à mes yeux est encor possédée.
De vous respecter plus & de n'oser jamais
Me prononcer le nom d'un rival que je hais,
D'en rougir la premiére, & d'attendre en silence,
Ce que doit d'un Barbare ordonner ma vangeance.
Sçachez que votre Epoux, qu'ont outragé vos
 feux,
S'il peut vous pardonner, est assez généreux.
Plus que vous ne pensez, je porte un cœur sen-
 sible,
Et ce n'est pas à vous à me croire infléxible.

SCENE

SCENE III.

ALZIRE, EMIRE.

EMIRE.

Vous voyez qu'il vous aime, on pourroit l'attendrir.

ALZIRE.

S'il m'aime, il est jaloux : Zamore va périr :
J'assassinois Zamore en demandant sa vie.
Ah ! Je l'avois prévu. M'auras-tu mieux servie ?
Pourras-tu le sauver ? Vivra-t-il loin de moi ?
Du Soldat qui le garde as-tu tenté la foi ?

EMIRE.

L'or qui les séduit tous, vient d'éblouïr sa vûë.
Sa foi, n'en doutez point, sa main vous est venduë.

ALZIRE.

Ainsi graces aux Cieux, ces métaux détestez
Ne servent pas toûjours à nos calamitez.
Ah ! ne perds point de tems : tu balances encore !

EMIRE.

Mais auroit-on juré la perte de Zamore ?
Alvarès auroit-il assez peu de crédit,
Et le Conseil enfin....

ALZIRE.

ALZIRE.

Je crains tout, il suffit.
Tu vois de ces Tyrans la fureur despotique,
Ils pensent que pour eux le Ciel fit l'Amérique,
Qu'ils en sont nez les Rois ; & Zamore à leurs yeux,
Tout Souverain qu'il fut, n'est qu'un séditieux.
Conseil de Meurtriers ! Gusman ! Peuple barbare ?
Je préviendrai les coups que votre main prépare.
Ce Soldat ne vient point, qu'il tarde à m'obéïr !

EMIRE.

Madame, avec Zamore il va bien-tôt venir ;
Il court à la prison. Déja la nuit plus sombre
Couvre ce grand dessein du secret de son ombre.
Fatiguez de carnage & de sang enivrez,
Les Tyrans de la Terre au sommeil sont livrez.

ALZIRE.

Allons, que ce Soldat nous conduise à la porte,
Qu'on ouvre la prison, que l'innocence en sorte.

EMIRE.

Il vous prévient déja ; Céphane le conduit.
Mais si l'on vous rencontre en cette obscure nuit,
Votre gloire est perduë, & cette honte extrême....

ALZIRE.

Va, la honte seroit de trahir ce que j'aime.

Cet

TRAGEDIE.

Cet honneur étranger, parmi nous inconnu,
N'est qu'un Fantôme vain qu'on prend pour la Vertu.
C'est l'amour de la gloire & non de la justice,
La crainte du reproche & non celle du Vice.
Je fus instruite, Emire, en ce grossier Climat,
A suivre la Vertu sans en chercher l'éclat.
L'honneur est dans mon cœur, & c'est lui qui m'ordonne
De sauver un Héros que le Ciel abandonne.

SCENE IV.

ALZIRE, ZAMORE, EMIRE.

ALZIRE.

Tout est perdu pour toi, tes Tyrans sont vainqueurs,
Ton suplice est tout prêt; si tu ne fuis, tu meurs.
Pars, ne perds point de tems, prens ce Soldat pour guide.
Trompons des Meurtriers l'espérance homicide,
Tu vois mon desespoir, & mon saisissement:
C'est à toi d'épargner la mort à mon Amant,
Un crime à mon Epoux, & des larmes au Monde;
L'Amérique t'apelle, & la nuit te seconde;
Prens pitié de ton sort, & laisse-moi le mien.

ZAMORE.

ZAMORE.

Esclave d'un Barbare, Epouse d'un Chrétien,
Toi qui m'as tant aimé, tu m'ordonne de vivre !
Eh bien j'obéïrai : mais ose-tu me suivre ?
Sans Trône, sans secours, au comble du malheur,
Je n'ai plus à t'offrir qu'un Desert & mon cœur.
Autrefois à tes pieds, j'ai mis un Diadême.

ALZIRE.

Ah ! Qu'étoit-il sans toi ? Qu'ai-je aimé que toi-
 même ?
Et qu'est-ce auprès de toi que ce vil Univers ?
Mon ame va te suivre au fond de tes Deserts.
Je vais seule en ces lieux, où l'horreur me con-
 sume,
Languir dans les regrets, secher dans l'amertume:
Mourir dans les remords d'avoir trahi ma foi :
D'être au pouvoir d'un autre, & de brûler pour toi.
Pars, emporte avec toi, mon bonheur & ma vie,
Laisse-moi les horreurs du devoir qui me lie.
J'ai mon Amant ensemble, & ma gloire à sauver ;
Tous deux me sont sacrez, je les veux conserver.

ZAMORE.

Ta gloire ! Quelle est donc cette gloire inconnuë ?
Quel Fantôme d'Europe a fasciné ta vûë ?
Quoi ! ces affreux sermens qu'on vient de te dicter,
Quoi ! Ce Temple Chrétien que tu dois détester,
Ce Dieu, ce destructeur des Dieux de mes Ancê-
 tres,

T'arrachent

TRAGEDIE.

T'arrachent à Zamore, & te donnent des Maîtres!

ALZIRE.
J'ai promis, il suffit, que t'importe à quel Dieu?

ZAMORE.
Ta promesse est ton crime, elle est ma perte, adieu.
Périssent tes sermens, & le Dieu que j'abhorre!

ALZIRE.
Arrête. Quels adieux! Arrête, cher Zamore!

ZAMORE.
Gusman est ton époux!

ALZIRE.
     Plains-moi sans m'outrager.

ZAMORE.
Songe à nos premiers nœuds.

ALZIRE.
     Je songe à ton danger.

ZAMORE.
Non, tu trahis, cruelle, un feu si légitime.

ALZIRE.
Non, je t'aime à jamais, & c'est un nouveau crime.
Laisse-moi mourir seule, ôte-toi de ces lieux.
Quel desespoir horrible étincelle en tes yeux?
Zamore...

         ZAMORE.

ZAMORE.

C'en est fait.

ALZIRE.

Où vas-tu ?

ZAMORE.

Mon courage,
De cette liberté, va faire un digne usage.

ALZIRE.

Tu n'en sçaurois douter, je péris si tu meurs.

ZAMORE.

Peux-tu mêler l'amour à ces momens d'horreurs ?
Laisse-moi, l'heure fuit, le jour vient, le tems
 presse.
Soldat, guide mes pas.

SCENE V.

ALZIRE, EMIRE.

ALZIRE.

JE succombe, il me laisse :
Il part, que va-t'il faire ? Ô moment plein d'effroi !
Gusman ! Quoi c'est donc lui que j'ai quitté pour
 toi !

Emire,

Emire, suis ses pas, vole, & reviens m'instruire,
S'il est en sûreté, s'il faut que je respire.
Va voir si ce Soldat nous sert, ou nous trahit.

Emire sort.

Un noir pressentiment m'afflige & me saisit ;
Ce jour, ce jour pour moi ne peut être qu'horrible.
O toi ! Dieu des Chrétiens, Dieu vainqueur & terrible,
Je connois peu tes Loix ; ta main du haut des Cieux
Perce à peine un nuage épaissi sur mes yeux ;
Mais si je suis à toi, si mon amour t'offense,
Sur ce cœur malheureux épuise ta vangeance ;
Grand Dieu, conduis Zamore, au milieu des Deserts ;
Ne serois-tu le Dieu que d'un autre Univers ?
Les seuls Européans sont-ils nés pour te plaire ?
Es-tu Tyran d'un Monde & de l'autre le Pere ?
Les vainqueurs, les vaincus, tous ces foibles humains,
Sont tous également l'ouvrage de tes mains.
Mais de quels cris affreux mon oreille est frapée ?
J'entends nommer Zamore. O Ciel ! on m'a trompée.
Le bruit redouble, on vient, ah ! Zamore est perdu.

SCENE VI.

ALZIRE, EMIRE.

ALZIRE.

CHére Emire, eft-ce toi ? qu'a-t'on fait, qu'as-tu vu ?
Tire-moi par pitié de mon doute terrible.

EMIRE.

Ah ! n'efpérez plus rien, fa perte eft infaillible,
Des armes du Soldat qui conduifoit fes pas
Il a couvert fon front, il a chargé fon bras.
Il s'éloigne : à l'inftant, le Soldat prend la fuite,
Votre Amant au Palais, court, & fe précipite.
Je le fuis en tremblant parmi nos ennemis,
Parmi ces Meurtriers dans le fang endormis,
Dans l'horreur de la nuit, des morts, & du filence,
Au Palais de Gufman, je le vois qui s'avance :
Je l'apelois en vain de la voix & des yeux,
Il m'échape, & foudain j'entends des cris affreux,
J'entends dire, qu'il meure: on court, on vole aux armes.
Retirez-vous, Madame, & fuyez tant d'alarmes:
Rentrez.

ALZIRE.

TRAGEDIE.

ALZIRE.

Ah! chére Emire, allons le secourir.

EMIRE.

Que pouvez-vous, Madame, ô Ciel!

ALZIRE.

Je peux mourir.

SCENE VII.

ALZIRE, EMIRE, DON ALONZE, GARDES.

DON ALONZE.

A Mes ordres secrets, Madame, il faut vous rendre.

ALZIRE.

Que me dis-tu Barbare? & que viens-tu m'aprendre?
Qu'est devenu Zamore?

DON ALONZE.

En ce moment affreux

Je ne puis qu'annoncer un ordre rigoureux,
Daignez me fuivre.

ALZIRE.

O fort! ô vangeance trop forte!
Cruels, quoi, ce n'eſt point la mort que l'on m'aporte?
Quoi Zamore n'eſt plus! & je n'ai que des fers!
Tu gémis, & tes yeux de larmes font couverts!
Mes maux ont-ils touché les cœurs nés pour la haine!
Viens, fi la mort m'attend, viens, j'obéïs fans peine.

Fin du quatriéme Acte.

ACTE

ACTE V.

SCENE PREMIERE.
ALZIRE, GARDES.

ALZIRE.

PRéparez-vous pour moi vos suplices cruels,
Tyrans, qui vous nommés les Juges des
   mortels ?
Laissez-vous dans l'horreur de cette inquiétude
De mes destins affreux flotter l'incertitude ?
On m'arrête, on me garde, on ne m'informe pas
Si l'on a résolu ma vie, ou mon trépas.
Ma voix nomme Zamore, & mes Gardes pâlissent.
Tout s'émeut à ce nom, ces Monstres en frémis-
   sent.

SCENE II.

MONTEZE, ALZIRE.

ALZIRE.

AH mon Pere !

MONTEZE.

Ma Fille, où nous as-tu réduits ?
Voilà de ton amour les exécrables fruits.
Hélas ! nous demandions la grace de Zamore ;
Alvarès avec moi daignoit parler encore ;
Un Soldat à l'inftant fe prefente à nos yeux.
C'étoit Zamore même, égaré, furieux.
Par ce déguifement la vûë étoit trompée,
A peine entre fes mains j'aperçois une épée ;
Entrer, voler vers nous, s'élancer fur Gufman,
L'attaquer, le fraper, n'eft pour lui qu'un moment.
Le fang de ton Epoux rejaillit fur ton Pere :
Zamore au même inftant, dépoüillant fa colére,
Tombe aux pieds d'Alvarès, & tranquile, & foumis,
Lui prefentant ce fer, teint du fang de fon fils :
J'ai fait ce que j'ai dû, j'ai vangé mon injure :
Fais ton devoir, dit-il, & vange la Nature.
Alors il fe profterne attendant le trépas.

Le

Le Pere tout sanglant se jette entre mes bras ;
Tout se réveille, on court, on s'avance, on s'écrie ;
On vole à ton Epoux, on rapelle sa vie,
On arrête son sang, on presse les secours
De cet art inventé pour conserver nos jours.
Tout le Peuple à grands cris demande ton suplice,
Du meurtre de son Maître il te croit la complice...

ALZIRE.

Vous pourriez !

MONTEZE.

Non, mon cœur ne t'en soupçonne pas.
Non, le tien n'est pas fait pour de tels attentats,
Capable d'une erreur, il ne l'est point d'un crime,
Tes yeux s'étoient fermés sur le bord de l'abîme.
Je le souhaite ainsi, je le croi, cependant
Ton Epoux va mourir des coups de ton Amant.
On va te condamner, tu vas perdre la vie
Dans l'horreur du suplice, & dans l'ignominie ;
Et je retourne enfin par un dernier effort,
Demander au Conseil & ta grace & ma mort.

ALZIRE.

Ma grace ! à mes Tyrans ! les prier ! vous, mon pére !
Osez vivre, & m'aimer ; c'est ma seule priére.
Je plains Gusman, son sort a trop de cruauté,

Et je le plains fur-tout de l'avoir mérité.
Pour Zamore il n'a fait que vanger fon outrage.
Je ne peux excufer ni blâmer fon courage.
J'ai voulu le fauver, je ne m'en défens pas,
Il mourra... Gardez-vous d'empêcher mon trépas.

MONTEZE.

O Ciel ! infpire-moi, j'implore ta clémence.
Il fort.

SCENE III.
ALZIRE *feule.*

O Ciel ! anéantis ma fatale exiftence.
Quoi ce Dieu que je fers me laiffe fans fecours !
Il défend à mes mains d'attenter fur mes jours.
Ah ! j'ai quitté des Dieux dont la bonté facile
Me permettoit la mort, la mort mon feul afyle.
Eh quel crime eft-ce donc devant ce Dieu jaloux
De hâter un moment qu'il nous prépare à tous ?
Quoi du calice amer d'un malheur fi durable
Faut-il boire à long traits la lie infuportable !
Ce corps vil & mortel eft-il donc fi facré,
Que l'efprit qui le meut ne le quitte à fon gré !
Ce peuple de Vainqueurs, armé de fon tonnerre,
A-t'il le droit affreux de dépeupler la Terre ?
D'exterminer

D'exterminer les miens ? de déchirer mon flanc ?
Et moi je ne pourrai difpofer de mon fang !
Je ne pourrai fur moi permettre à mon courage
Ce que fur l'Univers il permet à fa rage !
Zamore va mourir dans des tourmens affreux,
Barbares !

SCENE IV.

ZAMORE enchaîné, ALZIRE, GARDES.

ZAMORE.

C'Eft ici qu'il faut périr tous deux.
Sous l'horrible apareil de fa fauffe juftice,
Un Tribunal de fang te condamne au fuplice.
Gufman refpire encor ; mon bras defefpéré
N'a porté dans fon fein qu'un coup mal affuré.
Il vit pour achever le malheur de Zamore,
Il mourra tout couvert de ce fang que j'adore ;
Nous périrons enfemble à fes yeux expirans,
Il va goûter encor le plaifir des Tyrans.
Alvarès doit ici prononcer de fa bouche
L'abominable Arrêt de ce Confeil farouche.
C'eft moi qui t'ai perduë, & tu péris pour moi.

ALZIRE.

ALZIRE.

Va, je ne me plains plus, je mourrai près de toi.
Tu m'aime, c'est assez, benis ma destinée,
Benis le coup affreux qui rompt mon hymenée;
Songe que ce moment, où je vais chez les morts,
Est le seul où mon cœur peut t'aimer sans remords.
Libre par mon suplice, à moi-même renduë,
Je dispose à la fin d'une foi qui t'est dûë.
L'apareil de la mort, élevé pour nous deux,
Est l'Autel où mon cœur te rend ses premiers feux:
C'est-là que j'expierai le crime involontaire
De l'infidélité que j'avois pu te faire.
Ma plus grande amertume en ce funeste sort,
C'est d'entendre Alvarès prononcer notre mort.

ZAMORE.

Ah! le voici, les pleurs inondent son visage.

ALZIRE.

Qui de nous trois, ô Ciel, a reçu plus d'outrage?
Et que d'infortunés le sort assemble ici!

SCENE

SCENE V.

ALZIRE, ZAMORE, ALVARES, GARDES.

ZAMORE.

J'Attends la mort de toi, le Ciel le veut ainsi.
Tu me dois prononcer l'Arrêt qu'on vient de rendre,
Parle sans te troubler comme je vais t'entendre ;
Et fais livrer sans crainte aux suplices tout prêts
L'Assassin de ton fils, & l'Ami d'Alvarès.
Mais que t'a fait Alzire ? & quelle barbarie
Te force à lui ravir une innocente vie ?
Les Espagnols enfin t'ont donné leur fureur,
Une injuste vangeance entre-t'elle en ton cœur ?
Connu seul parmi nous par ta clémence auguste,
Tu veux donc renoncer à ce grand nom de Juste !
Dans le sang innocent ta main va se baigner ?

ALZIRE.

Vange-toi, vange un Fils, mais sans me soupçonner ;
Epouse de Gusman, ce nom seul doit t'aprendre,
Que loin de le trahir je l'aurois sçu défendre.
J'ai respecté ton fils, & ce cœur gémissant
Lui conserva sa foi même en le haïssant.

Que je fois de ton Peuple aplaudie ou blâmée,
Ta feule opinion fera ma renommée ;
Estimée en mourant d'un cœur tel que le tien,
Je dédaigne le reste & ne demande rien.
Zamore va mourir, il faut bien que je meure,
C'est tout ce que j'attends, & c'est toi que je pleure.

ALVARES.

Quel mélange, grand Dieu, de tendresse & d'hor-
 reur !
L'Assassin de mon fils est mon Libérateur.
Zamore !..... oüi, je te dois des jours que je dé-
 teste,
Tu m'as vendu bien cher un présent si funeste...
Je suis Pere, mais homme ; & malgré ta fureur,
Malgré la voix du sang qui parle à ma douleur,
Qui demande vangeance à mon ame éperduë,
La voix de tes bienfaits est encor entenduë.

Et toi qui fus ma fille, & que dans nos malheurs
J'apelle encor du nom qui fait couler nos pleurs,
Va, ton pere est bien loin de joindre à ses souffran-
 ces
Cet horrible plaisir que donnent les vangeances.
Il faut perdre à la fois par des coups inoüis,
Et mon Libérateur, & ma Fille & mon Fils.
Le Conseil vous condamne, il a dans sa colére
Du fer de la vangeance armé la main d'un pere.
Je n'ai point refusé ce ministére affreux....
Et je viens le remplir pour vous sauver tous deux.
  Zamore,

TRAGEDIE.

Zamore, tu peux tout.

ZAMORE.

Je peux fauver Alzire ?
Ah ! parle, que faut-il ?

ALVARES.

Croire un Dieu qui m'infpire :
Tu peux changer d'un mot & fon fort & le tien ;
Ici la Loi pardonne à qui fe rend Chrétien.
Cette Loi, que n'aguére un faint zèle a dictée,
Du Ciel en ta faveur y femble être aportée.
Le Dieu qui nous aprit lui-même à pardonner,
De fon ombre à nos yeux fçaura t'environner :
Tu vas des Efpagnols arrêter la colére,
Ton fang facré pour eux eft le fang de leur frere :
Les traits de la vangeance en leurs mains fuf-
   pendus
Sur Alzire & fur toi ne fe tourneront plus ;
Je réponds de fa vie ainfi que de la tienne,
Zamore, c'eft de toi, qu'il faut que je l'obtien-
   ne.
Ne fois point infléxible à cette foible voix,
Je te dévrai la vie une feconde fois.
Cruel, pour me payer du fang dont tu me prive,
Un Pere infortuné demande que tu vive.
Rends-toi Chrétien comme elle, accorde-moi
   ce prix
De fes jours, & des tiens, & du fang de mon fils.

ZAMORE

ZAMORE à *Alzire.*

Alzire, jusque-là chéririons-nous la vie ?
La racheterions-nous par mon ignominie ?
Quitterai-je mes Dieux pour le Dieu de Gusman ?
Et toi plus que ton fils seras-tu mon Tyran ?
Tu veux qu'Alzire meure, ou que je vive en traître.
Ah ! lorsque de tes jours je me suis vû le maître,
Si j'avois mis ta vie à cet indigne prix,
Parle, aurois-tu quitté les Dieux de ton païs ?

ALVARES.

J'aurois fait ce qu'ici tu me vois faire encore,
J'aurois prié ce Dieu, seul Etre que j'adore,
De n'abandonner pas un cœur tel que le tien,
Tout aveuglé qu'il est, digne d'être Chrétien.

ZAMORE.

Dieux ! quel genre inoüi de trouble & de suplice !
Entre quels attentats faut-il que je choisisse !

A Alzire.

Il s'agit de tes jours, il s'agit de mes Dieux.
Toi, qui m'oses aimer, oses juger entre eux,
Je m'en remets à toi, mon cœur se flatte encore
Que tu ne voudras point la honte de Zamore.

ALZIRE.

TRAGEDIE.

ALZIRE.

Ecoute. Tu sçais trop qu'un Pere infortuné
Disposa de ce cœur que je t'avois donné,
Je reconnus son Dieu : tu peux de ma jeunesse
Accuser si tu veux l'erreur ou la foiblesse ;
Mais des Loix des Chrétiens mon esprit enchanté
Vit chez eux, ou du moins, crut voir la Vérité ;
Et ma bouche abjurant les Dieux de ma Patrie
Par mon ame en secret ne fut point démentie ;
Mais renoncer aux Dieux que l'on croit dans son
    cœur,
C'est le crime d'un lâche, & non pas une erreur ;
C'est trahir à la fois, sous un masque hypocrite,
Et le Dieu qu'on préfére, & le Dieu que l'on
    quitte ;
C'est mentir au Ciel même, à l'Univers, à soi.
Mourons, mais en mourant sois digne encor de
    moi ;
Et si Dieu ne te donne une clarté nouvelle,
Ta probité te parle, il faut n'écouter qu'elle.

ZAMORE.

J'ai prévu ta réponse, il vaut mieux expirer
Et mourir avec toi que se deshonorer.

ALVARES.

Cruels, ainsi tous deux vous voulez votre perte
Vous bravez ma bonté, qui vous étoit offerte ;
Ecoutez, le tems presse & ces lugubres cris....
                                  SCENE

SCENE VI.

ALVARES, ZAMORE, ALZIRE,
ALONZE, AMÉRICAINS,
ESPAGNOLS.

ALONZE.

ON améne à vos yeux votre malheureux Fils,
Seigneur, entre vos bras il veut quitter la vie.
Du Peuple qui l'aimoit, une troupe en furie,
S'empreffant près de lui, vient fe raffafier
Du fang de fon Epoufe, & de fon Meurtrier.

SCENE VII.

ALVARES, GUSMAN, ZAMORE,
ALZIRE, MONTEZE, AMÉRICAINS,
SOLDATS.

ZAMORE.

CRuels, fauvez Alzire, & preffez mon fuplice!

ALZIRE.

Non, qu'une affreufe mort tous trois nous réü-
niffe.

ALVARES.

ALVARES.

Mon Fils mourant, mon Fils, ô comble de douleur !

ZAMORE à Gusman.

Tu veux donc jusqu'au bout consommer ta fureur ?
Viens, vois couler mon sang, puisque tu vis encore,
Viens aprendre à mourir en regardant Zamore.

GUSMAN à Zamore.

Il est d'autres vertus que je veux t'enseigner :
Je dois un autre exemple & je viens le donner.

A Alvarès.

Le Ciel qui veut ma mort & qui l'a suspenduë,
Mon Pere, en ce moment m'améne à votre vûë.
Mon ame fugitive, & prête à me quitter,
S'arrête devant vous... mais pour vous imiter.
Je meurs, le voile tombe, un nouveau jour m'éclaire ;
Je ne me suis connu qu'au bout de ma carriére :
J'ai fait jusqu'au moment qui me plonge au cercuëil ;
Gémir l'Humanité du poid de mon orgüeil.
Le Ciel vange la terre, il est juste ; & ma vie
Ne peut payer le sang, dont ma main s'est rougie.

Le

Le bonheur m'aveugla, la mort m'a détrompé:
Je pardonne à la main par qui Dieu m'a frapé.
J'étois Maître en ces lieux ; seul j'y commande encore.
Seul je puis faire grace, & la fais à Zamore.
Vis, superbe ennemi, sois libre, & te souvien,
Quel fut & le devoir, & la mort d'un Chrétien.

A Monteze qui se jette à ses pieds.

Monteze, Américains, qui fûtes mes victimes,
Songez que ma clémence a surpassé mes crimes.
Instruisez l'Amérique, aprenez à ses Rois
Que les Chrétiens sont nez pour leur donner des Loix.

A Zamore.

Des Dieux que nous servons, connois la différence :
Les tiens t'ont commandé le meurtre & la vangeance,
Et le mien, quand ton bras vient de m'assassiner,
M'ordonne de te plaindre, & de te pardonner.

ALVARES.

Ah mon Fils ! tes vertus égalent ton courage.

ALZIRE.

Quel changement, grand Dieu, quel étonnant langage !

ZAMORE.

TRAGEDIE.

ZAMORE.

Quoi, tu veux me forcer moi-même au repentir!

GUSMAN.

Je veux plus, je te veux forcer à me chérir.
Alzire n'a vécu que trop infortunée,
Et par mes cruautez, & par mon Hymenée.
Que ma mourante main la remette en tes bras :
Vivez fans me haïr, gouvernez vos Etats :
Et de vos murs détruits rétabliffans la gloire,
De mon nom, s'il fe peut, beniffez la mémoire.

A Alvarès.

Daignez fervir de Pere à ces Epoux heureux :
Que du Ciel par vos foins le jour luife fur eux !
Aux clartez des Chrétiens fi fon ame eft ouverte,
Zamore eft votre Fils, & répare ma pérte.

ZAMORE.

Je demeure immobile, égaré, confondu.
Quoi donc les vrais Chrétiens auroient tant de vertu !
Ah ! la Loi qui t'oblige à cet effort fuprême,
Je commence à le croire, eft la Loi d'un Dieu même.
J'ai connu l'amitié, la conftance, la foi :
Mais tant de grandeur d'ame eft au-deffus de moi,
Tant

Tant de vertu m'accable & son charme m'attire;
Honteux d'être vangé, je t'aime & je t'admire.
Il se jette à ses pieds.

ALZIRE.

Seigneur, en rougissant je tombe à vos genoux,
Alzire en ce moment voudroit mourir pour vous,
Entre Zamore & vous mon ame déchirée,
Succombe au repentir dont elle est devorée.
Je me sens trop coupable, & mes tristes erreurs.

GUSMAN.

Tout vous est pardonné, puisque je vois vos pleurs.
Pour la derniére fois aprochez-vous, mon Pere,
Vivez long-tems heureux, qu'Alzire vous soit chére;
Zamore, sois Chrétien, je suis content, je meurs!

ALVARES *à Monteze.*

Je vois le doigt de Dieu marqué dans nos malheurs.
Mon cœur desesperé se soumet, s'abandonne
Aux volontez d'un Dieu, qui frape, & qui pardonne.

Fin du dernier Acte.

LA MORT
DE CÉSAR,
TRAGÉDIE.

PREFACE
DES
EDITEURS.

Nous donnons cette Edition de la Tragédie de la Mort de Céfar de Monfieur de Voltaire : nous pouvons dire qu'il eft le premier qui ait fait connoître les Mufes Anglaifes en France. Il traduifit en vers, il y a quelques années, plufieurs morceaux des meilleurs Poëtes d'Angleterre, pour l'inftruction de fes Amis, & par-là il engagea beaucoup de perfonnes à aprendre l'Anglais ; enforte qu'aujourd'hui cette Langue eft devenuë familière aux Gens de Lettres. C'eft rendre fervice à l'Efprit humain de l'orner ainfi des richeffes des Païs étrangéres.

Parmi les morceaux les plus finguliers des Poëtes Anglais que notre ami nous traduifit, il nous donna la Scène d'Antoine & du Peuple Romain prife de la Tragédie de Jules-Céfar, écrite il a cent cinquante ans par le fameux Shakefpear, & joüée encore aujourd'hui avec un très-grand concours, fur le Théâtre de Londres. Nous le priâmes de nous donner le refte de la Piéce ; mais il étoit impoffible de la traduire.

Shakef-

Shakespear étoit un grand Génie, mais qui vivoit dans un Siécle grossier, & l'on retrouve dans ses Piéces la grossiéreté de ce tems beaucoup plus que le génie de l'Auteur. Mr de Voltaire au lieu de traduire l'Ouvrage monstrueux de Shakespear, composa dans le goût Anglais ce Jules-César que nous donnons au Public. Ce n'est pas ici une Piéce telle que le *Sir Politick* de Mr de S. Evremond, qui n'ayant aucune connoissance du Théâtre Anglais, & n'en sçachant pas même la Langue, donna son *Sir Politick*, pour faire connoître la Comédie de Londres aux Français. On peut dire que cette Comédie du *Sir Politick* n'étoit ni dans le goût des Anglais, ni dans celui d'aucune autre Nation.

Il est aisé d'apercevoir dans la Tragédie de la Mort de César le génie & le caractére des Ecrivains Anglais, aussi-bien que celui du Peuple Romain. On y voit cet amour dominant de la Liberté, & ces hardiesses que les Auteurs Français ont rarement.

Il y a encore en Angleterre une autre Tragédie de la Mort de César composée par le Duc de Buckingham. Il y en a une en Italien de Mr l'Abbé Conti Noble Vénitien. Ces Piéces ne se ressemblent qu'en un seul point, c'est qu'on n'y trouve point d'amour. Aucun de ces Auteurs n'a avili ce grand Sujet par une intrigue de galanterie ; mais il y a environ trente-cinq ans que l'un des plus beaux Génies

de

PRÉFACE.

de France s'étant affocié avec Mademoifelle Barbier, pour compofer un Jules-Céfar, il ne manqua pas de repréfenter Céfar & Brutus amoureux & jaloux. Cette petiteffe ridicule eft un des plus grands exemples de la force de l'habitude, perfonne n'ofe guérir le Théâtre Français de cette contagion. Il a fallu que dans Racine, Mithridate, Aléxandre, Porus, ayent été galans. Corneille n'a jamais évité cette foibleffe. Il n'a fait aucune Piéce fans amour, & il faut avoüer que dans fes Tragédies (fi vous exceptez le Cid & Polieucte) cette paffion eft auffi mal peinte, qu'elle y eft étrangére. Notre Auteur a donné peut-être ici dans un autre excès. Bien des gens trouvent dans fa Piéce trop de férocité; ils voïent avec horreur que Brutus facrifice à l'amour de fa Patrie non-feulement fon bienfaiteur, mais fon pere. On n'a à répondre autre chofe, finon que tel étoit le caractére de Brutus, & qu'il faut peindre les hommes tels qu'ils étoient. On a encore une Lettre de ce fier Romain, dans laquelle il dit qu'il tuëroit fon Pere pour le falut de la République. On fçait que Céfar étoit fon pere: il n'en faut pas davantage pour juftifier cette hardieffe.

On imprime au devant de cette Edition, la Lettre du Marquis Algaroti, jeune homme déja connu pour un bon Poëte, & pour un bon Philofophe, & Ami de M. de Voltaire.

LETTRE
DE Mʀ. ALGAROTI,
A Mʳ. L'ABBE' FRANQUINI,
ENVOYÉ DE FLORENCE,

Sur la Tragédie de Jules-Céfar, par Mr. de Voltaire.

J'AI différé jufqu'à prefent, Monfieur, de vous envoyer le Jules-Céfar que vous me demandez, pour vous faire part de celui de Mr de Voltaire.

L'Edition qu'on en a faite à Paris il y a quelques mois, eft très-informe. On y reconnoît affez la main de quelqu'un du genre de ceux que Pétrone apelle *Doctores Umbratici*. Elle eft défectueufe au point qu'on y trouve des vers qui n'ont pas le nombre de Syllabes néceffaire. Cependant la Critique a jugé cette Piéce avec la même févérité, que fi Mr. de Voltaire l'eût donnée lui-même au Public. Ne feroit il pas injufte d'imputer au Titien le mauvais coloris d'un de fes Tableaux barboüillé par un Peintre moderne? J'ai été affez heureux pour qu'il m'en foit tombé entre les mains un Manufcrit digne de vous être envoyé, & voilà enfin le Tableau tel qu'il eft forti des mains
du

du Maître. J'ose même l'accompagner des Réfléxions que vous m'avez demandées.

Il faudroit ignorer qu'il y a une Langue Françaiſe & un Théâtre, pour ne pas ſçavoir à quel degré de perfection Corneille & Racine ont porté le Dramatique. Il ſembloit qu'après ces grands Hommes, il ne reſtoit plus rien à ſouhaiter, & que tâcher de les imiter, étoit tout ce qu'on pouvoit faire de mieux. Deſira-t-on quelque choſe dans la Peinture après la Galathée de Raphaël? Cependant la célebre Tête de Michel Ange dans le petit Farnèſe donna l'idée d'un genre plus terrible & plus fier auquel cet Art pouvoit être élevé. Il ſemble que dans les Beaux-Arts on ne s'aperçoit qu'il y avoit des vuides qu'après qu'ils ſont remplis. La plûpart des Tragédies de ces Maîtres, ſoit que l'Action ſe paſſe à Rome, à Athènes, ou à Conſtantinople, ne contiennent qu'un Mariage concerté, traverſé, ou rompu. On ne peut s'attendre à rien de mieux dans ce genre, où l'Amour donne avec un ſouris ou la paix ou la guerre. Il me paroît qu'on pourroit donner au Dramatique un ton ſupérieur à celui-ci. Le Jules-Céſar m'en eſt une preuve; l'Auteur de la tendre Zaïre ne reſpirant ici que des ſentimens d'ambition, de vengeance & de liberté.

La Tragédie doit être l'imitation des grands Hommes. C'eſt ce qui la diſtingue de la Comédie

médie ; mais si les actions qu'elle represente, sont aussi des plus grandes, cette distinction n'en sera que plus marquée, & l'on peut atteindre par ce moyen à un genre supérieur. N'admire-t'on pas davantage Marc-Antoine à Philippes qu'à Actium. Je ne doute pourtant pas que ces raisons ne puissent essuyer de fortes contradictions. Il faudroit avoir bien peu de connoissance de l'homme, pour ne pas sçavoir que les Préjugés l'emportent presque toûjours sur la Raison, & sur-tout les Préjugés autorisés par un Sexe, qui impose une loi qu'on suit toûjours avec plaisir.

L'Amour est depuis trop long-tems en possession du Théâtre Français, pour souffrir que d'autres passions y prennent sa place. C'est ce qui me fait croire que le Jules-César pourroit bien avoir le même sort que les Thémistocles, les Alcibiades & les autres grands Hommes d'Athènes admirés de toute la Terre, pendant que l'Ostracisme les bannissoit de leur Patrie.

Mr. de Voltaire a imité en quelques endroits Shakespear, Poëte Anglais, qui a réüni dans la même Piéce les puérilités les plus ridicules & les morceaux les plus sublimes. Il en a fait le même usage que Virgile faisoit des Ouvrages d'Ennius ; il a imité de l'Auteur Anglais les deux derniéres Scènes, qui sont les plus beaux modèles d'Eloquence qu'il y ait au Théâtre.
Quum flueret lutulentus, erat quod tollere velles.

N'est-

N'est-ce point un reste de barbarie en Europe de vouloir que les bornes que la politique & la fantaisie des hommes ont prescrites pour la séparation des Etats, servent aussi de limites aux Sciences & aux Beaux Arts, dont les progrès pourroient s'étendre par un commerce mutuel des lumiéres de ses Voisins? Cette Réfléxion convient même mieux à la Nation Françaife qu'à toute autre. Elle est dans le cas de ces Auteurs dont le Public exige plus à mesure qu'il en a plus reçu; elle est si généralement polie & cultivée, que cela met en droit d'exiger d'elle que non-feulement elle aprouve, mais qu'elle cherche même à s'enrichir de ce qu'elle trouve de bon chez ses Voisins:

Tros Rutulusve fuat, nullo discrimine habeto.

Une objection dont je ne vous parlerois pas, si je ne l'eusse entendu faire, est sur ce que cette Tragédie n'est qu'en trois Actes. C'est, dit-on, pécher contre le Théâtre, qui veut que le nombre des Actes soit fixé à cinq. Il est vrai qu'une des Régles, est qu'à toute rigueur la représentation ne dure pas plus de tems que n'auroit duré l'action, si véritablement elle fût arrivée. On a borné avec raison le tems à trois heures, parce qu'une plus longue durée lasseroit l'attention, & empêcheroit qu'on ne pût réünir aisément dans le même point de vûë les

différentes circonstances de l'action qui les passe. Sur ce principe on a divisé les Actes en cinq, pour la commodité des Spectateurs & de l'Auteur, qui peut faire arriver dans ces intervales quelque événement nécessaire au nœud, ou au dénouëment de la Piéce. Toute l'objection se réduit donc à n'avoir fait durer l'action du César que deux heures au lieu de trois. Si ce n'est pas un défaut, la division des Actes n'en doit pas être un non plus, puisque la même raison qui veut qu'une action de trois heures soit partagée en cinq Actes, demande aussi qu'une action de deux heures ne le soit qu'en trois. Il ne s'ensuit pas de ce que la plus grande étenduë qui a été prescrite est de trois heures, qu'on ne puisse pas la rendre moindre; & je ne vois point pourquoi une Tragédie assujettie aux trois unités, d'ailleurs pleine d'intérêts, excitant la terreur & la compassion, enfin faisant en deux heures ce que les autres font en trois, ne seroit pas une excélente Tragédie. Une Statuë dans laquelle les belles proportions & les autres régles de l'Art sont observées, ne laisse pas d'être une belle Statuë, quoiqu'elle soit plus petite qu'une autre, faite sur les mêmes Régles. Je ne crois pas que personne trouve la Vénus de Médicis moins belle dans son genre, que le Gladiateur, parce qu'elle n'a que quatre pieds de hauteur & que le Gladiateur en a six. Mr. de Voltaire a peut-être
voulu

voulu donner à son César moins d'étenduë que l'on n'en donne communément aux Piéces Dramatiques, pour sonder le goût du Public par un essai, si l'on peut apeler de ce nom une Piéce aussi achevée. Il s'agit pour cela d'une révolution dans le Théâtre Français, & c'eût été peut-être trop hazarder, que de commencer par parler de Liberté & de Politique trois heures de suite à une Nation accoutumée à voir soupirer Mithridate, sur le point de marcher vers le Capitole. On doit tenir compte à Mr. de Voltaire de ce ménagement, & ne lui point faire d'ailleurs un crime de n'avoir mis ni amour, ni femmes dans sa Piéce : nées pour inspirer la molesse & les sentimens, elles ne pourroient joüer qu'un rôle ridicule entre Brutus & Cassius, *atroces animæ*. Elles en joüent de si brillans par-tout ailleurs, qu'elles ne doivent pas se plaindre de n'en avoir aucun dans César. Je ne vous parlerai point des beautés de détail qui sont sans nombre dans cette Piéce, ni de la force de la Poësie, pleine d'Images & de Sentimens. Que ne doit-on pas attendre de l'Auteur de Brutus & de la Henriade ? La Scène de la conspiration me paroît des plus belles & des plus fortes qu'on ait encore vûës sur le Théâtre ; elle fait voir en action ce qui jusqu'à présent ne s'étoit presque toûjours passé qu'en recit.

Segnius irritant animos demissa per aures (*),
Quàm quæ sunt oculis subjecta fidelibus, & quæ
Ipse sibi tradit Spectator . . . .

La Mort même de César se passe presqu'à la vûë des spectateurs, ce qui nous épargne un recit qui, quelque beau qu'il fût, ne pourroit qu'être froid : ces événemens & les circonstances qui l'accompagnent étans trop connuës de tout le monde.

Je ne puis assez admirer combien cette Tragédie est pleine de choses, & combien les caractéres sont grands & soutenus. Quel prodigieux contraste entre César & Brutus ! Ce qui d'ailleurs rend ce Sujet extrêmement difficile à traiter, c'est l'art qu'il faut pour peindre d'un côté Brutus avec une vertu féroce à la vérité, & presque ingrat, mais ayant en main la bonne cause, au moins selon les aparences, & par raport aux tems où l'Auteur nous transporte ; & de l'autre côté César rempli de clémence, & des vertus les plus aimables, comblant de bienfaits ses ennemis, mais voulant oprimer la liberté de sa Patrie. Il faut s'interresser également pour tous les deux pendant le cours de la Piéce, quoiqu'il semble que les passions doivent s'entre-nuire & se détruire réciproquement à la fin, comme feroient deux forces égales & oposées, & par conséquent

(*) *Horat. de Arte Poëtica*, v. 180. *& seqq.*

ne produire aucun effet, & renvoyer les Spectateurs sans agitation. Ce sont ces réfléxions qui ont fait dire à un homme du métier (*) qu'il regardoit ce sujet comme l'écuëil des Poëtes Tragiques, & qu'il l'auroit proposé volontiers à quelqu'un de ses Rivaux. Il semble que Mr. de Voltaire, non content de ces difficultés, en ait voulu faire naître de nouvelles, en faisant Brutus fils de César, ce qui d'ailleurs est fondé sur l'Histoire. Il a aussi trouvé par-là le moyen de se ménager de très-belles situations, & de jetter dans sa Piéce un nouvel intérêt, qui se réünit tout entier à la fin pour César. La Harangue d'Antoine produit cet effet ; & elle est à mon avis le modèle de l'éloquence la plus séduisante. Enfin, je crois que l'on peut dire avec vérité, que Mr. de Voltaire a ouvert une nouvelle carriére, & qu'il a atteint le but en même-tems.

(*) M. Martelli qui a écrit beaucoup de Tragédies en Italien. Il s'est servi d'une nouvelle espéce de vers rimez qu'il avoit imaginé d'après les vers Aléxandrins. Cette nouveauté n'a pas été favorable à ses Piéces.

* *
*

ACTEURS.

ACTEURS.

JULES-CÉSAR, Dictateur.

MARC-ANTOINE, Conful.

JUNIUS BRUTUS, Préteur.

CASSIUS,
CIMBER,
DECIMUS, } Sénateurs.
DOLABELLA,
CASCA.

LES ROMAINS.

LICTEURS.

La Scéne eſt à Rome au Capitole.

LA MORT DE CESAR TRAGEDIE.

LA MORT DE CÉSAR,
TRAGÉDIE.

ACTE PREMIER.

SCENE PREMIERE.
CÉSAR, ANTOINE.

ANTOINE.

ÉSAR, tu vas régner, voici le jour auguste,
Où le Peuple Romain, pour toi toujours injuste,
Changé par tes vertus, va reconnoître en toi,
Son vainqueur, son apui, son vangeur, & son Roi.
Antoine, tu le sçais, ne connoît point l'envie.

L 6   J'ai

J'ai chéri plus que toi la gloire de ta vie ;
J'ai préparé la chaîne où tu mets les Romains,
Content d'être fous toi le fecond des Humains,
Plus fier de t'attacher ce nouveau Diadême,
Plus grand de te fervir que de régner moi-même.
Quoi ! tu ne me réponds que par de longs foupirs!
Ta grandeur fait ma joïe, & fait tes déplaifirs !
Roi de Rome & du Monde, eft-ce à toi de te plaindre ?
Céfar peut-il gémir, ou Céfar peut-il craindre ?
Qui peut à ta grande ame infpirer la terreur ?

CE'SAR.

L'amitié, cher Antoine; il faut t'ouvrir mon cœur.
Tu fçais que je te quitte, & le Deftin m'ordonne
De porter nos Drapeaux aux Champs de Baby-
    lone.
Je pars, & vais vanger fur le Parthe inhumain
La honte de Craffus, & du peuple Romain.
L'Aigle des Légions, que je retiens encore,
Demande à s'envoler vers les Mers du Bofphore,
Et mes braves Soldats n'attendent pour fignal,
Que de revoir mon front ceint du Bandeau Roïal.
Peut-être avec raifon Céfar peut entreprendre
D'attaquer un Païs qu'a foumis Aléxandre.
Peut-être les Gaulois, Pompée & les Romains
Valent bien les Perfans fubjuguez par fes mains.
J'ofe au moins le penfer, & ton ami fe flâte
Que le Vainqueur du Rhin, peut l'être de l'Eu-
    phrate.

Mais

Mais cet espoir m'anime & ne m'aveugle pas,
Le Sort peut se lasser de marcher sur mes pas:
La plus haute sagesse en est souvent trompée,
Il peut quitter César, ayant trahi Pompée;
Et dans les factions comme dans les combats,
Du triomphe à la chûte il n'est souvent qu'un pas.
J'ai servi, commandé, vaincu, quarante années:
Du Monde entre mes mains j'ai vû les destinées;
Et j'ai toûjours connu qu'en chaque événement,
Le destin des Etats dépendoit d'un moment.
Quoi qu'il puisse arriver, mon cœur n'a rien à craindre.
Je vaincrai sans orgüeil, ou mourrai sans me plaindre.
Mais j'exige en partant de ta tendre amitié
Qu'Antoine à mes Enfans soit pour jamais lié:
Que Rome par mes mains défenduë & conquise,
Que la Terre à mes Fils, comme à toi soit soumise.
Et qu'emportant d'ici le grand titre de Roi,
Mon sang & mon ami le prennent après moi.
Je te laisse aujourd'hui ma volonté derniére;
Antoine, à mes Enfans il faut servir de Pere.
Je ne veux point de toi demander des sermens,
De la foi des humains sacrez & vains garans;
Ta promesse suffit, & je la crois plus pure,
Que les Autels des Dieux entourrez du parjure.

ANTOINE.

C'est déja pour Antoine un assez dure loi,

Que

Que tu cherche la Guerre & le trépas fans moi,
Et que ton intérêt m'attache à l'Italie,
Quand la gloire t'apelle aux bornes de l'Afie.
Je m'afflige encor plus de voir que ton grand cœur
Doute de fa fortune, & préfage un malheur :
Mais je ne comprends point ta bonté qui m'ou-
    trage ;
Céfar, que me dis-tu de tes Fils, de partage ?
Tu n'as de Fils qu'Octave ; & nulle adoption
N'a d'un autre Céfar apuïé ta Maifon.

CE'SAR.

Il n'eft plus tems, ami, de cacher l'amertume,
Dont mon cœur paternel en fecret fe confume.
Octave n'eft mon fang, qu'à la faveur des Loix :
Je l'ai nommé Céfar, il eft fils de mon choix.
Le Deftin, (dois-je dire, ou propice ou févére?)
D'un véritable Fils en effet m'a fait Pere,
D'un Fils que je chéris, mais qui pour mon mal-
    heur
A ma tendre amitié répond avec horreur.

ANTOINE.

Et quel eft cet Enfant ? Quel ingrat peut-il être
Si peu digne du Sang dont les Dieux l'ont fait
    naître ?

CE'SAR.

Ecoute : Tu connois ce malheureux Brutus,
                              Dont

Dont Caton cultiva les farouches vertus,
De nos antiques Loix ce Défenseur austére,
Ce rigide Ennemi du Pouvoir arbitraire,
Qui toûjours contre moi, les armes à la main,
De tous mes Ennemis a suivi le destin,
Qui fut mon Prisonnier aux Champs de Thessalie,
A qui j'ai, malgré lui, deux fois sauvé la vie;
Né, nourri loin de moi chez mes fiers Ennemis.

ANTOINE.

Brutus ! il se pourroit. . . . .

CE'SAR.

Ne m'en crois pas. Tiens, lis.

ANTOINE.

Dieux ! la Sœur de Caton ! la fiére Servilie !

CE'SAR.

Par un hymen secret, elle me fut unie.
Ce farouche Caton dans nos premiers debats,
La fit, presqu'à mes yeux, passer en d'autres bras:
Mais le jour qui forma ce second hymenée,
De son nouvel Epoux trancha la destinée.
Sous le nom de Brutus mon fils fut élevé.
Pour me haïr, ô Ciel ! étoit-il réservé !
Mais lis, tu sçauras tout par cet Ecrit funeste.
                                        ANTOINE.

ANTOINE. *Il lit.*

César, je vais mourir. La colére céleste
Va finir à la fois ma vie & mon amour.
Souviens-toi qu'à Brutus Céſar donna le jour.
Adieu. Puiſſe ce Fils éprouver pour ſon Pere
L'amitié qu'en mourant te conſervoit ſa mere !

Servilie.

Quoi ! faut-il que du ſort la tyrannique loi,
Céſar, te donne un Fils ſi peu ſemblable à toi !

CE'SAR.

Il a d'autres vertus ; ſon ſuperbe courage
Flâte en ſecret le mien, même alors qu'il l'outrage.
Il m'irrite, il me plaît. Son cœur indépendant
Sur mes ſens étonnez prend un fier aſcendant.
Sa fermeté m'impoſe, & je l'excuſe même
De condamner en moi l'autorité ſuprême.
Soit qu'étant homme & Pere, un charme ſéducteur
L'excuſant à mes yeux, me trompe en ſa faveur :
Soit qu'étant né Romain, la voix de ma Patrie
Me parle malgré moi, contre ma Tyrannie,
Et que la Liberté que je viens d'oprimer,
Plus forte encor que moi me condamne à l'aimer.
Te dirai-je encor plus ? Si Brutus me doit l'Etre,
S'il eſt Fils de Céſar, il doit haïr un Maître.
J'ai penſé comme lui dès mes plus jeunes ans,
J'ai déteſté Silla, j'ai haï les Tyrans.
J'euſſe été Citoyen, ſi l'orgueilleux Pompée

N'eût

N'eût voulu m'oprimer fous fa gloire ufurpée.
Né fier, ambitieux, mais né pour les vertus,
Si je n'étois Céfar, j'aurois été Brutus.

Tout homme à fon état doit plier fon courage.
Brutus tiendra bien-tôt un différent langage,
Quand il aura connu de quel fang il eft né ;
Crois-moi, le Diadême à fon front deftiné
Adoucira dans lui fa rudeffe importune ;
Il changera de mœurs, en changeant de fortune ;
La Nature, le fang, mes bienfaits, tes avis,
Le devoir, l'intérêt, tout me rendra mon Fils.

ANTOINE.

J'en doute. Je connois fa fermeté farouche :
La Secte dont il eft n'admet rien qui la touche.
Cette Secte intraitable, & qui fait vanité
D'endurcir les efprits contre l'humanité,
Qui dompte & foule aux pieds la Nature irritée,
Parle feule à Brutus, & feule eft écoutée.
Ces préjugez affreux, qu'ils apellent devoir,
Ont fur ces cœurs de bronze un abfolu pouvoir.
Caton même, Caton, ce malheureux Stoïque,
Ce Héros forcené, la victime d'Utique,
Qui fuyant un pardon qui l'eût humilié,
Préféra la mort même à ta tendre amitié ;
Caton fut moins altier, moins dur, & moins à craindre,
Que l'ingrat qu'à t'aimer ta bonté veut contraindre.

CESAR.

CE'SAR

Cher ami, de quels coups tu viens de me fraper !
Que m'as-tu dit !

ANTOINE.

Je t'aime, & ne te puis tromper.

CE'SAR.

Le tems amollit tout.

ANTOINE.

Mon cœur en defefpére.

CE'SAR.

Quoi, fa haine ! . . . .

ANTOINE.

Crois-moi.

CE'SAR.

N'importe ; je fuis Pere.
J'ai chéri, j'ai fauvé mes plus grands Ennemis,
Je veux me faire aimer de Rome & de mon Fils,
Et conquérant des cœurs vaincus par ma clémence,

Voit

Voir la Terre & Brutus adorer ma puissance.
C'est à toi de m'aider dans de si grands desseins :
Tu m'as prêté ton bras pour dompter les humains,
Dompte aujourd'hui Brutus, adoucis son courage:
Prépare par degrez cette vertu sauvage,
Au secret important qu'il lui faut révéler,
Et dont mon cœur encore hésite à lui parler.

ANTOINE.

Je ferai tout pour toi ; mais j'ai peu d'espérance.

SCENE II.

CE'SAR, ANTOINE, DOLABELLA.

DOLABELLA.

CEsar, les Sénateurs attendent audience,
A ton ordre suprême ils se rendent ici.

CE'SAR.

Ils ont tardé long-tems..... Qu'ils entrent.

ANTOINE.

Les voici.

Que je lis sur leur front de dépit & de haine !
SCENE

SCENE III.

CE'SAR, ANTOINE, BRUTUS, CASSIUS, CIMBER, DECIMUS, CINNA, CASCA, &c. LICTEURS.

CE'SAR *assis.*

Venez dignes soutiens de la grandeur Romaine,
Compagnons de César. Aprochez, Cassius,
Cimber, Cinna, Décime, & toi mon cher Brutus.
Enfin voici le tems, si le Ciel me seconde,
Où je vais achever la conquête du Monde,
Et voir dans l'Orient le Trône de Cyrus,
Satisfaire, en tombant, aux Manes de Crassus.
Il est tems d'ajoûter par le droit de la Guerre,
Ce qui manque aux Romains des trois parts de la Terre.
Tout est prêt, tout prévu pour ce vaste dessein;
L'Euphrate attend César, & je pars dès demain.
Brutus & Cassius me suivront en Asie ;
Antoine retiendra la Gaule & l'Italie,
De la Mer Atlantique, & des bords du Bétis,
Cimber gouvernera les Rois assujettis ;
Je donne à Decimus la Gréce, & la Lycie,
A Marcellus le Pont, à Casca la Syrie.
Ayant ainsi réglé le sort des Nations,

Et

Et laissant Rome heureuse & sans divisions,
Il ne reste au Sénat, qu'à juger sous quel titre,
De Rome & des Humains, je dois être l'arbitre.
Silla fut honoré du nom de Dictateur,
Marius fut Consul, & Pompée Empereur.
J'ai vaincu le dernier, & c'est assez vous dire,
Qu'il faut un nouveau nom pour un nouvel Empire;
Un nom plus grand, plus saint, moins sujet aux revers,
Autrefois craint dans Rome, & cher à l'Univers.
Un bruit trop confirmé se répand sur la Terre,
Qu'en vain Rome aux Persans ose faire la guerre;
Qu'un Roi seul peut les vaincre & leur donner la Loi.
César va l'entreprendre, & César n'est pas Roi.
Il n'est qu'un Citoyen fameux par ses services,
Qui peut du Peuple encore essuïer les caprices...
Romains, vous m'entendez, vous sçavez mon espoir,
Songez à mes bienfaits, songez à mon pouvoir.

CIMBER.

César, il faut parler. Ces Sceptres, ces Couronnes,
Ce fruit de nos travaux, l'Univers que tu donnes,
Seroient aux yeux du Peuple, & du Sénat jaloux,
Un outrage à l'Etat, plus qu'un bienfait pour nous.
Marius, ni Silla, ni Carbon, ni Pompée,
Dans leur autorité sur le Peuple usurpée,
N'ont jamais prétendu disposer à leur choix

Des

Des conquêtes de Rome, & nous parler en Rois.
Céfar, nous attendions de ta clémence augufte
Un don plus précieux, une faveur plus jufte,
Au-deffus des Etats donnez par ta bonté...

CE'SAR.

Qu'ofes-tu demander, Cimber ?

CIMBER.

        La Liberté.

CASSIUS.

Tu nous l'avois promife, & tu juras toi-même
D'abolir pour jamais l'autorité fuprême ;
Et je croïois toucher à ce moment honteux,
Où le Vainqueur du Monde alloit combler nos
  vœux :
Fumante de fon fang, captive & defolée,
Rome dans cet efpoir renaiffoit confolée.
Avant que d'être à toi, nous fommes fes Enfans;
Je fonge à ton pouvoir, mais fonge à tes fermens.

BRUTUS.

Oüi, que Céfar foit grand, mais que Rome foit
  libre.
Dieux ! Maîtreffe de l'Inde, Efclave au bord du
  Tibre !
Qu'importe que fon nom commande à l'Univers,
Et qu'on l'apelle Reine, alors qu'elle eft aux fers?
         Qu'importe

TRAGEDIE.

Qu'importe à ma Patrie, aux Romains que tu braves
D'aprendre que Céfar a de nouveaux Efclaves?
Les Perfans ne font point nos plus fiers Ennemis;
Il en eft de plus grands. Je n'ai pas d'autre avis.

CE'SAR.

Et toi Brutus auffi ?

ANTOINE à *Céfar.*

Tu connois leur audace :
Vois fi ces cœurs ingrats font dignes de leur grace.

CE'SAR.

Ainfi vous voulez donc dans vos témeritez,
Tenter ma patience, & laffer mes bontez ?
Vous qui m'apartenez par le droit de l'épée,
Rampans fous Marius, Efclaves de Pompée ;
Vous qui ne refpirez, qu'autant que mon courroux
Retenu trop long-tems s'eft arrêté fur vous ;
Républicains ingrats, qu'enhardit ma clémence,
Vous qui devant Silla garderiez le filence ;
Vous que ma bonté feule invite à m'outrager,
Sans craindre que Céfar s'abaiffe à fe vanger,
Voilà ce qui vous donne une ame affez hardie,
Pour ofer me parler de Rome & de Patrie,
Pour affecter ici cette illuftre hauteur,
Et ces grands fentimens devant votre Vainqueur.

Il

Il les falloit avoir aux Plaines de Pharsale :
La fortune entre nous devient trop inégale ;
Si vous n'avez sçu vaincre, aprenez à servir.

BRUTUS.

César, aucun de nous n'aprendra qu'à mourir :
Nul ne m'en desavouë & nul en Thessalie
N'abaissa son courage à demander la vie.
Tu nous laissas le jour, mais pour nous avilir ;
Et nous le détestons, s'il te faut obéïr.
César, qu'à ta colére aucun de nous n'échape :
Commence ici par moi ; si tu veux régner, frape.

CE'SAR.

Ecoute.. & vous sortez.(*)Brutus m'ose offenser !
Mais sçais-tu de quels traits tu viens de me percer ?
Va, César est bien loin d'en vouloir à ta vie.
Laisse-là du Sénat l'indiscrette furie.
Demeure. C'est toi seul qui peux me desarmer.
Demeure. C'est toi seul que César veut aimer.

BRUTUS.

Tout mon sang est à toi, si tu tiens ta promesse.
Si tu n'es qu'un Tyran, j'abhorre ta tendresse ;
Et je ne peux rester avec Antoine & toi,
Puisqu'il n'est plus Romain, & qu'il demande un
    Roi.

(*) *Les Sénateurs sortent.*

TRAGEDIE. 245

SCENE IV.

CE'SAR, ANTOINE.

ANTOINE.

EH bien, t'ai-je trompé ? Crois-tu que la Nature
Puisse amolir une ame, & si fiére, & si dure ?
Laisse, laisse à jamais dans son obscurité
Ce secret malheureux qui pése à ta bonté.
Que de Rome, s'il veut, il déplore la chûte ;
Mais qu'il ignore au moins quel sang il persécute.
Il ne mérite pas de te devoir le jour.
Ingrat à tes bontez, ingrat à ton amour,
Renonce-le pour Fils.

CE'SAR.

Je ne le puis ; je l'aime.

ANTOINE.

Ah ! cesse donc d'aimer l'orgueïl du Diadême :
Descends donc de ce rang, où je te vois monté ;
La bonté convient mal à ton autorité,
De ta grandeur naissante elle détruit l'ouvrage.
Quoi ! Rome est sous tes Loix, & Cassius t'outrage !

Tome III.   M   Quoi

Quoi Cimber ! Quoi Cinna ! ces obscurs Sénateurs
Aux yeux du Roi du Monde affectent ces hau-
  teurs !
Ils bravent ta puissance, & ces vaincus respirent !

CE'SAR.

Ils sont nez mes égaux ; mes armes les vainqui-
  rent,
Et trop au-dessus d'eux, je leur puis pardonner
De frémir sous le joug, que je leur veux donner.

ANTOINE.

Marius de leur sang eût été moins avare.
Silla les eût punis.

CE'SAR.

    Silla fut un Barbare
Il n'a sçu qu'oprimer. Le meurtre & la fureur
Faisoient sa politique, ainsi que sa grandeur.
Il a gouverné Rome au milieu des suplices ;
Il en étoit l'effroi, j'en serai les délices.
Je sçai quel est le Peuple, on le change en un jour :
Il prodigue aisément sa haine & son amour ;
Si ma grandeur l'aigrit, ma clémence l'attire.
Un pardon politique a qui ne peut me nuire ;
Dans mes chaînes qu'il porte, un air de liberté
A ramené vers moi sa foible volonté.
Il faut couvrir de fleurs l'abîme où je l'entraîne,
Flater encor ce Tigre, à l'inſtant qu'on l'en-
  chaîne,
Lui plaire en l'accablant, l'asservir, le charmer,
Et punir mes Rivaux en me faisant aimer.

ANTOINE.

ANTOINE.

Il faudroit être craint : c'eſt ainſi que l'on régne.

CE'SAR.

Va, ce n'eſt qu'aux combats, que je veux qu'on me craigne.

ANTOINE.

Le Peuple abuſera de ta facilité.

CE'SAR.

Le Peuple a juſqu'ici conſacré ma bonté :
Vois ce Temple que Rome éleve à ma Clémence.

ANTOINE.

Crains qu'elle n'en éleve un autre à la Vangeance :
Crains des cœurs ulcérez, nourris de deſeſpoir,
Idolâtres de Rome, & cruels par devoir.
Caſſius allarmé prévoit qu'en ce jour même,
Ma main doit ſur ton front mettre le Diadême.
Déja même à tes yeux on oſe en murmurer,
Des plus impétueux tu dévrois t'aſſurer.
A prévenir leurs coups, daigne au moins te contraindre.

CE'SAR.

Je les aurois punis, ſi je les pouvois craindre.
Ne me conſeille point de me faire haïr.
Je ſçais combattre, vaincre, & ne ſçais point punir.
Allons, & n'écoutans ni ſoupçon, ni vangeance,
Sur l'Univers ſoumis régnons ſans violence.

Fin du premier Acte.

ACTE II.

SCENE PREMIERE.

BRUTUS, ANTOINE, DOLABELLA.

ANTOINE.

LE superbe refus, cette animosité,
Marquent moins de vertu, que de férocité.
Les bontez de Céſar, & ſur-tout ſa puiſſance,
Méritoient plus d'égards, & plus de complaiſance.
A lui parler du moins vous pourriez conſentir.
Vous ne connoiſſez pas qui vous oſez haïr,
Et vous en frémiriez, ſi vous pouviez aprendre...

BRUTUS.

Ah! j'en frémis déja, mais c'eſt de vous entendre.
Ennemi des Romains que vous avez vendus,
Penſez-vous ou tromper, ou corrompre Brutus?
Allez ramper ſans moi, ſous la main qui vous brave.
Je ſçai tous vos deſſeins, vous brûlez d'être Eſclave.

ANTOINE.

Vous voulez un Monarque, & vous êtes Romain !
ANTOINE.

Je suis ami, Brutus, & porte un cœur humain.
Je ne recherche point une vertu plus rare :
Tu veux être un Héros, mais tu n'es qu'un Barbare,
Et ton farouche orguëil, que rien ne peut fléchir,
Embrassa la vertu pour la faire haïr.

SCENE II.
BRUTUS.

Quelle bassesse, ô Ciel ! & quelle ignominie !
Voilà donc les soutiens de ma triste Patrie !
Voilà vos successeurs, Horace, Decius,
Et toi, Vengeur des Loix, toi mon sang, toi Brutus !
Quels restes, justes Dieux, de la grandeur Romaine !
Chacun baise en tremblant la main qui nous enchaîne.
César nous a ravi jusques à nos vertus,
Et je cherche ici Rome, & ne la trouve plus.
Vous, que j'ai vu périr, vous immortels courages,
Héros, dont, en pleurant, j'aperçois les Images,
Famille de Pompée, & toi divin Caton,
Toi dernier des Héros du sang de Scipion :

Vous ranimez en moi ces vives étincelles
Des vertus dont brilloient vos ames immortelles;
Vous vivez dans Brutus, vous mettez dans mon sein
Tout l'honneur qu'un Tyran ravit au nom Romain.
Que vois-je, Grand Pompée, au pied de ta Statuë ?
Quel Billet, sous mon nom, se presente à ma vûë ?
Lisons (*) : *Tu dors, Brutus, & Rome est dans les fers !*
Rome, mes yeux sur toi seront toûjours ouverts.
Ne me reproche point des chaînes que j'abhorre.
Mais quel autre Billet à mes yeux s'offre encore ?
Non, tu n'es pas Brutus. Ah ! reproche cruel !
César ! tremble Tyran : voilà ton coup mortel.
Non, tu n'es pas Brutus. Je le suis, je veux l'être.
Je périrai, Romains, ou vous serez sans Maître.
Je vois que Rome encore a des cœurs vertueux.
On demande un Vengeur, on a sur moi les yeux :
On excite cette ame, & cette main trop lente :
On demande du sang.... Rome sera contente.

* *Il prend le Billet.*

SCENE III.

BRUTUS, CASSIUS, CINNA, CASCA, DECIMUS, Suite.

CASSIUS.

JE t'embraſſe, Brutus, pour la derniére fois,
Amis, il faut tomber ſous les débris des Loix.
De Céſar deſormais je n'attends plus de grace,
Il ſçait mes ſentimens, il connoît notre audace.
Notre ame incorruptible étonne ſes deſſeins;
Il va perdre dans nous les derniers des Romains.
C'en eſt fait, mes Amis, il n'eſt plus de Patrie,
Plus d'Honneur, plus de Loix, Rome eſt anéan-
　tie,
De l'Univers & d'elle, il triomphe aujourd'hui.
Nos imprudens Ayeux n'ont vaincu que pour lui.
Ces dépoüilles des Rois, ce Sceptre de la Terre,
Six cens ans de vertus, de travaux & de Guer-
　re :
Céſar joüit de tout ; & dévore le fruit,
Que ſix Siécles de Gloire à peine avoient produit.
Ah Brutus ! es tu né pour ſervir ſous un Maître ?
La liberté n'eſt plus.

BRUTUS.

Elle eſt prête à renaître.

CASSIUS.

CASSIUS.

Que dis-tu ? Mais quel bruit vient fraper mes esprits !

BRUTUS.

Laisse-là ce vil Peuple, & ses indignes cris.

CASSIUS.

La liberté, dis-tu ?... Mais quoi.... le bruit redouble.

SCENE VI.

BRUTUS, CASSIUS, CIMBER, DECIMUS.

CASSIUS.

AH ! Cimber, est-ce toi ? parle, quel est ce trouble ?

DECIMUS.

Trame-t'on contre Rome un nouvel attentat ? Qu'a-t'on fait ? Qu'as-tu vu ?

CIMBER.

La honte de l'Etat.
César

César étoit au Temple, & cette fiére Idole
Sembloit être le Dieu qui tonne au Capitole.
C'est-là qu'il annonçoit son superbe dessein
D'aller joindre la Perse à l'Empire Romain.
On lui donnoit les noms de Foudre de la Guerre,
De Vangeur des Romains, de Vainqueur de la
　　terre.
Mais parmi tant d'éclat, son orgüeil impudent
Vouloit un autre Titre, & n'étoit pas content.
Enfin parmi ces cris & ces chants d'allegresse
Du Peuple qui l'entoure, Antoine fend la presse :
Il entre : ô honte ! ô crime indigne d'un Romain !
Il entre, la Couronne, & le Sceptre à la main.
On se tait : on frémit : lui, sans que rien l'étonne,
Sur le front de César attache la Couronne ;
Et soudain devant lui se mettant à genoux,
César, regne, dit-il, sur la terre, & sur nous.
Des Romains à ces mots les visages pâlissent,
De leurs cris douloureux les voutes retentissent.
J'ai vu des Citoyens s'enfuir avec horreur,
D'autres rougir de honte, & pleurer de douleur.
César, qui cependant lisoit sur leur visage
De l'indignation l'éclatant témoignage,
Feignant des sentimens long-tems étudiées,
Jette & Sceptre & Couronne, & les foule à ses
　　pieds.
Alors tout se croit libre, alors tout est en proye
Au fol enyvrement d'une indiscrette joye.
Antoine est allarmé : César feint, & rougit ;
Plus il céle son trouble, & plus on l'aplaudit.

M 5　　　　LA

La modération sert de voile à son crime :
Il affecte à regret un refus magnanime ;
Mais malgré ses efforts, il frémissoit tout bas
Qu'on aplaudit en lui les vertus qu'il n'a pas.
Enfin ne pouvant plus retenir sa colére,
Il sort du Capitole avec un front sévére.
Il veut que dans une heure, on s'assemble au
  Sénat.
Dans une heure, Brutus, César change l'Etat.
De ce Sénat sacré la moitié corrompuë,
Ayant acheté Rome, à César l'a venduë,
Plus lâche que ce Peuple, à qui dans son malheur
Le nom de Roi du moins fait toûjours quelque
  horreur.
César déja trop Roi, veut encor la Couronne:
Le Peuple la refuse, & le Sénat la donne ;
Que faut-il faire enfin, Héros qui m'écoutez?

CASSIUS.

Mourir, finir des jours dans l'oprobre comptez.
J'ai traîné les liens de mon indigne vie,
Tant qu'un peu d'espérance a flatté ma Patrie.
Voici son dernier jour, & du moins Cassius
Ne doit plus respirer, lorsque l'Etat n'est plus.
Pleure qui voudra Rome, & lui reste fidelle ;
Je ne peux la vanger, mais j'expire avec elle.
Je vais où sont nos Dieux.... Pompée & Scipion,

  En regardant leurs Statuës.

Il est tems de vous suivre, & d'imiter Caton.
         BRUTUS.

TRAGEDIE.

BRUTUS.

Non, n'imitons perſonne, & ſervons tous d'exemple :
C'eſt nous, braves Amis, que l'Univers contemple,
C'eſt à nous de répondre à l'admiration
Que Rome en expirant conſerve à notre nom.
Si Caton m'avoit cru, plus juſte en ſa furie,
Sur Céſar expirant, il eût perdu la vie ;
Mais il tourna ſur ſoi ſes innocentes mains,
Sa mort fut inutile au bonheur des humains.
Faiſant tout pour la gloire, il ne fit rien pour Rome,
Et c'eſt la ſeule faute, où tomba ce grand homme.

CASSIUS.
Que veux-tu donc qu'on faſſe en un tel deſeſpoir ?

BRUTUS.
Montrant le Billet.
Voilà ce qu'on m'écrit, voilà notre devoir.

CASSIUS.
On m'en écrit autant, j'ai reçu ce reproche.

BRUTUS.
C'eſt trop le mériter.

CIMBER.
L'heure fatale aproche.
Dans une heure un Tyran détruit le nom Romain.

BRUTUS

BRUTUS.

Dans une heure à César il faut percer le sein.

CASSIUS.

Ah ! je te reconnois à cette noble audace.

DECIMUS.

Ennemi des Tyrans, & digne de ta race,
Voilà les fentimens que j'avois dans mon cœur.

CASSIUS.

Tu me rends à moi-même, & je t'en dois l'hon-
 neur.
C'eſt-là ce qu'attendoient ma haine & ma colére
De la mâle vertu qui fait ton caractére.
C'eſt Rome qui t'infpire en des deſſeins ſi grands:
Ton nom ſeul eſt l'Arrêt de la mort des Tyrans.
Lavons, mon cher Brutus, l'oprobre de la terre,
Vengeons ce Capitole au défaut du Tonnerre.
Toi Cimber, toi Cinna, vous Romains indomptez
Avez-vous une autre ame, & d'autres volontez ?

CIMBER.

Nous penſons comme toi : nous méprifons la vie:
Nous déteſtons Céſar : nous aimons la Patrie :
Nous la vangerons tous ; Brutus & Caſſius
De quiconque eſt Romain raniment les vertus.

DECIMUS.

Nez Juges de l'Etat, nez les Vangeurs du crime,
C'eſt ſouffrir trop long-tems la main qui nous
 oprime ;

Et

TRAGEDIE. 257

Et quand fur un Tyran nous fufpendons nos coups,
Chaque inftant qu'il refpire eft un crime pour nous.

CIMBER.

Admettrons-nous quelqu'autre à ces honneurs fuprêmes ?

BRUTUS.

Pour vanger la Patrie, il fuffit de nous-mêmes.
Dolabella, Lépide, Emile, Bibulus,
Ou tremblent fous Céfar, ou bien lui font vendus.
Cicéron, qui d'un Traître a puni l'infolence,
Ne fert la Liberté que par fon éloquence ;
Hardi dans le Sénat, foible dans le danger,
Fait pour haranguer Rome, & non pour la vanger.
Laiffons à l'Orateur, qui charme fa Patrie,
Le foin de nous loüer, quand nous l'aurons fervie.
Non, ce n'eft qu'avec vous que je veux partager
Cet immortel honneur, & ce preffant danger.
Dans une heure au Sénat le Tyran doit fe rendre.
Là, je le punirai : là, je le veux furprendre ;
Là, je veux que ce fer enfoncé dans fon fein,
Vange Caton, Pompée, & le Peuple Romain.
C'eft hazarder beaucoup. Ses ardens Satellites
Par-tout du Capitole occupent les limites,
Ce Peuple mou, volage & facile à fléchir,
Ne fçait s'il doit encor l'aimer ou le haïr.
Notre mort, mes Amis, paroît inévitable ;
Mais

Mais qu'une telle mort eſt noble & deſirable!
Qu'il eſt beau de périr dans des deſſeins ſi grands
De voir couler ſon ſang dans le ſang des Tyrans!
Qu'avec plaiſir alors on voit ſa derniére heure!
Mourons, braves Amis, pourvû que Céſar meure,
Et que la Liberté, qu'opriment ſes forfaits,
Renaiſſe de ſa cendre, & revive à jamais.

CASSIUS.

Ne balançons donc plus, courons au Capitole;
C'eſt-là qu'il nous oprime, & qu'il faut qu'on l'im-
    mole.
Ne craignons rien du Peuple, il ſemble encor
    douter ;
Mais ſi l'Idole tombe, il va la déteſter.

BRUTUS.

Jurez donc avec moi, jurez ſur cette épée,
Par le ſang de Caton, par celui de Pompée,
Par les Mânes ſacrez de tous ces vrais Romains,
Qui dans les Champs d'Afrique ont fini leurs deſ-
    tins ;
Jurez par tous les Dieux, Vangeurs de la Patrie,
Que Céſar ſous vos coups va terminer ſa vie.

CASSIUS.

Faiſons plus, mes Amis, jurons d'exterminer
Quiconque ainſi que lui prétendra gouverner:
Fuſſent nos propres Fils, nos Freres, ou nos
    Peres:
S'ils ſont Tyrans, Brutus, ils ſont nos Adver-
    ſaires;

Un

Un vrai Républicain n'a pour Pere & pour Fils,
Que la Vertu, les Dieux, les Loix & son Païs.

BRUTUS.

Oüi, j'unis pour jamais mon sang avec le vôtre.
Tous dès ce moment même, adoptez l'un pour l'autre,
Le salut & l'Etat nous a rendus Parens,
Scellons notre union du sang de nos Tyrans.

Il s'avance vers la Statuë de Pompée.

Nous le jurons par vous, Héros, dont les Images,
A ce pressant devoir excitent nos courages.
Nous promettons, Pompée, à tes sacrez genoux,
De faire tout pour Rome, & jamais rien pour nous;
D'être unis pour l'Etat, qui dans nous se rassemble,
De vivre, de combattre, & de mourir ensemble.
Allons, préparons-nous, c'est trop nous arrêter.

SCENE V.

CE'SAR, BRUTUS.

CE'SAR.

DEMEURE. C'est ici que tu dois m'écouter;
Où vas-tu malheureux ?

BRUTUS

BRUTUS.

      Loin de la Tyrannie.

CE'SAR.

Licteurs qu'on le retienne.

BRUTUS.

      Achéve, & prens ma vie.

CE'SAR.

Brutus, si ma colére en vouloit à tes jours,
Je n'aurois qu'à parler, j'aurois fini leur cours.
Tu l'as trop mérité. Ta fiére ingratitude
Se fait de m'offenser une farouche étude.
Je te retrouve encor avec ceux des Romains,
Dont j'ai plus soupçonné les perfides desseins;
Avec ceux qui tantôt ont osé me déplaire,
Ont blâmé ma conduite, ont bravé ma colére.

BRUTUS.

Ils parloient en Romains, César, & leurs avis,
Si les Dieux t'inspiroient, seroient encor suivis.

CE'SAR.

Je souffre ton audace, & consens à t'entendre:
De mon rang avec toi, je me plais à descendre.
Que me reproches-tu?

BRUTUS.

     Le Monde ravagé,
Le sang des Nations, ton Païs saccagé:

         Ton

Ton pouvoir, tes vertus qui font tes injustices,
Qui de tes attentats sont en toi les complices ;
Ta funeste bonté qui fait aimer tes fers,
Et qui n'est qu'un apas, pour tromper l'Univers.

CE'SAR.

Ah ! c'est ce qu'il falloit reprocher à Pompée.
Par sa feinte vertu la tienne fut trompée.
Ce Citoyen superbe, à Rome plus fatal,
N'a pas même voulu César pour son égal.
Crois-tu, s'il m'eût vaincu, que cette ame hau-
    taine
Eût laissé respirer la liberté Romaine ?
Ah ! sous un joug de fer il t'auroit accablé.
Qu'eût fait Brutus alors ?

BRUTUS.

    Brutus l'eût immolé.

CE'SAR.

Voilà donc ce qu'enfin ton grand cœur me desti-
    ne ?
Tu ne t'en défens point. Tu vis pour ma ruïne,
Brutus !

BRUTUS.

    Si tu le crois, préviens donc ma fureur.
Qui peut te retenir ?

CE'SAR. *Il lui presente la Lettre de Servilie.*

    La Nature, & mon cœur.
Lis, ingrat, lis, connois le sang que tu m'oposes,
                      Vois

Vois qui tu peux haïr, & pourfuis, fi tu l'ofes.

BRUTUS.

Où fuis-je? Qu'ai-je lu? Me trompez-vous, mes yeux?

CE'SAR.

Eh bien! Brutus, mon Fils!

BRUTUS.

Lui, mon Pere! Grands Dieux!

CE'SAR.

Oüi, je le fuis, ingrat! Quel filence farouche!
Que dis-je? Quels fanglots échapent de ta bouche?
Mon fils.... Quoi, je te tiens muet entre mes bras!
La Nature t'étonne, & ne t'attendrit pas!

BRUTUS.

O fort épouvantable, & qui me defefpére!
O fermens! ô Patrie! ô Rome toûjours chére!
Céfar!.... Ah! malheureux j'ai trop long-tems vécu!

CE'SAR.

Parle. Quoi d'un remords ton cœur eft combattu!
Ne me déguife rien. Tu gardes le filence?
Tu crains d'être mon Fils, ce nom facré t'offenfe?
Tu crains de me chérir, de partager mon rang;
C'eft un malheur pour toi d'être né de mon fang?
Ah! ce Sceptre du Monde, & ce Pouvoir Suprême,

TRAGEDIE. 263

Ce César que tu hais, les vouloit pour toi-même.
Je voulois partager avec Octave & toi,
Le prix de cent combats, & le titre de Roi.

BRUTUS.
Ah! Dieux!

CE'SAR.
Tu veux parler, & te retiens à peine?
Ces transports sont-ils donc de tendresse ou de haine?
Quel est donc le secret qui semble t'accabler?

BRUTUS.
César...

CE'SAR.
Eh bien, mon Fils?

BRUTUS.
Je ne puis lui parler.

CE'SAR.
Tu n'oses me nommer du tendre nom de Pere?

BRUTUS.
Si tu l'es, je te fais une unique priére.

CE'SAR.
Parle. En te l'accordant, je croirai tout gagner.

BRUTUS.
Fai moi mourir sur l'heure, ou cesse de régner.

CESAR.

CE'SAR.

Ah ! barbare Ennemi, Tigre què je careffe !
Ah ! cœur dénaturé qu'endurcit ma tendreffe,
Vas, tu n'es plus mon Fils. Va, cruel Citoyen,
Mon cœur defefpéré prend l'exemple du tien ;
Ce cœur à qui tu fais cette effroyable injure,
Sçaura bien comme toi vaincre enfin la Nature.
Va, Céfar n'eft pas fait pour te prier en vain ;
J'aprendrai de Brutus à ceffer d'être humain.
Je ne te connois plus. Libre dans ma puiffance,
Je n'écouterai plus une injufte clémence,
Tranquile, à mon courroux je vais m'abandon-
 ner :
Mon cœur trop indulgent eft las de pardonner:
J'imiterai Silla, mais dans fes violences ;
Vous tremblerez, ingrats, au bruit de mes van-
 geances.
Va, cruel, va trouver tes indignes Amis,
Tous m'ont ofé déplaire, ils feront tous punis.
On fçait ce que je puis, on verra ce que j'ofe :
Je deviendrai barbare, & toi feul en es caufe.

BRUTUS.

Ah ! ne le quittons point dans fes cruels deffeins,
Et fçauvons, s'il fe peut, Céfar & les Romains.

Fin du fecond Acte.

ACTE

ACTE III.

SCENE PREMIERE.

CASSIUS, CIMBER, DÉCIME, CINNA,
CASCA, LES CONJUREZ.

CASSIUS.

ENFIN donc l'heure aproche, où Rome
  va renaître.
La Maîtresse du Monde est aujourd'hui
  sans Maître.
L'honneur en est à vous, Cimber, Casca, Pro-
  bus,
Décime. Encore une heure, & le Tyran n'est
  plus.
Ce que n'ont pu Caton, & Pompée & l'Asie,
Nous seuls l'exécutons, nous vangeons la Patrie;
Et je veux qu'en ce jour on dise à l'Univers,
Mortels, respectez Rome, elle n'est plus aux fers.

CIMBER.

Tu vois tous nos Amis, ils sont prêts à te suivre,
A fraper, à mourir, à vivre s'il faut vivre;
A servir le Sénat dans l'un ou l'autre sort,

En

En donnans à César, ou recevans la mort.

DÉCIME.

Mais d'où vient que Brutus ne paroît point encore,
Lui, ce fier Ennemi du Tyran qu'il abhorre,
Lui, qui prit nos sermens, qui nous rassembla tous,
Lui, qui doit sur César porter les premiers coups?
Le Gendre de Caton tarde bien à paroître.
Seroit-il arrêté ? César peut-il connoître ?....
Mais le voici. Grands Dieux ! qu'il paroît abattu!

SCENE II.

CASSIUS, BRUTUS, CIMBER, CASCA, DÉCIME, LES CONJUREZ.

CASSIUS.

Brutus, quelle infortune accable ta vertu ?
Le Tyran sçait-il tout ? Rome est-elle trahie ?

BRUTUS.

Non, César ne sçait point qu'on va trancher sa vie.
Il se confie à vous.

DECIMUS.

Qui peut donc te troubler?

BRUTUS.

TRAGEDIE.

BRUTUS.
Un malheur, un secret, qui vous fera trembler.

CASSIUS.
De nous ou du Tyran c'eſt la mort qui s'aprête,
Nous pouvons tous périr ; mais trembler, nous !

BRUTUS.
Arrête ;
Je vais t'épouvanter par ce secret affreux.
Je dois ſa mort à Rome, à Vous, à nos Neveux,
Au bonheur des Mortels, & j'avois choiſi l'heure,
Le lieu, le bras, l'inſtant, où Rome veut qu'il meure :
L'honneur du premier coup à mes mains eſt remis ;
Tout eſt prêt. Aprenez que Brutus eſt ſon Fils.

CIMBER.
Toi, ſon Fils !

CASSIUS.
De Céſar !

DECIMUS.
O Rome !

BRUTUS.
Servilie
Par un hymen ſecret à Céſar fut unie,
Je ſuis de cet hymen le fruit infortuné.

CIMBER.

CIMBER.
Brutus, Fils d'un Tyran!

CASSIUS.
Non, tu n'en es pas né;
Ton cœur est trop Romain.

BRUTUS.
Ma honte est véritable.
Vous, Amis, qui voyez le destin qui m'accable,
Soyez par mes sermens les maîtres de mon sort.
Est-il quelqu'un de vous d'un esprit assez fort,
Assez Stoïque, assez au-dessus du Vulgaire,
Pour oser décider ce que Brutus doit faire ?
Je m'en remets à vous. Quoi ! vous baissez les
     yeux !
Toi, Cassius, aussi tu te tais avec eux !
Aucun ne me soutient au bord de cet abîme !
Aucun ne m'encourage, ou ne m'arrache au cri-
     me !
Tu frémis, Cassius ! & prompt à t'étonner....

CASSIUS.
Je frémis du conseil que je vais te donner.

BRUTUS.
Parle.

CASSIUS.
Si tu n'étois qu'un Citoyen vulgaire,
Je te dirois : Va, sers : sois Tyran sous ton Pere;
Ecrase cet Etat que tu dois soutenir :
     Rome

Rome aura deformais deux Traîtres à punir;
Mais je parle à Brutus, à ce puiſſant génie,
A ce Héros armé contre la Tyrannie,
Dont le cœur infléxible, au bien déterminé,
Epura tout le ſang que Céſar t'a donné.
Ecoute, tu connois avec quelle furie
Jadis Catilina menaça ſa Patrie.

BRUTUS.

Oüi.

CASSIUS.

Si le même jour, que ce grand Criminel
Dut à la Liberté porter le coup mortel :
Si lorſque le Sénat eut condamné ce Traître,
Catilina pour Fils t'eût voulu reconnoître;
Entre ce Monſtre & nous forcé de décider,
Parle : Qu'aurois-tu fait ?

BRUTUS.

Peux-tu le demander ?
Penſes-tu qu'un inſtant ma vertu démentie
Eût mis dans la balance un homme & la Patrie ?

CASSIUS

Brutus, par ce ſeul mot ton devoir eſt dicté.
C'eſt l'Arrêt du Sénat. Rome eſt en ſûreté.
Mais, dis, ſens-tu ce trouble, & ce ſecret murmure
Qu'un préjugé vulgaire impute à la Nature ?

Un seul mot de César a-t'il éteint dans toi,
L'amour de ton Païs, ton devoir, & ta foi ?
En disant ce secret, ou faux ou véritable,
En t'avoüant pour Fils, en est-il moins coupable ?
En es-tu moins Brutus ? En es-tu moins Romain ?
Nous dois-tu moins ta vie, & ton cœur, & ta main ?
Toi, son Fils ! Rome enfin n'est-elle plus ta Mere ?
Chacun des Conjurés n'est-il donc plus ton Frere ?
Né dans nos murs sacrés, nourri par Scipion,
Eléve de Pompée, adopté par Caton,
Ami de Cassius, que veux-tu davantage ?
Ces titres sont sacrés, tout autre les outrage.
Qu'importe qu'un Tyran, vil esclave d'amour,
Ait séduit Servilie, & t'ait donné le jour ?
Laisse-là les erreurs, & l'hymen de ta Mere,
Caton forma tes mœurs, Caton seul est ton Pere :
Tu lui dois ta vertu : ton ame est toute à lui :
Brise l'indigne nœud que l'on t'offre aujourd'hui :
Qu'à nos sermens communs ta fermeté réponde ;
Et tu n'as de Parens que les Vangeurs du Monde.

BRUTUS.

Et vous, braves Amis, parlez, que pensez-vous ?

CIMBER.

Jugez de nous par lui, jugez de lui par nous.
D'un autre sentiment si nous étions capables,
Rome n'auroit point eu des Enfans plus coupa-
   bles ;
Mais

Mais à d'autres qu'à toi pourquoi t'en raporter ?
C'est ton cœur, c'est Brutus, qu'il te faut consul-
　　ter.

BRUTUS.

Eh bien, à vos regards mon ame est dévoüée,
Lisez-y les horreurs dont elle est accablée.
Je ne vous céle rien : ce cœur s'est ébranlé ;
De mes Stoïques yeux des larmes ont coulé.
Après l'affreux ferment que vous m'avez vu faire,
Prêt à servir l'Etat, mais à tuer mon Pere,
Pleurant d'être son Fils, honteux de ses bienfaits,
Admirant ses vertus, condamnant ses forfaits,
Voyant en lui mon Pere, un coupable, un grand
　　　　Homme,
Entraîné par César, & retenu par Rome,
D'horreur & de pitié mes esprits déchirez,
Ont souhaité la mort que vous lui préparez.
Je vous dirai bien plus, sçachez que je l'estime.
Son grand cœur me séduit au sein même du crime ;
Et si sur les Romains quelqu'un pouvoit régner,
Il est le seul Tyran, que l'on dût épargner.
Ne vous allarmez point : ce nom que je déteste,
Ce nom seul de Tyran l'emporte sur le reste.
Le Sénat, Rome, & Vous, vous avez tous ma foi :
Le bien du Monde entier me parle contre un Roi.
J'embrasse avec horreur une vertu cruelle,
J'en frissonne à vos yeux, mais je vous suis fidèle.
César me va parler, que ne puis-je aujourd'hui
L'attendrir, le changer, sauver l'Etat & lui !

　　　　　　　　　　　　　　Veüillent

Veüillent les Immortels, s'expliquans par ma bouche,
Prêter à mon organe, un pouvoir qui le touche!
Mais fi je n'obtiens rien de cet Ambitieux,
Levez le bras, frapez, je détourne les yeux.
Je ne trahirai point mon Païs pour mon Pere :
Que l'on aprouve, ou non, ma fermeté févére,
Qu'à l'Univers furpris cette grande action
Soit un objet d'horreur, ou d'admiration :
Mon efprit, peu jaloux de vivre en la mémoire,
Ne confidére point le reproche, ou la gloire;
Toûjours indépendant, & toûjours Citoyen,
Mon devoir me fuffit, tout le refte n'eft rien.
Allez, ne fongez plus qu'à fortir d'efclavage.

CASSIUS.

Du falut de l'Etat ta parole eft le gage.
Nous comptons tous fur toi, comme fi dans ces lieux
Nous entendions Caton, Rome même & nos Dieux.

SCENE III.

BRUTUS *feul.*

Voici donc le moment ou Céfar va m'entendre;
Voici ce Capitole où la mort va l'attendre.
Epargnez-

Epargnez-moi, Grands Dieux, l'horreur de le haïr !
Dieux, arrêtez ces bras levés pour le punir !
Rendez, s'il se peut, Rome, à son grand cœur plus chére,
Et faites qu'il soit juste, afin qu'il soit mon Pere.
Le voici. Je demeure immobile, éperdu,
O Mânes de Caton, soutenez ma vertu.

SCENE IV.

CÉSAR, BRUTUS.

CÉSAR.

EH bien, que veux-tu ? Parle. As-tu le cœur d'un homme ?
Es-tu Fils de César ?

BRUTUS.

Oüi, si tu l'es de Rome.

CÉSAR.

Républicain farouche, où vas tu t'emporter !
N'as-tu voulu me voir, que pour mieux m'insulter ?
Quoi ! tandis que sur toi mes faveurs se répandent,
Que du Monde soumis les hommages t'attendent,
L'Empire, mes bontés, rien ne fléchit ton cœur !
De quel œil vois-tu donc le Sceptre ?

BRUTUS.

BRUTUS.

CE'SAR. *Avec horreur.*

Je plains tes préjugés, je les excufe même.
Mais peux-tu me haïr?

BRUTUS.

Non, Céfar, & je t'aime,
Mon cœur par tes Exploits fut pour toi prévenu,
Avant que pour ton fang tu m'euffes reconnu.
Je me fuis plaint aux Dieux de voir qu'un fi grand
    Homme,
Fût à la fois la Gloire, & le Fleau de Rome.
Je détefte Céfar avec le nom de Roi :
Mais Céfar Citoyen feroit un Dieu pour moi;
Je lui facrifierois ma fortune & ma vie.

CE'SAR.

Que peux-tu donc haïr en moi?

BRUTUS.

La Tyrannie.
Daigne écouter les vœux, les larmes, les avis
De tous les vrais Romains, du Sénat, de ton Fils.
Veux-tu vivre en effet le premier de la Terre,
Joüir d'un droit plus faint, que celui de la Guerre,
Etre encor plus que Roi, plus même que Céfar?

CE'SAR.

TRAGEDIE.

CE'SAR.
Eh bien?

BRUTUS.

Tu vois la Terre enchaînée à ton Char;
Romps nos fers, fois Romain, renonce au Diadême.

CE'SAR.

Ah! que propofe-tu?

BRUTUS.

Ce qu'a fait Silla même.
Long-tems dans notre fang Silla s'étoit noyé,
Il rendit Rome libre, & tout fut oublié.
Cet Affaffin illuftre entouré de Victimes,
En defcendant du Trône effaça tous fes crimes.
Tu n'eus point fes fureurs, ofe avoir fes vertus.
Ton cœur fçut pardonner, Céfar, fais encor plus:
Que fervent deformais les graces que tu donne,
C'eft à Rome, à l'Etat qu'il faut que tu pardonne.
Alors plus qu'à ton rang nos cœurs te font foumis;
Alors tu fçais régner, alors je fuis ton Fils.
Quoi! je te parle en vain?

CE'SAR.

Rome demande un Maître,
Un jour à tes dépens tu l'aprendras peut-être.
Tu vois nos Citoyens plus puiffans que des Rois;

Nos mœurs changent, Brutus; il faut changer nos Loix.
La Liberté n'eſt plus que le droit de ſe nuire.
Rome qui détruit tout, ſemble enfin ſe détruire;
Ce Coloſſe effrayant, dont le Monde eſt foulé,
En preſſant l'Univers, eſt lui-même ébranlé.
Il panche vers ſa chûte, & contre la tempête
Il demande mon bras pour ſoutenir ſa tête;
Enfin depuis Silla, nos antiques Vertus,
Les Loix, Rome, l'Etat, ſont des noms ſuperflus.
Dans nos tems corrompus, pleins de Guerres civiles,
Tu parle comme au tems des Déces, des Emiles;
Caton t'a trop ſéduit, mon cher Fils, je prévoi
Que ta triſte vertu perdra l'Etat & toi.
Fais céder, ſi tu peux, ta raiſon détrompée
Au Vainqueur de Caton, au Vainqueur de Pompée,
A ton Pere qui t'aime, & qui plaint ton erreur.
Sois mon Fils en effet, Brutus, rends-moi ton cœur,
Prends d'autres ſentimens, ma bonté t'en conjure;
Ne force point ton ame à convaincre la Nature.
Tu ne me réponds rien: tu détourne les yeux?

BRUTUS.

Je ne me connois plus. Tonnez ſur moi, Grands Dieux!
Céſar . . . .

CE'SAR.

CE'SAR.

Quoi ! tu t'émeus ? ton ame est amolie ?
Ah ! mon Fils ....

BRUTUS.

Sçais-tu bien qu'il y va de ta vie ?
Sçais-tu que le Sénat n'a point de vrai Romain,
Qui n'aspire en secret à te percer le sein ?

Il se jette à ses genoux.

Que le salut de Rome, & que le tien te touche :
Ton Génie allarmé te parle par ma bouche :
Il me pousse, il me presse, il me jette à tes pieds.
Céfar, au nom des Dieux dans ton cœur oubliés,
Au nom de tes vertus, de Rome, & de toi-même,
Dirai-je, au nom d'un Fils, qui frémit, & qui t'aime,
Qui te préfére au Monde, & Rome seule à toi,
Ne me rebute pas.

CE'SAR.

Malheureux, laisse-moi !

Que me veux-tu ?

BRUTUS.

Crois-moi, ne sois point insensible.

CÉSAR.

L'Univers peut changer; mon ame est infléxible.

BRUTUS.

Voilà donc ta réponse?

CÉSAR.

     Oüi. Tout est résolu.
Rome doit obéïr, quand César a voulu.

BRUTUS *d'un air consterné.*

Adieu, César.

CÉSAR.

   Eh, quoi! d'où viennent tes allarmes?
Demeure encor, mon Fils. Quoi! tu verse des larmes?
Quoi! Brutus peut pleurer! Est-ce d'avoir un Roi?
Pleure-tu les Romains?

BRUTUS.

     Je ne pleure que toi.
Adieu, te dis-je.

CÉSAR.

    O Rome! ô rigueur héroïque!
Que ne puis-je à ce point aimer ma République.

       SCENE

SCENE V.

CE'SAR, DOLABELLA.
ROMAINS.

DOLABELLA.

LE Sénat par ton Ordre au Temple eft arrivé :
On n'attend plus que toi : le Trône eft élevé.
Tous ceux qui t'ont vendu leur vie, & leurs fuffra-
    ges,
Vont prodiguer l'Encens au pié de tes Images :
J'améne devant toi la foule des Romains,
Le Sénat va fixer leurs efprits incertains.
Mais fi Céfar croyoit un vieux Soldat qui l'aime,
Nos préfages affreux, nos Devins, nos Dieux mê-
    me,
Céfar différeroit ce grand événement.

CE'SAR.

Quoi ! lorfqu'il faut régner, différer d'un moment !
Qui pourroit m'arrêter, moi ?

DOLABELLA.

      Toute la Nature
Confpire à t'avertir par un finiftre augure ;
Le Ciel qui fait les Rois, redoute ton trépas.

CE'SAR.

CÉSAR.

Va, César n'est qu'un homme, & je ne pense pas
Que le Ciel de mon sort à ce point s'inquiette :
Qu'il anime pour moi la Nature muette,
Et que les Elémens paroissent confondus,
Pour qu'un mortel ici respire un jour de plus.
Les Dieux du haut du Ciel ont compté nos années,
Suivons sans reculer nos hautes destinées.
César n'a rien à craindre.

DOLABELLA.

Il a des Ennemis,
Qui sous un joug nouveau sont à peine asservis.
Qui sçait s'ils n'auroient point conspiré leur vangeance ?

CÉSAR.

Ils n'oseroient.

DOLABELLA.

Ton cœur a trop de confiance.

CÉSAR.

Tant de précautions contre mon jour fatal
Me rendroient méprisable, & me défendroient mal.

DOLABELLA.

Pour le salut de Rome, il faut que César vive,
Dans le Sénat au moins, permets que je te suive.

CÉSAR.

Non : pourquoi changer l'ordre entre nous concerté ?

N'avançons

TRAGEDIE. 281

N'avançons point, Ami, le moment arrêté,
Qui change ses desseins découvre sa foiblesse.

DOLABELLA.

Je te quitte à regret. Je crains, je le confesse.
Ce nouveau mouvement dans mon cœur est trop
   fort.

CESAR.

Va, j'aime mieux mourir, que de craindre la mort.
Allons.

SCENE VI.

DOLABELLA, ROMAINS.

DOLABELLA.

CHers Citoyens, quel Héros, quel
    courage
De la terre & de vous méritoit mieux l'hommage ?
Joignez vos vœux aux miens, Peuples qui l'ad-
   mirez,
Confirmez les honneurs qui lui sont préparez.
Vivez pour le servir, mourez pour le défendre...
Quelles clameurs, ô Ciel ! quels cris se font en-
   tendre

LES CONJURÉS *derrière le Théâtre.*

Meurs, expire, Tyran. Courage, Cassius.

DOLABELLA.

Ah ! courons le sauver.

                                SCENE

SCENE VII.

CASSIUS *un poignard à la main.*
DOLABELLA, ROMAINS.

CASSIUS.

C'En est fait, il n'est plus.

DOLABELLA.

Peuples, secondez-moi, frapons, perçons ce Traître.

CASSIUS.

Peuples, imitez-moi : vous n'avez plus de Maître.
Nation de Héros, Vainqueurs de l'Univers,
Vive la Liberté, ma main brise vos fers.

DOLABELLA *au Peuple.*

Vous trahissez, Romains, le sang de ce grand Homme !

CASSIUS.

J'ai tué mon ami pour le salut de Rome.
Il vous asservit tous, son sang est répandu.
Est-il quelqu'un de vous de si peu de vertu,
D'un esprit si rampant, d'un si foible courage,
Qu'il puisse regretter César & l'esclavage ?

Quel

Quel eſt ce vil Romain qui veut avoir un Roi ?
S'il en eſt un, qu'il parle, & qu'il ſe plaigne à moi.
Mais vous m'aplaudiſſez, vous aimez tous la gloire.

ROMAINS.

Céſar fut un Tyran, périſſe ſa mémoire.

CASSIUS.

Maîtres du Monde entier, de Rome heureux Enfans,
Conſervez à jamais ces nobles ſentimens.
Je ſçais que devant vous Antoine va paroître,
Amis, ſouvenez-vous que Céſar fut ſon Maître ;
Qu'il a ſervi ſous lui dès ſes plus jeunes ans,
Dans l'Ecole du crime & dans l'art des Tyrans.
Il vient juſtifier ſon Maître & ſon Empire,
Il vous mépriſe aſſez pour penſer vous ſéduire.
Sans doute il peut ici faire entendre ſa voix ;
Telle eſt la Loi de Rome, & j'obéis aux Loix.
Le Peuple eſt deſormais leur organe ſuprême,
Le Juge de Céſar, d'Antoine, de moi-même,
Vous rentrez dans vos droits indignement perdus.
Céſar vous les ravit, je vous les ai rendus :
Je les veux affermir, je rentre au Capitole ;
Brutus eſt au Sénat ; il m'attend & j'y vole.
Je vais avec Brutus en ces murs deſolez,
Rapeler la Juſtice & nos Dieux exilez :
Etouffer des Méchans les fureurs inteſtines ;

Et

Et de la Liberté réparer les ruines.
Vous, Romains, feulement confentez d'être heu-
 reux :
Ne vous trahiffez pas, c'eft tout ce que je veux ;
Redoutez tout d'Antoine, & fur-tout l'artifice.

ROMAINS.

S'il vous ofe accufer, que lui-même il périffe.

CASSIUS.

Souvenez-vous, Romains, de ces fermens facrez.

ROMAINS.

Aux Vangeurs de l'Etat, nos cœurs font affurez.

SCENE VIII.

ANTOINE, ROMAINS, DOLABELLA.

UN ROMAIN.

MAis Antoine paroît,

AUTRE ROMAIN.

Qu'ofera-t'il nous dire ?
UN

TRAGEDIE. 285

UN ROMAIN.

Ses yeux versent des pleurs, il se trouble, il soupire.

UN AUTRE.

Il aimoit trop César.

ANTOINE.

Montant à la Tribune aux Harangues.

Oüi je l'aimois, Romains,
Oüi j'aurois de mes jours prolongé ses destins.
Hélas ! vous avez tous pensé comme moi-même,
Et lorsque de son front ôtant le Diadême,
Ce Héros à vos Loix s'immoloit aujourd'hui,
Qui de vous en effet n'eût expiré pour lui ?
Hélas ! je ne viens point célébrer ma mémoire,
La voix du Monde entier parle assez de sa gloire ;
Mais de mon desespoir ayez quelque pitié,
Et pardonnez du moins des pleurs à l'amitié.

UN ROMAIN.

Il les falloit verser quand Rome avoit un Maître.
César fut un Héros, mais César fut un Traître.

AUTRE ROMAIN.

Puisqu'il étoit Tyran, il n'eut point de vertus ;
Et nous aprouvons tous Cassius & Brutus.

ANTOINE.

ANTOINE.

Contre ſes Meurtriers, je n'ai rien à vous dire,
C'eſt à ſervir l'Etat que leur grand cœur aſpire,
De votre Dictateur ils ont percé le flanc,
Comblez de ſes bienfaits ils ſont teints de ſon ſang;
Pour forcer des Romains à ce coup déteſtable
Sans doute il falloit bien que Céſar fut coupable.
Je le crois. Mais enfin Céſar a-t'il jamais
De ſon pouvoir ſur vous apeſanti le faix ?
A-t'il gardé pour lui le fruit de ſes Conquêtes ?
Des dépoüilles du Monde il couronnoit vos têtes.
Tout l'Or des Nations qui tomboient ſous ſes
 coups,
Tout le prix de ſon ſang fut prodigué pour vous.
De ſon Char de Triomphe il voyoit vos allarmes;
Céſar en deſcendoit pour eſſuyer vos larmes.
Du Monde qu'il ſoumit, vous triomphez en paix,
Puiſſans par ſon courage, heureux par ſes bienfaits.
Il payoit le ſervice, il pardonnoit l'outrage.
Vous le ſçavez, Grands Dieux! vous dont il fut
 l'Image,
Vous, Dieux, qui lui laiſſiez le Monde à gouverner,
Vous ſçavez, ſi ſon cœur aimoit à pardonner.

ROMAINS.

Il eſt vrai que Céſar fit aimer ſa clémence.

ANTOINE.

Hélas! ſi ſa grande ame eût connu la vangeance,

TRAGEDIE.

Il vivroit & sa vie eût rempli nos souhaits.
Sur tous ses Meurtriers il versa ses bienfaits.
Deux fois à Cassius il conserva la vie,
Brutus... où suis-je ? ô Ciel ! ô crime ! ô barbarie !
Chers amis, je succombe, & mes sens interdits....
Brutus son Assassin.... ce Monstre étoit son Fils.

ROMAINS.

Ah Dieux !

ANTOINE.

Je vois frémir vos généreux courages,
Amis, je vois les pleurs qui moüillent vos visages.
Oüi Brutus est son Fils, mais vous, qui m'écoutez,
Vous étiez ses Enfans dans son cœur adoptez.
Hélas ! Si vous sçaviez sa volonté derniére !

ROMAINS.

Quelle est-elle ? parlez.

ANTOINE.

Rome est son héritiére.
Ses tresors sont vos biens, vous en allez joüir ;
Au-delà du tombeau César veut vous servir.
C'est vous seuls qu'il aimoit, c'est pour vous qu'en Asie
Il alloit prodiguer sa fortune & sa vie.
O Romains, disoit-il, Peuple Roi que je sers,
Commandez à César, César à l'Univers.

Brutus

Brutus ou Caſſius eût-il fait davantage?

ROMAINS.

Ah! nous les déteſtons. Ce doute nous outrage.

UN ROMAIN.

Céſar fut en effet le Pere de l'Etat.

ANTOINE.

Votre Pere n'eſt plus ; un lâche aſſaſſinat
Vient de trancher ici les jours de ce grand Hom-
  me,
L'honneur de la Nature & la gloire de Rome.
Romains priverez-vous des honneurs du Bûcher
Ce Pere, cet Ami, qui vous étoit ſi cher?
On l'aporte à vos yeux.

> *Le fond du Théâtre s'ouvre, des Licteurs aportent le Corps de Céſar, couvert d'une Robe ſanglante ; Antoine deſcend de la Tribune & ſe jette à genoux auprès du Corps.*

ROMAINS.

        O ſpectacle funeſte !

ANTOINE.

Du plus grand des Romains voilà ce qui vous
  reſte :
                Voilà

Voilà ce Dieu vangeur idolâtré par vous,
Que ses Assassins même adoroient à genoux;
Qui toûjours votre apui dans la paix, dans l[a]
 guerre,
Une heure auparavant faisoit trembler la terre.
Qui devoit enchaîner Babylone à son Char;
Amis, en cet état connoissez-vous César?
Vous les voyez, Romains, vous touchez ces
 blessures,
Ce sang qu'ont sous vos yeux versé des mains par-
 jures.
„ Là, Cimber l'a frapé; là, sur le grand César,
„ Cassius & Decime enfonçoient leur poignard.
„ Là, Brutus éperdu, Brutus l'ame égarée,
„ A foüillé dans ses flancs sa main dénaturée.
„ César le regardant d'un œil tranquile & doux
„ Lui pardonnoit encor en tombant sous ses coups.
„ Il l'apelloit son Fils; & ce nom cher & tendre
„ Est le seul qu'en mourant, César ait fait enten-
 dre,
„ O mon Fils! disoit-il.

UN ROMAIN.

O monstre, que les Dieux
Devoient exterminer avant ce coup affreux!

*Autres Romains en regardans le
 corps dont ils sont proche.*

Dieux! son sang coule encore.

ANTOINE.

ANTOINE.

Il demande vangeance :
Il l'attend de vos mains & de votre vaillance.
Entendez-vous sa voix ? Réveillez-vous, Romains ;
Marchez, suivez-moi tous contre ses Assassins.
Ce sont-là les honneurs qu'à César on doit rendre.
Des brandons du Bucher qui va le mettre en cendre
Embrasons les Palais de ces fiers Conjurez :
Enfonçons dans leur sein nos bras desespérez :
Venez, dignes Amis, venez Vangeurs des crimes,
Au Dieu de la Patrie immoler ces Victimes.

ROMAINS.

Oüi, nous les punirons ; oüi, nous suivrons vos pas,
Nous jurons par son sang de vanger son trépas ;
Courons.

ANTOINE à DOLABELLA.

Ne laissons pas leur fureur inutile,
Précipitons ce Peuple inconstant & facile ;
Entraînons-le à la guerre, & sans rien ménager,
Succédons à César, en courans le vanger.

Fin du troisiéme & dernier Acte.

L'INDISCRET.

L'INDISCRET,

COMÉDIE.

Il Patto
En

A MADAME
LA MARQUISE
DE PRIE.

Vous, qui possédez la beauté
Sans être vaine, ni coquette,
Et l'extrême vivacité,
Sans être jamais indiscrette :
Vous, à qui donnérent les Dieux
Tant de lumiéres naturelles,
Un esprit juste, gracieux,
Solide dans le sérieux,
Et charmant dans les bagatelles ;
Souffrez, qu'on presente à vos yeux
L'aventure d'un téméraire,
Qui perd ce qu'il aime le mieux,
Pour s'être vanté de trop plaire.
 Si l'Héroïne de la Piéce
Prie, eût eu votre beauté,
On excuseroit la foiblesse
Qu'il eut de s'être un peu vanté.
Quel Amant ne seroit tenté
De parler de telle Maîtresse
Par un excès de vanité,
Ou par un excès de tendresse ?

ACTEURS.

EUPHÉMIE.

DAMIS.

HORTENSE.

TRASIMON.

CLITANDRE.

NÉRINE.

PASQUIN.

Plusieurs Laquais de Damis.

L'Indiscret Comedie.

295

L'INDISCRET,
COMÉDIE.

SCENE PREMIERE.
EUPHÉMIE, DAMIS.
EUPHÉMIE.

'Attendez pas, mon Fils, qu'avec un ton sévére
Je déploïe à vos yeux l'autorité de Mere.
Toûjours prête à me rendre à vos justes raisons,
Je vous donne un conseil, & non pas des leçons.
C'est mon cœur qui vous parle ; & mon expérience
Fait que ce cœur pour vous se trouble par avance.
Depuis deux mois au plus vous êtes à la Cour,
Vous ne connoissez pas ce dangereux séjour.
Sur un nouveau venu le Courtisan perfide

O 2   *Avec*

Avec malignité jette un regard avide;
Pénétre ſes défauts, & dès le premier jour,
Sans pitié le condamne, & même ſans retour.
Craignez de ces Meſſieurs la malice profonde.
Le premier pas, mon Fils, que l'on fait dans le monde,
Eſt celui dont dépend le reſte de nos jours.
Ridicule une fois, on vous le croit toûjours.
L'impreſſion demeure. En vain croiſſant en âge,
On change de conduite, on prend un air plus ſage.
On ſouffre encor long-tems de ce vieux préjugé:
On eſt ſuſpect encor, lorſqu'on eſt corrigé;
Et j'ai vu quelquefois payer dans la vieilleſſe
Le tribut des défauts, qu'on eut dans la jeuneſſe.
Connoiſſez donc le monde, & ſongez qu'aujourd'hui
Il faut que vous viviez pour vous, moins que pour lui.

DAMIS.

Je ne ſçais où peut tendre un ſi long préambule.

EUPHE'MIE.

Je vois qu'il vous paroît injuſte & ridicule.
Vous mépriſez des ſoins pour vous bien importans,
Vous m'en croirez un jour: il n'en ſera plus tems.
Vous êtes indiſcret. Ma trop longue indulgence
Pardonna ce défaut au feu de votre enfance,
Dans un âge plus mûr, il cauſe ma fraïeur:
Vous avez des talens, de l'eſprit, & du cœur;

Mais

Mais croyez qu'en ce lieu, tout rempli d'injustices,
Il n'est point de vertu, qui rachete les vices,
Qu'on cite nos défauts en toute occasion,
Que le pire de tous est l'indiscrétion,
Et qu'à la Cour, mon Fils, l'Art le plus nécessaire
N'est pas de bien parler, mais de sçavoir se taire.
Ce n'est pas en ce lieu, que la société
Permet ces entretiens remplis de liberté;
Le plus souvent ici l'on parle sans rien dire,
Et les plus ennuyeux sçavent s'y mieux conduire.
Je connois cette Cour : on peut fort la blâmer;
Mais lorsqu'on y demeure il faut s'y conformer.
Pour les Femmes, sur-tout, plein d'un égard extrême,
Parlez-en rarement, encor moins de vous-même.
Paroissez ignorer ce qu'on fait, ce qu'on dit,
Cachez vos sentimens, & même votre esprit :
Sur-tout de vos secrets soyez toûjours le maître :
Qui dit celui d'autrui, doit passer pour un traître;
Qui dit le sien, mon Fils, passe ici pour un sot,
Qu'avez-vous à répondre à cela ?

DAMIS.

                    Pas le mot.
Je suis de votre avis : je hais le caractére
De quiconque n'a pas le pouvoir de se taire;
Ce n'est pas-là mon vice; & loin d'être entiché
Du défaut qui par vous m'est ici reproché,

Je vous avouë enfin, Madame, en confidence,
Qu'avec vous trop long-tems j'ai gardé le silence
Sur un fait, dont pourtant j'aurois dû vous parler ;
Mais souvent dans la vie il faut dissimuler.
Je suis Amant aimé d'une Veuve adorable,
Jeune, charmante, riche, aussi sage qu'aimable,
C'est Hortense. A ce nom, jugez de mon bonheur,
Jugez, s'il étoit sçu, de la vive douleur
De tous nos Courtisans, qui soupirent pour elle,
Nous leur cachons à tous notre ardeur mutuelle.
L'amour depuis deux jours a serré ce lien
Depuis deux jours entiers, & vous n'en sçavez rien.

EUPHÉMIE.

Mais j'étois à Paris depuis deux jours.

DAMIS.

Madame,
On n'a jamais brûlé d'une si belle flâme.
Plus l'aveu vous en plaît, plus mon cœur est content,
Et mon bonheur s'augmente en vous le racontant.

EUPHEMIE.

Je suis sûre, Damis, que cette confidence
Vient de votre amitié, non de votre imprudence.

DAMIS.

En doutez-vous ?

EUPHÉMIE.

COMEDIE.

EUPHÉMIE

Eh! eh!... mais enfin entre nous,
Songez au vrai bonheur, qui vient s'offrir à vous.
Hortenſe a des apas ; mais de plus cette Hortenſe,
Eſt le meilleur Parti qui ſoit pour vous en France.

DAMIS.

Je le ſçai.

EUPHÉMIE.

D'elle ſeule elle reçoit des loix,
Et le don de ſa main dépendra de ſon choix.

DAMIS.

Et tant mieux.

EUPHÉMIE.

Vous ſçaurez flâter ſon caractére,
Ménager ſon eſprit.

DAMIS.

Je fais mieux, je ſçai plaire.

EUPHÉMIE.

C'eſt bien dit ; mais, Damis, elle fuït les éclats,
Et les airs trop bruïans ne l'accommodent pas.
Elle peut, comme une autre, avoir quelque foi-
  bleſſe ;
Mais juſques dans ſes goûts elle a de la ſageſſe,
Craint ſur-tout de ſe voir en ſpectacle à la Cour,
Et d'être le ſujet de l'hiſtoire du jour.
Le ſecret, le myſtére eſt tout ce qui la flatte.

DAMIS.

DAMIS.

Il faudra bien pourtant qu'enfin la chose éclate.

EUPHE'MIE.

Mais près d'elle en un mot quel fort vous a pro-
 duit ?
Nul jeune homme jamais n'est chez elle introduit.
Elle fuit avec soin, en personne prudente,
De nos jeunes Seigneurs la cohuë éclatante.

DAMIS.

Ma foi chez elle encor je ne suis point reçu,
Je l'ai long-tems lorgnée, & grace au Ciel j'ai plu.
D'abord elle rendit mes Billets sans les lire ;
Bien-tôt elle les lut, & daigne enfin m'écrire.
Depuis près de deux jours je goûte un doux es-
 poir ;
Et je dois en un mot l'entretenir ce soir.

EUPHE'MIE.

Eh bien, je veux aussi l'aller trouver moi-même.
La Mere d'un Amant qui nous plaît, qui nous
 aime,
Est toûjours que je croi reçuë avec plaisir.
De vous adroitement je veux l'entretenir,
Et disposer son cœur à presser l'hymenée,
Qui fera le bonheur de votre destinée.
Obtenez au plûtôt & sa main, & sa foi.
Je vous y servirai, mais n'en parlez qu'à moi.

DAMIS.

Non, il n'est point ailleurs, Madame, je vous jure,
 Une

Une Mere plus tendre, une amitié plus pure,
A vous plaire à jamais je borne tous mes vœux.

EUPHE'MIE.

Soyez heureux, mon Fils, c'est tout ce que je veux.

SCENE II.
DAMIS *seul*.

MA Mere n'a point tort, je sçai bien qu'en ce monde
Il faut, pour réüssir, une adresse profonde.
Hors dix ou douze Amis, à qui je puis parler,
Avec toute la Cour je vais dissimuler.
Çà pour mieux essayer cette prudence extrême,
De nos secrets ici ne parlons qu'à nous-même.
Examinons un peu, sans témoins, sans jaloux,
Tout ce que la Fortune a prodigué pour nous.
Je suis dans une Cour, qu'une Reine nouvelle
Va rendre plus brillante, & plus vive & plus belle.
Je ne suis pas trop vain; mais entre nous je croi
Avoir tout-à-fait l'air d'un favori du Roi.
Je suis jeune, assez beau, vif, galant, fait à peindre,
Je sçai plaire au beau Sexe, & sur-tout je sçai feindre.

Colonel à treize ans, je pense avec raison,
Que l'on peut à trente ans m'honorer d'un bâton.
Heureux en ce moment, heureux en espérance,
Je garderai Julie, & vais avoir Hortense.
Possesseur une fois de toutes ses beautez,
Je lui ferai par jour vingt infidélitez;
Mais sans troubler en rien la douceur du ménage,
Sans être soupçonné, sans paroître volage,
Avec cet air aisé, que j'attrape si bien,
Je vais être de plus maître d'un très-gros bien.
Ah! que je vais tenir une table excélente!
Hortense a bien, je crois, cent mille francs de rente.
J'en aurai tout autant; mais d'un bien clair & net.
Que je vais desormais couper au Lansquenet!

SCENE III.

DAMIS, TRASIMON.

DAMIS.

Ah! bonjour, Commandeur.

TRASIMON.

Aye! ouf! on m'estropie....

DAMIS.

Embrassons-nous encor, Commandeur, je te prie.

TRASI-

COMÉDIE.

TRASIMON.
Souffrez....

DAMIS.
Que je t'étouffe une troisiéme fois.

TRASIMON.
Mais quoi ?

DAMIS.
Déride un peu ce renfrogné minois.
Réjoüis-toi, je suis le plus heureux des hommes.

TRASIMON.
Je venois pour vous dire...

DAMIS.
Oh ! parbleu tu m'assommes,
Avec ce front glacé que tu portes ici.

TRASIMON.
Mais je ne prétens pas vous réjoüir aussi.
Vous avez sur les bras une fâcheuse affaire.

DAMIS.
Eh ! eh ! pas si fâcheuse.

TRASIMON.
Erminie & Valére
Contre vous en ces lieux déclament hautement:

Vous avez parlé d'eux un peu legérement ;
Et même depuis peu le vieux Seigneur Horace
M'a prié...

DAMIS.

Voilà bien de quoi je m'embarrasse.
Horace est un vieux fou, plûtôt qu'un vieux Seigneur,
Tout chamarré d'orgueïl, pétri d'un faux honneur,
Assez bas à la Cour, important à la Ville,
Et non moins ignorant, qu'il veut paroître habile.
Pour Madame Erminie on sçait assez comment
Je l'ai prise & quittée un peu trop brusquement.
Qu'elle est aigre Erminie, & qu'elle est tracassiére !
Pour son petit Amant mon cher Ami Valére,
Tu le connois un peu : parle ; as-tu jamais vu
Un esprit plus guindé, plus gauche, plus tortu..
A propos, on m'a dit hier en confidence,
Que son grand Frere aîné, cet homme d'importance,
Est reçu chez Clarice avec quelque faveur,
Que la grosse Comtesse en créve de douleur.
Et toi, vieux Commandeur, comment va la tendresse ?

TRASIMON.

Vous sçavez que le Sexe assez peu m'interresse.
DAMIS

COMEDIE.

DAMIS.
Je ne fuis pas de même, & le Sexe, ma foi,
A la Ville, à la Cour, me donne affez d'emploi.
Ecoute, il faut ici que mon cœur te confie
Un fecret dont dépend le bonheur de ma vie.

TRASIMON.
Puis-je vous y fervir ?

DAMIS.
     Toi ? point du tout.

TRASIMON.
       Eh bien,
Damis, s'il eſt ainſi ne m'en dites donc rien.

DAMIS.
Le droit de l'amitié...

TRASIMON.
     C'eſt cette amitié même
Qui me fait éviter avec un foin extrême
Le fardeau d'un fecret au hazard confié,
Qu'on me dit par foibleſſe, & non par amitié :
Dont tout autre que moi feroit dépoſitaire,
Qui de mille foupçons eſt la fource ordinaire,
Et qui peut nous combler de honte & de dépit,
Moi d'en avoir trop ſçu, vous d'en avoir trop dit.

DAMIS.
Malgré toi, Commandeur, quoique tu puiſſes
  dire,

         Pour

Pour te faire plaisir je veux du moins te lire
Le Billet qu'aujourd'hui....

TRASIMON.

Par quel empressement...

DAMIS.

Ah ! tu le trouveras écrit bien tendrement.

TRASIMON.

Puisque vous le voulez enfin....

DAMIS.

C'est l'Amour même,
Ma foi, qui l'a dicté. Tu verras comme on m'aime,
La main qui me l'écrit, le rend d'un prix...
vois-tu...
Mais d'un prix... eh ! morbleu, je crois l'avoir
perdu...
Je ne le trouve point... Holà, la Fleur, la Brie ?

SCENE IV.

DAMIS, TRASIMON,
plusieurs Laquais.

Un Laquais.

Monseigneur ?

DAMIS.

Remontez vîte à la Gallerie,
Retournez

COMEDIE. 307

Retournez chez tous ceux que j'ai vu ce matin :
Allez chez ce vieux Duc... ah ! je le trouve enfin.
Ces Marauds l'ont mis-là par pure étourderie.

A ses Gens.

Laissez-nous. Commandeur, écoute, je te prie.

SCENE V.

DAMIS, TRASIMON, CLITANDRE, PASQUIN.

CLITANDRE à *Pasquin tenant un Billet à la main.*

Oui, tout le long du jour, demeure en ce Jardin :
Observe tout : voi tout : redis-moi tout, Pasquin ;
Rends-moi compte, en un mot, de tous les pas
    d'Hortense.

*****
****
***
**
*

SCENE

SCENE VI.

DAMIS, TRASIMON, CLITANDRE.

CLITANDRE.

AH ! je fçaurai....

DAMIS.

Voici le Marquis qui s'avance.
Bon jour, Marquis.

CLITANDRE.

Bon jour.

DAMIS.

Qu'as-tu donc aujourd'hui ?
Sur ton front à longs traits qui diable a peint
  l'ennui ?
Tout le monde m'aborde avec un air si morne,
Que je crois...

CLITANDRE *bas*.

Ma douleur, hélas ! n'a point de borne.

DAMIS.

Que marmotes-tu là !

CLITANDRE *bas*.

Que je fuis malheureux !

DAMIS.

COMEDIE.

DAMIS.

Çà, pour vous égaïer, pour vous plaire à tous deux,
Le Marquis entendra le Billet de ma Belle.

CLITANDRE *bas en regardant le Billet qu'il a entre les mains.*

Quel congé ! quelle Lettre ! Hortenſe... ah ! la cruelle !

DAMIS *à Clitandre.*

C'eſt un Billet à faire expirer un Jaloux.

CLITANDRE.

Si vous êtes aimé, que votre ſort eſt doux !

DAMIS.

Il le faut avoüer, les Femmes de la Ville,
Ma foi, ne ſçavent point écrire de ce ſtile.

Il lit.

„ Enfin je céde aux feux dont mon cœur eſt épris ;
„ Je voulois le cacher ; mais j'aime à vous le dire.
„ Eh ! pourquoi ne vous point écrire
„ Ce que cent fois mes yeux vous ont ſans doute apris ?
„ Oüi, mon cher Damis, je vous aime,
„ D'autant plus que mon cœur, peu propre à s'enflâmer,
„ Craignant votre jeuneſſe, & ſe craignant lui-même,
„ A fait ce qu'il a pu pour ne vous point aimer.
„ Puiſſai-je, après l'aveu d'une telle foibleſſe,
„ Ne me la jamais reprocher !
„ Plus je vous montre ma tendreſſe,
„ Et plus à tous les yeux vous devez la cacher.

TRASIMON.

TRASIMON.

Vous prenez très-grand soin d'obéïr à la Dame,
Sans doute ; & vous brûlez d'une discréte flâme.

CLITANDRE.

Heureux, qui d'une femme adorant les apas,
Reçoit de tels Billets, & ne les montre pas.

DAMIS.

Vous trouvez donc la Lettre...

TRASIMON.

Un peu forte.

CLITANDRE.

Adorable.

DAMIS.

Celle qui me l'écrit est cent fois plus aimable.
Que vous seriez charmez, si vous sçaviez son
   nom !
Mais dans ce Monde il faut de la discrétion.

TRASIMON.

Oh ! nous n'exigeons point de telle confidence.

CLITANDRE.

Damis, nous nous aimons ; mais c'est avec prudence.

TRASIMON.

Loin de vouloir ici vous forcer de parler...

DAMIS.

Non, je vous aime trop, pour rien dissimuler.

COMEDIE.

Je vois que vous penſez, & la Cour le publie,
Que je n'ai d'autre affaire ici qu'avec Julie.

CLITANDRE.

Il eſt vrai qu'on le dit.

DAMIS.

On a quelque raiſon,
Mais vous auriez de moi méchante opinion,
Si je me contentois d'une ſeule Maîtreſſe.
J'aurois trop à rougir de pareille foibleſſe.
A Julie en public je parois attaché ;
Mais, par ma foi, j'en ſuis très-foiblement tou-
   ché.

TRASIMON.

Ou fort, ou foiblement, il ne m'importe guére.

DAMIS.

La Julie eſt coquette, & paroît bien legére.
L'autre eſt très-différente ; & c'eſt ſolidement
Que je l'aime.

CLITANDRE.

Enfin donc cet objet ſi charmant...

DAMIS.

Vous m'y forcez, allons, il faut bien vous l'a-
   prendre.
Regarde ce Portrait, mon cher ami Clitandre.
Çà, dis-moi, ſi jamais tu vis de tes deux yeux
Rien de plus adorable, & de plus gracieux.
C'eſt Macé qui l'a peint, c'eſt tout dire, & je penſe
Que tu reconnoîtras...

                    CLITAN-

CLITANDRE.

Jufte Ciel ! c'eft Hortenfe ?

DAMIS.

Pourquoi t'en étonner ?

TRASIMON.

Vous oubliez, Monfieur,
Qu'Hortenfe eft ma Coufine, & chérit fon honneur :
Et qu'un pareil aveu...

DAMIS.

Vous nous la donnez bonne.
J'ai fix Coufines, moi, que je vous abandonne :
Et je vous les verrois lorgner, tromper, quitter,
Imprimer leurs Billets, fans m'en inquiéter.
Il nous feroit beau voir, dans nos humeurs chagrines,
Prendre avec foin fur nous l'honneur de nos Coufines.
Nous aurions trop à faire à la Cour ; &, ma foi,
C'eft affez que chacun réponde ici pour foi.

TRASIMON.

Mais Hortenfe, Monfieur...

DAMIS.

Eh bien, oüi, je l'adore.
Elle n'aime que moi, je vous le dis encore :
Et je l'époufrai, pour vous faire enrager.

CLITANDRE *à part*.

Ah ! plus cruellement pouvoit-on m'outrager ?

DAMIS.

COMEDIE.

DAMIS.

Nos nôces, croyez-moi, ne feront point fecrétes ;
Et vous n'en ferez pas, tout Coufin que vous êtes.

TRASIMON.

Adieu, Monfieur Damis, on peut vous faire voir,
Que fur une Coufine on a quelque pouvoir.

SCENE VII.

DAMIS, CLITANDRE.

DAMIS.

Que je hais ce Cenfeur, & fon air pédantefque,
Et tous ces faux éclats de vertu romanefque !
Qu'il eft fec ! qu'il eft brute & qu'il eft ennuyeux !
Mais tu vois ce Portrait d'un œil bien curieux.

CLITANDRE *à part.*

Comme ici de moi-même il faut que je fois maître !
Qu'il faut diffimuler !

DAMIS.

Tu remarques peut-être
Qu'au coin de cette Boëte il manque un des Brillans.
Mais tu fçais que la Chaffe hier dura long-tems.
A tout moment, on tombe, on fe heurte, on s'accroche.

J'avois

J'avois quatre Portraits balottez dans ma poche,
Celui-ci par malheur fut un peu maltraité.
La Boëte s'est rompuë; un Brillant a sauté.
Parbleu, puisque demain tu t'en vas à la Ville,
Passe un peu chez Rondet: il est cher, mais habile.
Choisis, comme pour toi, l'un de ses Diamans.
Je lui dois, entre nous, plus de vingt mille francs.
Adieu: ne montre au moins ce Portrait à personne.

CLITANDRE à part.

Où suis-je?

DAMIS.

Adieu, Marquis, à toi je m'abandonne.
Sois discret.

CLITANDRE à part.

Se peut-il?...

DAMIS revenant.

J'aime un ami prudent.
Va, de tous mes secrets tu seras confident
Eh! peut-on posséder ce que le cœur desire,
Etre heureux, & n'avoir personne à qui le dire?
Peut-on garder pour soi, comme un dépôt sacré,
L'insipide plaisir d'un amour ignoré?
C'est n'avoir point d'amis qu'être sans confiance.
C'est n'être point heureux que de l'être en silence.
Tu n'as vu qu'un Portrait, & qu'un seul Billet
    doux...

CLITANDRE

COMEDIE.

CLITANDRE.
Eh bien ?

DAMIS.
L'on m'a donné, mon cher, un rendez-vous.

CLITANDRE à part.
Ah ! je frémi.

DAMIS.
Ce soir, pendant le Bal qu'on donne,
Je dois, sans être vu, ni suivi de personne,
Entretenir Hortense, ici, dans ce Jardin.

CLITANDRE seul.
Voici le dernier coup. Ah ! je succombe enfin.

DAMIS.
Là, n'es-tu pas charmé de ma bonne fortune ?

CLITANDRE.
Hortense doit vous voir ?

DAMIS.
Oüi, mon cher, sur la brune ;
Mais le Soleil qui baisse, améne ces momens,
Ces momens fortunez desirez si long-tems.
Adieu. Je vais chez toi rajuster ma parure,
De deux livres de poudre orner ma chevelure,
De

De cent parfums exquis mêler la douce odeur :
Puis paré, triomphant, tout plein de mon bonheur,
Je reviendrai soudain finir notre avanture.
Toi, rode près d'ici, Marquis, je t'en conjure.
Pour te faire un peu part de ces plaisirs si doux,
Je te donne le soin d'écarter les jaloux.

SCENE VIII.

CLITANDRE *seul*.

AI-je assez retenu mon trouble & ma colére ?
Hélas ! après un an de mon amour sincére,
Hortense en ma faveur enfin s'attendrissoit ;
Las de me résister, son cœur s'amolissoit.
Damis en un moment la voit, l'aime, & sçait plaire.
Ce que n'ont pu deux ans, un moment l'a sçu faire :
On le prévient. On donne à ce jeune éventé
Ce Portrait que ma flâme avoit tant mérité.
Il reçoit une Lettre... Ah ! celle qui l'envoye
Par un pareil Billet m'eût fait mourir de joye :
Et pour combler l'affront, dont je suis outragé,
Ce matin par écrit j'ai reçu mon congé.
De cet écervelé la voilà donc coëffée !
Elle veut à mes yeux, lui servir de trophée :
Hortense, ah ! que mon cœur vous connoissoit bien mal !

SCENE

COMEDIE.

SCENE IX.

CLITANDRE, PASQUIN.

CLITANDRE.

ENfin, mon cher Pasquin, j'ai trouvé mon Rival.

PASQUIN.

Hélas ! Monsieur, tant pis.

CLITANDRE.

C'est Damis que l'on aime;
Oüi, c'est cet étourdi.

PASQUIN.

Qui vous l'a dit ?

CLITANDRE.

Lui-même.
L'indiscret à mes yeux, de trop d'orgueïl enflé,
Vient se vanter à moi du bien qu'il m'a volé.
Voi ce Portrait, Pasquin. C'est par vanité pure,
Qu'il confie à mes mains cette aimable peinture.
C'est pour mieux triompher. Hortense ! eh ! qui l'eût cru
Que jamais près de vous Damis m'auroit perdu ?

PASQUIN.

Damis est bien joli.

L'INDISCRET,

CLITANDRE *prenant Pasquin à la gorge.*

Comment ? tu prétends, traître,
Qu'un jeune fat...

PASQUIN.

Aye, ouf ! il est vrai que peut-être...
Eh ! ne m'étranglez pas. Il n'a que du caquet...
Mais son air... entre nous, c'est un vrai freluquet.

CLITANDRE.

Tout freluquet qu'il est, c'est lui qu'on me pré-
féré.
Il faut montrer ici ton adresse ordinaire ;
Pasquin, pendant le Bal que l'on donne ce soir,
Hortense & mon Rival doivent ici se voir,
Console-moi, sers moi ; rompons cette partie.

PASQUIN.

Mais, Monsieur...

CLITANDRE.

Ton esprit est rempli d'industrie.
Tout est à toi. Voilà de l'or à pleines mains.
D'un Rival imprudent, dérangeons les desseins;
Tandis qu'il va parer sa petite personne,
Tâchons de lui voler les momens qu'on lui donne.
Puisqu'il est indiscret, il en faut profiter :
De ces lieux en un mot il le faut écarter.

PASQUIN.

Croyez-vous me charger d'une facile affaire ?
J'arrêterois

J'arrêterois, Monsieur, le cours d'une Riviére,
Un Cerf dans une Plaine, un Oiseau dans les Airs,
Un Poëte entêté qui recite ses Vers,
Une Plaideuse en feu, qui crie à l'injustice,
Un Manceau tonsuré, qui court un Bénéfice,
La tempête, le vent, le tonnerre & ses coups,
Plûtôt qu'un petit Maître allant en rendez-vous.

CLITANDRE.

Veux-tu m'abandonner à ma douleur extrême?

PASQUIN.

Attendez. Il me vient en tête un stratagême.
Hortense ni Damis ne m'ont jamais vu?

CLITANDRE.

Non.

PASQUIN.

Vous avez en vos mains un sien Portrait?

CLITANDRE.

Oüi.

PASQUIN.

Bon.
Vous avez un Billet, que vous écrit la Belle?

CLITANDRE.

Hélas! il est trop vrai.

PASQUIN.

Cette Lettre cruelle

L'INDISCRET,

Eſt un ordre bien net de ne lui parler plus.

CLITANDRE.

Eh! oüi, je le ſçai bien.

PASQUIN.

La Lettre eſt ſans deſſus?

CLITANDRE.

Eh! oüi, bourreau.

PASQUIN.

Prêtez vîte & Portrait & Lettre; Donnez.

CLITANDRE.

En d'autres mains, qui, moi, j'irois remettre
Un Portrait confié?....

PASQUIN.

Voilà bien des façons:
Le ſcrupule eſt plaiſant. Donnez-moi ces chiffons.

CLITANDRE.

Mais...

PASQUIN.

Mais repoſez-vous de tout ſur ma prudence,

CLITANDRE.

Tu veux...

PASQUIN.

Eh! dénichez. Voici Madame Hortenſe.

COMEDIE.

SCENE X.

HORTENSE, NE'RINE.

HORTENSE.

NErine, j'en conviens, Clitandre est vertueux.
Je connois la constance, & l'ardeur de ses feux.
Il est sage, discret, honnête homme, sincére,
Je le dois estimer; mais Damis sçait me plaire.
Je sens trop aux transports de mon cœur combattu,
Que l'amour n'est jamais le prix de la vertu.
C'est par les agrémens que l'on touche une femme;
Et pour une de nous, que l'amour prend par l'ame,
Nérine, il en est cent, qu'il séduit par les yeux.
J'en rougis. Mais Damis ne vient point en ces lieux !

NE'RINE.

Quelle vivacité ! quoi ! cette humeur si fiere ?...

HORTENSE.

Non, je ne devois pas arriver la premiére.

NE'RINE.

Au premier rendez-vous, vous avez du dépit ?

HORTENSE.

Damis trop fortement occupe mon esprit.

L'INDISCRET,

Sa mere, ce jour même, a sçu par sa visite
De son Fils dans mon cœur augmenter le mérite.
Je vois bien qu'elle veut avancer le moment,
Où je dois pour époux accepter mon amant.
Mais je veux en secret lui parler à lui-même,
Sonder ses sentimens.

NÉRINE.

Doutez-vous qu'il vous aime?

HORTENSE.

Il m'aime, je le crois, je le sçai. Mais je veux
Mille fois de sa bouche entendre ses aveux,
Voir s'il est en effet si digne de me plaire,
Connoître son esprit, son cœur, son caractére,
Ne point céder, Nérine, à ma prévention,
Et juger, si je puis, de lui sans passion.

SCENE XI.

HORTENSE, NÉRINE, PASQUIN.

PASQUIN.

Madame, en grand secret, Monsieur Damis
mon Maître...

HORTENSE.

Quoi! ne viendroit-il pas?

PASQUIN.

COMEDIE.

PASQUIN.
Non.
NÉRINE.
Ah ! le petit traître !
HORTENSE.
Il ne viendra point ?
PASQUIN.
Non. Mais par bon procédé,
Il vous rend ce Portrait, dont il est excédé.
HORTENSE
Mon Portrait !
PASQUIN.
Reprenez vîte la mignature.
HORTENSE.
Je doute si je veille.
PASQUIN.
Allons, je vous conjure,
Dépêchez-moi, j'ai hâte ; & de sa part, ce soir,
J'ai deux Portraits à rendre, & deux à recevoir.
Jusqu'au revoir. Adieu.
HORTENSE.
Ciel ! quelle perfidie !
J'en mourrai de douleur.

PASQUIN.

L'INDISCRET,

PASQUIN.

De plus, il vous fuplie
De finir la lorgnade, & chercher aujourd'hui,
Avec vos airs pincez, d'autres dupes que lui.

SCENE XII.

HORTENSE, NE'RINE, DAMIS.
PASQUIN.

DAMIS *dans le fond du Théâtre.*

JE verrai dans ce lieu la Beauté qui m'engage.

PASQUIN.

C'eft Damis. Je fuis pris. Ne perdons point courage.
Vous voyez, Monfeigneur, un des Grifons fecrets,
Qui d'Hortenfe par-tout va portant les Poulets.
J'ai certain Billet doux de fa part à vous rendre.

HORTENSE.

Quel changement! quel prix de l'amour le plus tendre!

DAMIS.

Lifons. *Il lit.*
Hom... hom... hom...

Vous

COMEDIE.

„ Vous méritez de me charmer,
„ Je fens à vos vertus ce que je dois d'eftime ;
„ Mais je ne fçaurois vous aimer.
Eft-il un trait plus noir, & plus abominable ?
Je ne me croyois pas à ce point eftimable.
Je veux que tout ceci foit public à la Cour;
Et j'en informerai le monde dès ce jour.
La chofe affurément vaut bien qu'on la publie.

HORTENSE *à l'autre bout du Théâtre.*

A-t'il pu jufques-là pouffer fon infamie ?

DAMIS.

Tenez ; c'eft-là le cas qu'on fait de tels Ecrits.
Il déchire le Billet.

PASQUIN *à Hortenfe.*

Je fuis honteux pour vous d'un fi cruel mépris.
Madame, vous voyez de quel air il déchire
Les Billets qu'à l'ingrat vous daignâtes écrire.

HORTENSE.

Il me rend mon Portrait ! Ah ! périffe à jamais
Ce malheureux crayon de mes foibles attraits.

Elle jette fon Portrait.

PASQUIN *à Damis.*

Vous voyez ; devant vous l'ingrate met en piéces
Votre Portrait, Monfieur.

P 5   DAMIS.

DAMIS.

Il eſt quelques Maîtreſſes,
Par qui l'original eſt un peu mieux reçu.

HORTENSE.

Nérine, quel amour mon cœur avoit conçu!

A Paſquin.

Prends ma bourſe. Dis-moi, pour qui je ſuis trahie.
A quel heureux objet Damis me ſacrifie.

PASQUIN.

A cinq ou ſix Beautez, dont il ſe dit l'amant,
Qu'il ſert toutes bien mal, qu'il trompe égale-
 ment.
Mais ſur-tout, à la jeune, à la belle Julie.

DAMIS *s'étant avancé vers Paſquin.*

Prends ma bague; & dis-moi, mais ſans fripon-
 nerie,
A quel impertinent, à quel fat de la Cour,
Ta Maîtreſſe aujourd'hui prodigue ſon amour.

PASQUIN.

Vous méritiez, ma foi, d'avoir la préférence.
Mais un certain Abbé lorgne de près Hortenſe:
Et chez elle, de nuit, par le mur du Jardin,
Je fais entrer par fois Traſimon ſon Couſin.

DAMIS.

Parbleu, j'en ſuis ravi. J'en aprends-là de belles;
Et je veux en chanſons mettre un peu ces nouvelles.

HORTENSE.

COMEDIE.

HORTENSE.

C'eſt le comble, Nérine, au malheur de mes feux.
De voir que tout ceci va faire un bruit affreux.
Allons; loin de l'ingrat, je vais cacher mes larmes.

DAMIS.

Allons ; je vais au Bal montrer un peu mes charmes.

PASQUIN *à Hortenſe.*

Vous n'avez rien, Madame, à deſirer de moi?
A Damis.
Vous n'avez nul beſoin de mon petit emploi?
Le Ciel vous tienne en paix.

SCENE XIII.

HORTENSE, DAMIS, NE'RINE.

HORTENSE *revenant.*

D'Où vient que je demeure?

DAMIS.

Je devrois être au Bal, & danſer à cette heure.

HORTENSE.

Il rêve. Hélas ! d'Hortenſe il n'eſt point occupé.

DAMIS.

DAMIS.

Elle me lorgne encor, où je suis fort trompé.
Il faut que je m'aproche.

HORTENSE.

                    Il faut que je le fuïe.

DAMIS.

Fuir, & me regarder ! Ah ! quelle perfidie !
Arrêtez. A ce point pouvez-vous me trahir ?

HORTENSE.

Laiffez-moi m'efforcer, cruel, à vous haïr.

DAMIS.

Ah ! l'effort n'eft pas grand, graces à vos caprices.

HORTENSE.

Je le veux, je le dois, grace à vos injuftices.

DAMIS.

Ainfi, du rendez-vous prompt à nous en aller,
Nous n'étions donc venus que pour nous querel-
   ler.

HORTENSE.

Que ce difcours, ô Ciel ! eft plein de perfidie !
Alors que l'on m'outrage, & qu'on aime Julie !

DAMIS.

Mais l'indigne Billet que de vous j'ai reçu ?

HORTENSE.

Mais mon Portrait enfin que vous m'avez rendu ?

DAMIS

COMEDIE.

DAMIS.

Moi ? je vous ai rendu votre Portrait, cruelle ?

HORTENSE.

Moi, j'aurois pu jamais vous écrire, infidèle,
Un Billet, un seul mot, qui ne fut point d'amour.

DAMIS.

Je consens de quitter le Roi, toute la Cour,
La faveur où je suis, les postes que j'espére,
N'être jamais de rien, cesser par-tout de plaire,
S'il est vrai qu'aujourd'hui je vous ai renvoyé
Ce Portrait, à mes mains par l'amour confié.

HORTENSE.

Je fais plus. Je consens de n'être point aimée
De l'amant dont mon ame est malgré moi char-
    mée,
S'il a reçu de moi ce Billet prétendu.
Mais voilà le Portrait, ingrat, qui m'est rendu ;
Ce prix trop méprisé d'une amitié trop tendre.
Le voilà. Pouvez-vous ?...

DAMIS.

        Ah ! j'aperçois Clitandre.

SCENE

SCENE XIV.

HORTENSE, DAMIS, CLITANDRE, NÉRINE, PASQUIN.

DAMIS.

Viens-ça, Marquis, viens-ça. Pourquoi fuis-tu d'ici ?
Madame, il peut d'un mot débroüiller tout ceci.

HORTENSE.

Quoi ! Clitandre sçauroit ?...

DAMIS.

Ne craignez rien, Madame;
C'est un ami prudent, à qui j'ouvre mon ame:
Il est mon confident, qu'il soit le vôtre aussi.
Il faut...

HORTENSE.

Sortons, Nérine : ô Ciel ! quel étourdi !

SCENE XV.

DAMIS, CLITANDRE, PASQUIN.

DAMIS.

AH! Marquis, je reſſens la douleur la plus vive.
Il faut que je te parle.... il faut que je la ſuive.
Attends-moi.
A Hortenſe.
Demeurez... Ah ! je ſuivrai vos pas.

SCENE XVI.

CLITANDRE, PASQUIN.

CLITANDRE.

JE ſuis, je l'avouërai, dans un grand embarras.
Je les croyois tous deux broüillez ſur ta parole.

PASQUIN.

Je le croyois auſſi. J'ai bien joüé mon rôle.
Ils ſe dévroient haïr tous deux, aſſûrément;
Mais pour ſe pardonner, il ne faut qu'un mo-
ment.

CLITAN-

CLITANDRE.

Voyons un peu tous deux le chemin qu'ils vont prendre.

PASQUIN.

Vers son apartement Hortense va se rendre.

CLITANDRE.

Damis marche après elle; Hortense au moins le fuit.

PASQUIN.

Elle fuit foiblement; & son amant la suit.

CLITANDRE.

Damis en vain lui parle : on détourne la tête.

PASQUIN.

Il est vrai ; mais Damis de tems en tems l'arrête.

CLITANDRE.

Il se met à genoux ; il reçoit des mépris.

PASQUIN.

Ah ! vous êtes perdu, l'on regarde Damis.

CLITANDRE.

Hortense entre chez elle enfin, & le renvoye.
Je sens des mouvemens de chagrin & de joye,
D'espérance & de crainte ; & ne puis deviner
Où cette intrigue-ci pourra se terminer.

SCENE

SCENE XVII.

CLITANDRE, DAMIS, PASQUIN.

DAMIS.

AH! Marquis, cher Marquis, parle; d'où vient
    qu'Hortense
M'ordonne en grand secret d'éviter sa presen-
ce?
D'où vient que son Portrait, que je fie à ta foi,
Se trouve entre ses mains? Parle, répons, dis-
moi.

CLITANDRE.
Vous m'embarrassez fort.

DAMIS *à Pasquin*.
        Et vous, Monsieur le traître,
Vous le Valet d'Hortense, ou qui prétendez
    l'être,
Il faut que vous mouriez, en ce lieu, de ma main.

PASQUIN *à Clitandre*.
Monsieur, protégez-nous.

CLITANDRE *à Damis*.
      Eh! Monsieur...

DAMIS.
           C'est en vain...
CLITAN-

CLITANDRE.

Epargnez ce Valet, c'est moi qui vous en prie.

DAMIS.

Quel si grand intérêt peux-tu prendre à sa vie?

CLITANDRE.

Je vous en prie encor, & sérieusement.

DAMIS.

Par amitié pour toi, je différe un moment,
Çà, maraut, aprends-moi la noirceur effroyable..

PASQUIN.

Ah! Monsieur, cette affaire est embroüillée en
    diable,
Mais je vous aprendrai de surprenans secrets,
Si vous me promettez de n'en parler jamais.

DAMIS.

Non, je ne promets rien ; & je veux tout apren-
    dre.

PASQUIN.

Monsieur, Hortense arrive & pourroit nous en-
    tendre,
A Clitandre.
Ah! Monsieur, que dirai-je, hélas! je suis à bout.
Allons tous trois au Bal, & je vous dirai tout.

SCENE.

SCENE XVIII.

HORTENSE *un masque à la main & en domino.*
TRASIMON, NÉRINE.

TRASIMON.

OUi croyez, ma Cousine, & faites votre compte,
Que ce jeune éventé nous couvrira de honte.
Comment? montrer par-tout, & Lettres & Portrait?
En public? à moi-même? après un pareil trait
Je prétens de ma main lui brûler la cervelle.

HORTENSE *à Nérine.*

Est-il vrai que Julie à ses yeux soit si belle,
Qu'il en soit amoureux?

TRASIMON.

              Il importe fort peu.
Mais qu'il vous deshonore, il m'importe morbleu,
Et je sçai l'intérêt qu'un parent doit y prendre.

HORTENSE *à Nérine.*

Crois-tu que pour Julie il ait eu le cœur tendre?
Qu'en penses-tu? dis-moi.

NÉRINE.

           Mais l'on peut aujourd'hui
              Aisément,

Aisément, si l'on veut, sçavoir cela de lui.
HORTENSE.
Son indiscrétion, Nérine, fut extrême.
Je dévrois le haïr, peut-être que je l'aime.
Tout-à-l'heure, en pleurant, il juroit devant toi
Qu'il m'aimeroit toûjours, & sans parler de moi,
Qu'il vouloit m'adorer, & qu'il sçauroit se taire.
TRASIMON.
Il vous a promis-là bien plus qu'il ne peut faire.
HORTENSE.
Pour la derniére fois je le veux éprouver.
Nérine, il est au Bal; il faut l'aller trouver.
Déguise-toi. Dis-lui qu'avec impatience
Julie ici l'attend dans l'ombre & le silence.
L'artifice est permis sous ce masque trompeur,
Qui du moins de mon front cachera la rougeur;
Je paroîtrai Julie aux yeux de l'infidèle,
Je sçaurai ce qu'il pense, & de moi-même, & d'elle.
C'est de cet entretien que dépendra mon choix.
A Trasimon.
Ne vous écartez point. Restez près de ce Bois.
Tâchez auprès de vous de retenir Clitandre.
L'un & l'autre en ces lieux daignez un peu m'attendre.
Je vous apellerai, quand il en sera tems.

SCENE

COMEDIE.

SCENE XIX.

HORTENSE *seule en domino, & son masque
à la main.*

IL faut fixer enfin mes vœux trop inconstans.
Sçachons, sous cet habit à ses yeux travestie,
Sous ce masque, & sur-tout sous le nom de
  Julie,
Si l'indiscrétion de ce jeune éventé
Fut un excès d'amour, ou bien de vanité,
Si je dois le haïr, ou lui donner sa grace:
Mais déja je le vois.

SCENE XX.

HORTENSE *en domino & masquée.*
DAMIS.

DAMIS *sans voir Hortense.*

C'Est donc ici la place
Où toutes les Beautez donnent leur rendez-
  vous?
Ma foi, je suis assez à la mode, entre nous.
Oüi, la mode fait tout, décide tout en France;
                                        Elle

Elle régle les rangs, l'honneur, la bienféance,
Le mérite, l'esprit, les plaisirs.

HORTENSE *à part*.

L'étourdi!

DAMIS.

Ah! si pour mon bonheur on peut sçavoir ceci,
Je veux qu'avant deux ans la Cour n'ait point de
    Belle,
A qui l'amour pour moi ne tourne la cervelle.
Il ne s'agit ici que de bien débuter.
Bien-tôt Æglé, Doris... Mais qui le peut comp-
    ter,
Quels plaisirs! quelle fille!...

HORTENSE *à part*.

Ah! la tête legére!

DAMIS.

Ah! Julie, est-ce vous? vous qui m'êtes si chére!
Je vous connois, malgré ce masque trop jaloux;
Et mon cœur amoureux m'avertit que c'est vous.
Otez, Julie, ôtez, ce masque impitoyable
Non, ne me cachez point ce visage adorable,
Ce front, ces doux regards, cet aimable souris,
Qui de mon tendre amour font la cause, & le
    prix,
Vous êtes en ces lieux la seule que j'adore.

HORTENSE.

Non, de vous mon humeur n'est pas connuë en-
    core.

COMEDIE.

Je ne voudrois jamais accepter votre foi,
Si vous aviez un cœur, qui n'eût aimé que moi.
Je veux que mon Amant soit bien plus à la mode,
Que de ses rendez-vous le nombre l'incommo-
    de,
Que par trente Grisons tous ses pas soient comp-
    tez,
Que mon amour vainqueur l'arrache à cent Beau-
    tez,
Qu'il me fasse sur-tout de brillans sacrifices.
Sans cela, je ne puis accepter ses services.
Un Amant moins connu ne me sçauroit flâter.

DAMIS.

Oh! j'ai sur ce pied-là de quoi vous contenter.
J'ai fait en peu de tems d'assez belles conquêtes,
Je pourrois me vanter de fortunes honnêtes:
Et nous sommes courus de plus d'une Beauté,
Qui pourroient de tout autre enfler la vanité.
Nous en citerions bien qui font les difficiles,
Et qui sont avec nous passablement faciles.

HORTENSE.

Mais encor?

DAMIS.

    Eh!... ma foi, vous n'avez qu'à parler,
Et je suis prêt, Julie, à vous tout immoler.
Voulez-vous qu'à jamais mon cœur vous sacrifie
La petite Isabelle, & la vive Erminie,
Clarice, Æglé, Doris?..

HORTENSE.

HORTENSE.

Quelle offrande est-ce-là?
On m'offre tous les jours ces sacrifices-là.
Ces Dames, entre nous, sont trop souvent quit-
tées.
Nommez-moi des Beautez, qui soient plus res-
pectées,
Et dont je puisse au moins triompher sans rougir.
Ah! si vous aviez pu forcer à vous chérir
Quelque femme, à l'amour jusqu'alors insensi-
ble,
Aux manéges de Cour toûjours inaccessible,
De qui la bienséance accompagnât les pas,
Qui, sage en sa conduite, évitât les éclats,
Enfin qui pour vous seul eût eu quelque foiblesse!

DAMIS s'asséyant auprès d'Hortense.

Ecoutez. Entre nous, j'ai certaine Maîtresse,
A qui ce Portrait-là ressemble trait pour trait.
Mais vous m'accuseriez d'être trop indiscret.

HORTENSE.

Point, point.

DAMIS.

Si je n'avois quelque peu de prudence,
Si je voulois parler, je nommerois Hortense.
Pourquoi donc à ce nom, vous éloigner de moi?
Je n'aime point Hortense, alors que je vous voi.
Elle n'est près de vous ni touchante, ni belle,
De plus certain Abbé fréquente trop chez elle;

Et

COMEDIE.

Et de nuit, entre nous, Trasimon son Cousin
Passe un peu trop souvent par le mur du Jardin.

HORTENSE.

A l'indiscrétion joindre la calomnie !
Contraignons-nous encor, Ecoutez, je vous prie.
Comment avec Hortense êtes-vous, s'il vous plaît ?

DAMIS.

Du dernier Bien : je dis la chose comme elle est.

HORTENSE *à part*.

Peut-on plus loin pousser l'audace & l'imposture ?

DAMIS.

Non, je ne vous mens point, c'est la vérité pure.

HORTENSE *à part*.

Le traître !

DAMIS.

Eh ! sur cela quel est votre souci ?
Pour parler d'elle enfin sommes-nous donc ici ?
Daignez, daignez plûtôt....

HORTENSE.

HORTENSE.

Non, je ne sçaurois croire
Qu'elle vous ait cédé cette entiére victoire.

DAMIS.

Je vous dis que j'en ai la preuve par écrit.

HORTENSE.

Je n'en crois rien du tout.

DAMIS.

Vous m'outrez de dépit.

HORTENSE.

Je veux voir par mes yeux.

DAMIS.

C'est trop me faire injure.

Il lui donne la Lettre.

Tenez donc : vous pouvez connoître l'écriture.

HORTENSE

COMEDIE.

HORTENSE *se démasquant*

Oüi, je la connois, traître, & je connois ton cœur.
J'ai réparé ma faute enfin, & mon bonheur
M'a rendu pour jamais le Portrait & la Lettre,
Qu'à ces indignes mains j'avois osé commettre.
Il est tems; Trasimon, Clitandre, montrez-vous.

SCENE XXI.

HORTENSE, DAMIS, TRASIMON, CLITANDRE.

HORTENSE *à Clitandre*.

SI je ne vous suis point un objet de courroux,
    Si vous m'aimez encor, à vos loix asservie,
Je vous offre ma main, ma fortune & ma vie.

CLITANDRE.

Ah! Madame, à vos pieds un malheureux amant
Devroit mourir de joye & de saisissement.

TRASIMON

TRASIMON à *Damis.*

Je vous l'avois bien dit que je la rendrois sage.
C'est moi seul, Mons Damis qui fais ce mariage.
Adieu, possédez mieux l'art de dissimuler.

DAMIS.

Juste Ciel! desormais à qui peut-on parler.

Fin du troisième Tome.

OEUVRES
DE
Mʀ. DE VOLTAIRE.
Nouvelle Edition,

Revuë, corrigée & considérablement augmentée, avec des Figures en Taille-douce.

TOME QUATRIEME.

A AMSTERDAM,
Aux Dépens de la Compagnie.
M. DCC. XLI.

PIECES

Contenuës dans le Tome IV.

LE TEMPLE du Goût.
ODE fur la Superſtition.
AUTRE fur la Paix.
EPITRE à Mr l'Abbé de Chaulieu.
——— à Mr le Duc de Sulli.
——— à Mr de Genonville.
——— à Mr le Maréchal de Villars.
——— à Mlle. ***.
——— à Mad. la Comteſſe de Fontaine-Martel.
——— à Mad. de *** fur la Calomnie.
——— à Mr de Fontenelle.
RÉPONSE de Mr de Fontenelle.
LETTRE à Mr de la Faye.
LE MONDAIN, ou l'Apologie du Luxe.
L'HOMME DU MONDE, ou Défenſe du Mondain.
LE TEMPLE DE L'AMITIÉ.
AUX MANES de Genonville.
SUR LA MORT de Mademoiſelle le Couvreur.
LE CADENAT.

LES POETES EPIQUES.
A MADAME de ***. Les deux Amours.
A la même.
A la même, en lui envoyant les Oeuvres Myſtiques de Mr de Fénelon.
A la même.
DE LA GLOIRE, ou Entretien avec un Chinois.
DU SUICIDE, ou de l'homicide de soi-même.
RÉFLEXIONS ſur les Anglais.
REMARQUES ſur les Penſées de Mr Paſcal.

LE
TEMPLE
DU
GOUST.

L E Cardinal Oracle de la France,
Non ce Mentor qui gouverne aujour-
　d'hui,
Mais ce Nestor qui du Pinde est l'apui,
Qui des Sçavans a passé l'espérance,
Qui les soutient, qui les anime tous,
Qui les éclaire, & qui régne sur nous
Par les attraits de sa douce éloquence;
Ce Cardinal qui sur un nouveau ton,
En vers Latins fait parler la Sagesse,
Réünissant Virgile avec Platon,
　　　　　　　A 2　　　　Vangeur

Vangeur du Ciel, & vainqueur de Lucrèce (1).

Ce Cardinal enfin, que tout le monde doit reconnoître à ce portrait, me dit un jour qu'il vouloit que j'allaffe avec lui au Temple du Goût. C'eſt un féjour, me dit-il, qui reſſemble au Temple de l'Amitié, dont tout le monde parle, où peu de gens vont, & que la plûpart de ceux qui y voyagent n'ont preſque jamais bien examiné.

Je répondis avec franchife,
Hélas ! je connois aſſez peu
Les Loix de cet aimable Dieu,
Mais je fçai qu'il vous favorife ;
Entre vos mains il a remis
Les clefs de fon beau Paradis
Et vous êtes, à mon avis,
Le vrai Pape de cette Eglife.
Mais de l'autre Pape & de vous
(Dût Rome fe mettre en courroux)
La différence eſt bien vifible ;

Car

___

(1) Mr. le Cardinal de *Polignac* a compofé un Poëme Latin contre Lucrèce. Tous les gens de Lettres connoiſſent ces Vers, qui font au commencement :

Pieridum ſi forte lepos auſtera canentes
Deficit, eloquio victi, re vincimus ipſa.

Car la Sorbonne ofe affurer
Que le Saint Pere peut errer,
Chofe, à mon fens, affez poffible ;
Mais pour moi, quand je vous entends
D'un ton fi doux & fi plaufible,
Debiter vos Difcours brillants,
Je vous croirois prefque infaillible.

Ah ! me dit-il, l'infaillibilité eft à Rome pour les chofes qu'on ne comprend point, & dans le Temple du Goût, pour les chofes que tout le monde comprend ; il faut abfolument que vous veniez avec moi. Mais, infiftai-je encore, fi vous me menez avec vous, je m'en vanterai à tout le monde.

Sur ce petit Pélerinage
Auffi-tôt on demandera
Que je compofe un gros Ouvrage.
Voltaire fimplement fera
Un recit court, qui ne fera
Qu'un très-frivole badinage.
Mais fon recit on frondera,
A la Cour on murmurera ;
Et dans Paris on me prendra
Pour un vieux Conteur de Voyage,
Qui vous dit d'un air ingénu

Ce qu'il n'a ni vu ni connu,
Et qui vous ment à chaque page.

Cependant, comme il ne faut jamais se refuser un plaisir, dans la crainte de ce que les autres en pourront penser, je suivis le Guide qui me faisoit l'honneur de me conduire.

Aimable Abbé, vous futes du Voyage,
Vous que le goût ne cesse d'inspirer,
Vous dont l'esprit si délicat, si sage,
Vous dont l'exemple a daigné me montrer
Par quels chemins on peut, sans s'égarer,
Chercher ce goût, ce Dieu que dans cet Age
Maints Beaux Esprits font gloire d'ignorer.

Nous rencontrâmes en chemin bien des obstacles. D'abord nous trouvâmes Mrs Baldus, Sciopius, Lexicocrassus, Scriblerius, une nuée de Commentateurs, qui restituoient des passages, & qui compiloient de gros Volumes, à propos d'un mot qu'ils n'entendoient pas.

Là, j'aperçus les Daciers (2) les Saumaises (3),
Gens

───────

(2) *Dacier*, avoit une Littérature fort grande : il connoissoit tout dans les Anciens, hors la grace & la finesse : ses Commentaires ont par-tout de l'érudition & jamais de goût ; il traduit grossiérement les délicatesses d'Horace.

Gens hérissés de sçavantes fadaises,
Le teint jauni, les yeux rouges & secs,
Le dos courbé sous un tas d'Auteurs Grecs;
Tous noircis d'encre, & couverts de poussiére.
Je leur criai de loin par la Portiére,
N'allez-vous pas dans le Temple du Goût
Vous décrasser? Nous, Messieurs? Point du tout.
Ce n'est pas-là, grace au Ciel, notre étude;
Le Goût n'est rien, nous avons l'habitude,
De rédiger au long, de point en point,
Ce qu'on pensa; mais nous ne pensons point.

 Après cet aveu ingénu, ces Mrs entourérent le Carosse, & voulurent absolument nous faire lire certains passages de Dictys de Créte, & de Métrodore de Lampsaque, que Scaliger avoit estropiez. Nous les remerciâmes de

Si Horace dit à sa Maîtresse: *Miseri quibus intentata nites*, Dacier dit: *Malheureux ceux qui se laissent attirer par cette bonace, sans vous connoître.* Il traduit, *Nunc est bibendum, nunc pede libero pulsanda tellus*: *C'est à présent qu'il faut boire, & que, sans rien craindre, il faut danser de toute sa force. Mox juniores quærit adulteros: Elles ne sont pas plûtôt mariées, qu'elles cherchent de nouveaux Galans.* Mais quoiqu'il défigure Horace, & que ses Notes soient d'un Sçavant peu spirituel, son Livre est plein de recherches utiles, & on louë son travail, en voyant son peu de génie.

(3) *Saumaise*, est un Auteur sçavant qu'on ne lit plus guére.

de leur courtoifie, & nous continuâmes notre chemin. Nous n'eûmes pas fait cent pas, que nous trouvâmes un Homme entouré de Peintres, d'Architectes, de Sculpteurs, de Doreurs, de faux connoiffeurs, de Flâteurs. Ils tournoient le dos au Temple du Goût.

D'un air content, l'orgueïl fe repofoit
Se pavanoit fur fon large vifage,
Et mon Craffus tout en ronflant difoit :
J'ai beaucoup d'Or, de l'Efprit davantage :
Du Goût, Meffieurs, j'en fuis pourvû fur-tout ;
Je n'apris rien, je me connois à tout :
Je fuis un Aigle en confeil, en affaires ;
Malgré les Vents, les Rocs & les Corfaires,
J'ai dans le Port fait aborder ma Nef.
Partant il faut qu'on me bâtiffe en bref
Un beau Palais, fait pour moi, c'eft tout dire,
Où tous les Arts foient en foule entaffez,
Où tout le jour je prétends qu'on m'admire.
L'argent eft prêt. Je parle, obéïffez.
Il dit & dort : auffi-tôt la Canaille
Autour de lui s'évertuë & travaille.
Certain Maçon, en Vitruve érigé,
Lui trace un Plan d'ornemens furchargé.
Nul Veftibule, encore moins de Façade ;

Mais

Mais vous aurez une longue enfilade ;
Vos murs feront de deux doigts d'épaiſſeur,
Grands Cabinets, Salon ſans profondeur,
Petits Trumeaux, Fenêtres à ma guiſe,
Que l'on prendra pour des portes d'Egliſe ;
Le tout boiſé, verni, blanchi, doré,
Et des Badauts à coup ſûr admiré.

 Réveillez-vous, Monſeigneur, je vous prie,
Crioit un Peintre : admirez l'induſtrie
De mes talens ; Raphaël n'eut jamais
Entendu l'Art d'embellir un Palais.
C'eſt moi qui ſçais annoblir la Nature :
Je couvrirai Plat-fonds, Voute, Vouſſure,
Par cent Magots travaillés avec ſoin,
D'un pouce ou deux, pour être vus de loin.

 Craſſus s'éveille, il regarde, il rédige.
A tort, à droit, régle, aprouve, corrige.
A ſes côtés un petit Curieux,
Lorgnette en main diſoit : Tournez les yeux,
Voyez ceci, c'eſt pour votre Chapelle ;
Sur ma parole, achetez ce Tableau,
C'eſt Dieu le Pere en ſa gloire éternelle,
Peint galamment dans le goût du Vatau (4).
          Et

---

(4) Vatau eſt un Peintre Flamand, qui a travaillé à Paris, où il eſt mort il y a quelques années. Il a

Et cependant, un fripon de Libraire,
Des Beaux-Esprits écumeur mercenaire,
Tout Bellegarde à ses yeux étaloit,
Tout Pitaval jusques à Desfontaines (*).
Recueils nouveaux, & Journaux à centaines,
Et Monseigneur vouloit lire & bâilloit.

Je crus en être quitte pour ce petit retardement, & que nous allions arriver au Temple, sans autre mauvaise fortune ; mais la route est plus dangereuse que je ne pensois. Nous trouvâmes bien-tôt une nouvelle embuscade.

Tel un dévot infatigable,
Dans l'étroit chemin du salut,
Est cent fois tenté par le Diable,
Avant d'arriver à son but.

C'étoit un Concert que donnoit un Homme de Robe, fou de la Musique qu'il n'avoit jamais aprise, & encore plus fou de la Musique *Italienne*, qu'il ne connoissoit que par de mauvais airs inconnus à Rome, & estropiez en France par quelques Filles de l'Opéra.

Il faisoit exécuter alors un long Recitatif Français,

réüssi dans les petites figures qu'il a dessinées, & qu'il a très-bien groupées ; mais il n'a jamais rien fait de grand, il en étoit incapable.

(*) Mauvais Auteur.

Français, mis en Musique par un Italien qui ne sçavoit pas notre Langue. En vain on lui remontra que cette espéce de Musique, qui n'est qu'une déclamation nottée, est nécessairement asservie au génie de la Langue, & qu'il n'y a rien de si ridicule que des Scènes Françaises chantées à l'*Italienne*, si ce n'est l'Italien chanté dans le goût Français.

La Nature féconde, ingénieuse & sage,
Par ses dons partagés ornant cet Univers,
Parle à tous les Humains, mais sur des tons divers.
Ainsi que son esprit, tout Peuple a son langage,
Ses sons & ses accens à sa voix ajustés,
Des mains de la Nature exactement notés :
L'oreille heureuse & fine en sent la différence.
Sur le ton des Français, il faut chanter en France :
Aux loix de notre goût, Lully sçut se ranger ;
Il embellit notre Art, au lieu de le changer.

A ces paroles judicieuses mon homme répondit en secoüant la tête : Venez, venez, dit-il, on va vous donner du neuf. Il fallut entrer & voilà son Concert qui commence.

Du grand Lully, vingt Rivaux fanatiques,
Plus ennemis de l'Art & du Bon-Sens,
Défiguroient sur des tons glapissans

Des Vers Français, en fredons Italiques :
Une Bégueule en lorgnant se pâmoit,
Et certain Fat, yvre de sa parure,
En se mirant chevrotoit, fredonnoit ;
Et de l'Index battant faux la mesure,
Crioit, *bravo*, lorsque l'on détonnoit.

Nous sortîmes au plus vîte ; ce ne fut qu'au travers de bien des avantures pareilles, que nous arrivâmes enfin au Temple du Goût.

Jadis en Gréce on en posa
Le fondement ferme & durable :
Puis, jusqu'au Ciel on exhaussa,
Le faîte de ce Temple aimable.
L'Univers entier l'encensa,
Le Romain, long-tems intraitable,
Dans ce séjour s'aprivoisa ;
Le Musulman, plus implacable,
Conquit le Temple, & le rasa.
En Italie on ramassa
Tous les débris que l'Infidèle
Avec fureur en dispersa.
Bien-tôt FRANÇOIS PREMIER osa
En bâtir un sur ce modèle.
Sa Postérité méprisa

Cette Architecture si belle ;
Richelieu vint, qui répara
Le Temple abandonné par elle.
Loüis le Grand le décora ;
Colbert, son Ministre fidèle,
Dans ce Sanctuaire attira
Des Beaux-Arts la Troupe immortelle.
L'Europe jalouse admira
Ce Temple en sa beauté nouvelle ;
Mais je ne sçai s'il durera.

Je pourrois décrire ce Temple
Et détailler les ornemens
Que le voyageur y contemple ;
Mais, n'abusons point de l'exemple
De tant de Faiseurs de Romans,
Sur tout fuyons le verbiage
De Monsieur de Félibien,
Qui noye éloquemment un rien
Dans un fatras de beau langage.
Cet Edifice précieux
N'est point chargé des antiquailles
Que nos très-Gothiques Ayeux
Entassoient autour des murailles
De leurs Temples, grossiers comme eux.
Il n'a point les défauts pompeux

De

De la Chapelle de Verſailles,
Ce Colifichet faſtueux,
Qui du Peuple ébloüit les yeux,
Et dont le Connoiſſeur ſe raille.

Il eſt plus aiſé de dire, ce que ce Temple n'eſt pas, que de faire connoître ce qu'il eſt. J'ajoûterai ſeulement, pour éviter la difficulté :

Simple en étoit la noble Architecture,
Chaque ornement, à ſa place arrêté,
Y ſembloit mis par la néceſſité ;
L'art s'y cachoit, ſous l'air de la Nature.
L'œil ſatisfait embraſſoit ſa ſtructure,
Jamais ſurpris, & toûjours enchanté.

Le Temple étoit environné d'une foule de Virtuoſes, d'Artiſtes, & de Juges de toute eſpéce, qui s'efforçoient d'entrer, mais qui n'entroient point.

Car la Critique, à l'œil ſévére & juſte,
Gardant les Clefs de cette Porte auguſte,
D'un bras d'airain fiérement repouſſoit
Le Peuple Goth, qui ſans ceſſe avançoit.

Oh ! que d'hommes conſidérables, que de gens du bel air n'y ſont point reçûs !

On

On ne voit point dans ce Pourpris
Les Cabales toûjours mutines
De ces prétendus Beaux-Esprits
Qu'on vit soutenir dans Paris
Les Pradons & les Scuderis (5),
Contre les immortels Ecrits
Des Corneilles & des Racines.

On repoussoit aussi rudement ces Ennemis obscurs de tout mérite éclatant, ces insectes de la Société, qui ne sont aperçus, que parce qu'ils picquent. Ils auroient envié également *Rocroy* au grand Condé, *Denain* à Villars, & *Polieucte* à Corneille. Ils auroient exterminé le Brun, pour avoir fait le Tableau de la Famille de Darius. Ils envient tout ; ils infectent tout ce qu'ils touchent.

L'orgüeil

(5) *Scudéri* étoit, comme de raison, ennemi déclaré de Corneille. Il avoit une Cabale qui le mettoit fort au-dessus de ce Pere du Théâtre. Il y a encore un mauvais Ouvrage de Sarrasin, fait pour prouver que je ne sçai quelle Piéce de Scudéri, nommée l'Amour Tyrannique, étoit le Chef-d'œuvre de la Scène Françaife. Ce Scudéri se vantoit, qu'il y avoit eû quatre Portiers de tuez à une de ses Piéces, & il disoit qu'il ne céderoit à Corneille qu'en cas qu'on eût tué cinq Portiers au Cid, ou aux Horaces.

A l'égard de Pradon, on sçait que sa Phédre fut d'abord beaucoup mieux reçûë que celle de Racine, & qu'il fallut du tems pour faire céder la Cabale au mérite.

L'orgüeïl les engendra dans les flancs de l'Envïe,
L'intérêt, le foupçon, l'infâme Calomnie,
Et fouvent les Dévots, Monftres plus dangereux,
Entr'ouvrent en fecret, d'un air miftérieux,
Les Portes des Palais à leur Cabale impie.
C'eft-là que d'un Midas, ils fafcinent les yeux.
Un Fat leur aplaudit, un Méchant les apuye ;
Et le Mérite en pleurs, perfécuté par eux,
Renonce en foupirant, aux Beaux - Arts qu'on
  décrie.

 Ces lâches Perfécuteurs s'enfuïrent en voyans paroître mes deux Guides. Leur fuite précipitée fit place à un fpectable plus plaifant : c'étoit une foule d'Ecrivains de tout rang, de tout état & de tout âge, qui gratoient à la porte, & qui prioient la Critique de les laiffer entrer. L'un aportoit un Roman Mathématique, l'autre une Harangue à l'Académie : celui-ci venoit de compofer une Comédie Métaphyfique : celui-là tenoit un petit Recueïl de fes Poëfies, imprimé depuis long-tems *incognito*, avec une longue Aprobation & un Privilége (6) ; cet autre venoit prefenter un Mandement en ftile précieux, & étoit tout furpris

___

(6) La plûpart des mauvais Livres font imprimez en France, avec des aprobations pleines d'éloges. Les Cenfeurs des Livres manquent en cela de refpect au Public. Leur devoir n'eft pas de dire, fi un Livre eft bon ; mais s'il n'y a rien contre l'Etat & contre les Mœurs.

pris qu'on se mît à rire au lieu de lui demander sa bénédiction. Je suis le Révérend Pere..... disoit l'un : faites un peu place à Monseigneur, disoit l'autre.

Un Raisonneur avec un fausset aigre
Crioit : Messieurs, je suis ce Juge intégre,
Qui toûjours parle, arguë, & contredit ;
Je viens siffler tout ce qu'on aplaudit.
Lors la Critique aparut & lui dit :
Ami Barbou, vous êtes un grand Maître ;
Mais n'entrerez en cet aimable Lieu :
Vous y venez pour fronder notre Dieu ;
Contentez-vous de ne le pas connoître.

Mr. Barbou se mit alors à crier : Tout le monde est trompé, & le sera. Il n'y a point de Dieu du goût, & voici comme je le prouve. Alors il proposa, il divisa, il subdivisa, il distingua, il résuma, personne ne l'écouta, & l'on s'empressoit à la Porte plus que jamais.

Parmi les flots de la foule insensée,
De ce Parvis obstinément chassée,
Tout doucement venoit la Motte Houdard,
Lequel disoit d'un ton de Papelard ;
Ouvrez, Messieurs, c'est mon Oedipe en prose (7).

Mes

___

(7) Houdard de la Motte fit en 1728. un Oedipe
en

Mes Vers font durs, d'accord; mais forts de chofe.
De grace ouvrez; je veux à Defpréaux
Contre les Vers, dire avec goût deux mots.

La Critique le reconnut, à la douceur de fon maintien, & à la dureté de fes derniers Vers, & elle le laiffa quelque tems entre Pérault & Chapelain, qui affiégoient la Porte depuis cinquante ans, en crians contre Virgile.

Dans le moment arriva un autre Verfificateur, foutenu par deux petites Satires; il paroiffoit plein de confiance.

Je viens, dit-il (8) pour rire & pour m'ébattre,
Me rigolant, menant joyeux déduit,
Et jufqu'au jour, faifant le Diable à quatre.

Qu'eft-ce que j'entends-là, dit la Critique ?
C'eft moi, reprit le Rimeur. J'arrive d'Allemagne, pour vous voir, & j'ai pris la Saifon du Printems.

Car en profe, & un Oedipe en vers. A l'égard de fon Oedipe en profe, perfonne que je fçache n'a pû le lire. Son Oedipe en vers fut joüé trois fois. Il eft imprimé avec fes autres Oeuvres Dramatiques, & l'Auteur a eû foin de mettre dans un Avertiffement, que cette Piéce a été interrompuë au milieu du plus grand fuccès. Cet Auteur a fait d'autres Ouvrages eftimez, quelques Odes très-belles, de jolis Opéra, & des Differtations très-bien écrites.

(8) Vers de Rouffeau.

Car les jeunes Zéphirs, de leurs chaudes haleines,
Ont fondu l'écorce des eaux (9).

Plus il parloit ce langage, moins la Porte s'ouvroit. Quoi ! l'on me prend donc, dit-il,

Pour (10) une Grenoüille aquatique
Qui du fonds d'un petit thorax
Va chantant pour toute Mufique,
Brekeke, kake, koax, koax, koax ?

Ah ! bon Dieu, s'écria la Critique, quel horrible jargon ! On lui dit que c'étoit Rouffeau, dont les Dieux avoient changé la voix en ce cri ridicule, pour punition de fes méchancetez. Elle lui ferma la Porte au plus vîte. Il fut fort étonné de ce procédé, & jura de s'en vanger par quelque nouvelle Allégorie contre le Genre Humain, qu'il hait par represailles. Il s'écrioit en rougiffant :

Adouciffez cette rigueur extrême,
Je viens chercher Marot mon Compagnon,
J'eus, comme lui, quelque peu de guignon,
Le Dieu qui rime, eft le feul Dieu qui m'aime;
Connoiffez-moi, je fuis toûjours le même.
Voici des Vers contre l'Abbé Bignon (11).

_____
(9) Vers de Rouffeau.
(10) Id. ibid.
(11) Confeiller d'Etat, homme d'un mérite reconnu

O vous, Critique, ô vous, Déeſſe utile,
C'étoit par vous que j'étois inſpiré ;
En tout Païs, en tout tems abhorré,
Je n'ai que vous deſormais pour aſyle.

La Critique entendit ces paroles, rouvrit la Porte, & parla ainſi :

Rouſſeau, connois mieux la Critique,
Je ſuis juſte & ne fus jamais
Semblable à ce Monſtre cauſtique
Qui s'arma de ces lâches traits,
Trempez au poiſon ſatirique,
Dont tu t'enyvres à longs traits.
Autrefois de ſa félonie
Thémis te donna le guerdon,
Par Arrêt ta Muſe eſt bannie (12),

Pour

connu dans l'Europe, & Protecteur des Sciences. Rouſſeau avoit fait contre lui quelques mauvais Vers.

(12) Rouſſeau fut condamné à l'amende-honorable & au baniſſement perpétuel, pour des Couplets infâmes faits contre ſes amis, & dont il accuſa le Sr. Saurin de l'Académie des Sciences d'être l'Auteur. Les Curieux ont conſervé les Piéces de ce procès. Le Factum de Rouſſeau paſſe pour être extrêmement mal écrit. Celui de Mr. Saurin eſt un Chef-d'œuvre d'eſprit & d'éloquence. Rouſſeau banni de France, s'eſt broüillé avec tous ſes Protecteurs, & a continué de déclamer inutilement contre ceux qui faiſoient honneur à la France par leurs Ouvrages, comme Mrs. de Fontenelle, Crébillon, Destouches, Dubos, &c.

Pour certains Couplets de Chanson,
Et pour un fort mauvais Facton,
Que te dicta la Calomnie;
Mais par l'équitable Apollon
Ta rage fut bien-tôt punie.
Il t'ôta le peu de génie,
Dont tu dis qu'il t'avoit fait don;
Il te priva de l'harmonie,
Et tu n'as plus rien aujourd'hui,
Que la foiblesse & la manie
De rimer encor, malgré lui,
Des Vers Tudesques qu'il renie.

Après avoir donné cet avis, la Critique décida que Rousseau passeroit devant la Motte, en qualité de Versificateur; mais que la Motte auroit le pas, toutes les fois qu'il s'agiroit d'Esprit & de Raison.

Ces deux hommes, si différens, n'avoient pas fait quatre pas, que l'un pâlit de colére, & l'autre tressaillit de joye, à l'aspect d'un homme qui étoit depuis long-tems dans ce Temple.

C'étoit le sage Fontenelle,
Qui par les Beaux-Arts entouré,
Répandoit sur eux, à son gré,
Une clarté pure & nouvelle.
D'une Planette, à tire d'aile,
En ce moment il revenoit

Dans

Dans ces lieux où le Goût tenoit
Le Siége heureux de son Empire.
Avec Quinaut il badinoit ;
Avec Mairan il raisonnoit ;
D'une main legére il prenoit
Le Compas, la Plume, & la Lyre.

Eh quoi ! cria Rousseau, je verrai ici cet Homme, contre qui j'ai fait tant d'Epigrammes ? Quoi ! Le Bon-Goût souffrira dans son Temple l'Auteur des *Lettres du Ch. d'Her*, d'une *Passion d'Automne* d'un *Clair de Lune*, d'un *Ruisseau Amant de la Prairie*, de la *Tragédie d'Aspar*, d'*Endymion*, &c. Eh non, dit la Critique : ce n'est pas l'Auteur de tout cela que tu vois ; c'est celui des *Mondes*, Livre qui auroit dû t'instruire ; de *Thetis* & de *Pelée*, Opera qui excita inutilement ton envie ; de l'*Histoire de l'Académie des Sciences*, que tu n'es pas a portée d'entendre.

Rousseau alla faire une Epigramme, & Fontenelle le regarda, avec cette compassion Philosophique, qu'un Esprit éclairé & étendu ne peut s'empêcher d'avoir pour un homme qui ne fait que rimer ; & il alla prendre paisiblement sa place entre Lucrèce & Leibnitz (13).

---

(13) Leibnitz né à Leipsick le 23. Juin 1646. mort à Hanovre le 14. Novembre 1716. Nul Homme de Lettres n'a fait tant d'honneur à l'Allemagne.

DU GOUST.

Je demandai pourquoi Leibnitz étoit-là ? On me répondit que c'étoit pour avoir fait d'aſſez bons Vers Latins, quoiqu'il fut Métaphiſicien & Géométre ; & que la Critique le ſouffroit en cette place, pour tâcher d'adoucir, par cet exemple, l'eſprit dur de la plûpart de ſes Confréres.

Cependant la Critique ſe tournant vers l'aimable Interpréte de la Philoſophie, lui dit : je ne vous reprocherai pas certains Ouvrages de votre Jeuneſſe, comme font ces Cyniques jaloux ; mais je ſuis la Critique, vous êtes chez le Dieu du Goût, & voici ce que je vous dis de la part de ce Dieu, du Public, & de la mienne, car nous ſommes, à la longue, toûjours tous trois d'accord :

Votre Muſe, ſage & riante,
Dévroit aimer un peu moins l'art ;
Ne la gâtez point par le fard,
Sa couleur eſt aſſez brillante.

Il étoit plus univerſel que Newton, quoiqu'il n'ait peut-être pas été ſi grand Mathématicien. Il joignoit à une profonde étude de toutes les parties de la Phyſique un grand goût pour les Belles-Lettres ; il faiſoit même des Vers Français. Il a paru s'égarer en Métaphiſique ; mais il a cela de commun avec tous ceux qui ont voulu faire des ſiſtêmes. Au reſte, il dût ſa fortune à ſa réputation. Il joüiſſoit de groſſes Penſions de l'Empereur d'Allemagne, de celui de Moſcovie, du Roi d'Angleterre & de pluſieurs autres Souverains.

A l'égard de Lucrèce, il rougit d'abord en voyant son ennemi; mais à peine l'eût-il entendu parler qu'il l'aima. Il courut à lui, & lui dit en très-beaux Vers Latins ce que je traduis ici en assez mauvais Vers Français.

Aveugle que j'étois, je crus voir la Nature,
Je marchai dans la nuit, conduit par Epicure;
J'adorai comme un Dieu ce Mortel orgueilleux,
Qui fit la guerre au Ciel, & détrôna les Dieux.
L'Ame ne me parut qu'une foible étincelle,
Que l'instant du trépas dissipe dans les airs.
Tu m'as vaincu, je céde, & l'ame est immortelle
Aussi-bien que ton nom, mes Ecrits, & tes Vers.

Le Cardinal répondit à ce compliment dans la Langue de Lucrèce. Tous les Poëtes Latins qui étoient-là, le prirent pour un ancien Romain à son air & à son stile; mais les Poëtes Français sont fort fâchés qu'on fasse des Vers dans une Langue qu'on ne parle plus, & disent que puisque Lucrèce, né à Rome, embellissoit Epicure en Latin, son Adversaire, né à Paris, devoit le combattre en Français. Enfin après beaucoup de ces retardemens agréables, nous arrivâmes jusqu'à l'Autel, & jusqu'au Trône du Dieu du Goût.

Je vis ce Dieu qu'en vain j'implore:
Ce Dieu charmant que l'on ignore,

Quand

Quand on cherche à le définir :
Quand avec fcrupule on l'adore ;
Que la Fontaine fait fentir
Que Mr. Bardou cherche encore.

Par la main des Graces orné,
Ce Dieu toûjours eft couronné
D'un Diadême, qu'au Parnaffe
Compofa jadis Apollon
Du Laurier du Divin Maron,
Du Lierre & du Myrte d'Horace,
Et des Rofes d'Anacréon.

Sur fon front régne la Sageffe,
Le Sentiment & la Fineffe
Brillent tendrement dans fes yeux ;
Son air eft vif, ingénieux,
Il vous reffemble, enfin Silvie,
A vous, que je ne nomme pas,
De peur des cris & des éclats
De cent Beautez que vos apas
Font deffécher de jaloufie.

Non loin de lui Rollin dictoit (14)
Quelques

_____

(14) *Charles Rollin*, ancien Recteur de l'Univerfité & Profeffeur Royal, eft le premier homme de l'Univerfité, qui ait écrit purement en Français pour l'inftruction de la Jeuneffe, & qui ait recommandé l'étude de notre Langue, fi néceffaire & cependant fi négligée dans les Ecoles. Son Livre du *Traité des Etudes*, refpire

Quelques leçons à la Jeuneſſe ;
Et, quoiqu'en Robe, on l'écoutoit,
Choſe aſſez rare à ſon eſpéce.
Près de-là dans un Cabinet,
Que Girardon & le Puget (15)
Embelliſſoient de leur ſculpture,
Le Pouſſin ſagement peignoit (16),

Le

reſpire le bon goût, & la ſaine Littérature preſque par tout. On lui reproche ſeulement de deſcendre dans des minuties. Il ne s'eſt guéres éloigné du bon goût que quand il a voulu plaiſanter, Tom. 3. p. 305. en parlant de Cyrus. Auſſi-tôt, dit-il, on équipe le petit Cyrus en Echanſon : il s'avance gravement la ſerviette ſur l'épaule & tenant la Coupe délicatement entre trois doigts ; j'ai aprehendé, dit le petit Cyrus, que cette liqueur ne fût du poiſon. Comment cela ? Oüi, mon Papa. Et en un autre endroit, en parlant des Jeux qu'on peut permettre aux Enfans : Une bale, un balon, un ſabot, ſont fort de leur goût. Depuis le toît juſqu'à la Cave, tout parloit Latin chez Robert Etienne. Il feroit à ſouhaiter qu'on corrigeât ces mauvaiſes plaiſanteries, dans la première Edition qu'on fera de ce Livre, ſi eſtimable d'ailleurs.

(15) Girardon mettoit dans ſes Statuës plus de grace, & Puget plus d'expreſſion. Les Bains d'Apollon ſont de Girardon ; mais il n'a pas fait les Chevaux, ils ſont de Marſy, Sculpteur digne d'avoir mêlé ſes travaux avec Girardon. Le Milon & le Gladiateur ſont de Puget.

(16) Le Pouſſin, né aux Andelis en 1594. n'eût de Maître que ſon génie & quelques Eſtampes de Raphaël, qui lui tombérent entre les mains. Le deſir de conſulter la belle Nature dans les Antiques le fit aller

Le Brun fiérement deſſinoit (17),
Le Sueur entre eux ſe plaçoit (18).
On l'y regardoit ſans murmure;
Et le Dieu qui de l'œil ſuivoit
Les traits de leur main libre & ſûre,
En les admirant ſe plaignoit,
De voir qu'à leur docte peinture,

Malgré

à Rome, malgré les obſtacles qu'une extrême pauvreté mettoit à ce Voyage. Il y fit beaucoup de Chefs-d'œuvres, qu'il ne vendoit que ſept Ecus piéce. Apelé en France par le Secrétaire d'Etat Desnoyers, il y établit le bon goût de la Peinture; mais perſécuté par ſes envieux, il s'en retourna à Rome, où il mourut avec une grande réputation, & ſans fortune. Il a ſacrifié le Coloris à toutes les autres parties de la Peinture. Ses Sacremens ſont trop gris, cependant il y a dans le Cabinet de Mr. le Duc d'Orléans un raviſſement de ſaint Paul, du Pouſſin, qui fait pendant avec la viſion d'Ezéchiel, & de Raphaël, & qui eſt d'un Coloris aſſez fort. Ce Tableau n'eſt déparé du tout par celui de Raphaël, & on les voit tous deux, avec un égal plaiſir.

(17) Le Brun Diſciple de Noüet n'a péché que dans le Coloris. Son Tableau de la Famille d'Aléxandre eſt beaucoup mieux coloré que ſes Batailles. Ce Peintre n'a pas un ſi grand goût de l'Antique que le Pouſſin & Raphaël; mais il a autant d'invention que Raphaël, & plus de vivacité que le Pouſſin. Les Eſtampes des Batailles d'Aléxandre ſont plus recherchées que celles des Batailles de Conſtantin par Raphaël & par Jules Romain.

(18) Euſtache le Sueur étoit un excélent Peintre,

Malgré leurs efforts, il manquoit
Le Coloris de la Nature.
Sous ses yeux des Amours badins
Ranimoient ces touches sçavantes,
Avec un pinceau que leurs mains
Trempoient dans les couleurs brillantes
De la palette de Rubens (19).

C'est ce Dieu qu'implore & révére
Toute la Troupe des Acteurs,
Qui représentent sur la Terre,
Et ceux qui viennent dans la Chaire
Endormir leurs chers Auditeurs,
Et ceux qui livrent les Auteurs
Aux sifflets bruyans du Parterre.

Je fus fort étonné de ne pas trouver dans le Sanctuaire bien des gens qui passoient, il y a soixante ou quatre-vingt ans, pour être les plus chers Favoris du Dieu du Goût. Les Pavillons, les Benserades, les Pélissons, les Segrais (20), les St. Evremont, les Balzacs,
les

quoiqu'il n'eût point été en Italie. Tout ce qu'il a fait étoit dans le grand goût ; mais il manquoit encore de beaux Coloris.

Ces trois Peintres sont à la tête de l'Ecole Françaife.

(19) Rubens égale le Titien pour le Coloris ; mais il est fort au-dessous de nos Peintres Français pour la correction du dessein.

(20) Segrais est un Poëte très-foible, on ne lit
point

les Voitures, ne me parurent pas occuper les premiers rangs. Ils les avoient autrefois, me dit un de mes Guides, ils brilloient avant que les beaux jours des Belles-Lettres fuſſent arrivez ; mais peu à peu ils ont cédé aux véritablement Grands Hommes. Ils ne font plus ici qu'une aſſez médiocre figure. En effet, la plûpart n'avoient guére que de l'eſprit de leur tems, & non cet eſprit qui paſſe à la derniére Poſtérité.

Déja de leurs foibles Ecrits
Beaucoup de graces font ternies :
Ils font comptez encor au rang des Beaux Eſprits ;
Mais exclus du rang des Génies.

Segrais voulut un jour entrer dans le Sanctuaire en recitant ce Vers de Deſpréaux,

Que Ségrais dans l'Eglogue en charme les Forêts.

Mais point ſes Eglogues, quoique Boileau les ait vantées. Son Enéïde eſt écrite du ſtile de Chapelain. Il y a un Opéra de lui. C'eſt Rolland & Angélique ſous le titre de l'Amour guéri par le Tems. On voit ces Vers dans le Prologue.

Pour couronner leur tête
En cette Fête,
Allons dans nos Jardins,

Avec

Mais la Critique ayant lû, par malheur pour lui, quelques pages de fon Enéïde en Vers Français, le renvoya aſſez durement, & laiſſa venir à ſa place Me. *de la Fayette* (21), qui avoit mis ſous le nom de Segrais le Roman aimable de Zaïde, & celui de la Princeſſe de Cléves.

On ne pardonne pas à Péliſſon, d'avoir dit gravement tant de puérilitez dans ſon Hiſtoire de l'Académie Françaiſe, & d'avoir raporté comme des Bons-mots des Sottiſes bien groſſiéres (22). Le doux, mais foible Pavillon

Avec les Lys de Charlemagne
Aſſembler les Jaſmins
Qui parfument l'Eſpagne.

La Zaïde eſt un Roman purement écrit, & entre les mains de tout le monde; mais il n'eſt pas de lui.

(21) Voici ce que Mr. *Huet* Evêque d'Avranches, raporte, p. 204. de ſes Commentaires, Edition d'Amſterdam.

Me *de la Fayette* négligea ſi fort la gloire qu'elle méritoit, qu'elle laiſſa ſa Zaïde paroître ſous le nom de *Segrais*; & lorſque j'eus raporté cette Anecdote, quelques Amis de Segrais, qui ne ſçavoient pas la vérité, ſe plaignirent de ce trait, comme d'un outrage fait à ſa mémoire. Mais c'étoit un fait dont j'avois été long-tems témoin oculaire, & c'eſt ce que je ſuis en état de prouver, par pluſieurs Lettres de Me. de la Fayette, & par l'Original du Manuſcrit de Zaïde, dont elle m'envoyoit les feüilles à meſure qu'elle les compoſoit.

(22) Voici ce que Péliſſon raporte comme des Bons-

lon fait la cour humblement à Madame Deshouliéres. L'inégal Saint Evremont (23) n'oſe parler des Vers à perſonne. Balzac aſſomme de longues phraſes hyperboliques. Voiture (24) & Benſerade lui répondent par des pointes

Bons mots. Sur ce qu'on parloit de marier Voiture, fils d'un Marchand de Vin , à la fille d'un Pourvoyeur de chez le Roi.

  O que ce beau couple d'Amans
  Va goûter de contentemens !
  Que leurs délices feront grandes ,
 - Ils feront toûjours en Feſtin ;
  Car ſi la Prou fournit les viandes
  Voiture fournira le Vin !

Il ajoûte que Madame Desloges joüant au jeu des Proverbes dit à Voiture : celui-ci ne vaut rien , percez-nous-en d'un autre. Son Hiſtoire de l'Académie eſt remplie de pareilles minuties, écrites languiſſamment ; & ceux qui liſent ce Livre fans prévention , font bien étonnez de la réputation qu'il a eûë ; mais il y avoit alors quarante Perſonnes à le loüer.

(23) On ſçait à quel point Saint Evremont étoit mauvais Poëte. Ses Comédies font encore plus mauvaiſes. Cependant il avoit tant de réputation , qu'on lui offrit cinq cens Loüis pour imprimer ſa Comédie de *Sir Politick.*

(24) Voiture eſt celui de tous ces Illuſtres du tems paſſé qui eût le plus de gloire , & celui dont les Ouvrages le méritent le moins , ſi vous en exceptez quatre ou cinq petites Piéces de Vers , & peut-être autant de Lettres. Il paſſoit pour écrire des Lettres mieux que Pline , & ſes Lettres ne valent guére mieux que celles

pointes & des jeux de mots, dont ils rougiſſent eux-mêmes le moment d'après. Je cherchois le fameux Comte de Buſſy. Me. de Sévigné, qui eſt aimée de tous ceux qui habitent le Temple, me dit que ſon cher Couſin, homme de beaucoup d'eſprit, mais un peu trop vain, n'avoit jamais pû réüſſir à donner au Dieu du Goût toute la bonne opinion que le Comte de Buſſy avoit de Meſſire Roger de Rabutin.

 Buſſi qui s'eſtime & qui s'aime,
 Juſqu'au point d'en être ennuyeux,
 Eſt cenſuré dans ces beaux Lieux,
 Pour avoir d'un ton glorieux

Parlé

celles de le Pays & de Bourſaut. Voici quelques-uns de ſes traits : " Lorſque vous me déchirez le cœur, & que vous le mettez en mille piéces, il n'y en a pas une qui ne ſoit à vous, & un de vos ſouris confit mes plus améres douleurs. Le regret de ne vous plus voir me coûte, ſans mentir, plus de cent mille larmes. Sans mentir, je vous conſeille de vous faire Roi de Madére. Imaginez-vous le plaiſir d'avoir un Royaume tout de Sucre. A dire le vrai nous y vivrions avec beaucoup de douceur. "

 Il écrit à Chapelain : " Et nottez quand il me vient en la penſée, que c'eſt au plus judicieux Homme de notre Siécle, au Pere de la Lionne & de la Pucelle que j'écris, les cheveux me dreſſent ſi fort à la tête qu'il ſemble d'un Hériſſon. "

 Souvent rien n'eſt ſi plat que ſa Poëſie.

Nous

Parlé si souvent de lui-même (25).
Mais son Fils, son aimable Fils,
Dans le Temple est toûjours admis,
Lui qui sans flatter, sans médire,
Toûjours d'un aimable entretien,
Sans le croire parle aussi-bien
Que son pere croyoit écrire.
Je vis arriver en ce lieu
Le brillant Abbé de Chaulieu,
Qui chantoit en sortant de table.
Il osoit caresser le Dieu
D'un air familier, mais aimable.

                          Sa

Nous trouvâmes près Sercotte,
Cas étrange & vrai pourtant,
Des Bœufs qu'on voyoit broutant
Dessus le haut d'une Motte ;
Et plus bas quelques Cochons
Et bon nombre de Moutons.

Cependant Voiture a été admiré, parce qu'il est venu dans un tems où l'on commençoit a sortir de la Barbarie, & où l'on couroit après l'Esprit sans le connoître. Il est vrai que Despréaux l'a comparé à Horace; mais Despréaux étoit alors fort jeune. Il payoit volontiers ce tribut à la réputation de Voiture, pour attaquer celle de Chapelain, qui passoit alors pour le plus grand Génie de l'Europe.

(25) Il écrivit au Roi : Sire, un Homme comme moi qui a de la naissance, de l'esprit & du courage.... j'ai de la naissance, & l'on dit que j'ai de l'esprit pour faire estimer ce que je dis.

Sa vive imagination
Prodiguoit dans fa douce yvreffe
Des beautez fans correction (26),
Qui choquoient un peu la juſteſſe,
Mais refpiroient la paffion.

La Farre (27) avec plus de moleffe,
En baiffant fa Lyre d'un ton,

Chantoit

(26) L'Abbé de Chaulieu dans une Epître au Marquis de la Farre, connuë dans le Public fous le titre du Déiſte, dit:

J'ai vû de près le Styx, j'ai vû les Euménides,
Déja venoient fraper mes oreilles timides
Les affreux cris du Chien de l'Empire des Morts.

Le moment d'après; il fait le portrait d'un Confeffeur, & parle du Dieu d'Ifraël dans une autre Piéce fur la Divinité.

D'un Dieu, moteur de tout, j'adore l'exiftence.
Ainfi l'on doit paffer avec tranquilité
Les ans que nous départ l'aveugle Deftinée.

On trouve dans fes Poëfies beaucoup de contradictions pareilles. Il n'y a pas trois Piéces écrites avec une correction continuée; mais les beautez de fentiment & d'imagination qui y font répanduës en rachétent les défauts.

L'Abbé de Chaulieu mourut en 1720. âgé de près de quatre-vingt ans, avec beaucoup de courage d'efprit.

(27) Le Marquis de la Farre Auteur des Mémoires

qui

Chantoit auprès de fa Maîtreſſe
Quelques Vers ſans préciſion,
Que le plaiſir & la pareſſe
Dictoient à ce gros Céladon.
Auprès d'eux le vif Hamilton (28),
Toûjours armé d'un trait qui bleſſe
Médiſoit de l'Humaine Eſpéce
Et même d'un peu mieux, dit-on.

Le Dieu aimoit fort ces Meſſieurs & ſurtout la Farre, qui ne ſe picquoit de rien, & qui même avertiſſoit ſon ami Chaulieu, de ne ſe croire que le premier des Poëtes négligez, & non pas le premier des bons Poëtes, comme l'Abbé s'en flâtoit de bonne foi.

Ils faiſoient converſation avec quelques-uns des plus aimables Hommes de leur tems. Ces entretiens n'ont ni l'affectation de l'Hôtel de Ramboüillet (29), ni le tumulte qui régne parmi nos jeunes Etourdis.

On

qui portent ſon nom, & de quelques Piéces de Poëſie, qui reſpirent la douceur de ſes mœurs, étoit encore plus aimable homme qu'aimable Poëte. Il eſt mort en 1718. ſes Poëſies ſont imprimées à la ſuite des Oeuvres de l'Abbé de Chaulieu ſon intime ami, avec une Préface très-partiale & pleine de défauts. Il étoit d'une groſſeur remarquable.

(28) Le Comte Antoine Hamilton, né à Caën en Normandie, a fait des Vers pleins de feu & de legéreté. Il étoit fort ſatirique.

(29) Deſpréaux alla reciter ſes Ouvrages à l'Hôtel

B 6   de

On y fçait fuir également
Le Précieux, le Pédantifme,
L'Air empefé du Syllogifme,
Et l'air fou de l'Emportement.
C'eft-là qu'avec grace on allie
Le vrai Sçavoir à l'Enjouëment,
Et la Juftefse à la Saillie.
L'Efprit en cent façons fe plie :
On fçait lancer, rendre, efsuyer,
Des traits d'aimable raillerie ;
Le Bon Sens, de peur d'ennuyer,
Se déguife en Plaifanterie.

Là fe trouvoit Chapelle, ce Génie plus débauché que délicat, plus naturel que poli, facile dans les Vers, incorrect dans fon ftile, libre dans fes idées. Il parloit toûjours au Dieu du Goût, fur les mêmes rimes. On dit que ce Dieu lui répondit un jour :

Réglez mieux votre paffion
Pour ces fyllabes enfilées,
Qui chez Richelet étalées,
Bien fouvent fans invention,
Difent avec profufion
Des riens en rimes redoublées.

Parmi ces gens d'efprit, nous trouvâmes
quelques

de Ramboüillet; il y trouva Chapelain, Cotin & quelques gens de pareil goût, qui le reçûrent fort mal.

quelques Jéfuites. Un Janféniste dira que les Jéfuites fe fourrent par-tout ; mais le Dieu du Goût reçoit auffi leurs Ennemis, & il eft affez plaifant de voir dans ce Temple, Bourdaloue qui s'entretient avec Pafcal fur le grand Art de joindre l'Eloquence au Raifonnement. Le P. Bouhours eft derriére eux, marquant fur des Tablettes toutes les fautes de langage, & toutes les négligences qui leurs échapent.

Le Cardinal ne pût s'empêcher de dire au Pere Bouhours :

Quittez d'un Cenfeur pointilleux
La pédantefque diligence,
Aimons jufqu'aux défauts heureux
De leur mâle & libre Eloquence.
J'aime mieux errer avec eux,
Que d'aller, Cenfeur fcrupuleux,
Pefer des mots dans ma balance.

Cela fut dit avec beaucoup plus de politeffe que je ne le raporte ; mais nous autres Poëtes, nous fommes fouvent très-impolis, pour la commodité de la rime.

Je ne m'arrêtai pas dans ce Temple à voir les feuls Beaux Efprits.

Vers enchanteurs, exacte Profe,
Je ne me borne point à vous ;
N'avoir qu'un goût eft peu de chofe,
Beaux Arts, je vous invoque tous.

Mufique,

Musique, Danse, Architecture,
Art de graver, docte Peinture,
Que vous m'inspirez de desirs !
Beaux Arts, vous êtes des plaisirs,
Il n'en est point qu'on doive exclure.

Je vis les Muses presenter tour à tour sur l'Autel du Dieu, des Livres, des Desseins, & des Plans de toute espéce. On voit sur cet Autel, le Plan de cette belle façade du Louvre, dont on n'est point redevable au Cavalier Bernin qu'on fit venir inutilement en France avec tant de frais, & qui fut construite par Pérault & par Loüis le Vau, grands Artistes trop peu connus. Là est le Dessein de la Porte Saint Denis, dont la plûpart des Parisiens, ne connoissent pas plus la beauté, que le nom de François Blondel, qui acheva ce Monument. Cette admirable Fontaine (30) qu'on remarque si peu, & qui est ornée des précieuses sculptures de Jean Gourgeon. Le Portail de Saint Gervais, Chef-d'œuvre d'Architecture, à qui il manque une Eglise, une place, & des admirateurs ; & qui dévroit immortaliser le nom de Desbrosses, encore plus que le Palais Luxembourg qu'il a aussi bâti. Tous ces beaux Monumens négligez par nous, attirent souvent les regards du Dieu.

On

(30) La Fontaine Saint Innocent.

On nous fit voir enfuite la Bibliothéque de
ce Palais enchanté. Elle n'étoit pas ample.
On croira bien que nous n'y trouvâmes pas

L'amas curieux & bizarre
De vieux Manufcrits vermoulus,
Et la fuite inutile & rare
D'Ecrivains qu'on n'a jamais lus.
Mais les Mufes ont elles-mêmes
En leur rang placé ces Auteurs,
Qu'on lit, qu'on eftime & qu'on aime,
Et dont la fageffe fuprême
N'a ni trop, ni trop peu de fleurs.

Prefque tous les Livres y font corrigez, & retranchez de la main des Mufes. On y voit, entr'autres l'Ouvrage de Rabelais, réduit tout au plus à un demi quart.

Marot, qui n'a qu'un ftile, & qui chante du même ton les Pfeaumes de David & les Merveilles d'Alix, n'a plus que fept ou huit feüillets. Voiture & Sarrazin, n'ont pas à eux deux plus de 60 pages.

Tout l'efprit de Bayle fe trouve dans un feul Tome, de fon propre aveu; car ce judicieux Philofophe, en Juge éclairé de tant d'Auteurs & de tant de Sectes, difoit fouvent qu'il n'auroit pas compofé plus d'un *in folio*, s'il n'avoit écrit que pour lui, & non pour des Libraires.

Enfin l'on nous fit paffer dans l'intérieur du Sanctuaire. Là les Myftéres du Dieu furent dévoilez.

dévoilez. Là je vis, ce qui doit servir d'exemple à la postérité. Un petit nombre de véritablement grands Hommes, y faisoient ce qu'ils n'avoient point fait dans leur vie ; ils voyoient & corrigeoient leurs fautes.

L'Aimable Auteur du Télémaque retranchoit des répétitions & des détails inutiles dans son Roman Moral, & rayoit le Titre de Poëme Epique, que quelques Zèlez indiscrets lui donnent ; car il avouë sincérement qu'il n'y a point de Poëme en Prose.

Et l'éloquent Bossuet vouloit bien rayer quelques familiaritez échapées à son génie vaste, impétueux & facile, lesquelles déparent un peu la sublimité de ses Oraisons Funèbres ; & il est à remarquer qu'il ne garantit point tout ce qu'il a dit de la prétenduë sagesse des anciens Egyptiens.

 Ce grand & sublime Corneille,
 Qui plut bien moins à notre oreille
 Qu'à notre esprit qu'il étonna :
 Ce Corneille qui crayonna (31)
 L'ame d'Auguste, de Cinna,
 De Pompée & de Cornélie :
 Jettoit au feu sa Pulchérie
 Agésilas & Suréna ;

Et

(31) Terme dont Corneille se sert dans une de ses Epîtres.

Et sacrifioit, sans foiblesse,
Tous ces Enfans infortunez,
Fruits languissans de sa vieillesse,
Trop indignes de leurs Aînez.

   Plus pur, plus élégant, plus tendre,
Et parlant au cœur de plus près,
Nous attachant sans nous surprendre,
Et ne se démentant jamais,
Racine observe les Portraits
De Bajazet, de Xipharès,
De Britannicus, d'Hippolite :
A peine il distingue leurs traits,
Ils ont tous le même mérite :
Tendres, galants, doux & discrets,
L'Amour qui marche à leur suite
Les croit des Courtisans Français.
Toi, Favori de la Nature,
Toi, la Fontaine, Auteur charmant,
Qui bravant & rime & mesure,
Si négligé dans ta parure,
N'en avoit que plus d'agrément :
Sur tes Ecrits inimitables,
Dis-nous quel est ton sentiment ;
Eclaire notre jugement
Sur tes Contes, & sur tes Fables.

La Fontaine qui avoit conservé la naïveté de son caractére, & qui, dans le Temple du Goût, joignoit un sentiment éclairé à cet heureux & singulier instinct qui l'inspiroit pendant sa vie, retranchoit quelques-unes de ses Fables; mais en très-petite quantité. Il accourcissoit presque tous ses Contes, & déchiroit les trois quarts d'un gros Recueïl d'œuvres posthumes, imprimé par ces Editeurs qui vivent des sottises des Morts.

Là régnoit Despréaux, leur Maître en l'Art d'écrire,
Lui qu'arma la Raison des traits de la Satire;
Qui, donnant le Précepte & l'exemple à la fois,
Etablit d'Apollon les rigoureuses Loix.
Il revoit ses Enfans avec un œil sévére,
De la triste *Equivoque*, il rougit d'être Pere,
Et rit des traits manquez du pinceau foible & dur
Dont il défigura le Vainqueur de Namur.
Lui-même il les efface, & semble encore nous dire,
Ou sçachez-vous connoître, ou gardez-vous d'écrire.

Despréaux par un ordre exprès du Dieu du Goût, se réconcilioit avec Quinault, qui est le Poëte des Graces, comme Despréaux est le Poëte de la Raison;

Mais le sévére Satirique
Embrassoit encor en grondant
Cet aimable & tendre Lyrique,
Qui lui pardonnoit en riant.

Je ne me réconcilie point avec vous, difoit Defpréaux, que vous ne conveniez qu'il y a bien des fadeurs dans ces Opéra fi agréables. Cela peut bien être, dit Quinault; mais avoüez auffi, que vous n'euffiez jamais fait Atys, ni Armide.

Dans vos fcrupuleufes beautez
Soyez vrai, précis, raifonnable,
Que vos Ecrits foient refpectez;
Mais permettez-moi d'être aimable.

Après avoir falué Defpréaux & embraffé tendrement Quinault, je vis l'inimitable Moliére & j'ofai lui dire :

L'élégant, mais le froid Térence,
Fut le premier des Traducteurs;
Tu fus le Peintre de nos Mœurs,
De l'Univers & de la France.
Nos Bourgeois à fots préjugez,
Nos petits Marquis rengorgez,
Nos Robins toûjours arrangez,
Chez toi venoient fe reconnoître;
Et tu les aurois corrigez
Si l'Efprit humain pouvoit l'être.

Ah! difoit-il, pourquoi ai-je été forcé d'écrire quelquefois pour le Peuple! Que n'ai-je, toûjours été le maître de mon tems! J'aurois
trouvé

trouvé des Dénouëmens plus heureux, &
j'aurois moins abaissé mon génie au bas Comique.

C'est ainsi que tous ces Maîtres de l'Art
montroient leur supériorité, en avoüant ces
erreurs ausquelles l'humanité est soumise, &
dont nul grand Homme n'est exempt.

Je connus alors que le Dieu du Goût, est
très-difficile à satisfaire ; mais qu'il n'aime
point à demi. Je vis que les Ouvrages qu'il
critique le plus en détail, sont ceux qui en tout
lui plaisent davantage.

    Nul Auteur avec lui n'a tort,
    Quand il a trouvé l'Art de plaire :
    Il le critique sans colére,
    Il aplaudit avec transport.
    Melpomène étalant ses charmes
    Vient lui presenter ses Héros,
    Et c'est en répandant des larmes
    Que ce Dieu connoît leurs défauts,
    Malheureux qui toûjours raisonne,
    Et qui ne s'attendrit jamais !
    Dieu du Goût, ton divin Palais
    Est un séjour qu'il abandonne.

Quand mes conducteurs s'en retournérent
le Dieu leur parla, à peu près, dans ce sens;
car il ne m'est pas donné de dire ses propres
mots.

                       Adieu,

Adieu, mes plus chers Favoris.
Comblez des faveurs du Parnaſſe.
Ne ſouffrez pas que dans Paris
Mon Rival uſurpe ma place.

Il ſçait qu'à vos yeux éclairez
Le Faux-Goût tremble de paroître,
Si jamais vous le rencontrez
Il eſt aiſé de le connoître.

Toûjours accablé d'ornemens,
Compoſant ſa voix, ſon viſage,
Affecté dans ſes agrémens,
Et précieux dans ſon langage.

Il prend mon Nom, mon Etendart,
Mais on voit aſſez l'impoſture;
Car il n'eſt que le Fils de l'Art,
Moi, je le ſuis de la Nature.

ODE

ODE
SUR LA
SUPERSTITION.

Charmante & sublime Emilie,
Amante de la Vérité,
Ta solide Philosophie
T'a prouvé la Divinité.
Tu connois cet Etre Suprême,
Dans ton Cœur est sa bonté même,
Dans ton Esprit est sa grandeur ;
Tu parois son plus bel Ouvrage,
Et tu lui rends un digne hommage,
Exempt de foiblesse & d'erreur.

Mais si les traits de l'Athéïsme
Sont repoussez par ta Raison,
De la Coupe du Fanatisme
Ta main renverse le poison.

LA SUPERSTITION.

Tu fers la Juftice éternelle,
Sans l'âcreté de ce faux zèle
De tant de Dévots malfaifans ;
Tel qu'un Sujet fincére & jufte,
Sçait aprocher d'un Trône augufte,
Sans les vices des Courtifans.

Ce Fanatifme facrilége,
Eft forti du foin des Autels :
Il les profane, il les affiége,
Il en écarte les Mortels.
O Religion bienfaifante !
Ce farouche Ennemi fe vante
D'être né dans ton chafte flanc ;
Mere tendre, mere adorable,
Croira-t'on qu'un Fils fi coupable
Ait été formé de ton fang ?

On a vu du moins des Athées
Sociables dans leurs erreurs ;
Leurs opinions infectées
N'avoient point corrompu leurs mœurs ;

Spinofa

Spinofa fut doux, fimple, aimable,
Le Dieu que fon efprit coupable
Avoit follement combattu,
Prenant pitié de fa foibleffe,
Lui laiffa l'humaine Sageffe,
Et les ombres de la Vertu.

Je fentirois quelque indulgence,
Pour un aveugle Audacieux,
Qui nieroit l'utile exiftence
De l'Aftre qui brille à mes yeux.
Ignorer ton Etre Suprême,
Grand Dieu ! c'eft un moindre blafphême,
Et moins digne de ton courroux,
Que te croire impitoyable,
De nos malheurs infatiable,
Jaloux, injufte, comme nous.

Lorfqu'un Dévot attrabilaire,
Nourri de fuperftition
A par cette affreufe chimére
Corrompu fa Religion,
Son Ame alors eft endurcie,

LA SUPERSTITION.

Sa raison s'enfuit obscurcie,
Rien n'a plus sur lui de pouvoir
Sa Justice est folle & cruelle,
Il est dénaturé par zèle,
Et sacrilége par devoir.

※

Ce Sénat proscrit dans la France,
Cette infâme Inquisition,
Ce Tribunal où l'ignorance
Traîna si souvent la Raison;
Cette troupe folle, inhumaine,
Qui tient le Bon-Sens à la gêne,
Et l'innocence dans les fers,
Par son zèle absurde aveuglée,
Osa condamner Galilée,
Pour avoir connu l'Univers.

※

Ecoutez ce signal terrible,
Qu'on vient de donner dans Paris;
Regardez ce carnage horrible,
Entendez ces lugubres cris.
Le frere est teint du sang du frere,
Le fils assassine son pere,

La femme égorge son époux,
Leurs bras sont armez par les Prêtres,
O Ciel ! sont-ce-là les Ancêtres
De ce Peuple leger & doux ?

Janfénistes & Molinistes,
Vous qui combattez aujourd'hui,
Avec les raisons de Sophistes,
Leurs traits, leur bile & leur ennui,
Tremblez qu'enfin votre querelle,
Dans vos murs un jour ne rapelle
Ces tems de vertige & d'horreur ;
Craignez ce zèle qui vous presse,
On ne sent pas dans son yvresse
Jusqu'où peut aller sa fureur.

Enfans ingrats d'un même pere,
Si vous prétendez le servir,
Si vous aspirez à lui plaire,
Est-ce à force de vous haïr ?
Est-ce en déchirant l'héritage,
Qu'un Pere si tendre & si sage,
Du haut des Cieux nous a transmis ?

L'amour

L'amour étoit votre partage,
Cruels auriez-vous plus de rage,
Si vous étiez nez ennemis ?

※

Malheureux, voulez-vous entendre
La Loi de la Religion ?
Dans Marseille il falloit l'aprendre,
Au Sein de la contagion ;
Lorsque la tombe étoit ouverte,
Lorsque la Provence couverte
Par les semences du trépas,
Pleurant ses Villes desolées,
Et ses Campagnes dépeuplées,
Fit trembler tant d'autres Etats.

※

Belzuns, ce Pasteur vénérable,
Sauvoit son Peuple périssant,
Langeron, Guerrière secourable,
Bravoit un trépas renaissant,
Tandis que vos lâches Cabales,
Dans la molesse & les scandales,
Occupoient votre oisiveté,
Par la dispute ridicule

Et fur Quênel & fur la Bulle,
Qu'oubliera la Poſtérité.

Dans votre pédanteſque audace,
Digne de votre Faux Sçavoir;
Vous argumentez fur la Grace,
Et vous êtes loin de l'avoir.
Un ignorant, qui de ſon frere
Soulage en ſecret la miſére,
Qui fuit la Cour & les Flatteurs,
Doux, Clément, ſans être timide,
Voilà mon Apôtre & mon Guide,
Les autres ſont des Impoſteurs.

ODE
SUR
LA PAIX.

1.

LEtna renferme le tonnerre
Dans fes épouvantables flancs ;
Il vomit le feu fur la Terre,
Il devore fes habitans.
Ah ! fuyez, Nimphes gémiffantes,
Ces Campagnes toûjours brûlantes,
Ces abîmes toûjours ouverts,
Ces torrens de flâme & de fouffre,
Echapez du fein de ce Goufre,
Qui touche aux voutes des Enfers.

2.

Plus terrible dans fes ravages,
Plus fier dans fes débordemens,

Le Pô renverfe fes rivages,
Cachez fous fes flots écumans :
Avec lui marchent la ruïne,
L'effroi, la douleur, la famine,
La mort, les defolations ;
Et vers les fanges de Ferrare,
Il entraîne à la Mer avare
Les dépoüilles des Nations.

3.

Mais ces débordemens de l'Onde,
Et ces combats des Elémens,
Et ces fecouffes, qui du Monde
Ont ébranlé les fondemens,
Fleaux que le Ciel en colére,
Sur ce malheureux Hémifphére
A fait éclater tant de fois,
Sont moins affreux, font moins finiftres,
Que l'Ambition des Miniftres,
Et que les Difcordes des Rois.

4.

Que de Nations fortunées
Repofoient au Sein des Beaux-Arts,
Avant qu'au haut des Pyrenées

Tonnât

LA PAIX.

Tonnât la trompette de Mars!
Des Jeux la troupe enchantereſſe,
Les Plaiſis, les Chants d'allegreſſe,
Régnoient dans nos brillans Palais,
Tandis que les Flutes champêtres,
Mollement à l'ombre des Hêtres,
Vantoient les charmes de la Paix.

5.

Paix aimable, éternel partage
Des heureux habitans des Cieux,
Vous étiez l'unique avantage
Qui pouviez nous aprocher d'eux!
Le Tigre acharné ſur ſa proye,
Sent d'une impitoyable joïe
Son ame horrible s'enflammer;
Notre cœur n'eſt point né ſauvage,
Grand Dieu! ſi l'Homme eſt votre image,
C'eſt qu'il étoit fait pour aimer.

6.

De l'Inde, aux bornes de la France,
Le Soleil en ſon vaſte tour,
Ne voit qu'une Famille immenſe
Que devoit gouverner l'Amour.

Mortels, vous êtes tous des Freres,
Jettez ces armes mercenaires ;
Que cherchez-vous dans les combats ?
Quels biens pourfuit votre imprudence ?
En aurez-vous la joüiſſance
Dans l'horrible nuit du trépas ?

7.

O ſuperbe, ô triſte Italie,
Que tu plains ta fécondité !
Sous les débris enſévelie,
Que tu déplore ta beauté !
Je vois tes moiſſons devorées
Par les Nations conjurées,
Qui te flattoient de te vanger ;
Foible, deſolée, expirante,
Tu combats d'une main tremblante,
Pour le choix d'un Maître étranger.

8.

Que toûjours armez pour la Guerre,
Nos Rois ſoient les Dieux de la Paix,
Que leurs mains portent le tonnerre,
Sans ſe plaire à lancer ſes traits !
Nous chériſſons un Berger ſage,

LA PAIX.

Qui dans un heureux pâturage
Unit les Troupeaux fous fes loix;
Malheur au Pafteur fanguinaire,
Qui les expofe en téméraire
A la dent des Tyrans des Bois!

9.

Eh, que m'importe la Victoire
D'un Roi qui me perce le flanc,
D'un Roi dont j'achete la gloire
De ma fortune ou de mon fang?
Quoi! dans l'horreur de l'indigence,
Dans les langueurs, dans la fouffrance,
Mes jours feront-ils plus ferains,
Quand on m'áprendra que nos Princes,
Aux Frontiéres de nos Provinces,
Nagent dans le fang des Germains?

10.

Colbert, toi qui dans ta Patrie,
Amenas les Arts & les Jeux,
Colbert, ton heureufe induftrie
Sera plus chére à nos neveux,
Que la vigilance infléxible
De Louvois, dont la main terrible

Embrafoit

Embrasoit le Palatinat ;
Et qui sous la Mer irritée,
De la Hollande épouvantée
Vouloit anéantir l'Etat.

II.

Que Loüis, jusqu'au dernier âge,
Soit honoré du nom de GRAND ;
Mais que ce nom s'accorde au Sage,
Qu'on le refuse au Conquérant.
C'est dans la Paix que je l'admire,
C'est dans la Paix que son Empire,
Fleurissoit sous ses justes loix,
Quand son Peuple aimable & fidèle
Fut des Peuples l'heureux modèle,
Et lui le modèle des Rois.

EPITRE

A

L'ABBÉ DE CHAULIEU.

De Sulli, le 15. Juillet 1716.

A Vous, l'Anacréon du Temple,
A vous, le Sage si vanté,
Qui nous prêchez la volupté
Par vos vers & par votre exemple ;
Vous, dont le Chant délicieux,
Quand la goutte au lit vous condamne,
Rend des sons aussi gracieux,
Que quand vous chantez la Torane,
Assis à la table des Dieux.

C'est ici que Chapelle a demeuré deux ans de suite. Je voudrois bien qu'il eût laissé dans ce Château un peu de son génie : cela accommoderoit fort ceux qui veulent vous écrire ; mais comme on prétend qu'il vous l'a laissé tout entier, j'ai été obligé d'avoir recours à la Magie dont vous m'avez tant parlé.

Et dans une Tour aſſez ſombre
Du Château qu'habita jadis
Le plus leger des Beaux-Eſprits,
Un beau ſoir j'évoquai ſon Ombre.
Aux Déïtez des ſombres Lieux
Je ne fis point de ſacrifice,
Comme ces Fripons qui des Dieux
Chantoient autrefois le Service;
Ou la Sorciére Pythoniſſe,
Dont la grimace & l'artifice
Avoient fait dreſſer les cheveux
A ce ſot Prince des Hébreux,
Qui crut bonnement que le Diable,
D'un certain grand-Prêtre ennuyeux
Lui montroit le Spectre effroyable.
Il n'y faut point tant de façon
Pour une Ombre aimable & legére;
C'eſt bien aſſez d'une Chanſon,
Et c'eſt tout ce que je puis faire.
Je dis à peu près ſur ce ton:
Eh, de grace, Monſieur Chapelle,
Quittez le Manoir de Pluton,
Pour cet enfant qui vous apelle.
Mais non, ſur la voute éternelle
Les Dieux vous ont reçû, dit-on,

Et

Et vous ont mis entre Apollon
Et le Fils jouflu de Semèle ;
Du Haut de ce divin Canton
Defcendez, aimable Chapelle.

Cette familiére Oraifon
Dans la demeure fortunée
Reçut quelque aprobation ;
Car enfin, quoique mal tournée,
Elle étoit faite en votre nom.
Chapelle vint. A fon aproche
Je fentis un refpect foudain ;
Car il avoit fa Lyre en main,
Et fon Lucrèce dans fa poche.
Il s'apuyoit fur Bachaumon,
Qui lui fervit de Compagnon
Dans le recit de ce Voyage,
Qui du plus charmant badinage,
Fut la plus charmante leçon.

Je lui demandai comme il s'y prenoit autrefois dans le Monde,

Pour chanter toûjours fur la Lyre,
Ces Vers aifés, ces Vers coulans,
De la Nature heureux Enfans,
Où l'Art ne trouve rien à dire.

L'Amour

EPIT. A L'ABBÉ DE CHAULIEU.

L'Amour, me dit-il, & le Vin
Autrefois me firent connoître
Les graces de cet Art divin;
Puis à Chaulieu l'Epicurien
Je servis quelque tems de Maître,
Il faut que Chaulieu soit le tien.

EPITRE

A Mʳ LE DUC

DE SULLI.

A Paris le 18. Août 1720.

J'Irai chez vous, Duc adorable,
Vous, dont le goût, la vérité,
L'esprit, la candeur, la bonté,
Et la douceur inaltérable,
Font respecter la volupté,
Et rendent la sagesse aimable.
Que dans votre charmant séjour,
Je me fais un plaisir extrême
De parler sur la fin du jour
De vers, de musique, d'amour,
Et pas un seul mot du Systême (*).
Peut-être les larmes aux yeux
Je vous aprendrai pour nouvelle,

(*) Le Systême de Mr. Law qui boulversa la France en 1720.

Le trépas de ce vieux gouteux,
Qu'anima l'esprit de Chapelle;
L'éternel Abbé de Chaulieu
Paroîtra bien-tôt devant Dieu,
Et fi d'une Mufe féconde,
Les Vers aimables & polis
Sauvent une Ame en l'autre Monde,
Il ira droit en Paradis.
L'autre jour à fon agonie,
Son Curé vint, de grand matin,
Lui donner en cérémonie,
Avec fon huile & fon Latin,
Un paffeport pour l'autre vie.
Il vit tous fes péchés lavés
D'un petit mot de pénitence,
Et reçut ce que vous fçavez,
Avec beaucoup de bienféance.
Il fit même un très-beau Sermon
Qui fatisfit tout l'Auditoire;
Tout haut il demanda pardon
D'avoir eu trop de vaine gloire.
C'étoit-là, dit-il, le péché,
Dont il fut le plus entiché;
Car on fçait qu'il étoit Poëte,
Et que fur ce point tout Auteur,

Ainfi

Ainſi que tout Prédicateur,
N'a jamais eu l'ame bien nette.
Il ſera pourtant regretté,
Comme s'il eut été modeſte.
Sa perte au Parnaſſe eſt funeſte,
Preſque ſeul il étoit reſté,
D'un Siécle plein de politeſſe.
Hélas ! aujourd'hui la Jeuneſſe
A fait à la délicateſſe
Succéder la groſſiéreté,
La débauche à la volupté,
Et la vaine & lâche pareſſe.
A cette ſage oiſiveté,
Que l'étude occupoit ſans ceſſe.
Pour notre petit Genonville,
Si digne du Siécle paſſé
Et des Faiſeurs de Vaudeville,
Il me paroît très-empreſſé
D'abandonner pour vous la Ville :
Le Syſtême n'a point gâté
Son eſprit aimable & facile ;
Il a toûjours le même ſtile,
Et toûjours la même gaîté.
Je ſçai que par déloyauté
Le fripon n'aguére a tâté

De la Maîtresse tant jolie
Dont j'étois si fort entêté.
Un autre eût pu s'en courroucer;
Mais je sçai qu'il faut se passer
Des bagatelles dans la vie.

EPITRE
A MONSIEUR
DE GENONVILLE.

NE me soupçonne point de cette vanité,
Qu'a notre ami Chaulieu de parler de lui-même,
Et laisse-moi joüir de la douceur extrême
 De t'ouvrir avec liberté
 Un cœur qui te plaît & qui t'aime.
 De ma muse en mes premiers ans
Tu vis les tendres fruits imprudemment (*) éclore,
Tu vis la calomnie avec ses noirs Serpens,
 Des plus beaux jours de mon Printems
 Obscurcir la naissante Aurore.
D'une injuste prison (†) je subis la rigueur,
Mais

(*) Mr. de la Faluère de Genonville étoit l'ami intime de Mr. de Voltaire ; ils avoient été élevez ensemble.

(†) L'Auteur avoit été mis à la Bastille à l'âge de dix-neuf ans sur le faux raport d'un espion.

EPITRE

    Mais au moins de mon malheur
    Je fçus tirer quelque avantage ;
J'apris à m'endurcir contre l'adverfité,
    Et je me vis un courage
Que je n'attendois pas de la legéreté
    Et des erreurs de mon jeune âge.
Dieux ! que n'ai-je eu depuis la même fermeté !
    Mais à de moindres allarmes
    Mon cœur n'a point réfifté.
Tu fçais combien l'Amour m'a fait verfer de larmes.
    Fripon, tu le fçais trop bien,
    Toi dont l'amoureufe adreffe
    M'ôta mon unique bien ;
    Toi dont la délicateffe,
    Par un fentiment fort humain,
    Aima mieux ravir ma Maîtreffe,
    Que de la tenir de ma main.

Mais je t'aimai toûjours, tout ingrat & vaurien,
Je te pardonnai tout avec un cœur Chrétien,
Et ma facilité fit grace à ta foibleffe.
Hélas ! pourquoi parler encor de mes amours ?
Quelquefois ils ont fait le charme de ma vie,
    Aujourd'hui la maladie
En éteint le flambeau peut-être pour toûjours.

A Mr DE GENONVILLE.

De mes ans paſſagers la trame eſt racourcie,
Mes organes laſſés ſont morts pour les plaiſirs;
Mon cœur eſt étonné de ſe voir ſans deſirs.
   Dans cet état il ne me reſte
Qu'un aſſemblage vain de ſentimens confus,
Un Preſent douloureux, un Avenir funeſte,
Et l'affreux ſouvenir d'un bonheur qui n'eſt plus.
Pour comble de malheur je ſens de ma penſée
   Se déranger les reſſorts:
Mon eſprit m'abandonne; & mon ame éclipſée
Perd en moi de ſon être, & meurt avant mon corps.
Eſt-ce-là ce rayon de l'eſſence ſuprême
   Qu'on nous peint ſi lumineux?
Eſt-ce-là cet Eſprit ſurvivant à nous-même?
Il naît avec nos Sens, croît, s'affoiblit comme eux.
   Hélas! périroit-il de même?

EPITRE

EPITRE
A MONSIEUR
LE MARÉCHAL
DE VILLARS.

JE me flattois de l'espérance
D'aller goûter quelque repos
Dans votre Maison de plaisance ;
Mais Vinache a ma confiance,
Et j'ai donné la préférence,
Sur le plus grand de nos Héros,
Au plus grand Charlatan de France.
Ce discours vous déplaira fort,
Et je confesse que j'ai tort
De parler du soin de ma vie
A celui qui n'eut d'autre envie
Que de chercher par-tout la mort.
Mais souffrez que je vous réponde,
Sans m'attirer votre courroux,
Que j'ai plus de raison que vous
De vouloir rester dans ce Monde.
Car si quelque coup de Canon

Dans

A Mr DE VILLARS.

Dans vos beaux jours brillans de gloire
Vous eût envoyé chez Pluton,
Voyez la confolation
Que vous auriez dans la nuit noire,
Lorfque vous fçauriez la façon
Dont vous auroit traité l'Hiftoire.

  Paris vous eût premiérement
Fait un fervice fort célèbre,
En prefence du Parlement,
Et quelque Prélat ignorant
Auroit prononcé hardiment
Une longue Oraifon funèbre
Qu'il n'eût pas faite affurément;
Puis en vertueux Capitaine
On vous auroit proprement mis
Dans l'Eglife de St Denis
Entre du Guefclin, & Turenne.
Mais fi quelque jour, moi chétif,
Je paffois fur le noir Efquif,
Je n'aurois qu'une vile Biére ;
Deux Prêtres s'en iroient gaïment
Porter ma figure legére
Et la loger mefquinement
Dans un recoin de Cimetiére.
Mes Niéces au lieu de priére,
Et mon Janféniste de Frere,
Riroient à mon enterrement,
Et j'aurois l'honneur feulement
Que quelque Mufe médifante

                      M'affu-

M'affubleroit pour monument
D'une Epitaphe impertinente.

Vous voyez donc très-clairement
Qu'il eſt bon que je me conſerve,
Pour être encor témoin long-tems
De tous les exploits éclatans
Que le Seigneur Dieu vous réſerve.

A
MADLLE ***.

TU commence par me loüer,
Tu veux finir par me connaître,
Tu me loüeras bien moins ; mais il faut
t'avoüer,
Ce que je suis, ce que je voudrois être.
J'aurai vu dans trois ans (*) passer quarante Hy-
vers,
Apollon présidoit au jour qui m'a vu naître,
Au sortir du Berceau j'ai bégayé des Vers :
Bien-tôt ce Dieu puissant m'ouvrit son Sanctuaire,
Mon cœur vaincu par lui se rangea sous sa Loi,
D'autres ont fait des Vers par le desir d'en faire,
Je fus Poëte malgré moi.

Tous les goûts à la fois sont entrez dans mon ame,
Tout Art a mon hommage, & tout plaisir m'enflâme,

La

(*) Ecrit en 1730.

La Peinture me charme; on me voit quelquefois
Au Palais de Philippe, ou dans celui des Rois,
Sous les efforts de l'Art admirer la Nature,
Du brillant Cagliari (*) saisir l'esprit divin,
Et devorer des yeux la touche noble & sûre
   De Raphaël & du Poussin.

De ces apartemens qu'anime la Peinture
Sur les pas du plaisir je vole à l'Opéra,
  J'aplaudis tout ce qui me touche;
  La fertilité de Campra (†),
La gayeté de Mouret, les graces de Destouches,
Pélissier par son art, le More par sa voix (‖),
L'agile Camargo, Sallé l'enchanteresse,
Cette austére Sallé faite pour la tendresse,
Tour à tour ont mes vœux, & suspendent mon choix.

Quelquefois embrassant la science hardie,
  Que la curiosité
       Honora,

(*) Paul Véronèse.
(†) Fameux Musicien.
(‖) Actrices.

A MAD^{LLE} ***.

    Honora, par vanité,
    Du nom de Philofophie.
Je cours après Newton dans l'abîme des Cieux.
Je veux voir fi des nuits la Courriére inégale
Par le pouvoir changeant d'une force centrale,
En gravitant vers nous s'aproche de nos yeux,
Et péfe d'autant plus, qu'elle eft près de ces lieux
    Dans les limites d'un ovale.
J'en entends raifonner les plus profonds Efprits,
Maupertuis & Mairan, calculante Cabale,
Je les vois qui des Cieux franchiffent l'intervale,
Et je vois quelquefois que j'ai très-peu compris.

⁕

De ces obfcuritez je paffe à la Morale:
Je lis au cœur de l'Homme & fouvent j'en rougis:
J'examine avec foin les informes Ecrits,
Les Monumens épars & le ftile énergique
De ce fameux Pafcal, ce dévot Satirique:
Je vois ce rare Efprit trop prompt à s'enflâmer,
    Je combats fes rigueurs extrêmes;
Il enfeigne aux humains à fe haïr eux-mêmes,
Je voudrois malgré lui leur aprendre à s'aimer.
Ainfi mes jours égaux que les Mufes rempliffent,
Sans foins, fans paffions, fans préjugez fâcheux,
                Commencent

Commencent avec joye & vivement finiſſent
  Par des soupers délicieux.
L'amour dans mes plaiſirs ne mêle plus ſes peines;
  Adieu Philis, adieu Climénes.
J'ai quitté prudemment ce Dieu qui m'a quitté,
J'ai paſſé l'heureux tems fait pour la volupté.
Eſt-il donc vrai grands Dieux ? ne faut-il plus que j'aime,
La foule des Beaux Arts qui viennent tour à tour
  Remplir le vuide de moi-même,
N'eſt point encore aſſez pour remplacer l'amour.

LETTRE

A MADAME

LA COMTESSE

DE FONTAINE-MARTEL.

O Très-singuliére Martel,
J'ai pour vous estime profonde,
C'est dans votre petit Hôtel,
C'est sur vos bontez que je fonde
Mon plaisir, le seul bien réel,
Qu'un honnête homme ait en ce Monde.
Il est vrai qu'un peu je vous gronde,
Et que vous l'avez mérité,
Mais je vous trouve en vérité
Femme à peu de femmes seconde ;
Car sous vos cornettes de nuit,
Sans préjugez & sans foiblesse,
Vous logez esprit qui séduit,

Et qui tient fort à la Sagesse.
Or votre Sagesse n'est pas
Cette pointilleuse harpie,
Qui raisonne sur tous les cas,
Et qui suivante de l'Envie,
Ouvrant un gosier édenté,
Contre la douce volupté,
Toûjours prêche, argumente & crie;
Mais celle qui si doucement,
Sans effort & sans industrie,
Se bornant toute au sentiment,
Sçait jusques au dernier moment
Répandre un charme sur sa vie.
Voyez-vous pas de tous côtez
Force décrépites Beautez,
Pleurans de n'être plus aimables,
Dans leurs besoins de passion
S'affoler de dévotion,
Et rechercher l'ambition
D'être bégueules respectables ?
Bien loin de cette sotte erreur
Vous avez pour toutes Vigiles
Des Soupers longs, gais & tranquiles ;
Des Vers aimables & faciles,
Au lieu des fratras inutiles.

De Grenade & de le Tourneur,
Voltaire au lieu d'un Directeur ;
Et pour mieux chaſſer toute angoiſſe,
Au Curé préférant Campra ;
Vous avez loge à l'Opéra,
Au lieu de Banc dans la Paroiſſe.
Et ce qui rend mon fort plus doux,
C'eſt que ma Maîtreſſe chez vous
La Liberté ſe voit logée,
Cette Liberté mitigée,
A l'œil ouvert, au front ſérain,
A la démarche dégagée,
N'étant ni Prude ni Catin,
Décente, & jamais arrangée,
Souriant d'un ſouris humain
A ces paroles chatoüilleuſes,
Qui font baiſſer un œil malin
A mes Dames les précieuſes.
Chez vous habite la gaïeté,
Cette ſœur de la liberté,
Jamais aigre dans la Satire,
Toûjours vive dans les bons mots,
Se moquant quelquefois des Sots,
Et rarement, mais à propos,
Permettant les éclats de rire.

Que le Ciel beniſſe le cours
D'un ſort auſſi doux que le vôtre,
Martel l'Automne de vos jours
Vaut mieux que le Printems d'un autre.

EPITRE

EPITRE

A

MADAME DE ***

SUR

LA CALOMNIE.

Ecoutez-moi, respectable Emilie,
Vous êtes belle, ainsi donc la moitié
 Du Genre Humain sera votre ennemie :
Vous possédez un sublime génie,
On vous craindra, votre tendre amitié
Est confiante, & vous serez trahie :
Votre vertu, dans sa démarche unie,
Simple & sans fard, n'a point sacrifié
A nos Dévots, craignez la calomnie ;
Attendez-vous, s'il vous plaît, dans la vie,
Aux traits malins que tout Fat à la Cour,
Par passe-tems souffre & rend tour à tour.

La Médifance eft l'ame de ce Monde,
Elle y préfide, & fa vertu féconde
Du plus ftupide échauffe les propos,
Rebut du Sage, elle eft l'efprit des Sots :
En ricanant, cette maigre Furie
Va de fa langue épandre les venins
Sur tous états : mais trois fortes d'humains,
Plus que le refte alimens de l'Envie,
Sont expofez à fa dent de harpie ;
Les Beaux Efprits, les Belles, & les Grands,
Sont de fes traits les objets différens.
Quiconque en France, avec éclat attire
L'œil du Public, eft fûr de la Satire ;
Un bon couplet, chez ce Peuple falot,
De tout mérite eft l'infaillible lot.

La jeune Eglé de pompons couronnée,
Devant un Prêtre à minuit amenée,
Va dire un *oüi*, d'un air tout ingénu,
A fon mari qu'elle n'a jamais vû ;
Le lendemain en triomphe on la méne
Au Cours, au Bal, chez Bourbon, chez la Reine,
Bien-tôt après, fans trop fçavoir comment,
Dans tout Paris, on lui donne un Amant.
Roi la chanfonne, & fon nom par la Ville

Court

Court ajusté sur l'air d'un Vaudeville ;
Eglé s'en meurt ; ses cris sont superflus.
Consolez-vous, Eglé, d'un tel outrage,
Vous pleurerez, hélas ! bien davantage,
Lorsque de vous on ne parlera plus.
Et nommez-moi la Beauté, je vous prie,
De qui l'honneur fut toûjours à couvert.
Lisez-moi Bayle à l'Article (*) Schomberg,
Vous y verrez que la Vierge Marie,
Des Chansonniers comme une autre à souffert :
Certain Lampon courut long-tems sur elle,
Dans un refrain cette Mere pucelle
Se vit nichée ; & le Juif infidèle
Vous parle encor, avec un rire amer,
D'un rendez-vous avec Monsieur Panter.

Vous voyez donc à quel point la Satire
Sçait en tout tems gâter tous les esprits,
La Terre entiére est, dit-on, son Empire ;
Mais, croyez-moi, son Trône est à Paris.
Là,

(*) Bayle & l'Abbé Houtteville font mention d'un ancien Livre Hébreu, où l'on trouve cette calomnie contre la Vierge. Ce Livre est intitulé *Liber Todos Jeskut* ; Il est du neuviéme Siécle.

D 6

Là, tous les foirs, la troupe vagabonde
D'un Peuple oisif, apelé le beau monde,
Va promener, de réduit en réduit,
L'inquiétude, & l'ennui qui le suit.
Là, sont, en foule, antiques Mijaurées,
Jeunes Oisons, & Bégueules titrées,
Disans des riens d'un ton de Perroquet,
Lorgnans des Sots, & trichans au piquet.
Blondins y sont beaucoup plus femmes qu'elles,
Profondément remplis de bagatelles,
D'un air hautain, d'une bruyante voix,
Chantans, parlans, minaudans à la fois.
Si par hazard quelque personne honnête,
D'un sens plus droit, & d'un goût plus heureux,
Des bons Ecrits ayant meublé sa tête,
Leur fait l'affront d'être sage à leurs yeux;
Tout aussi-tôt leur brillante Cohuë,
D'étonnement & de colére émuë,
Maudit essaim de Frêlons envieux,
Pique & pourfuit cette Abeille charmante,
Qui leur aporte, hélas! trop imprudente,
Ce miel si pur, & si peu fait pour eux.

Quant aux Héros, aux Princes, aux Ministres,
Sujets usez de nos discours sinistres:

Qu'on

SUR LA CALOMNIE.

Qu'on m'en nomme un dans Rome & dans Paris,
Depuis Céfar jufqu'au jeune Loüis,
De Richelieu jufqu'à l'Ami d'Augufte,
Dont un Pafquin n'ait barboüillé le bufte.
Ce grand Colbert, dont les foins vigilans
Nous avoient plus enrichis en dix ans,
Que les Mignons, les Catins & les Prêtres,
N'ont en mille ans apauvri nos Ancêtres :
Cet homme unique, & l'auteur & l'apui
D'une grandeur, où nous n'ofions prétendre,
Vit tout l'Etat murmurer contre lui ;
Et le Français ofa troubler (*) la cendre
Du Bienfaiteur qu'il révére aujourd'hui.

Lorfque Loüis, qui d'un efprit fi ferme
Brava la Mort comme fes Ennemis,
De fes grandeurs ayant fubi le terme,
Vers fa Chapelle alloit à St Denis ;
J'ai vu fon Peuple, aux nouveautez en proye,
Ivre de vin, de folie & de joye,
De cent couplets égayant le Convoi,
Jufqu'au Tombeau maudire encor fon Roi.
Vous

(*) On vouloit déterrer Mr. Colbert à Saint Euftache.

Vous avez tous connu, comme je pense,
Ce bon Régent, qui gâta tout en France ;
Il étoit né pour la Société,
Pour les Beaux Arts & pour la volupté :
Grand, mais facile, ingénieux, affable
Peu scrupuleux, mais de crime incapable :
Et cependant, ô mensonge ! ô noirceur !
Six ans entiers la Ville & les Provinces,
Au plus aimable, au plus clément des Princes,
Ont prodigué le nom d'empoisonneur.
Chacun les lit ces Archives d'horreur,
Ces Vers impurs, apelez Philippiques (*),
De l'Imposture exécrables Chroniques ;
Et nul Français n'est assez généreux,
Pour s'élever, pour déposer contre eux.

Que le Mensonge un instant vous outrage,
Tout est en feu soudain pour l'apuyer :
La Vérité perce enfin le nuage,
Tout est de glace à vous justifier.

Mais voulez-vous, après ce grand Exemple,
Baisser

_____

(*) Libelle diffamatoire en vers, par le Sr. de la Grange, contre Monsieur le Duc d'Orléans Régent du Royaume.

Baisser les yeux sur des moindres Objets ?
Des Souverains descendons aux Sujets,
Des Beaux Esprits ouvrons ici le Temple,
Temple autrefois l'objet de mes souhaits,
Que de si loin, Monsieur Bardus contemple,
Et que Damis ne visita jamais.
Entrons. D'abord on voit la Jalousie,
Du Dieu des Vers la Fille & l'ennemie,
Qui sous les traits de l'Emulation,
Soufle l'orgueïl, & porte sa furie
Chez tous ces fous Courtisans d'Apollon.
Voyez leur troupe inquiéte, affamée,
Se déchirant pour un peu de fumée,
Et l'un sur l'autre épanchant plus de fiel,
Que l'implacable & mordant Janséniste
N'en a lancé sur le fin Moliniste,
Ou que Doucin, cet adroit Casuiste,
N'en a versé dessus Pasquier Quesnel.

Ce vieux Rimeur couvert d'ignominies,
Organe impur de tant de calomnies,
Cet ennemi du Public outragé,
Puni sans cesse, & jamais corrigé,
Ce vil Rousseau, que jadis votre pere
A par pitié tiré de la misére,

Et

Et qui bien-tôt, Serpent envenimé,
Piqua le fein qui l'avoit ranimé ;
Lui qui, mêlant la rage à l'impudence,
Devant Témis, accufa (*) l'Innocence.
L'affreux Roufleau, loin de cacher en paix
Des jours tiffus de honte & de forfaits,
Vient rallumer, aux Marais de Bruxelles,
D'un feu mourant les pâles étincelles ;
Et contre moi croit rejetter l'afront
De l'infamie écrite fur fon front.
Et que feront tous les traits fatiriques,
Que d'un bras foible il décoche aujourd'hui ?
Et ce ramas de larcins Marotiques,
Moitié Français & moitié Germaniques,
Qui tous paîtris de fureur & d'ennui,
Seront brûlez, s'il fe peut, avant lui ?
Ne craignons rien de qui cherche à médire,
En vain Boileau dans fes févéritez,
A de Quinaut dénigré les beautez.
L'heureux Quinaut, vainqueur de la Satire,
Rit

(*) Il accufa Mr. Saurin, fameux Géométre, d'avoir fait des Couplets infâmes, dont lui Roufleau étoit l'Auteur, & fut condamné pour cette calomnie au banniffement perpétuel.

SUR LA CALOMNIE.

Rit de sa haine & marche à ses côtez.
De tout ceci que faudra-t-il conclure ?
O vous, Français, nez tous pour la censure,
Doux & polis, mais malins & jaloux,
Peuple charmant, faut-il donc voir chez vous,
Tant d'agrémens, & si peu d'indulgence?
Belle Emilie, ornement de la France,
Vous connoissez ce dangereux païs,
Nous y vivons parmi nos ennemis,
Au milieu d'eux brillez en assurance;
A tous vos goûts prêtez-vous prudemment,
A vos vertus livrez-vous hautement,
Vous forcerez la Censure au silence.

A MONSIEUR
DE
FONTENELLE.

De Villars, le premier Septembre 1720.

Les Dames qui sont à Villars, Monsieur, se sont gâtées par la lecture de vos Mondes. Il vaudroit mieux que ce fût par vos Eglogues, & nous les verrions plus volontiers ici Bergéres que Philosophes. Elles mettent à observer les Astres un tems qu'elles pourroient beaucoup mieux employer ; & comme leurs goûts décident des nôtres, nous nous sommes tous faits Physiciens pour l'amour d'elles.

    Le soir sur des lits de verdure,
Lits que de ses mains la Nature,
Dans ces Jardins délicieux,
Forma pour une autre avanture,
Nous broüillons tout l'ordre des Cieux ;
Nous prenons Vénus pour Mercure,
Car vous sçaurez qu'ici l'on n'a,

Pour examiner les Planettes,
Au lieu de nos longues Lunettes,
Que des Lorgnettes d'Opéra.

Comme nous paſſons la nuit à obſerver les Etoiles, nous négligeons fort le Soleil à qui nous ne rendons viſite que lorſqu'il a fait près des deux tiers de ſon tour. Nous venons d'aprendre tout à l'heure qu'il a paru de couleur de ſang tout le matin, qu'enſuite, ſans que l'air fût obſcurci d'aucun nuage, il a perdu ſenſiblement de ſa lumiére & de ſa grandeur. Nous n'avons ſçû cette nouvelle que ſur les cinq heures du ſoir ; nous avons mis la tête à la fenêtre, & nous avons pris le Soleil pour la Lune, tant il étoit petit & pâle. Nous ne doutons point que vous n'ayez vû la même choſe à Paris.

C'eſt à vous que nous nous adreſſons, Monſieur, comme à notre Maître & à celui de tous les Sçavans. Vous ſçavez rendre aimables les choſes que les autres Philoſophes rendent à peine intelligibles. Et la Nature devoit à la France & à l'Europe un homme comme vous pour corriger les Sçavans, & pour donner aux plus ignorans le goût des Sciences.

Or dites-nous donc, FONTENELLES,
Vous qui par un vol imprévu,
De Dédale prenant les aîles,

Du

Dans les Cieux avez parcouru
Tant de carriéres immortelles,
Où S. Paul avant vous a vu
Force Beautez furnaturelles
Dont très-prudemment il s'eft tu ;
Du Soleil par vous fi connu,
Ne fçavez-vous point de nouvelles ?
Pourquoi fur un Char tout fanglant
A-t-il commencé fa carriére ?
Pourquoi perd-il, pâle & tremblant,
Et fa grandeur & fa lumiére ?
Que dira le Boulainvilliers (*)
Sur ce terrible Phénoméne ?
Va-t-il à des Peuples entiers
Annoncer leur perte prochaine ?
Verrons-nous des incurfions,
Des Edits, des guerres fanglantes,
Quelques nouvelles actions,
Ou le retranchement des rentes ?
Jadis, quand vous étiez Pafteur,
On vous eût vu fur la fougére,
A ce changement de couleur

Du

(*) Le Comte de Boulainvilliers, homme d'une grande érudition ; mais qui avoit la foibleffe de croire à l'Aftrologie.

Du Dieu brillant qui nous éclaire,
Annoncer à votre Bergére
Quelque changement dans son cœur.
Mais depuis que votre Apollon
Voulut quitter la Bergerie
Pour Euclide & pour Varignon,
Et les Rubans de Céladon
Pour l'Astrolabe d'Uranie,
Vous nous parlerez le jargon
De Calculs, de Réfraction.
Mais daignez un peu, je vous prie,
Si vous voulez parler Raison,
Nous l'habiller en Poësie ;
Car sçachez que dans ce Canton
Un trait d'imagination
Vaut cent pages d'Astronomie.

RÉPONSE

REPONSE
DE MONSIEUR
DE FONTENELLE
A MONSIEUR
DE VOLTAIRE.

CE n'est pourtant pas que je doute
Qu'un beau jour qui fera bien noir
Le pauvre Soleil ne s'encroute,
En nous disant, Messieurs, bon soir;
Cherchez dans la céleste voute
Quelque autre qui vous fasse voir;
Pour moi j'en ai fait mon devoir,
Et moi-même ne vois plus goute;
Encore un coup, Messieurs, bon soir.
Et peut-être en son desespoir
Osera-t-il rimer en oute,
Si quelque Déesse n'écoute.
Mais sur notre triste Manoir,

Combien

RÉPONSE, &c.

Combien de maux fera pleuvoir
Cette céleste Banqueroute ?
On allumera maint Bourgeoir,
Mais qui n'aura pas grand pouvoir :
Tout fera pêle-mêle, & toute
Société fera dissoute,
Sans qu'on dise jusqu'au revoir.
Chacun de l'éternel dortoir
Enfilera bien-tôt la route
Sans tester & sans laisser d'hoir ;
Et ce que le plus je redoute
Chacun demandera la broute
Et ne croira plus rien valoir.

LETTRE

LETTRE
A MONSIEUR
DE LA FAYE.

Ecrite en 1718.

LA Faye, ami de tout le monde,
Qui sçavez le secret charmant
De réjoüir également
Le Philosophe, l'ignorant,
Le Galant à perruque blonde;
Vous qui rimez comme Ferrand
Des Madrigaux, des Epigrammes,
Qui chantez d'amoureuses flâmes,
Sur votre Luth tendre & galant,
Et qui même assez hardiment
Osâtes prendre votre place

Auprès

Auprès de Malherbe & d'Horace,
Quand vous alliez fur le Parnaffe
Par le Caffé de la Laurent.

Je voudrois bien aller auffi au Parnaffe, moi que vous parle, j'aime les Vers à la fureur ; mais j'ai un petit malheur, c'eft que j'en fais de déteftables, & j'ai le plaifir de jetter tous les foirs au feu, tout ce que j'ai barboüillé dans la journée. Par fois je lis une belle Strophe de votre ami Mr. de la Motte, & puis-je me dis tout bas, *petit miférable, quand feras tu quelque chofe d'auffi-bien?* Le moment d'après, c'eft une Strophe peu harmonieufe, & un peu obfcure, & je me dis, *gardes-toi bien d'en faire autant.* Je tombe fur un Pfeaume, ou fur une Epigramme orduriére de Rouffeau : cela éveille mon odorat, je veux lire fes autres Ouvrages, mais le Livre me tombe des mains : je vois des Comédies à la glace, des Opéra fort au-deffous de ceux de l'Abbé Pic : une Epître au Comte d'Ayen qui eft à faire vomir : un petit voyage de Roüen fort infipide, une Ode à Mr. Duché au-deffous de tout cela ; mais ce qui me révolte & qui m'indigne, c'eft le mauvais cœur & le malhonnête-homme qui perce à chaque ligne. J'ai lû fon Epître à Marot, où il y a de très-beaux morceaux ; mais je crois y voir plûtôt un enragé qu'un Poëte. Il n'eft pas infpiré, il eft poffédé : il reproche à l'un fa prifon, à l'au-

Tome IV. E tre

tre fa vieilleffe : il apelle celui-ci Athée, celui-là Maroufle ; où eft donc le mérite de dire en vers de cinq pieds des injures fi groffiéres ? Ce n'étoit point ainfi qu'en ufoit Mr. Defpréaux quand il fe joüoit aux dépens des mauvais Auteurs ; auffi fon ftile étoit doux & coulant, mais celui de Rouffeau me paroît inégal, recherché, plus violent que vif, & teint, fi j'ofe m'exprimer ainfi, de la bile qui le devore. Peut-on fouffrir qu'en parlant de Mr. de Crébillon, il dife qu'il *vient de fa griffe Apollon molefter.*

Quels vers que ceux-ci. . . . . . .

Ce rimeur fi fucré
Devient amer, quand le cerveau lui tinte,
Plus qu'Aloès ni jus ni Coloquinte.

De plus toute cette Epître roule fur un raifonnement faux : il veut prouver que tout homme d'efprit eft honnête-homme & que tout fot eft fripon ; mais ne feroit-il pas la preuve trop évidente du contraire ? Si pourtant c'eft véritablement de l'efprit que le feul talent de la verfification, je m'en raporte à vous & à tout Paris. Le Sr. Rouffeau ne paffe point pour avoir d'autre mérite, il écrit fi mal en profe que fon Factum eft une des Piéces qui ont fervi à le faire condamner, au contraire le Factum de Mr. Saurin eft un Chef-d'œuvre, & *quid facundia poffet, tum paruit.* Enfin, vous voulez

voulez que je vous dife franchement mon petit fentiment fur MM. de la Motte & Rouffeau ? Mr. de la Motte penfe beaucoup & ne travaille pas affez fes vers : Rouffeau ne penfe guére, mais il travaille fes vers beaucoup mieux ; le point feroit de trouver un Poëte qui penfât comme la Motte & qui écrivit comme Rouffeau, (quand Rouffeau écrit bien, s'entend.) Mais

——— ——— ——— *Pauci, quós æquus amavit Juppiter, aut ardens evexit ad æthera virtus, Dis geniti potuere.* ——— ———

J'ai bien envie de revenir bien-tôt fouper avec vous & raifonner de Belles-Lettres : je commence à m'ennuyer beaucoup ici. Or il faut que je vous dife ce que c'eft que l'Ennui :

Car vous qui toûjours le chaffez
Vous pourriez l'ignorer peut-être ;
Trop heureux, fi ces vers à la hâte tracés
Ne vous l'ont déja fait connoître !
C'eft un gros Dieu lourd & pefant,
D'un entretien froid & glaçant,
Qui ne rit jamais, toûjours baille,
Et qui depuis cinq ou fix ans
Dans la foule des Courtifans
Se trouvoit toûjours à Verfaille.
Mais on dit que tout de nouveau

Vous l'allez revoir au Parterre
Au *Capricieux* (*) de Rousseau,
C'est-là sa demeure ordinaire.

Au reste, je suis charmé que vous ne partiez pas si-tôt pour Génes †, votre Ambassade m'a la mine d'être pour vous un Bénéfice simple. Faites-vous payer de votre Voyage, & ne le faites point ; ne ressemblez point à ces Politiques errans qu'on envoye de Parme à Florence, & de Florence à Holstein, & qui reviennent enfin ruïnez à Paris pour avoir eû le plaisir de dire *le Roi mon Maître*. Il me semble que je vois des Comédiens de Campagne qui meurent de faim après avoir joüé le Rôle de César & de Pompée.

Non, cette brillante folie
N'a point enchanté vos esprits :
Vous connoissez trop bien le prix
Des douceurs de l'aimable vie
Qu'on vous voit mener à Paris
En assez bonne compagnie ;
Et vous pouvez fort bien vous passer
D'aller loin de nous professer
La Politique en Italie.

LE

(*) Mauvaise Piéce de Rousseau qu'on vouloit mettre au Théâtre, mais qu'on fut obligé d'abandonner aux répétitions.

(†) Mr. De la Faye étoit nommé Envoyé Extraordinaire à Génes.

LE MONDAIN,

OU

L'APOLOGIE DU LUXE.

A Table hier, par un triste hazard,
J'étois assis près d'un maître Cafard,
Lequel me dit : Vous avez bien la mine
D'aller un jour échauffer la Cuisine,
De Lucifer, & moi prédestiné,
Je rirai bien quand vous serez damné.
Damné ! comment ? pourquoi ? *Pour vos folies.*
Vous avez dit en vos Oeuvres non pies,
Dans certain Conte en rimes barboüillé,
Qu'au Paradis Adam étoit moüillé,
Lorsqu'il pleuvoit sur notre premier Pere;
Qu'Eve avec lui buvoit de belle eau claire,
Qu'ils avoient même, avant d'être déchus,
La peau tannée, & les ongles crochus.
Vous avancez dans votre folle yvresse,
Prêchant le Luxe & vantant la Molesse,
Qu'il vaut bien mieux, ô blasphêmes maudits !

Vivre à préfent qu'avoir vécu jadis.
Par quoi, mon Fils, votre Mufe polluë
Sera rôtie, & c'eft chofe concluë.
Difant ces mots fon gofier altéré
Humoit un Vin, qui, d'ambre coloré,
Sentoit encor la grappe parfumée,
Dont fut pour nous la liqueur exprimée;
Mille rubis éclatoient fur fon teint.
Lors je lui dis: pour Dieu, Monfieur le Saint,
Quel eft ce Vin? d'où vient-il, je vous prie,
D'où l'avez-vous? *Il vient de Canarie:*
C'eft un Nectar, un breuvage d'Elu;
Dieu nous le donne, & Dieu veut qu'il foit bû.
Et ce Caffé dont, après cinq fervices,
Votre eftomac goûte encor les délices?
Par le Seigneur il me fut deftiné.
Bon. Mais, avant que Dieu nous l'ait donné,
Ne faut-il pas que l'humaine induftrie
L'aille ravir aux Champs de l'Arabie?
La Porcelaine, & la frêle beauté
De cet Email à la Chine empâté,
Par mille mains fut pour vous préparée
Cuite, recuite, & peinte & diaprée:
Cet argent fin, cizelé, gaudronné,
En Plats, en Vafe, en Soucoupe tourné,

Fut arraché de la terre profonde,
Dans le Potofe, au fein du nouveau Monde;
Tout l'Univers a travaillé pour vous,
Afin qu'en Paix, dans votre heureux courroux,
Vous infultiez, pieux Atrabilaire,
Au Monde entier épuifé pour vous plaire.

 O faux Dévot, véritable Mondain,
Connoiffez-vous; & dans votre Prochain
Ne blamez plus ce que votre indolence
Souffre chez vous avec tant d'indulgence.
Sçachez fur-tout que le Luxe enrichit
Un grand Etat, s'il en perd un petit.
Cette fplendeur, cette pompe Mondaine,
D'un Régne heureux eft la marque certaine;
Le riche eft né pour beaucoup dépenfer,
Le pauvre eft fait pour beaucoup amaffer.
Dans ces Jardins regardez ces Cafcades,
L'étonnement & l'amour des Nayades;
Voyez ces flots, dont les napes d'argent
Vont inonder ce Marbre blanchiffant.
Les humbles Prés s'abreuvent de cette onde,
La Terre en eft plus belle & plus féconde;
Mais de ces eaux fi la fource tarit,
L'herbe eft féchée, & la fleur fe flétrit.

      E 4   Ainfi

Ainſi l'on voit, en Angleterre, en France,
Par cent Canaux circuler l'abondance,
Le goût du Luxe entre dans tous les rangs;
Le Pauvre y vit des Vanités des Grands;
Et le travail gagé par la Moleſſe
S'ouvre à pas lents la route à la richeſſe.
J'entends d'ici des Pédans à Rabats,
Triſtes cenſeurs des plaiſirs qu'ils n'ont pas,
Qui me citans Denis d'Halicarnaſſe,
Dion, Plutarque, & même un peu d'Horace,
Vont criaillans qu'un certain Curius
Cincinnatus & des Conſuls en *us*
Bêchoient la terre au milieu des allarmes,
Qu'ils manioient la charuë & les armes,
Et que les bleds tenoient à grand honneur
D'être ſemés par la main d'un Vainqueur.
C'eſt fort bien dit, mes Maîtres : je veux croire
Des vieux Romains la chimérique Hiſtoire;
Mais, dites-moi, ſi les Dieux par hazard
Faiſoient combattre Auteüil & Vaugirard,
Faudroit-il pas au retour de la guerre,
Que le Vainqueur vint labourer la terre?
L'Auguſte Rome, avec tout ſon orgueïl,
Rome jadis étoit ce qu'eſt Auteüil,
Quand ces Enfans de Mars & de Silvie,

Pour

OU LE LUXE.

Pour quelque Pré fignalans leur furie,
De leur Village alloient au Champ de Mars,
Ils arboroient du foin (*) pour Etendarts.
Leur Jupiter, au tems du bon Roi Tulle,
Etoit de bois : il fut d'or fous Luculle ;
N'allez donc pas, avec fimplicité,
Nommer vertu, ce qui fut pauvreté.
Oh que Colbert étoit un efprit fage !
Certain Butor confeilloit par ménage
Qu'on abolit ces travaux précieux,
Des Lyonnois Ouvrage induftrieux :
Du Confeiller l'abfurde prud'hommie
Eût tout perdu par pure œconomie ;
Mais le Miniftre, utile avec éclat,
Sçut par le Luxe enrichir notre Etat.
De tous nos Arts il agrandit la fource ;
Et du Midi, du Levant & de l'Ourfe,
Nos fiers Voifins, de nos progrès jaloux,
Payoient l'efprit qu'ils admiroient en nous.
Je veux ici vous parler d'un autre homme,

(*) Ce qu'on apeloit *Manipulus* étoit d'abord une poignée de foin que les Romains mettoient au haut d'une perche ; premier Etendart des Conquérans de l'Europe, de l'Afie Mineure, & de l'Afrique Septentrionale.

Tel que n'en vit Paris, Péquin, ni Rome:
C'est Salomon, ce Sage fortuné,
Roi, Philosophe, & Platon couronné,
Qui connut tout du Cédre jusqu'à l'herbe;
Vit-on jamais un Luxe plus superbe?
Il faisoit naître au gré de ses desirs,
L'or & l'argent; mais sur tout les plaisirs.
Mille Beautés servoient à son usage.
Mille? On le dit. C'est beaucoup pour un Sage;
Qu'on m'en donne une, & c'est assez pour moi
Qui n'ai l'honneur d'être Sage, ni Roi.

Parlant ainsi je vis que les Convives
Aimoient assez mes Peintures naïves:
Mon doux Béat très-peu me répondoit
Rioit beaucoup & beaucoup plus buvoit;
Et tout chacun present à cette fête
Fit son profit de mon discours honnête.

LETTRE

LETTRE DE Mr DE MELON,

Ci-devant Secrétaire du Régent du Royaume,

A Madame la Comtesse de Verruë, sur l'Apologie du Luxe.

J'Ai lu, Madame, l'ingénieuse Apologie du Luxe. Je regarde ce petit Ouvrage comme une excélente leçon de Politique cachée sous un badinage agréable. Je me flâte d'avoir démontré dans mon Essay Politique sur le Commerce, combien ce goût des Beaux-Arts, & cet emploi des Richesses, cette Ame d'un grand Etat, qu'on nomme *Luxe*, sont nécessaires pour la circulation de l'Espéce & pour le maintien de l'Industrie ; je vous regarde, Madame, comme un des grands exemples de cette vérité. Combien de Familles de Paris subsistent uniquement par la protection que vous donnez aux Arts ? Que l'on cesse d'aimer les Tableaux, les Estampes, les Curiosités en toute sorte de genre ; voilà vingt mille hommes, au moins, ruïnés tout-d'un-coup dans Paris, & qui sont forcés d'aller chercher de l'emploi chez l'Etranger. Il est bon que dans un Canton Suisse on fasse des Loix somptuaires, par la raison qu'il ne faut pas qu'un pauvre vive comme un Riche : Quand les Hollandois ont commencé leur Commerce, ils avoient besoin d'une extrême frugalité : mais à présent que c'est la Nation de l'Europe qui a le plus d'argent, elle a besoin de Luxe, &c.

L'HOMME DU MONDE,

OU

DÉFENSE DU MONDAIN.

REgrettera qui veut le bon vieux Tems,
Et l'Age d'Or & le Régne d'Aſtrée,
Et les beaux jours de Saturne & de Rhée,
Et le Jardin de nos premiers Parens ;
Moi, je rends grace à la Nature ſage,
Qui, pour mon bien, m'a fait naître en cet âge
Tant décrié par des triſtes Docteurs (*).
Ce tems profane eſt tout fait pour mes mœurs
J'aime le luxe, & même la moleſſe,

Tout

(*) Nous donnons cette Piéce & la ſuivante dans le Recüeil de Mr. de Voltaire. On nous aſſûre qu'elles ſont de lui, quoique quelques perſonnes les attribuent à d'autres.

Tous les plaisirs, les Arts de toute espéce,
La propreté, le goût, les ornemens,
Tout honnête homme a de tels sentimens.
Il est bien doux pour leur cœur très-immonde,
De voir ici l'abondance à la ronde,
Mere des Arts & des heureux travaux,
Nous aporter de sa source féconde,
Et des besoins & des plaisirs nouveaux.
L'Or de la Terre, & les Tresors de l'Onde,
Leurs habitans, & les peuples de l'Air,
Tout sert au luxe, aux plaisirs de ce Monde;
Ah le bon tems que ce Siécle de Fer!

Le superflu, chose très-nécessaire
A réüni l'un & l'autre Hémisphére.
Voyez-vous pas ces agiles Vaisseaux,
Qui du Texel, de Londres, de Bordeaux,
S'en vont chercher par un heureux échange,
De nouveaux biens, nés aux sources du Gange?
Tandis qu'au loin Vainqueurs des Musulmans,
Nos Vins de France enyvrent les Sultans.

Quand la Nature étoit dans son enfance,
Nos bons Ayeux vivoient dans l'innocence,
Ne connoissans ni le *Tien* ni le *Mien*;
Qu'auroient-ils pu connoître ? ils n'avoient rien.
Ils étoient nuds, & c'est chose très-claire,

Que

Que qui n'a rien, n'a nul partage à faire.
Sobres étoient, ah ! je le crois encor,
MARTIALO (*) n'eſt point du Siécle d'Or.
D'un bon Vin frais ou la mouſſe, ou la féve,
Ne grata point le triſte gozier d'Eve.
La Soye & l'Or ne brilloient point chez eux,
Admirez-vous pour cela nos Ayeux ?
Il leur manquoit l'induſtrie & l'aiſance :
Eſt-ce vertu ? c'étoit pure ignorance.
Quel Idiot, s'il avoit eu pour lors
Quelque bon lit, auroit couché dehors ?
Mon cher Adam, mon gourmand, mon bon Pere,
Que faiſois-tu dans les recoins d'Eden ?
Travaillois-tu pour ce ſot Genre Humain ?
Careſſois-tu Madame Eve ma Mere ?
Avoüez-moi que vous aviez tout deux
Les ongles longs, un peu noirs & craſſeux ;
La chevelure aſſez mal ordonnée,
Le teint bruni, la peau biſe & tannée.
Sans propreté l'amour le plus heureux
N'eſt plus amour, c'eſt un beſoin honteux.
Bien-tôt laſſés de leur belle avanture,
Deſſous un Chêne ils ſoupent galamment,
Avec

(*) Fameux Cuiſinier.

Avec de l'eau, du millet, & du gland.
Le repas fait, ils dorment fur la dure,
Voilà l'état de la pure Nature.

Or maintenant voulez-vous, mes Amis,
Sçavoir un peu, dans nos jours tant maudits,
Soit à Paris, foit dans Londre, ou dans Rome,
Quel eſt le train des jours d'un honnête homme?
Entrez chez lui; la foule des Beaux-Arts,
Enfans du goût, fe montre à vos regards,
De mille mains l'éclatante induſtrie,
De ces dehors orna la fymmétrie.
L'heureux Pinceau, le fuperbe Deſſein,
Du doux Corrége & du fçavant Pouſſin
Sont encadrez dans l'Or d'une bordure:
C'eſt Bouchardon qui fit cette figure,
Et cet Argent fut poli par Germain:
Des Gobelins l'aiguille & la teinture
Dans ces Tapis égalent la peinture;
Tous ces objets font encor répétez,
Dans des Trumeaux tout brillans de clartez.
De ce Salon je vois, par la fenêtre,
Dans des Jardins des Mirthes en berceaux:
Je vois jaillir les bondiſſantes eaux;
Mais du logis j'entends fortir le Maître.

Un Char commode avec graces orné,

Par

Par deux Chevaux rapidement traîné,
Paroît aux yeux une Maifon roulante,
Moitié dorée & moitié tranfparente :
Nonchalamment je l'y vois promené;
De deux refforts la liante foupleffe,
Sur le pavé le porte avec moleffe :
Il court au bain, les parfums les plus doux
Rendent fa peau plus fraîche & plus polie:
Le plaifir preffe, il vole au rendez-vous;
Chez Camargo, chez Gauffin, chez Julie,
Le tendre amour l'enyvre de faveurs.

Il faut fe rendre à ce Palais magique (*),
Où les beaux Vers, la Danfe, la Mufique,
L'Art de tromper les yeux par les couleurs,
L'Art plus heureux de féduire les cœurs,
De cent plaifirs font un plaifir unique;
Il va fifler le Jafon de Rouffeau,
Où malgré lui court admirer Rameau.
Allons fouper ; que ces brillans fervices,
Que ces ragoûts ont pour moi de délices!
Qu'un Cuifinier eft un mortel divin!
Eglé, Cloris, me verfent de leur main
Un Vin d'Aï, dont la mouffe preffée,

De

(*) L'Opéra.

De la Bouteille avec force élancée,
Comme un éclair fait voler son bouchon ;
Il part, on rit, il frape le plat-fond.
De ce Vin frais l'écume pétillante,
De nos Français est l'image brillante ;
Le lendemain donne d'autres desirs,
D'autres soupers, & de nouveaux plaisirs.

Or maintenant, Mentor ou Télémaque,
Vantez-nous bien votre petite Itaque,
Votre Salente, & ces murs malheureux,
Où vos Crétois tristement vertueux,
Pauvres d'effet, & riches d'abstinence,
Manquent de tout pour avoir l'abondance.
J'admire fort votre stile flâteur,
Et votre prose, encor qu'un peu traînante ;
Mais, mon Ami, je consens de grand cœur,
D'être fessé dans vos murs de Salente,
Si je vais-là pour chercher mon bonheur.
Et vous, Jardin de ce premier bon homme,
Jardin fameux par le Diable & la Pomme,
C'est bien en vain que tristement séduits,
Huet, Calmet, dans leur sçavante audace,
Du Paradis ont recherché la place ;
Le Paradis terrestre est où je suis.

LE

LE TEMPLE DE L'AMITIÉ

AU fond d'un Bois à la Paix confacré,
Séjour heureux de la Cour ignoré,
S'éléve un Temple où l'Art & fes preftiges,
N'étalent point l'orgueïl de leurs prodiges,
Où rien ne trompe & n'éblouit les yeux,
Où tout eft vrai, fimple & fait pour les Dieux.
 De bons Gaulois de leurs mains le fondé-
 rent,
A l'Amitié leurs cœurs le dédiérent
Las ! ils penfoient dans leur crédulité,
Que par leur Race il feroit fréquenté.
En vieux langage, on voit fur la façade,
Les noms facrez d'Orefte & de Pilade:
Le Médaillon du bon Pirritoüs,
Du fage Achate, & du tendre Nifus:

Tous

DE L'AMITIÉ. 115

Tous grands Héros, tous amis véritables :
Ces noms font beaux ; mais ils font dans les Fables.

La Déïté de ce petit féjour,
Reine fans fafte, & femme fans intrigue,
Divinité fans Prêtres, & fans brigue,
Eft peu fêtée au milieu de fa Cour.

A fes côtez fa fidèle Interpréte,
La Vérité toûjours fage & difcréte,
Toûjours utile à qui veut l'écouter,
Attend en vain qu'on l'ofe confulter.
Nul ne l'aproche & chacun la regrette.
Par contenance un Livre eft dans fes mains,
Où font écrits les bienfaits des Humains,
Doux monumens d'eftime & de tendreffe,
Donnez fans fafte, acceptez fans baffeffe :
Du Bienfaicteur noblement oubliez
Par fon ami fans regret publiez.
C'eft des Vertus l'Hiftoire la plus pure,
L'Hiftoire eft courte, & le Livre eft réduit,
A deux feüillets de Gothique écriture,
Qu'on n'entend plus, & que le tems détruit.

Or des Humains qu'elle eft donc la manie ?
Toute

Toute amitié de leurs cœurs eft bannie,
Et cependant on les entend toûjours
De ce beau nom décorer leurs difcours.
Ses ennemis ne jurent que par elle,
En la fuyant chacun s'y dit fidelle,
Froid par dégoût, amant par vanité,
Chacun prétend en être bien traité.

De leurs propos la Déeffe en colére
Voulut enfin que fes mignons chéris,
Si contens d'elle, & fi fûrs de lui plaire,
Vinffent la voir en fon facré Pourpris,
Fixa le jour & promit un beau prix
Pour chaque couple au cœur noble, fincére,
Tendre comme elle, & digne d'être admis,
S'il fe pouvoit, au rang des vrais amis.

Au jour nommé viennent d'un vol rapide,
Tous nos Français que la nouveauté guide:
Un peuple immenfe inonde le Parvis.
Le Temple s'ouvre. On vit d'abord paraître
Deux Courtifans par l'intérêt unis,
Par l'amitié tous deux ils croyent l'être.
Vint un Courier qui dit qu'auprès du Maître
Vâquoit alors un beau pofte d'honneur,
Un noble emploi de Valet grand Seigneur.

DE L'AMITIÉ. 117

Nos deux amis poliment se quittérent,
Déesse & Prix, ce Temple, abandonnérent,
Chacun des deux en son ame jurant,
D'anéantir son très-cher concurrent.

Quatre dévots à la mine discrette,
Le dos vouté, leur Missel à la main,
Unis en Dieu de charité parfaite,
Et tout brûlans de l'amour du prochain,
Psalmodioient & bâilloient en chemin;
L'un riche Abbé, Prélat à l'œil lubrique,
Au menton triple, au col apopleĉtique,
Sur le chemin de Conflans (*) à Gaillon,
Fut pris en bref d'une indigestion.
On confessa mon vieux ladre au plus vîte,
D'huile il fut oint, aspergé d'Eau-benite,
Duëment lesté par le Curé du Lieu
Pour son Voyage au Pays du bon Dieu.
Ses trois amis gaïment lui marmotérent,
Un *Oremus*, en leur cœur devorérent
Son Bénéfice, & vers la Cour trotérent;
Puis le Trio dévotement rival,
En se jurant fraternité sincére,

Les

(*) Maisons de Campagnes de deux Archevêques qui faisoient très-bonne chére.

Les yeux baiſſez court au bon Cardinal,
De Janſéniſme accuſer ſon confrére.

Gais & brillans après un long repas,
Deux jeunes gens ſe tenans ſous les bras,
Liſans tout haut des Lettres de leurs Belles,
Danſans, chantans, leur figure étaloient,
Et détonnoient quelques Chanſons nouvelles,
Ainſi qu'au Bal à l'Autel ils alloient.
Nos Etourdis pour rien s'y querellérent,
De l'Amitié l'Autel enſanglantérent,
Et le moins fou laiſſa tout éperdu,
Son tendre ami ſur la place étendu.

Plus loin venoient d'un air de complaiſance,
Nonchalamment clochans ſur leurs patins,
Liſe & Cloé qui dès leur tendre enfance
Se confioient tous leurs petits deſſeins,
Se careſſans, ſe parlans ſans rien dire,
Et ſans ſujet toûjours prêtes à rire,
Elles s'aimoient ſi naturellement.
Nos deux Beautez en public s'embraſſérent;
Mais toutes deux avoient le même Amant;
Liſe & Cloé pour lui ſe décoifférent.

Enfin Zaïre y parut à ſon tour,
Avec ces yeux où languit la moleſſe,

Où le plaisir brille avec la tendresse,
Ah! que d'ennui, dit-elle, en ce séjour?
Que fait ici cette triste Déesse?
Tout y languit; je n'y vois point l'Amour.
Elle sortit, vingt Rivaux la suivirent,
Sur le chemin vingt Beautez en gémirent:
Dieu sçait alors où ma Zaïre alla.
De l'Amitié le prix fut laissé-là:
Et la Déesse en tout lieu célébrée,
Jamais connuë & toûjours desirée,
Gela de froid sur ses Sacrez Autels;
J'en suis fâché pour les pauvres Mortels.

ENVOY

ENVOY.

Mon cœur, Ami charmant & ſage,
Au votre n'étoit point lié,
Lorſque j'ai dit qu'à l'Amitié
Nul mortel ne rendoit hommage:
Elle a maintenant à ſa Cour
Deux cœurs dignes du premier âge;
Hélas! le véritable Amour
En a-t'il beaucoup davantage?

AUX MANES
DE
GENONVILLE,

Conseiller au Parlement, & intime ami de l'Auteur, mort en 1722.

Toi que le Ciel jaloux ravit dans ton printems,
Toi de qui je conserve un souvenir fidèle,
  Vainqueur de la Mort & du Tems,
  Toi dont la perte après dix ans
  M'est encore affreuse & nouvelle :
Si tout n'est pas détruit, si sur les sombres bords
Ce soufle si caché, cette foible étincelle,
Cet esprit, le moteur & l'esclave du Corps,
Ce je ne sçai quel Sens, qu'on nomme Ame immortelle,
Reste inconnu de nous, est vivant chez les Morts ;
S'il est vrai que tu sois, & si tu peux m'entendre,
O mon cher Genonville, avec plaisir reçoi
Ces vers & ces soupirs que je donne à ta cendre,
Monumens d'un amour immortel comme toi.
Il te souvient du tems, où l'aimable Egérie,

Tome IV.   F   *Dans*

Dans les beaux jours de notre vie,
Ecoutoit nos chanfons, partageoit nos ardeurs.
Nous nous aimions tous trois, la raifon, la folie,
L'amour l'enchantement, des plus tendres erreurs,
Tout réüniffoit nos trois cœurs.
Que nous étions heureux! même cette indigence,
Trifte compagne des beaux jours,
Ne put de notre joïe empoifonner le cours.
Jeunes, gais, fatisfaits, fans foin, fans prévoyance,
Aux douceurs du prefent bornans tous nos defirs,
Quel befoin avions-nous d'une vaine abondance?
Nous poffédions bien mieux, nous avions les plaifirs,
Ces plaifirs, ces beaux jours coulez dans la moleffe,
Ces ris enfans de l'alegreffe
Sont paffez avec toi dans la nuit du trépas.
Le Ciel en récompenfe accorde à ta Maîtreffe
Des grandeurs & de la richeffe,
Apuis de l'âge mûr, éclatant embarras,
Foible foulagement quand on perd fa jeuneffe;
La fortune eft chez elle, où fut jadis l'amour.
Ce dernier à mon cœur auroit plu davantage,
Les Plaifirs ont leur tems, la fageffe a fon tour;
L'amour s'eft envolé fur l'aîle du bel âge;
Mais jamais l'amitié ne fuit du cœur du Sage.
Nous chantons quelquefois & tes vers & les miens,

De ton aimable Esprit nous célébrons les charmes,
Ton nom se mêle encore à tous nos entretiens,
Nous lisons tes Ecrits, nous les baignons de larmes :
Loin de nous à jamais ces mortels endurcis,
Indignes du beau nom, du sacré nom d'amis ;
Ou toûjours remplis d'eux, ou toûjours hors d'eux-mêmes,
Au monde, à l'inconstance, ardens à se livrer,
Malheureux, dont le cœur ne sçait pas comme on aime,
Et qui n'ont point connu la douceur de pleurer.

SUR LA MORT

DE MADEMOISELLE

LE COUVREUR.

Que vois-je ? quel objet ! quoi ! ces lévres cha-
    mantes,
Quoi ! ces yeux d'où partoient ces flammes élo-
    quentes,
Eprouvent du trépas les livides horreurs ?
Muses, Graces, Amours, dont elle fut l'image,
O mes Dieux & les siens, secourez votre ou-
    vrage.
Que vois-je ? C'en est fait, je t'embrasse, & tu
    meurs,
Tu meurs, on sçait déja cette triste nouvelle:
Tous les cœurs sont émus de ma douleur cruelle :
J'entens de tous côtez les Beaux-Arts éperdus
S'écrier en pleurans, Melpomène n'est plus.
        Que direz-vous, race future,
Lorsque vous aprendrez la flétrissante injure
Qu'à ces Arts desolez font des hommes cruels ?
      Un objet digne des Autels
    Est privé de la sépulture,

Et dans un Champ profane on jette à l'avanture !
Non, ces bords deformais ne feront plus profa-
 nes,
Ils contiennent ta cendre ; & ce trifte tombeau,
Honoré par nos chants, confacré par tes Manes,
 Eft pour nous un Temple nouveau.
Voilà mon S. Denis ; oüi, c'eft-là que j'adore
Ton efprit, tes talens, tes graces, tes apas ;
Je les aimai vivans, je les encenfe encore,
 Malgré les horreurs du trépas,
 Malgré l'erreur & les ingrats,
Que feuls de ce tombeau l'oprobre deshonore.
Ah ! verrai-je toûjours ma foible Nation,
Incertaine en fes vœux, flétrir ce qu'elle admire ?
Nos mœurs avec nos Loix toûjours fe contredire,
Et le foible Français s'endormir fous l'empire
 De la Superftition (*) ?
 Quoi ! n'eft-ce donc qu'en Angleterre
 Que les Mortels ofent penfer ?
Exemple de l'Europe, ô Londre ! heureufe
 Terre
Ainfi que vos Tyrans vous avez fçu chaffer
Les préjugez honteux qui nous livrent la guerre.
C'eft-là qu'on fçait tout dire, & tout récompen-
 fer ;
Nul Art n'eft méprifé, tout fuccès a fa gloire,
Le Vainqueur de Tallard, le Fils de la Victoire,
       Le

(*) A Rome même on n'excommunie point les Acteurs.

Le sublime Dryden, & le sage Adisson
Et la charmante Ophits, & l'immortel Newton,
Ont part également au Temple de Mémoire ;
Et le Couvreur à Londre, auroit eu des tombeaux
Parmi les Beaux Esprits, les Rois & les Héros.
Quiconque a des Talens, à Londre est un grand homme,
Le génie étonnant de la Gréce & de Rome,
Enfant de l'abondance & de la liberté,
Semble après deux mil ans chez eux ressuscité.
O toi jeune SALLÉ, fille de Terpsicore,
Qu'on insulte à Paris, mais que tout Londre honore,
Dans tes nouveaux succès reçois avec mes vœux
Les aplaudissemens d'un Peuple respectable,
De ce Peuple puissant, fier, libre, généreux,
Aux malheureux propice, aux Beaux-Arts favorable.
Du Laurier d'Apollon, dans nos stériles Champs,
La feüille négligée est desormais flétrie.
Dieux ! pourquoi mon Païs n'est-il plus la Patrie
Et de la Gloire & des Talens ?

* * * *
* * *
*

LE CADENAT.

JE triomphois, l'Amour étoit le maître,
Et je touchois à ces momens trop courts,
De mon bonheur & du votre peut-être;
Mais un tyran veut troubler nos beaux jours.
C'eſt votre époux, géolier ſéxagénaire,
Il a fermé le libre Sanctuaire
De vos apas, & bravant nos deſirs,
Il tient la clef du ſéjour des plaiſirs.
Pour éclaircir ce douloureux myſtére,
D'un peu plus haut reprenons notre affaire.
　Vous connoiſſez la Déeſſe Cérès:
Or en ſon tems Cérès eut une fille,
Semblable à vous, à vos ſcrupules près,
Belle & ſenſible, honneur de ſa Famille,
Brune ſur-tout, partant pleine d'attraits;
Ainſi que vous par le Dieu d'Hyménée,
Enfant aveugle, elle fut mal-menée.
Le Roi des Morts fut ſon indigne Epoux,
Il étoit Dieu, mais il étoit jaloux;
Il fut Cocu, c'étoit bien la juſtice.
Pirithoüs, ſon fortuné Rival,
Beau, jeune, adroit, complaiſant, libéral,

Au Dieu Pluton donna le bénéfice
De Cocuagé ; or ne demandez pas,
Comment un homme avant sa derniére heure,
Put pénétrer dans la sombre demeure ?
Cet homme aimoit, l'Amour guida ses pas.

Mais aux Enfers comme aux lieux où vous êtes,
Voyez qu'il est peu d'intrigues secrettes.
De sa Chaudiére un coquin d'Espion
Vit ce grand cas, & dit tout à Pluton.
Il ajoûta que même à la sourdine,
Plus d'un Damné festoyoit Proserpine ;
Et qu'elle avoit au séjour d'Uriel,
Trouvé moyen d'être encor dans le Ciel.

Pluton frémit, fit des cris effroyables,
Jura le Styx, donna sa femme aux Diables.
Il assembla dans son noir Tribunal,
De ses Pédants le Sénat infernal.
Il convoqua les détestables ames,
De tous ces Saints dévolus aux Enfers,
Qui, dés long-tems en Cocuage expers,
Pendant leur vie ont tourmenté leurs femmes.
L'un d'eux lui dit : „ Mon Confrére & Seigneur,
„ Pour détourner la maligne influence,
„ Dont votre Altesse a fait l'expérience,
„ Tuer sa Dame, est toûjours le meilleur.
„ Mais las ! Seigneur, la vôtre est immortelle.
„ Je voudrois donc pour votre sûreté,
„ Qu'un Cadenat de structure nouvelle,

LE CADENAT.

„ Fût le garant de sa fidélité.
„ A la vertu par la force asservie,
„ Lors vos plaisirs borneront son envie,
„ Plus ne sera d'Amant favorisé;
„ Et plût aux Dieux, que, quand j'étois en vie,
„ D'un tel secret je me fusse avisé ! „
A ce discours les Damnez aplaudirent
Et sur l'airain les Cocus l'écrivirent.
En un moment fers, enclumes, fourneaux,
Sont préparés aux gouffres infernaux.
Tisiphone de ces lieux Serruriére,
Au Cadenat met la main la premiére :
Elle l'achéve ; & des mains de Pluton,
Proserpine reçut ce triste don.
On m'a conté, qu'essayant son ouvrage,
Le cruel Dieu fut ému de pitié,
Qu'avec tendresse il dit à sa moitié,
Que je vous plains ! vous allez être sage.

Or ce secret aux Enfers inventé,
Chez les Humains tôt après fut porté.
Et depuis ce, dans Venise & dans Rome,
Il n'est Pédant, Bourgeois, ni Gentilhomme,
Qui, pour garder l'honneur de sa Maison,
De Cadenats n'ait sa provision.
Là tout jaloux, sans craindre qu'on le blâme,
Tient sous la clef la vertu de sa femme ;
Or votre Epoux dans Rome a fréquenté,
Chez les méchans on se gâte sans peine,

Et ce galant vit fort à la Romaine ;
Mais son tresor n'est point en sûreté.
A ses projets l'Amour sera funeste :
Ce Dieu charmant sera votre vangeur ;
Car vous m'aimez, & quand on a le cœur
De femme honnête, on a bien-tôt le reste.

LES
POETES EPIQUES.
STANCES.

PLein de beauté & de défauts
Le vieil Homére a mon eſtime,
Il eſt, comme tous ſes Héros,
Babillard outré, mais ſublime.

❦

Virgile orne mieux la Raiſon,
A plus d'art, autant d'harmonie,
Mais il s'épuiſe avec Didon,
Et rate à la fin Lavinie.

❦

De faux brillans, trop de Magie,
Mettent le Taſſe un cran plus bas;
Mais que ne toléres-t'on pas,
Pour Armide & pour Herminie?

❦

Milton, plus ſublime qu'eux tous,

LES POETES EPIQUES.

A des beautez moins agréables ;
Il n'a chanté que pour les fous,
Pour les Anges & pour les Diables.

※

Après Milton, après le Taſſe,
Parler de moi ſeroit trop fort,
Et j'attendrai que je ſois mort,
Pour aprendre quelle eſt ma place.

※

Vous en qui tant d'eſprit abonde,
Tant de grace & tant de douceur,
Si ma place eſt dans votre cœur,
Elle eſt la premiére du Monde.

* * * * *
* * * *
* * *
* *
*

A MADAME DE.***
LES DEUX AMOURS.

CErtain enfant qu'avec crainte on careſſe,
Et qu'on connoît à ſon malin ſouris,
Court en tous lieux précédé par les Ris;
Mais trop ſouvent ſuivi de la Triſteſſe.
Dans les cœurs des humains il entre avec ſoupleſſe;
Habite avec fierté, s'envole avec mépris.
Il eſt un autre Amour, fils craintif de l'eſtime,
Soumis dans ſes chagrins, conſtant dans ſes deſirs,
Que la Vertu ſoutient, que la Candeur anime,
Qui réſiſte aux rigueurs & croît par les plaiſirs.
De cet Amour le flambeau peut paraître
Moins éclatant; mais ſes feux ſont plus doux.
Voilà le Dieu que mon cœur veut pour Maître,
Et je ne veux le ſervir que pour vous.

A LA MESME.

Tout-est égal, & la Nature sage
Veut au nivau ranger tous les Humains :
Esprit, Raison, beaux yeux, charmant visage,
Fleur de santé, doux loisir, jours serains ;
Vous avez tout, c'est-là votre partage.
Moi, je parois un Etre infortuné,
De la Nature enfant abandonné,
Et n'avoir rien semble mon apanage ;
Mais vous m'aimez, les Dieux m'ont tout donné.

A LA MESME.

En lui envoyant les Oeuvres Mistiques de Fénelon.

QUand de la Guion le charmant Directeur
Disoit au monde, aimez Dieu pour lui-même,
Oubliez-vous dans votre heureuse ardeur,
On ne crut point à cet Amour extrême:
On le traita de chimére & d'erreur,
On se trompoit; je connois bien mon cœur,
Et c'est ainsi, belle Eglé, qu'il vous aime.

A LA MESME.

DE votre esprit la force est si puissante,
Que vous pourriez vous passer de beauté;
De vos attraits la grace est si piquante,
Que sans esprit vous m'auriez enchanté.
Si votre cœur ne sçait pas comme on aime,
Ces dons charmans sont des dons superflus,
Un sentiment est cent fois au-dessus
Et de l'esprit, & de la beauté même.

MELANGES DE LITTERATURE ET DE PHILOSOPHIE.

CHAPITRE PREMIER.

De la Gloire, ou Entretien avec un Chinois.

EN 1723. il y avoit en Hollande un Chinois : ce Chinois étoit Lettré & Négociant : deux choses qui ne dévroient point du tout être incompatibles, & qui le sont devenus chez nous, graces au respect extrême qu'on a pour l'argent & au peu de considération que l'Espéce humaine montre, a montré, & montrera toûjours pour le mérite.

Ce

Ce Chinois, qui parloit un peu Hollandois, se trouva dans une Boutique de Libraire avec quelques Sçavans : il demanda un Livre ; on lui proposa l'Histoire Universelle de Bossuet, mal traduite. A ce beau mot d'Histoire Universelle, je suis, dit-il, trop heureux ; je vais voir ce que l'on dit de notre grand Empire, de notre Nation qui subsiste en Corps de peuple depuis plus de 50 mille ans, de cette suite d'Empereurs qui nous ont gouvernez tant de Siécles ; je vais voir ce qu'on pense de la Religion des *Lettrez*, de ce Culte simple que nous rendons à l'Etre Suprême. Quel plaisir de voir comme on parle en Europe de nos Arts, dont plusieurs sont plus anciens chez nous que tous les Royaumes Européans ! je crois que l'Auteur se sera bien mépris dans l'Histoire de la Guerre que nous eumes, il y a vingt-deux mille cinq cens cinquante-deux ans, contre les Peuples belliqueux du Tunquin & du Japon, & sur cette Ambassade solemnelle par laquelle le puissant Empereur du Mogol nous envoya demander des Loix, l'An du Monde 500000000000079123450000. Hélas ! lui dit un des Sçavans, on ne parle pas seulement de vous dans ce Livre : vous êtes trop peu de chose ; presque tout roule sur la premiére Nation du monde, l'unique Nation, le Peuple, le grand Peuple Juif.

Juif ? dit le Chinois, ces Peuples-là sont donc

donc les Maîtres des trois quarts de la Terre, au moins ? Ils se flattent bien qu'ils le feront un jour, lui répondit-on ; mais en attendant ce sont eux qui ont l'honneur d'être ici Marchands Fripiers, & de rogner quelquefois les Espéces. Vous vous mocquez, dit le Chinois, ces gens-là ont-ils jamais eu un vaste Empire ? Ils ont possédé, lui dis-je, en propre, pendant quelques années, un petit Païs ; mais ce n'est point par l'étenduë des Etats qu'il faut juger d'un Peuple, de même que ce n'est point par les richesses qu'il faut juger d'un homme. Mais ne parle-t'on pas de quelque autre Peuple dans ce Livre, demanda le Lettré ? Sans doute, dit le Sçavant, qui étoit auprès de moi, & qui prenoit toûjours la parole : on y parle beaucoup d'un petit Païs de quatre-vingt lieuës de large, nommé l'Egypte, où l'on prétend qu'il y avoit un Lac de 150. lieuës de tour. Tu Dieu ! dit le Chinois, un Lac de 150 lieuës dans un terrain qui en avoit quatre-vingt de large ; cela est bien beau ! Tout le monde étoit sage dans ce Païs-là, ajoûta le Docteur. Oh ! le bon tems que c'étoit, dit le Chinois ; mais est-ce là tout ? Non, repliqua l'Européan, il est ~~veritable~~ question encore de ces célébres Grecs. Qui sont ces Grecs, dit le Lettré ? Ah ! continua l'autre, il s'agit de cette Province, à peu près grande comme la deux centiéme partie de la Chine ; mais qui a fait tant de bruit dans tout l'Univers.

Jamais

Jamais je n'ai oüi parler de ces gens-là, ni au Mogol, ni au Japon, ni dans la Grande Tartarie, dit le Chinois d'un air ingénu.

Ah ignorant ! ah barbare, s'écria poliment notre Sçavant; vous ne connoiffez donc point Epaminondas le Thébain, ni le Port de Pirée, ni le nom des deux Chevaux d'Achille, ni comment fe nommoit l'Ane de Silène ? Vous n'avez entendu parler ni de Jupiter, ni de Diogène, ni de Laïs, ni de Cibèle, ni de ....

J'ai bien peur, repliqua le Lettré, que vous ne fçachiez rien de l'avanture, éternellement mémorable, du célébre Xixofou Concochigramki, ni des Myftéres du Grand Fi pfi hi hi. Mais, de grace, quelles font encore les chofes inconnuës dont traite cette Hiftoire Univerfelle ? Alors le Sçavant parla un quart-d'heure de fuite de la République Romaine : &, quand il vint à Jules-Céfar, le Chinois l'interrompit, & lui dit : pour celui-là, je crois le connoître; n'étoit-il pas Turc (*) ?

Comment, dit le Sçavant échauffé, eft-ce que vous ne fçavez pas au moins la différence qui eft entre les Payens, les Chrétiens, & les Mufulmans ? Eft-ce que vous ne connoiffez point Conftantin, & l'Hiftoire des Papes ? Nous avons entendu parler confufément, répondit

(*) Il n'y a pas long-tems que les Chinois prenoient tous les Européans pour des Mahométans.

pondit l'Asiatique, d'un certain Mahomet.

Il n'est pas possible, repliqua l'autre, que vous ne connoissiez au moins Luther, Zuingle, Bellarmin, Ecolampade. Je ne retiendrai jamais ces noms-là, dit le Chinois; il sortit alors, & alla vendre une partie considérable de Thé Peco & de fin Grogram, dont il acheta deux belles filles & un Mousse, qu'il raména dans sa Patrie en adorant *le Tien*, & en se recommandant à Confucius.

Pour moi, témoin de cette conversation, je vis clairement ce que c'est que la *Gloire*, & je dis : Puisque César & Jupiter sont inconnus dans le Royaume le plus beau, le plus ancien, le plus vaste, le plus peuplé, le mieux policé de l'Univers, il vous sied bien, Gouverneurs de quelques petits Païs, ô Prédicateurs d'une petite Paroisse, dans une petite Ville, ô Docteurs de Salamanque, ou de Bourges, ô petits Auteurs, ô pesans Commentateurs ; il vous sied bien de prétendre à la réputation !

DU SUICIDE,
OU
DE L'HOMICIDE
DE SOI-MÊME.

CHAPITRE II.

Ecrit en 1729.

Philippe Mordant, Cousin-germain de ce fameux Comte de Peterboroug, si connu dans toutes les Cours de l'Europe, & qui se vante d'être l'homme de l'Univers qui a vû le plus de Postillons & le plus de Rois; Philippe Mordant, dis-je, étoit un jeune homme de vingt-sept ans, beau, bien fait, riche, né d'un sang illustre, pouvant prétendre à tout, & ce qui vaut encore mieux, passionnément aimé de sa Maîtresse. Il prit à ce Mordant un dégoût de la vie : il paya ses dettes,

dettes, écrivit à fes amis pour leur dire adieu, & même fit des Vers dont voici les derniers traduits en Français :

> L'Opium peut aider le Sage ;
> Mais, felon mon opinion,
> Il lui faut au lieu d'Opium
> Un Piftolet & du courage.

Il fe conduifit felon fes principes, & fe dépêcha d'un coup de Piftolet, fans en avoir donné d'autre raifon, finon que fon ame étoit laffe de fon Corps, & que quand on eft mécontent de fa maifon, il faut en fortir. Il fembloit qu'il eût voulu mourir, parce qu'il étoit dégoûté de fon bonheur. Richard Smith vient de donner un étrange Spectacle au monde pour une caufe fort différente. Richard Smith étoit dégoûté d'être réellement malheureux : il avoit été riche, & il étoit pauvre ; il avoit eu de la fanté, & étoit infirme. Il avoit une femme à laquelle il ne pouvoit faire partager que fa mifére : un enfant au berceau étoit le feul bien qui lui reftât. Richard Smith & Bridger Smith, d'un commun confentement, après s'être tendrement embraffez & avoir donné le dernier baifer à leur enfant, ont commencé par tuer cette pauvre créature, & enfuite fe font pendus aux Colomnes de leur

leur lit. Je ne connois nulle part aucune horreur de fang froid qui foit de cette force; mais la Lettre que ces infortunez ont écrite à Mr Brindlay, leur coufin, avant leur mort, eft auffi finguliére que leur mort même.

" Nous croyons, difent-ils, que Dieu
„ nous pardonnera, &c. Nous avons quitté
„ la vie, parce que nous étions malheureux
„ fans reffource, & nous avons rendu à no-
„ tre fils unique le fervice de le tuer, de
„ peur qu'il ne devint auffi malheureux que
„ nous, &c.

Il eft à remarquer que ces gens, après avoir tué leur fils par tendreffe paternelle, ont écrit à un ami pour leur recommander leur Chat & leur Chien. Ils ont crû, aparemment, qu'il étoit plus aifé de faire le bonheur d'un Chat & d'un Chien dans le Monde, que celui d'un Enfant, & ils ne vouloient pas être à charge à leur ami.

Toutes ces Hiftoires Tragiques, dont les Gazettes Anglaifes fourmillent, ont fait penfer à l'Europe qu'on fe tuë plus volontiers en Angleterre qu'ailleurs. Je ne fçai pourtant fi à Paris il n'y a pas autant de fous qu'à Londres; peut-être que fi nos Gazettes tenoient un Regiftre exact de ceux qui ont eu la démence de vouloir fe tuer & le trifte courage de le faire, nous pourrions fur ce point avoir le malheur

malheur de tenir tête aux Anglais. Mais nos Gazettes font plus discrettes: les avantures des particuliers ne font jamais exposées à la médisance publique dans ces Journaux avoüez par le Gouvernement. Tout ce que j'ose dire avec assûrance, c'est qu'il ne sera jamais à craindre que cette folie de se tuer, devienne une maladie épidémique: la Nature y a trop bien pourvû; l'espérance, la crainte, sont les ressorts puissans dont elle se sert, pour arrêter presque toûjours la main du malheureux prêt à se fraper.

On a beau nous dire qu'il y a eu des Païs où un Conseil étoit établi pour permettre aux Citoyens de se tuer, quand ils en avoient des raisons vrai, valables; je réponds, ou que cela n'est pas ou que ces Magistrats avoient très-peu d'occupation.

Voici seulement ce qui pourroit nous étonner, & ce qui mérite, je crois, un sérieux examen. Les anciens Héros Romains se tuoient presque tous, quand ils avoient perdu une Bataille dans les Guerres Civiles, & je ne vois point que ni du tems de la Ligue, ni de celui de la Fronde, ni dans les Troubles d'Italie, ni dans ceux d'Angleterre, aucun Chef ait pris le parti de mourir de sa propre main. Il est vrai que ces Chefs étoient Chrétiens, & qu'il y a bien de la différence entre les principes d'un Guerrier Chrétien, & ceux d'un Héros Payen; cependant pourquoi ces hommes, que

Tome IV. G le

le Christianisme retenoit, quand ils vouloient se procurer la mort n'ont-ils été retenus par rien, quand ils ont voulu empoisonner, assassiner, ou faire mourir leurs ennemis vaincus sur des échaffauds, &c.? La Religion Chrétienne ne défend-elle pas ces homicides-là, encore plus que l'homicide de soi-même?

Pourquoi donc, Caton, Brutus, Cassius, Antoine, Othon & tant d'autres, se sont-ils tués si résolument, & que nos Chefs de Parti se sont laissés pendre, ou bien ont laissé languir leur misérable vieillesse dans une prison? Quelques Beaux Esprits disent que ces Anciens, n'avoient pas *le véritable courage*: que Caton fit une action de *Poltron* en se tuant, & qu'il y auroit eu bien plus de grandeur d'ame à ramper sous César; cela est bon dans une Ode, ou dans une Figure de Rhétorique. Il est très-sûr que ce n'est pas être sans courage, que de se procurer tranquilement une mort sanglante: qu'il faut quelque force pour surmonter ainsi l'instinct le plus puissant de la Nature; & qu'enfin une telle action prouve de la fureur, & non pas de la foiblesse. Quand un malade est en frénésie, il ne faut pas dire qu'il n'a point de force; il faut dire que sa force est celle d'un frénétique.

La Religion payenne défendoit *l'homicide de soi-même*, ainsi que la Chrétienne: il y avoit même

même des places dans les Enfers pour ceux qui s'étoient tués :

Proxima deinde tenent mæsti loca, qui sibi lethum,
Insontes peperere manu, lucemque perosi
Projecere animas ; quam vellent æthere in alto,
Nunc & pauperiem & duros perferre labores !
Fata obstant, tristique Palus innabilis unda
Alligat, & novies Styx interfusa coercet.

Virg. Æneid. Lib. VI. v. 434. & seqq.

Là sont ces Insensez qui, d'un bras téméraire,
Ont cherché dans la mort un secours volontaire,
Qui n'ont pû suporter, foibles & malheureux,
Le fardeau de la vie imposé par les Dieux.
Hélas ! ils voudroient tous se rendre à la lumiére,
Recommencer cent fois leur pénible carriére :
Ils regrettent la vie, ils pleurent, & le sort,
Le sort, pour les punir, les retient dans la mort ;
L'abîme du Cocyte & l'Acheron terrible,
Met, entre eux & la vie, un obstacle invincible.

Telle étoit la Religion des Payens, & malgré les peines qu'on alloit chercher dans l'autre Monde, c'étoit un honneur de quitter celui-ci & de se tuer ; tant les mœurs des hommes sont contradictoires. Parmi nous le Duel n'estn'est-il pas encore malheureusement honorable, quoique défendu par la Raison, par la Religion & par toutes les Loix? Si Caton & César, Antoine & Auguste, ne se sont pas battus en Duel, ce n'est pas qu'ils ne fussent aussi braves que nos Français. Si le Duc de Montmorenci, le Maréchal de Morillac, de Thou, S. Mars, & tant d'autres, ont mieux aimé être traînez au dernier suplice dans une Charette, comme des Voleurs de grand chemin, que de se tuer comme Caton & Brutus; ce n'est pas qu'ils n'eussent autant de courage que ces Romains, & qu'ils n'eussent autant de ce qu'on apelle honneur; la véritable raison, c'est que la mode n'étoit pas alors à Paris de se tuer en pareil cas, & cette mode étoit établie à Rome.

Les femmes de la Côte de Malabar se jettent toutes vives sur le bucher de leurs maris: ont-elles plus de courage que Cornélie? Non, mais la coutume est dans ce Païs-là que les femmes se brûlent.

Coutume, opinion, Reines de notre sort,
Vous réglez des Mortels & la vie & la mort.

DE LA
RELIGION
DES
QUAKERS.

CHAPITRE III.

J'Ai cru que la Doctrine & l'Histoire d'un Peuple aussi extraordinaire que les Quakers, méritoient la curiosité d'un homme raisonnable. Pour m'en instruire, j'allai trouver un des plus célébres Quakers d'Angleterre, qui, après avoir été trente ans dans le Commerce, avoit sçu mettre des bornes à sa fortune & à ses desirs, & s'étoit retiré dans une Campagne auprès de Londres. J'allai le chercher dans sa retraite ; c'étoit une Maison petite, mais bien bâtie, & ornée de sa seule propreté. Le Quaker (*) étoit un vieillard frais, qui n'avoit jamais

---

(*) Il s'apelloit André Pit, & tout cela est exactement vrai à quelques circonstances près. André Pit écrivit depuis à l'Auteur pour se plaindre de ce qu'on avoit ajouté un peu à la vérité, & l'assura que Dieu étoit offensé de ce qu'on avoit plaisanté les Quakers.

mais eu de maladie, parce qu'il n'avoit jamais connu les paſſions, ni l'intempérance. Je n'ai point vû en ma vie d'air plus noble, ni plus engageant que le ſien. Il étoit vêtu, comme tous ceux de ſa Religion, d'un habit ſans plis dans les côtés, & ſans boutons ſur les poches ni ſur les manches, & portoit un grand chapeau à bords rabattus comme nos Eccléſiaſtiques. Il me reçut avec ſon chapeau ſur la tête, & s'avança vers moi ſans faire la moindre inclination de corps; mais il y avoit plus de politeſſe dans l'air ouvert & humain de ſon viſage, qu'il n'y en a dans l'uſage de tirer une jambe derriére l'autre, & de porter à la main ce qui eſt fait pour couvrir la tête. Ami, me dit-il, je vois que tu es étranger, ſi je puis t'être de quelqu'utilité, tu n'as qu'à parler. Monſieur, lui dis-je en me courbant le corps, & en gliſſant un pied vers lui ſelon notre coutume, je me flatte que ma juſte curioſité ne vous déplaira pas, & que vous voudrez bien me faire l'honneur de m'inſtruire de votre Religion. Les gens de ton Païs, me répondit-il, font trop de compliment & de révérences; mais je n'en ai encore vû aucun qui ait eu la même curioſité que toi. Entre, & dînons d'abord enſemble. Je fis encore quelques mauvais complimens, parce qu'on ne ſe défait pas de ſes habitudes tout-d'un-coup, & après un repas ſain &
frugal,

ET DE PHILOSOPHIE. 151

frugal, qui commença & qui finit par une priére à Dieu, je me mis à interroger mon homme.

Je débutai par la queſtion que de bons Catholiques ont fait plus d'une fois aux Huguenots. Mon cher Monſieur, dis-je, êtes-vous baptiſé ? Non, me répondit le Quaker, & mes confréres ne le ſont point. Comment morbleu, repris-je, vous n'êtes donc pas Chrétiens ? Mon ami, repartit-il d'un ton doux, ne jure point : nous ſommes Chrétiens ; mais nous ne penſons pas que le Chriſtianiſme conſiſte à jetter de l'eau ſur la tête d'un enfant avec un peu de ſel. Eh bon Dieu ! repris-je outré de cette impiété, vous avez donc oublié que Jeſus-Chriſt fut baptiſé par Jean ? Ami, point de juremens, encore un coup, dit le benin Quaker. Le Chriſt reçut le baptême de Jean, mais il ne baptiſa jamais perſonne ; nous ne ſommes pas les Diſciples de Jean, mais du Chriſt. Ah ! comme vous ſeriez brûlez par la Sainte Inquiſition, m'écriai-je ! Au nom de Dieu, cher homme, que je vous baptiſe ! S'il ne falloit que cela pour condeſcendre à ta foibleſſe, nous le ferions volontiers, repartit-il gravement, nous ne condamnons perſonne pour uſer de la cérémonie du baptême ; mais nous croyons que ceux qui profeſſent une Religion toute ſainte & toute ſpirituelle, doivent s'abſtenir, autant qu'ils le peuvent, des céré-

G 4   monies

monies Judaïques. En voici bien d'un autre, m'écriai-je ; des cérémonies Judaïques ! Oüi, mon ami, continua-t'il, & fi Judaïques, que plufieurs Juifs encore aujourd'hui ufent quelquefois du baptême de Jean. Confulte l'Antiquité, elle t'aprendra que Jean ne fit que renouveler cette pratique, laquelle étoit en ufage long-tems avant lui parmi les Hébreux, comme le Pélerinage de la Mecque l'étoit parmi les Ifmaëlites. Jefus voulut bien recevoir le baptême de Jean, de même qu'il s'étoit foumis à la circoncifion ; mais, & la circoncifion & le lavement d'eau doivent être tous deux abolis par le baptême du Chrift, ce baptême de l'efprit, cette ablution de l'ame qui fauve les hommes. Auffi le Précurfeur Jean difoit : *Je vous baptife à la vérité avec de l'eau, mais un autre viendra après moi plus puiffant que moi, & dont je ne fuis pas digne de porter les fandales ; celui-là vous baptifera avec le feu & le Saint Efprit.* Auffi le grand Apôtre des Gentils, Paul, écrit aux Corinthiens, *le Chrift ne m'a pas envoyé pour baptifer, mais pour prêcher l'Evangile* ; auffi ce même Paul ne baptifa jamais avec de l'eau que deux perfonnes, encore fût-ce malgré lui. Il circoncit fon difciple Timothée : les autres Apôtres circoncifoient auffi tous ceux qui vouloient l'être ; es-tu circoncis, ajouta-t'il ? Je lui répondis que je n'avois pas cet honneur. Eh bien, dit-il, l'ami, tu es Chrétien fans être circoncis,

circoncis, & moi, fans être baptifé. Voilà comme mon faint homme abufoit affez fpecieufement de trois ou quatre paffages de la Sainte Ecriture qui fembloient favorifer fa Secte; mais il oublioit de la meilleure foi du monde une centaine de paffage qui l'écrafoient. Je me gardai bien de lui rien contefter, il n'y a rien à gagner avec un Enthoufiafte. Il ne faut point s'avifer de dire à un homme les défauts de fa Maîtreffe, ni à un Plaideur le foible de fa caufe, ni des raifons à un Illuminé. Ainfi je paffai à d'autres queftions.

A l'égard de la Communion, lui dis-je, comment en ufez-vous? Nous n'en ufons point, dit-il. Quoi! point de Communion? Non, point d'autre que celle des cœurs. Alors il me cita encore les Ecritures; il me fit un fort beau Sermon contre la Communion, & me parla d'un ton d'infpiré, pour me prouver que les Sacremens étoient tous d'invention humaine, & que le mot de Sacrement ne fe trouvoit pas une feule fois dans l'Evangile. Pardonne, dit-il à mon ignorance, je ne t'ai pas aporté la centiéme partie des preuves de ma Religion, mais tu peux les voir dans l'expofition de notre Foi par Robert Barclay. C'eft un des meilleurs Livres qui foit jamais forti de la main des hommes; nos ennemis conviennent qu'il eft très-dangereux, cela prouve combien il est raisonnable. Je lui promis de lire ce Livre, & mon Quaker me crut déja converti. Ensuite il me rendit raison, en peu de mots, de quelques singularités qui exposent cette Secte au mépris des autres. Avouë, dit-il, que tu as eu bien de la peine à t'empêcher de rire, quand j'ai répondu à toutes tes civilitez avec mon chapeau sur la tête, & en te tutoyant. Cependant tu me parois trop instruit, pour ignorer que du tems du Christ, aucune Nation ne tomboit dans le ridicule de substituer le plurier au singulier : on disoit à César Auguste, *Je t'aime, je te prie, je te remercie* ; il ne souffroit pas même qu'on l'apelât Monsieur, *Dominus*. Ce ne fut que long-tems après lui, que les hommes s'avisérent de se faire apeler *vous* au lieu de *tu*, comme s'ils étoient doubles, & d'usurper les titres impertinens de Grandeur, d'Eminence, de Sainteté, de Divinité même, que des vers de terre donnent à d'autres. Vers de terre en les assûrans qu'ils sont avec un profond respect, & une fausseté infâme, leurs très-humbles & très-obéïssans serviteurs. C'est pour être plus sur nos gardes contre cet indigne commerce de mensonges & de flâteries, que nous tutoyons également les Rois & les Charbonniers, que nous ne saluons personne, n'ayans pour les hommes que de la charité, & du respect que pour les Loix.

Nous

Nous portons aussi un habit un peu différent des autres hommes, afin que ce soit pour nous un avertissement continuel de ne leur pas ressembler. Les autres portent les marques de leurs dignités, & nous celle de l'humilité Chrétienne. Nous fuyons les assemblées de plaisir, les spectacles, le jeu; car nous serions bien à plaindre de remplir de ces bagatelles des cœurs en qui Dieu doit habiter. Nous ne faisons jamais de sermens, pas même en Justice ; nous pensons que le nom du Très-Haut ne doit point être prostitué dans les debats misérables des hommes. Lorsqu'il faut que nous comparoissions devant les Magistrats pour les affaires des autres (car nous n'avons jamais de procès), nous affirmons la vérité par un *oüi* ou par un *non* ; & les Juges nous en croyent sur notre simple parole, tandis que tant d'autres Chrétiens se parjurent sur l'Evangile. Nous n'allons jamais à la guerre : ce n'est pas que nous craignions la mort, au contraire, nous benissons le moment qui nous unit à l'Etre des Etres ; mais c'est que nous ne sommes ni Loups, ni Tigres, ni Dogues, mais hommes, mais Chrétiens. Notre Dieu, qui nous a ordonné d'aimer nos ennemis, & de souffrir sans murmure, ne veut pas, sans doute, que nous passions la Mer pour aller égorger nos freres, parce que des meurtriers vêtus de rouge, avec un bonnet haut de deux piẽds,

G 6 *enrôlent*

enrôlent des Citoyens en faisans du bruit avec deux petits bâtons fur une peau d'Ane bien tenduë. Et lorfqu'après des batailles gagnées, tout Londres brille d'illuminations, que le Ciel eft enflammé de fufées, que l'air retentit du bruit des actions de graces, des Cloches, des Orgues, des Canons, nous gémiffons en filence fur ces meurtres qui caufent la publique allegreffe.

DE LA
RELIGION
DES
QUAKERS.

CHAPITRE IV.

Telle fut à peu près la converfation que j'eus avec cet homme fingulier. Mais je fus bien furpris quand le Dimanche fuivant, il me ména à l'Eglife des Quakers. Ils ont plufieurs Chapelles à Londres ; celle où j'allai eft près de ce fameux Pilier, que l'on apelle le Monument. On étoit déja affemblé, lorfque j'entrai avec mon Conducteur. Il y avoit environ quatre cens hommes dans l'Eglife, & trois cens femmes. Les femmes fe cachoient le vifage, les hommes étoient couverts de leurs larges chapeaux ; tous étoient affis, tous dans un profond filence. Je paffai au milieu d'eux, fans qu'un feul levât les yeux fur moi. Ce filence dura une quart-d'heure : enfin un
d'eux

d'eux se leva, ôta son chapeau, & après quelques soupirs, debita moitié avec la bouche, moitié avec le nez, un galimatias tiré, à ce qu'il croyoit, de l'Evangile, où ni lui, ni personne n'entendoit rien. Quand ce faiseur de contorsions eut fini son beau monologue, & que l'Assemblée se fut séparée toute édifiée, & toute stupide, je demandai à mon homme pourquoi les plus sages d'entre eux souffroient de pareilles sottises? Nous sommes obligez de les tolérer, me dit-il, parce que nous ne pouvons pas sçavoir si un homme qui se léve pour parler, sera inspiré par l'Esprit ou par la folie. Dans le doute nous écoutons tout patiemment, nous permettons même aux femmes de parler; deux ou trois de nos Dévotes se trouvent souvent inspirées à la fois, & c'est alors qu'il se fait un beau bruit dans la Maison du Seigneur. Vous n'avez donc point de Prêtres, lui dis-je. Non, mon ami, dit le Quaker, & nous nous en trouvons bien. Alors ouvrant un Livre de sa Secte, il lut avec emphase ces paroles : A Dieu ne plaise que nous osions ordonner à quelqu'un de recevoir le Saint Esprit le Dimanche, à l'exclusion de tous les autres fidèles. Grace au Ciel, nous sommes les seuls sur la Terre qui n'ayons point de Prêtres. Voudrois-tu nous ôter une distinction si heureuse? Pourquoi abandonnerons-nous notre enfant à des nourrices mercenaires, quand

nous

nous avons du lait à lui donner ? Ces Mercenaires domineroient bien-tôt dans la Maison, & oprimeroient la mere & l'enfant. Dieu a dit, vous avez reçû *gratis*, donnez *gratis*. Irons-nous après cette parole marchander l'Evangile, vendre l'Esprit Saint, & faire d'une assemblée de Chrétiens une Boutique de Marchands? Nous ne donnons point d'argent à des hommes vétus de noir pour assister nos pauvres, pour enterrer nos morts, pour prêcher les fidèles ; ces saints emplois nous sont trop chers pour nous en décharger sur d'autres. Mais, comment pouvez-vous discerner, insistai-je, si c'est l'Esprit de Dieu qui vous anime dans vos discours ? Quiconque, dit-il, priera Dieu de l'éclairer, & qui annoncera des véritez évangéliques qu'il sentira, que celui-là soit sûr que Dieu l'inspire. Alors il m'accabla de citations de l'Ecriture, qui démontroient, selon lui, qu'il n'y a point de Christianisme sans une révélation immédiate, & il ajoûta ces paroles remarquables : Quand tu fais mouvoir un de tes membres, est-ce ta propre force qui le rémuë ? Non, sans doute, car ce membre a souvent des mouvemens involontaires ; c'est donc celui qui a créé ton corps qui meut ce corps de terre. Et les idées que reçoit ton Ame, est-ce toi qui les forme ? Encore moins, car elles viennent malgré toi ; c'est donc le Créateur de ton Ame qui te donne tes idées ; mais
comme

comme il a laissé à ton cœur la liberté, il donne à ton esprit les idées que ton cœur mérite; tu vis dans Dieu, tu agis, tu penses dans Dieu. Tu n'as donc qu'à ouvrir les yeux à cette lumiére qui éclaire tous les hommes, alors tu verras la vérité, & la feras voir. Eh ! voilà le Pere Malebranche, tout pur, m'écrirai-je. Je connois ton Malebranche, dit-il; il étoit un peu Quaker, mais il ne l'étoit pas assez. Ce sont-là les choses les plus importantes que j'ai aprises touchant la Doctrine des Quakers; dans la premiére Lettre vous aurez leur Histoire que vous trouverez encore plus singuliére que leur Doctrine.

HISTOIRE

HISTOIRE DES QUAKERS.

CHAPITRE V.

Vous avez déja vû que les Quakers dattent depuis Jesus-Christ, qui fut selon eux le premier Quaker. La Religion, disent-ils, fut corrompuë presque après sa mort, & resta dans cette corruption environ 1600. années. Mais il y avoit toûjours quelques Quakers cachez dans le Monde, qui prenoient soin de conserver le feu sacré, éteint par-tout ailleurs, jusqu'à ce qu'enfin cette lumiére s'étendit en Angleterre en l'an 1642.

Ce fut dans le tems que trois ou quatre Sectes déchiroient la Grande-Bretagne par des Guerres civiles entreprises au nom de Dieu, qu'un nommé Georges Fox, du Comté de Leicester, fils d'un Ouvrier en soye, s'avisa de prêcher en vrai Apôtre, à ce qu'il prétendoit,

c'est-

c'est-à-dire, sans sçavoir ni lire ni écrire. C'étoit un jeune homme de vingt-cinq ans, de mœurs irréprochables & saintement fou. Il étoit vétu de cuir depuis les pieds jusqu'à la tête, il alloit de Village en Village, criant contre la Guerre & contre le Clergé. S'il n'avoit prêché que contre les gens de guerre, il n'avoit rien à craindre, mais il attaquoit les gens d'Eglise. Il fut bien-tôt mis en prison; on le mena à Darby devant le Juge de Paix. Fox se presenta au Juge avec son bonnet de cuir sur la tête. Un Sergent lui donna un grand soufflet, en lui disant: Gueux, ne sçais-tu pas qu'il faut paroître tête nuë devant Mr le Juge? Fox tendit l'autre jouë, & pria le Sergent de vouloir bien lui donner un autre soufflet pour l'amour de Dieu. Le Juge de Darby voulut lui faire prêter serment avant de l'interroger. Mon ami, sçache, dit-il au Juge, que je ne prends jamais le Nom de Dieu en vain. Le Juge voyant que cet homme le tutoyoit, l'envoya aux Petites-Maisons de Darby pour y être foüetté. Georges Fox alla en loüant Dieu à l'Hôpital des fous, où l'on ne manqua pas d'exécuter à la rigueur la sentence du Juge. Ceux qui lui infligérent la pénitence du foüet furent bien surpris, quand il les pria de lui apliquer encore quelques coups de verges pour le bien de son ame. Ces Messieurs ne se firent pas prier: Fox eut sa double dose, dont il les
remercia

remercia très-cordialement ; puis il se mit à les prêcher. D'abord on rit, ensuite on l'écouta, & comme l'enthousiasme est une maladie qui se gagne, plusieurs furent persuadez, & ceux qui l'avoient foüetté devinrent ses premiers disciples. Délivré de sa prison, il courut les champs avec une douzaine de Profélytes, prêchant toûjours contre le Clergé, & foüetté de tems en tems. Un jour étant mis au Pilori, il harangua tout le peuple avec tant de force, qu'il convertit une cinquantaine d'Auditeurs, & mit le reste tellement dans ses intérêts, qu'on le tira en tumulte du trou où il étoit ; on alla chercher le Curé Anglican dont le crédit avoit fait condamner Fox à ce suplice, & on le piloria à sa place.

Il osa bien convertir quelques Soldats de Cromwel, qui quittérent le métier des armes, & refusérent de prêter le serment. Cromwel ne vouloit pas d'une Secte où l'on ne se battoit point, de même que Sixte-Quint auguroit mal d'une Secte, *dove non si chiavava* : il se servit de son pouvoir, pour persécuter ces nouveaux venus. On en remplissoit les prisons, mais les persécutions ne servent presque jamais qu'à faire des Profélytes. Ils sortoient de leurs prisons affermis dans leur créance, & suivis de leurs Géoliers qu'ils avoient convertis. Mais voici ce qui contribua le plus à étendre la Secte. Fox se croyoit inspiré, il crut par conséquent

séquent devoir parler d'une maniére différente des autres hommes. Il se mit à trembler, à faire des contorsions & des grimaces, à retenir son haleine, à la pousser avec violence; la Prêtresse de Delphes n'eut pas mieux fait. En peu de tems il âquit une grande habitude d'inspiration, & bien-tôt après il ne fut plus guéres en son pouvoir de parler autrement. Ce fut le premier don qu'il communiqua à ses Disciples. Ils firent de bonne foi toutes les grimaces de leur Maître, ils trembloient de toutes leurs forces au moment de l'inspiration. De-là ils en eurent le nom de *Quakers*, qui signifie *Trembleurs*. Le petit Peuple s'amusoit à les contrefaire, on trembloit, on parloit du nez, on avoit des convulsions, & on croyoit avoir le S. Esprit. Il leur falloit quelques miracles, ils en firent.

Le Patriarche Fox dit publiquement à un Juge de Paix, en presence d'une grande assemblée : Ami, prends garde à toi, Dieu te punira bien-tôt de persécuter les Saints. Ce Juge étoit un yvrogne qui s'enyvroit tous les jours de mauvaise Biére & d'Eau-de-vie, il mourut d'apopléxie deux jours après précisément comme il venoit de signer un ordre pour envoyer quelques Quakers en prison. Cette mort soudaine ne fut point attribuée à l'intempérance du Juge : tout le monde la regarda comme un effet des prédictions du saint homme ; cette mort fit plus de Quakers, que mille le Sermons & autant de convulſions n'en auroient pû faire. Cromwel voyant que leur nombre augmentoit tous les jours, voulut les attirer à ſon parti, il leur fit offrir de l'argent; mais ils furent incorruptibles, & il dit un jour que cette Religion étoit la ſeule contre laquelle il n'avoit pû prévaloir avec des guinées.

Ils furent quelquefois perſécutez ſous Charles Second, non pour leur Religon, mais pour ne vouloir pas payer les dixmes au Clergé, pour tutoyer les Magiſtrats, & refuſer de prêter les ſermens preſcrits par la Loi.

Enfin Robert Barclay, Ecoſſois, preſenta au Roi en 1675. ſon Apologie des Quakers, Ouvrage auſſi bon qu'il pouvoit l'être. L'Epître Dédicatoire à Charles Second contient non des baſſes flâteries, mais des véritez hardies, & des conſeils juſtes. " Tu as goûté, " dit-il à Charles, à la fin de cette Epître, " de la douceur & de l'amertume, de la " proſpérité & des plus grands malheurs : tu " as été chaſſé des Païs où tu régnes, tu " as ſenti le poid de l'opreſſion, & tu dois " ſçavoir combien l'Opreſſeur eſt déteſtable " devant Dieu & devant les hommes : que ſi " après tant d'épreuves & de bénédictions " ton cœur s'endurciſſoit, & oublioit le Dieu " qui s'eſt ſouvenu de toi dans tes diſgraces, " ton crime en ſeroit plus grand, & ta con- " damnation plus terrible ; au lieu donc d'é- "
„ couter

"couter les flâteurs de ta Cour, écoute la "voix de ta Conscience, qui ne te flâtera jamais. Je suis ton fidèle ami & sujet, Barclay."

Ce qui est plus étonnant, c'est que cette Lettre écrite à un Roi, par un particulier obscur, eut son effet, & que la persécution cessa.

HISTOIRE DES QUAKERS

CHAPITRE VI.

ENviron ce tems parut l'illustre Guillaume Pen, qui établit la puissance des Quakers en Amérique, & qui les auroit rendus respectables en Europe, si les hommes pouvoient respecter la Vertu sous des aparences ridicules. Il étoit fils unique du Chevalier Pen, Vice-Amiral d'Angleterre, & favori du Duc d'Yorck, depuis Jacques Second.

Guillaume Pen, à l'âge de quinze ans, rencontra un Quaker à Oxfort, où il faisoit ses études : ce Quaker le persuada, & le jeune homme, qui étoit vif, naturellement éloquent, & qui avoit de l'ascendant dans sa Physionomie & dans ses maniéres, gagna bien-tôt quelques-uns de ses camarades : il établit insensiblement une Société de Jeunes Quakers qui
s'assembloient

s'assembloient chez lui ; de sorte qu'il se trouva Chef de la Secte à l'âge de seize ans.

De retour chez le Vice-Amiral son pere, au sortir du Collége, au lieu de se mettre à genoux devant lui, & de lui demander sa bénédiction, selon l'usage des Anglais, il l'aborda le chapeau sur la tête, & lui dit : Je suis fort aise, l'ami, de te voir en bonne santé. Le Vice-Amiral crut que son fils étoit devenu fou ; il aperçût bien-tôt qu'il étoit Quaker. Il mit en usage tous les moyens que la prudence humaine peut employer pour l'engager à vivre comme un autre ; le jeune homme ne répondit à son pere qu'en l'exhortant à se faire Quaker lui-même. Enfin le pere se relâcha à ne lui demander autre chose, sinon qu'il allât voir le Roi & le Duc d'Yorck le chapeau sous le bras, & qu'il ne les tutoyât point. Guillaume répondit que sa conscience ne le lui permettoit pas, & qu'il valoit mieux obéïr à Dieu qu'aux hommes ; le pere indigné & au desespoir, le chassa de sa Maison. Le jeune Pen remercia Dieu de ce qu'il souffroit déja pour sa cause ; il alla prêcher dans la Cité, il y fit beaucoup de Prosélites.

Les Prêches des Ministres éclaircissoient tous les jours, & comme il étoit jeune, beau, & bien fait, les femmes de la Cour & de la Ville accouroient, dévotement pour l'entendre. Le Patriarche George Fox vint du fond de de l'Angleterre le voir à Londres, sur sa réputation; tous deux résolurent de faire des Missions dans les Païs étrangers; ils s'embarquérent pour la Hollande, après avoir laissé des Ouvriers en assez bon nombre pour avoir soin de la Vigne de Londres.

Leurs travaux eurent un heureux succès à Amsterdam; mais ce qui leur fit plus d'honneur, & ce qui mit le plus leur humilité en danger, fut la réception que leur fit la Princesse Palatine Elizabeth, tante de George I. Roi d'Angleterre, femme illustre par son esprit & par son sçavoir, & à qui Descartes avoit dédié son Roman de Philosophie.

Elle étoit alors retirée à la Haye, où elle vit *les Amis*, car c'est ainsi qu'on apeloit alors les Quakers en Hollande. Elle eut plusieurs conférences avec eux; ils prêchérent souvent chez elle, & s'ils ne firent pas d'elle une parfaite Quakeresse, ils avoüérent au moins qu'elle n'étoit pas loin du Royaume des Cieux. Les Amis semérent aussi en Allemagne, mais il y recueillirent peu; on ne goûta pas la mode de tutoyer dans un Païs où il faut prononcer toûjours les termes d'Altesse & d'Excélence. Pen repassa bien-tôt en Angleterre sur la nouvelle de la maladie de son pere, il vint recueillir ses derniers soupirs. Le Vice-Amiral se réconcilia avec lui, & l'embrassa avec tendresse, quoiqu'il fût d'une différente Religion. Mais

Guillaume l'exhorta en vain à ne point recevoir le Sacrement, & à mourir Quaker ; & le vieux bon homme recommanda inutilement à Guillaume d'avoir des boutons sur ses manches & des ganses à son chapeau.

Guillaume hérita de grands biens, parmi lesquels il se trouvoit des dettes de la Couronne pour des avances faites par le Vice-Amiral dans des Expéditions maritimes. Rien n'étoit moins assûré alors que l'argent dû par le Roi. Pen fut obligé d'aller tutoyer Charles Second & ses Ministres, plus d'une fois, pour son payement. Le Gouvernement lui donna en 1680. au lieu d'argent la propriété & la Souveraineté d'une Province d'Amérique, au Sud de Maryland. Voilà un Quaker devenu Souverain. Il partit pour ses nouveaux Etats avec deux Vaisseaux chargés de Quakers, qui le suivirent. On apela dès-lors le Païs *Pensilvania*, du nom de Pen ; il y fonda la Ville de Philadelphie, qui est aujourd'hui très-florissante. Il commença par faire une Ligue avec les Amériquains ses voisins. C'est le seul Traité entre ces Peuples & les Chrétiens qui n'ait point été juré, & qui n'ait point été rompu. Le nouveau Souverain fut aussi le Législateur de la Pensilvanie, il donna des Loix très-sages, dont aucune n'a été changée depuis lui. La première est de ne maltraiter personne au sujet de la Religion, & de regarder comme freres

freres tous ceux qui croyent un Dieu.

A peine eut-il établi son Gouvernement que plusieurs Marchands de l'Amérique vinrent peupler cette Colonie. Les Naturels du Païs au lieu de fuïr dans les Forêts, s'accoûtumérent insensiblement avec les pacifiques Quakers. Autant ils détestoient les autres Chrétiens conquérans & destructeurs de l'Amérique, autant ils aimoient ces nouveaux venus. En peu de tems ces prétendus Sauvages, charmez de la douceur de ces voisins, vinrent en foule demander à Guillaume Pen de les recevoir au nombre de ses Vassaux. C'étoit un Spectacle bien nouveau qu'un Souverain que tout le monde tutoyoit, & à qui on parloit le chapeau sur la tête ; un Gouvernement sans Prêtres, un Peuple sans Armes, des Citoyens tous égaux, à la Magistrature près, & des Voisins sans jalousie. Guillaume Pen pouvoit se vanter d'avoir aporté sur la Terre l'Age d'Or, dont on parle tant, & qui n'a vraisemblablement existé qu'en Pensilvanie.

Il revint en Angleterre pour les affaires de son nouveau Païs, après la mort de Charles Second. Le Roi Jacques, qui avoit aimé son pere, eut la même affection pour le fils, & ne le considéra plus comme un Sectaire obscur, mais comme un très-grand homme. La politique du Roi s'accordoit en cela avec son goût. Il avoit envie de flatter les Quakers en abolissant les Loix faites contre les Non-Conformistes, afin de pouvoir introduire la Religion Catholique à la faveur de cette liberté. Toutes les Sectes d'Angleterre virent le piége, & ne s'y laissérent pas prendre; elles sont toûjours réünies contre le Catholicisme, leur ennemi commun. Mais Pen ne crût pas devoir renoncer à ses principes pour favoriser des Protestans qui le haïssoient, contre un Roi qui l'aimoit. Il avoit établi la liberté de conscience en Amérique, il n'avoit pas envie de vouloir paroître la détruire en Europe; il demeura donc fidèle à Jacques Second, au point qu'il fut généralement accusé d'être Jésuite. Cette calomnie l'affligea sensiblement, il fut obligé de s'en justifier par des Ecrits publics. Cependant le malheureux Jacques Second, qui, comme presque tous les Stuards, étoit un composé de grandeur & de foiblesse, & qui, comme eux, en fit trop & trop peu, perdit son Royaume sans qu'il y eût une épée de tirée, & sans qu'on pût dire comment la chose arriva.

Toutes les Sectes Anglaises reçurent de Guillaume Troisiéme & de son Parlement, cette même liberté qu'elles n'avoient pas voulu tenir des mains de Jacques. Ce fut alors que les Quakers commencérent à joüir par la force des Loix de tous les Priviléges dont ils sont en possession aujourd'hui. Pen, après avoir vû enfin sa Secte établie sans contradiction dans
le

le Païs de sa naissance, retourna en Pensilvanie. Les siens & les Amériquains le reçurent avec des larmes de joye, comme un pere qui revenoit voir ses enfans. Toutes ses Loix avoient été religieusement observées pendant son absence ; ce qui n'étoit arrivé à aucun Législateur avant lui. Il resta quelques années à Philadelphie : il en partit enfin malgré lui pour aller solliciter à Londres des avantages nouveaux en faveur du Commerce des Pensilvains ; il ne les revit plus, il mourut à Londres en 1718.

Je ne puis deviner quel sera le sort de la Religion des Quakers en Amérique ; mais je vois qu'elle dépérit tous les jours à Londres. Par-tout Païs la Religion dominante, quand elle ne persécute point, engloutit à la longue toutes les autres. Les Quakers ne peuvent être Membres du Parlement, ni posséder aucun Office, parce qu'il faudroit prêter serment, & qu'ils ne veulent point jurer ; ils sont réduits à la nécessité de gagner de l'argent par le commerce. Leurs enfans, enrichis par l'industrie de leurs peres, veulent joüir, avoir des honneurs, des boutons, & des manchettes ; ils sont honteux d'être apelés Quakers, & se font Protestans pour être à la mode.

DE LA RELIGION ANGLICANE.

CHAPITRE VII.

C'Est ici le Païs des Sectes : *multæ sunt manfiones in domo patris mei;* un Anglais, comme homme libre, va au Ciel par le chemin qui lui plaît.

Cependant, quoique chacun puisse ici servir Dieu à sa mode, leur véritable Religion, celle où l'on fait fortune, est la Secte des Episcopaux, apelée l'Eglise Anglicane, ou l'Eglise par excélence. On ne peut avoir d'emploi ni en Angleterre, ni en Irlande, sans être du nombre des fidèles Anglicans. Cette raison, qui est une excélente preuve, a converti tant de Nonconformistes, qu'aujourd'hui il n'y a pas la vingtiéme partie de la Nation qui soit hors du giron de l'Eglise dominante.

Le Clergé Anglican a retenu beaucoup des Cérémonies Catholiques, & sur-tout celle de
recevoir

recevoir les Dixmes avec une attention très-scrupuleuse. Ils ont aussi la pieuse ambition d'être les Maîtres ; car quel Vicaire de Village ne voudroit pas être Pape ?

De plus, ils fomentent, autant qu'ils peuvent, dans leurs Oüailles un saint zèle contre les Nonconformistes. Ce zèle étoit assez vif sous le gouvernement des Toris, dans les derniéres années de la Reine Anne : mais il ne s'étendoit pas plus loin qu'à casser quelquefois les vitres des Chapelles hérétiques ; car la rage des Sectes a fini en Angleterre avec les Guerres civiles, & ce n'étoit plus sous la Reine Anne que les bruits sourds d'une Mer encore agitée long-tems après la tempête. Quand les Whigs & les Toris déchirérent leur Païs, comme autrefois les Guelphes & les Gibelins, il fallut bien que la Religion entrât dans les partis ; les Toris étoient pour l'Episcopat, les Wighs le vouloient abolir : mais ils se sont contentez de l'abaisser quand ils ont été les Maîtres.

Du tems que le Comte Harley d'Oxford & Mylord Bolingbroke faisoient boire la santé des Toris, l'Eglise Anglicane les regardoit comme les défenseurs de ses saints Priviléges. L'Assemblée du bas Clergé, qui est une espéce de Chambre des Communes, composée d'Ecclésiastiques, avoit alors quelque crédit ; elle joüissoit au moins de la liberté de s'assembler, de raisonner de Controverse, & de faire

brûler

brûler de tems en tems quelques Livres impies, c'eſt-à-dire, écrits contre elle. Le Miniſtre, qui eſt Whig aujourd'hui, ne permet pas ſeulement à ces Meſſieurs de tenir leur Aſſemblée, ils ſont réduits dans l'obſcurité de leur Paroiſſe au triſte emploi de prier Dieu pour le Gouvernement, qu'ils ne ſeroient pas fâchez de troubler.

Quant aux Evêques qui ſont vingt & ſix en tout, ils ont ſéance dans la Chambre Haute en dépit des Whigs, parce que la coutume ou l'abus de les regarder comme Barons ſubſiſte encore. Il y a une clauſe dans le Serment que l'on prête à l'Etat, laquelle exerce bien la patience Chrétienne de ces Meſſieurs; on y promet d'être de l'Egliſe comme elle eſt établie par la Loi. Il n'y a guéres d'Evêques, de Doyens, d'Archiprêtres, qui ne penſent l'être de droit divin, c'eſt donc un grand ſujet de mortification pour eux d'être obligez d'avoüer, qu'ils tiennent tout d'une miſérable Loi faite par des profanes Laïques. Un ſçavant Religieux (le Pere Courayer) a écrit depuis peu un Livre pour prouver la validité & la ſucceſſion des Ordinations Anglicanes. Cet Ouvrages a été proſcrit en France; mais croyez-vous qu'il ait plû au Miniſtére d'Angleterre? Point du tout; les maudits Whigs ſe ſoucient très-peu que la ſucceſſion Epiſcopale ait été interrompuë chez eux ou non, & que l'Evêque

que Parker ait été confacré dans un Cabaret (comme on le veut), ou dans une Eglife ; ils aiment mieux même que les Evêques tirent leur autorité du Parlement que des Apôtres. Le Lord B.... dit que cette idée de Droit Divin ne ferviroit qu'à faire des tyrans en camail & en rochet ; mais que la Loi fait des Citoyens.

A l'égard des mœurs, le Clergé Anglican eft plus réglé que celui de France, & en voici la caufe. Tous les Eccléfiaftiques font élévez dans l'Univerfité d'Oxford, ou dans celle de Cambridge, loin de la corruption de la Capitale. Ils ne font apelez aux dignitez de l'Eglife que très-tard, & dans un âge où les hommes n'ont d'autres paffions que l'avarice lorfque leur ambition manque d'alimens Les emplois font ici la récompenfe des longs fervices dans l'Eglife auffi-bien que dans l'Armée : on n'y voit pas des jeunes gens Evêques ou Colonels au fortir du Collége ; de plus, les Prêtres font prefque tous mariez. La mauvaife grace contractée dans l'Univerfité, & le peu de commerce qu'on a ici avec les femmes, font que d'ordinaire un Evêque eft forcé de fe contenter de la fienne. Les Prêtres vont quelquefois au Cabaret, parce que l'ufage le leur permet ; & s'ils s'enyvrent, c'eft férieufement & fans fcandale.

Cet Etre indéfiniffable, qui n'eft ni Eccléfiaftique

fiaftique ni Séculier : en un mot, ce que l'on apelle un Abbé, eft une efpéce inconnuë en Angleterre ; les Eccléfiaftiques font tous ici réfervez & prefque tous pédans. Quand ils aprennent qu'en France des jeunes gens connus par leurs débauches, & élévez à la Prélature par des intrigues de femmes, font publiquement l'amour, s'égayent à compofer des chanfons tendres, donnent tous les jours des foupers délicats & longs, & de-là vont implorer les lumiéres du Saint Efprit, & fe nomment hardiment les Succeffeurs des Apôtres, ils remercient Dieu d'être Proteftans, mais ce font de vilains Hérétiques à brûler à tous les Diables, comme dit Maître François Rabelais. C'eft pourquoi je ne me mêle point de leurs affaires.

DES
PRESBYTERIENS.

CHAPITRE VIII.

LA Religion Anglicane ne s'étend qu'en Angleterre & en Irlande ; le Presbytéranisme est la Religion dominante en Ecosse. Ce Presbytéranisme n'est autre chose que le Calvinisme pur, tel qu'il avoit été établi en France, & qu'il subsiste à Genève. Comme les Prêtres de cette Secte ne reçoivent dans les Eglises que des gages très-médiocres, & que par conséquent ils ne peuvent vivre dans le même luxe que les Evêques, ils ont pris le parti naturel de crier contre des honneurs où ils ne peuvent atteindre. Figurez-vous l'orgueilleux Diogène, qui fouloit aux pieds l'orgueil de Platon, les Presbytériens d'Ecosse ne ressemblent pas mal à ce fier & gueux raisonneur ; ils traitérent Charles Second avec bien moins d'égards que Diogène n'avoit traité Aléxandre. Car lorsqu'ils prirent les armes pour lui contre Cromwel qui les avoit trompez,

pez, ils firent essuyer à ce pauvre Roi quatre Sermons par jour : ils lui défendoient de joüer, ils le mettoient en pénitence ; si bien que Charles se lassa bien-tôt d'être Roi de ces Pédans & s'échapa de leurs mains comme un Ecolier se sauve du Collége.

Devant un jeune & vif Bachelier Français, criaillant le matin dans les Ecoles de Théologie, le soir chantant avec les Dames, un Théologien Anglican est un Caton ; mais ce Caton paroît un Galant devant un Presbytérien d'Ecosse. Ce dernier affecte une démarche grave, un air fâché, un vaste chapeau, un long manteau par-dessus, un habit court : prêche du nez, & donne le nom de la Prostituée de Babylone à toutes les Eglises, où quelques Ecclésiastique sont assez heureux d'avoir cinquante mille livres de rente ; & où le Peuple est assez bon pour le souffrir & pour les apeler Monseigneur, Votre Grandeur, & Votre Eminence.

Ces Messieurs, qui ont aussi quelques Eglises en Angleterre, ont mis les airs graves & févéres à la mode en ce Païs. C'est à eux qu'on doit la sanctification du Dimanche dans les trois Royaumes. Il est défendu ce jour là de travailler & de se divertir ; ce qui est le double de la sévérité des Eglises Catholiques. Point d'Opéra, point de Comédies, point de Concerts à Londres le Dimanche ; les Cartes même me y sont si expressément défendues, qu'il n'y a que les personnes de qualité, & ce qu'on apelle les honnêtes gens, qui jouënt ce jour-là ; le reste de la Nation va au Sermon, au Cabaret & chez des filles de joïe.

Quoique la Secte Episcopale & la Presbytérienne soient les deux dominantes dans la Grande Bretagne, toutes les autres y sont bien venuës & vivent assez bien ensemble, pendant que la plûpart de leurs Prédicans se détestent réciproquement avec presqu'autant de cordialité qu'un Janséniste damne un Jésuite.

Entrez dans la Bourse de Londres, cette Place plus respectable que bien des Cours, dans laquelle s'assemblent les Députez de toutes les Nations pour l'utilité des hommes. Là le Juif, le Mahométan & le Chrétien, traitent l'un avec l'autre comme s'ils étoient de la même Religion, & ne donnent le nom d'infidèles qu'à ceux qui font banqueroute. Là le Presbytérien se fie à l'Anabaptiste, & l'Anglican reçoit la promesse du Quaker. Au sortir de ces pacifiques & libres Assemblées, les uns vont à la Synagogue, les autres vont boire : celui-ci va se faire baptiser dans une grande Cuve au nom du Pere, par le Fils, au S. Esprit : celui-là fait couper le prépuce de son fils, & fait marmotter sur l'enfant des paroles Hébraïques qu'il n'entend point ; les autres vont dans leur Eglise attendre l'inspiration de Dieu, leur

chapeau

chapeau fur la tête, & tous font contens.

S'il n'y avoit en Angleterre qu'une Religion, le Defpotifme feroit à craindre : s'il n'y en avoit que deux, elles fe couperoient la gorge ; mais il y en a trente, & elles vivent en paix & heureufes.

DES SOCINIENS,
OU
ARIENS,
OU
TITRINITAIRES.

CHAPITRE IX.

IL y a ici une petite Secte composée d'Ecclésiastiques & de quelques séculiers très-sçavans, qui ne prennent ni le nom d'Ariens, ni celui de Sociniens; mais qui ne sont point du tout de l'avis de S. Athanase sur le chapitre de la Trinité, & qui vous disent nettement que le Pere est plus grand que le Fils.

Vous souvenez-vous d'un certain Evêque Orthodoxe, qui pour convaincre un Empereur de la Consubstantiation, s'avisa de prendre le Fils de l'Empereur sous le menton & de lui tirer le nez en presence de sa sacrée Majesté? L'Empereur alloit faire jetter l'Evêque
par

par les fenêtres, quand le bon-homme lui dit ces belles & convaincantes paroles : Seigneur, si Votre Majesté est si fâchée que l'on manque de respect à son fils, comment pensez-vous que Dieu le Pere traitera ceux qui refusent à Jesus-Christ les titres qui lui sont dûs ? Les gens dont je vous parle disent que le S. Evêque étoit fort mal-avisé, que son argument n'étoit rien moins que concluant & que l'Empereur devoit lui répondre : Aprenez qu'il y a deux façons de me manquer de respect, la premiére de ne rendre pas assez d'honneur à mon fils, & la seconde de lui en rendre autant qu'à moi.

Quoi qu'il en soit, le parti d'Arius commence à revivre en Angleterre aussi-bien qu'en Hollande & en Pologne. Le grand Mr Newton faisoit à cette opinion l'honneur de la favoriser. Ce Philosophe pensoit que les Unitaires raisonnoient plus géométriquement que nous. Mais le plus ferme patron de la Doctrine Arienne, est l'illustre Docteur Clarke. Cet homme est d'une vertu rigide, & d'un caractére doux, plus amateur de ses opinions que passionné pour faire des Prosélytes, uniquement occupé de calculs & de démonstrations, aveugle & sourd pour tout le reste, une vraïe machine à raisonnemens.

C'est lui qui est l'Auteur d'un Livre assez peu entendu, & estimé, sur l'existence de Dieu;

Dieu ; & d'un autre plus intelligible, mais assez méprisé, sur la vérité de la Religion Chrétienne.

Il ne s'est point engagé dans de belles disputes Scholastiques, que notre ami apelle de vénérables billevesées, il s'est contenté de faire imprimer un Livre qui contient tous les témoignages des premiers siécles pour & contre les Unitaires, & a laissé au Lecteur le soin de compter les voix & de juger. Ce Livre du Docteur lui a attiré beaucoup de partisans; mais l'a empêché d'être Archevêque de Cantorbéry. Car, lorsque la Reine Anne voulut lui donner ce Poste, un Docteur nommé Gibson, qui avoit sans doute ses raisons, dit à la Reine: Madame, Mr Clarke est le plus sçavant & le plus honnête homme du Royaume, il ne lui manque qu'une chose. Et quoi, dit la Reine ? C'est d'être Chrétien, dit le Docteur bénévole. Je croi que Clarke s'est trompé dans son calcul, & qu'il valoit mieux être Primat Orthodoxe d'Angleterre que Curé Arien.

Vous voyez quelles révolutions arrivent dans les opinions comme dans les Empires. Le parti d'Arius après trois cens ans de triomphe, & douze siécles d'oubli, renaît enfin de sa cendre ; mais il prend très-mal son tems de reparoître dans un âge où tout le monde est rassasié de disputes & de Sectes. Celle-ci est encore trop petite pour obtenir la liberté des
Assemblées

Assemblées publiques, elle l'obtiendra sans doute si elle devient plus nombreuse ; mais on est si tiéde à préfent fur tout cela, qu'il n'y a plus guéres de fortune à faire pour une Religion nouvelle ou renouvelée. N'est-ce pas une chose plaisante que Luther, Calvin, Zuingle, tous Ecrivains qu'on ne peut lire, ayent fondé des Sectes qui partagent l'Europe : que l'ignorant Mahomet ait donné une Religion à l'Asie & à l'Afrique ; & que Messieurs Newton, Clarke, Lock, le Clerc, &c. les plus grands Philofophes & les meilleures Plumes de leur tems, ayent pû à peine venir à bout d'établir un petit Troupeau, qui même diminuë tous les jours.

Voilà ce que c'est que de venir au monde à propos. Si le Cardinal de Retz reparoissoit aujourd'hui, il n'ameuteroit pas dix femmes dans Paris.

Si Cromwel renaissoit ; lui, qui a fait couper la téte à son Roi, & s'est fait Souverain, feroit un simple Marchand de Londres.

* * *
* *
*

DU
PARLEMENT.

CHAPITRE X.

LEs Membres du Parlement d'Angleterre aiment à se comparer aux anciens Romains autant qu'ils le peuvent.

Il n'y a pas long-tems que Mr Schipping dans la Chambre des Communes, commença son discours par ces mots : *La Majesté du Peuple Anglais seroit blessée*. La singularité de l'expression causa un grand éclat de rire ; mais sans se déconcerter, il répéta les mêmes paroles d'un air ferme, & on ne rit plus. J'avouë que je ne vois rien de commun entre la Majesté du Peuple Anglais & celle du Peuple Romain, encore moins entre leurs Gouvernemens. Il y a un Sénat à Londres dont quelques Membres sont soupçonnez, quoiqu'à tort sans doute, de vendre leurs voix dans l'occasion, comme on faisoit à Rome : voilà toute la ressemblance ; d'ailleurs les deux Nations me paroissent entiérement différentes,

soit

soit en bien, soit en mal. On n'a jamais connu chez les Romains la folie horrible des guerres de Religion ; cette abomination étoit réservée à des Dévots, prêcheurs d'humilité & de patience. Marius & Sylla, Pompée & César, Antoine & Auguste, ne se battoient point pour décider si le Flamen devoit porter sa chemise par-dessus sa robbe, ou sa robbe par-dessus sa chemise ; & si les Poulets sacrez devoient manger & boire, ou bien manger seulement, pour qu'on prît les augures. Les Anglais se sont fait pendre autrefois réciproquement à leurs Assises, & se sont détruits en bataille rangée pour des querelles de pareille espéce. La Secte des Episcopaux & le Presbytérianisme ont tourné, pour un tems, ces têtes mélancoliques. Je m'imagine que pareille sottise ne leur arrivera plus ; ils me paroissent devenir sages à leurs dépens ; & je ne leur vois nulle envie de s'égorger dorénavant pour des syllogismes. Toutefois qui peut répondre des hommes ?

Voici une différence plus essentielle entre Rome & l'Angleterre, qui met tout l'avantage du côté de la derniére, c'est que le fruit des Guerres civiles à Rome a été l'esclavage, & celui des troubles d'Angleterre la liberté. La Nation Angloise est la seule de la Terre, qui soit parvenuë à régler le pouvoir des Rois en leur résistant, & qui d'efforts en efforts ait

enfin

enfin établi ce Gouvernement fage, où le Prince tout puiſſant pour faire du bien, a les mains liées pour faire le mal, où les Seigneurs font grands fans infolence & fans Vaſſaux, & où le Peuple partage le Gouvernement fans confuſion (*).

La Chambre des Pairs & celle des Communes font les Arbitres de la Nation, le Roi eſt le Surarbitre. Cette balance manquoit aux Romains; les Grands & le Peuple étoient toûjours en diviſion à Rome, fans qu'il y eût un pouvoir mitoyen, qui pût les accorder. Le Sénat de Rome, qui avoit l'injuſte & puniſſable orgueïl de ne vouloir rien partager avec les Plébéïens, ne connoiſſoit d'autre fecret pour les éloigner du Gouvernement, que de les occuper toûjours dans les guerres étrangéres; ils regardoient le Peuple comme une Bête féroce qu'il falloit lâcher fur leurs voiſins de peur qu'elle ne devorât fes Maîtres. Ainſi le plus grand défaut du Gouvernement des Romains en fit des Conquérans; c'eſt parce qu'ils étoient malheureux chez eux qu'ils devinrent

les

(*) Il faut ici bien foigneufement pefer les termes. Le mot de Roi ne fignifie point par-tout la même chofe. En France, en Efpagne, il fignifie un homme qui par les droits du fang eſt le Juge fouverain & fans apel de toute la Nation. En Angleterre, en Suéde, en Pologne, il fignifie le premier Magiſtrat.

les Maîtres du Monde, jusqu'à ce qu'enfin leurs divisions les rendirent esclaves.

Le Gouvernement d'Angleterre n'est point fait pour un si grand éclat, ni pour une fin si funeste; son but n'est point la brillante folie de faire des conquêtes, mais d'empêcher que ses voisins n'en fassent. Ce Peuple n'est pas seulement jaloux de sa liberté; il l'est encore de celle des autres. Les Anglais étoient acharnez contre Loüis XIV. uniquement parce qu'ils lui croyoient de l'ambition. Il en a coûté sans doute pour établir la liberté en Angleterre: c'est dans des Mers de sang qu'on a noyé l'Idole du Pouvoir despotique; mais les Anglais ne croyent point avoir acheté trop cher leurs Loix. Les autres Nations n'ont pas versé moins de sang qu'eux; mais ce sang qu'elles ont répandu pour la cause de leur liberté n'a fait que cimenter leur servitude.

Ce qui devient une révolution en Angleterre, n'est qu'une sédition dans les autres Païs. Une Ville prend les armes pour défendre ses Priviléges, soit en Barbarie, soit en Turquie; aussi-tôt des Soldats mercenaires la subjuguent, des Bourreaux la punissent, & le reste de la Nation baise ses chaînes. Les Français pensent que le Gouvernement de cette Isle est plus orageux que la Mer qui l'environne, & cela est vrai; mais c'est quand le Roi commence la tempête, c'est quand il veut se rendre

dre le Maître du Vaiſſeau dont il n'eſt que le premier Pilote. Les Guerres Civiles de France ont été plus longues, plus cruelles, plus fécondes en crimes que celles d'Angleterre ; mais de toutes ces Guerres Civiles aucune n'a eu une liberté ſage pour objet.

Dans le tems déteſtable de Charles IX. & de Henri III. il s'agiſſoit ſeulement de ſçavoir ſi on ſeroit l'eſclave des Guiſes ; pour la derniére guerre de Paris elle ne mérite que des ſiflets. Il me ſemble que je vois des Écoliers qui ſe mutinent contre le Préfet d'un Collége, & qui finiſſent par être foüettez. Le Cardinal de Retz avec beaucoup d'eſprit & de courage mal employez., rebelle ſans aucun ſujet, factieux ſans deſſein, Chef de parti ſans Armée, cabaloit pour cabaler, & ſembloit faire la guerre civile pour ſon plaiſir. Le Parlement de Paris ne ſçavoit ce qu'il vouloit, ni ce qu'il ne vouloit pas. Il levoit des troupes par Arrêt, il les caſſoit : il menaçoit, il demandoit pardon ; il mettoit à prix la tête du Cardinal Mazarin, & enſuite venoit le complimenter en cérémonie. Nos Guerres civiles ſous Charles VI. avoient été cruelles, celles de la Ligue furent abominables, celle de la Fronde fut ridicule.

Ce qu'on reproche le plus en France aux Anglais, c'eſt le ſuplice de Charles I. (*), qui

(*) Monarque digne d'un meilleur ſort.

fut

fut & avec raison traité par ses vainqueurs comme il les eût traitez s'il eût été heureux. Après tout, regardez d'un côté, Charles I. vaincu en bataille rangée, prisonnier, jugé, condamné dans Westminster, & décapité ; & de l'autre, l'Empereur Henri VII. empoisonné par son Chapelain en communiant, Henri III. assassiné par un Moine, trente assassinats méditez contre Henri IV. plusieurs exécutez, & le dernier privant enfin la France de ce grand Roi : pesez ces attentats, & jugez.

SUR LE GOUVERNEMENT.

CHAPITRE XI.

CE mélange dans le Gouvernement d'Angletérre, ce concert entre les Communes, les Lords & le Roi, n'a pas toûjours subsisté. L'Angleterre a été long-tems esclave, elle l'a été des Romains, des Saxons, des Danois, des Français. Guillaume le Conquérant la gouverna sur-tout avec un Sceptre de fer. Il disposoit des biens, de la vie de ses nouveaux Sujets, comme un Monarque de l'Orient; il défendit, sous peine de mort, qu'aucun Anglais osât avoir du feu & de la lumiére chez lui passé huit heures du soir; soit qu'il prétendit par-là prévenir leurs assemblées nocturnes, soit qu'il voulût essayer par une défense si bizarre jusqu'où peut aller le pouvoir des hommes sur d'autres hommes. Il est vrai qu'avant & après Guillaume le Conquérant les Anglais ont eu des Parlemens, ils s'en vantent, comme si ces Assemblées, apelées alors Parlemens, composées de Tyrans Ecclésiastiques & de pillars, nommez Barons, avoient été les gardiens de la Liberté & de la Félicité publique.

Tome IV.   I   Les

Les Barbares, qui des bords de la Mer Baltique fondirent dans le reste de l'Europe, aportérent avec eux l'usage de ces Etats ou Parlemens, dont on fait tant de bruit, & qu'on connoît si peu ; les Rois alors n'étoient point despotiques, cela est vrai, & c'est précisément par cette raison que les Peuples gémissoient dans une servitude misérable ; les Chefs de ces Sauvages, qui avoient ravagé la France, l'Italie, l'Espagne & l'Angleterre, se firent Monarques. Leurs Capitaines partagérent entr'eux les Terres des vaincus : de-là ces Margraves, ces Lairds, ces Barons, ces Sous-Tyrans, qui disputoient souvent avec des Rois mal affermis les dépoüilles des Peuples. C'étoient des Oiseaux de proye combattans contre un Aigle pour succer le sang des Colombes: chaque Peuple avoit cent Tyrans au lieu d'un bon Maître. Des Prêtres se mirent bien-tôt de la partie ; de tout tems le fort des Gaulois, des Germains, des Insulaires d'Angleterre, avoit été d'être gouvernez par leurs Druïdes, & par les Chefs de leurs Villages, ancienne espéce de Barons, mais moins tyrans que leurs successeurs. Ces Druïdes se disoient médiateurs entre la Divinité & les hommes, ils faisoient des Loix ; ils excommunioient, ils condamnoient à la mort. Les Evêques succédérent peu à peu à leur autorité temporelle dans le Gouvernement Goth & Vandale. Les Papes se mirent

à

à leur tête, & avec des Brefs, des Bulles & des Moines, ils firent trembler les Rois, les dépoférent, les firent affaffiner & tirérent à eux tout l'argent qu'ils purent de l'Europe. L'imbécile Inas, l'un des Tyrans de la Heptarchie d'Angleterre, fut le premier qui dans un Pélérinage à Rome, fe foumit à payer le denier de S. Pierre (ce qui étoit environ un écu de notre monnoye) pour chaque Maifon de fon Territoire. Toute l'Ifle fuivit bien-tôt cet exemple, l'Angleterre devint petit à petit une Province du Pape; le S. Pere y envoyoit de tems en tems fes Légats pour y lever des impôts exorbitans; Jean-fans-terre fit enfin une ceffion en bonne forme de fon Royaume à Sa Sainteté qui l'avoit excommunié, & les Barons qui n'y trouvérent pas leur compte chafférent ce miférable Roi, & mirent à fa place Loüis VIII. Pere de S. Loüis Roi de France. Mais ils fe dégoûtérent bien-tôt de ce nouveau venu & lui firent repaffer la Mer.

Tandis que les Barons, les Évêques, les Papes déchiroient tous ainfi l'Angleterre, où tous vouloient commander; le Peuple, la plus nombreufe, la plus utile, & même la plus vertueufe partie des hommes, compofée de ceux qui étudient les Loix & les Sciences, des Négocians, des Artifans; le Peuple, dis-je, étoit regardé par eux comme des Animaux au-deffous de l'homme. Il s'en falloit bien que les

Communes eussent alors part au Gouvernement, c'étoient des Vilains, leur travail, leur sang apartenoient à leurs Maîtres qui s'apeloient Nobles. Le plus grand nombre des hommes étoit en Europe ce qu'ils font encore en plusieurs endroits du Monde, serfs d'un Seigneur, espéce de Bétail qu'on vend & qu'on achete avec la Terre. Il a fallu des Siécles, pour rendre justice à l'humanité, pour sentir qu'il étoit horrible que le grand nombre semât & que le petit recueillît; & n'est-ce pas un bonheur pour les Français que l'autorité de ces petits Brigands ait été éteinte en France par la puissance légitime des Rois, & en Angleterre par celle du Roi & de la Nation?

Heureusement dans les secousses que les querelles des Rois & des Grands donnoient aux Empires, les fers des Nations se sont plus ou moins relâchez, la Liberté est née en Angleterre des querelles des Tyrans. Les Barons forcérent Jean-sans-terre & Henri III. à accorder cette fameuse Charte dont le principal but étoit à la vérité de mettre les Rois dans la dépendance des Lords; mais dans laquelle le reste de la Nation fut un peu favorisé, afin que dans l'occasion elle se rangeât du parti de ses prétendus Protecteurs. Cette grande Charte, qui est regardée comme l'origine sacrée des Libertez Anglaises, fait bien voir elle-même combien peu la Liberté étoit connuë; le titre

titre seul prouve que le Roi se croyoit absolu de droit, & que les Barons & le Clergé même ne le forçoient à se relâcher de ce droit prétendu, que parce qu'ils étoient les plus forts.

Voici comme commence la grande Charte : « Nous accordons de notre libre volonté les „ Priviléges suivans aux Archevêques, Evê„ ques, Abbés, Prieurs & Barons de notre „ Royaume, &c. „

Dans les Articles de cette Charte il n'est pas dit un mot de la Chambre des Communes, preuve qu'elle n'existoit pas encore, ou qu'elle existoit sans pouvoir ; on y spécifie les hommes libres d'Angleterre, triste démonstration qu'il y en avoit qui ne l'étoient pas ; on voit par l'Article XXXII. que les hommes prétendus libres devoient des services à leur Seigneur. Une telle Liberté tenoit encore beaucoup de l'esclavage.

Par l'Article XXI. le Roi ordonne que ses Officiers ne pourront dorénavant prendre de force les Chevaux & les Charettes des hommes libres qu'en payans. Ce Réglement parut au Peuple une vraie Liberté, parce qu'il ôtoit une plus grande Tyrannie. Henri VII. Usurpateur heureux & grand Politique, qui faisoit semblant d'aimer les Barons, mais qui les haïssoit & les craignoit, s'avisa de procurer l'aliénation de leurs Terres. Par-là les Vilains qui dans la suite acquirent du bien par leurs tra-

I 3   vaux,

vaux, achetérent les Châteaux des illuſtres Pairs qui s'étoient ruïnez par leur folie: peu à peu toutes les Terres changérent de Maître.

La Chambre des Communes devint de jour en jour plus puiſſante. Les familles des anciens Pairs s'éteignirent avec le tems, & comme il n'y a proprement que les Pairs qui ſoient Nobles en Angleterre, dans la rigueur de la Loi, il n'y auroit plus du tout de Nobleſſe en ce Païs-là, ſi les Rois n'avoient pas créé de nouveaux Barons de tems en tems, & conſervé le Corps des Pairs qu'ils avoient tant craint autrefois, pour l'opoſer à celui des Communes devenu trop redoutable.

Tous ces nouveaux Pairs qui compoſent la Chambre Haute, reçoivent du Roi leur titre & rien de plus, preſqu'aucun d'eux n'a la Terre dont il porte le nom. L'un eſt Duc de Dorſet, & n'a pas un pouce de terre en Dorſetshire; l'autre eſt Comte d'un Village, qui ſçait à peine où ce Village eſt ſitué. Ils ont du pouvoir dans le Parlement, non ailleurs.

Vous n'entendez point ici parler de haute, moyenne & baſſe Juſtice, ni du droit de chaſſer ſur les Terres d'un Citoyen, lequel n'a pas la liberté de tirer un coup de fuſil ſur ſon propre champ.

Un homme, parce qu'il eſt Noble, ou Prêtre, n'eſt point ici exempt de payer certaines taxes; tous les impôts ſont réglez par la Chambre des
Communes,

Communes, qui n'étant que de la seconde par son rang, est la premiére par son crédit.

Les Seigneurs & les Evêques peuvent bien rejetter le Bill des Communes, lorsqu'il s'agit de lever de l'argent, mais il ne leur est pas permis d'y rien changer ; il faut ou qu'ils le reçoivent, ou qu'ils le rejettent sans restriction. Quand le Bill est confirmé par les Lords & aprouvé par le Roi, alors tout le monde paye, chacun donne, non selon sa qualité (ce qui seroit absurde) mais selon son revenu. Il n'y a point de taille, ni de capitation arbitraire, mais une taxe réelle sur les Terres, elles ont toutes été évaluées sous le fameux Roi Guillaume trois.

La taxe subsiste toûjours la même, quoique les revenus des terres ayent augmenté ; ainsi personne n'est foulé & personne ne se plaint ; le Païsan n'a point les pieds meurtris par des sabots, il mange du pain blanc, il est bien vétu, il ne craint point d'augmenter le nombre de ses Bestiaux, ni de couvrir son toît de tuilles, de peur que l'on ne hausse ses impôts l'année d'après. Il y a ici beaucoup de Païsans qui qui ont environ cinq ou six cens livres Sterling de revenu, & qui ne dédaignent pas de continuer à cultiver la terre qui les a enrichis & dans laquelle ils vivent libres.

SUR LE COMMERCE

CHAPITRE XII.

LE Commerce, qui a enrichi les Citoyens en Angleterre, a contribué à les rendre libres, & cette liberté a étendu le Commerce à son tour; de-là s'est formée la grandeur de l'Etat. C'est le Commerce qui a établi peu à peu les forces navales, par qui les Anglais sont les Maîtres des Mers; ils ont à present près de deux cens Vaisseaux de guerre. La postérité aprendra peut-être avec surprise qu'une petite Isle, qui n'a de soi-même qu'un peu de Bled, de Plomb, de l'Etaim, de la terre à foulon, & de la Laine grossiére, est devenuë par son Commerce assez puissante pour envoyer en 1723. trois Flottes à la fois en trois extrêmitez du Monde: l'une devant Gibraltar, conquise & conservée par ses armes: l'autre à Portobello pour ôter au Roi d'Espagne la joüissance des tresors des Indes; & la troisiéme dans la Mer Baltique pour empêcher les Puissances du Nord de se battre.

Quand

Quand Loüis XIV. faifoit trembler l'Italie, & que fes Armées, déja maîtreffes de la Savoye & du Piémont, étoient prêtes de prendre Turin, il fallut que le Prince Eugène marchât du fond de l'Allemagne au fecours du Duc de Savoye. Il n'avoit point d'argent, fans quoi on ne prend ni ne défend les Villes; il eut recours à des Marchands Anglais. En une demie-heure de tems on lui prêta cinq millions, avec cela il délivra Turin, battit les Français, & écrivit à ceux qui avoient prêté cette fomme ce petit billet, " Meffieurs, j'ai reçû vo-
„ tre argent, & je me flatte de l'avoir em-
„ ployé à votre fatisfaction. „ Tout cela donne un jufte orgueil à un Marchand Anglais, & fait qu'il ofe fe comparer, non fans quelque raifon, à un Citoyen Romain; auffi le cadet d'un Pair du Royaume ne dédaigne point le négoce. Mylord Townshend Miniftre d'Etat, a un frere qui fe contente d'être Marchand dans la Cité: dans le tems que Mylord Oxford gouvernoit l'Angleterre, fon cadet étoit Facteur à Alep, d'où il ne voulut pas revenir & où il eft mort. Cette coutume, qui pourtant commence trop à fe paffer, paroît monftrueufe à des Allemands entêtez de leurs quartiers: ils ne fçauroient concevoir que le fils d'un Pair d'Angleterre, ne foit qu'un riche & puiffant Bourgeois, au lieu qu'en Allemagne tout eft Prince. On a vû jufqu'à trente Alteffes

Alteſſes du même nom, n'ayans pour tout bien que des Armoiries & de l'orguëil.

En France eſt Marquis qui veut, & quiconque arrive à Paris du fond d'une Province avec de l'argent à dépenſer, & un nom en *ac* ou en *ille*, peut dire *un homme comme moi! un homme de ma qualité!* & mépriſer ſouverainement un Négociant; le Négociant entend lui-même parler ſi ſouvent avec dédain de ſa profeſſion qu'il eſt aſſez ſot pour en rougir. Je ne ſçai pourtant lequel eſt le plus utile à un État, ou un Seigneur bien poudré, qui ſçait préciſément à quelle heure le Roi ſe léve, à quelle heure il ſe couche, & qui ſe donne des airs de grandeur en joüant le rôle d'eſclave dans l'Antichambre d'un Miniſtre; ou un Négociant qui enrichit ſon Païs, donne de ſon cabinet des ordres à Suratte & au Caire, & contribuë au bonheur du monde.

SUR L'INSERTION DE LA PETITE VEROLE.

CHAPITRE XIII.

ON dit doucement dans l'Europe Chrétienne, que les Anglais font des fous, & des enragez : des fous, parce qu'ils donnent la petite Vérole à leurs enfans pour les empêcher de l'avoir ; des enragez, parce qu'ils communiquent de gaïeté de cœur à ces enfans une maladie certaine & affreufe dans la vûë de prévenir un mal incertain. Les Anglais de leur côté difent, les autres Européans font des lâches & des dénaturez ; ils font lâches, en ce qu'ils craignent de faire un peu de mal à leurs enfans ; dénaturez, en ce qu'ils les expofent à mourir un jour de la petite Vérole. Pour juger laquelle des deux Nations a raifon, voici l'hiftoire de cette fameufe Infertion dont on parle en France avec tant d'effroi.

Les femmes de Circaſſie ſont, de tems immémorial, dans l'uſage de donner la petite Vérole à leurs enfans, même à l'âge de ſix mois, en leur faiſans une inciſion au bras, & en inſérans dans cette inciſion une puſtule qu'elles ont ſoigneuſement enlevée du corps d'un autre enfant. Cette puſtule fait dans le bras où elle eſt inſinuée l'effet du levain dans un morceau de pâte; elle y fermente & répand dans la maſſe du ſang les qualitez dont elle eſt empreinte. Les boutons de l'enfant, à qui l'on a donné cette petite Vérole artificielle, ſervent à porter la même maladie à d'autres. C'eſt une circulation preſque continuelle en Circaſſie, & quand malheureuſement il n'y a point de petite Vérole dans le païs, on eſt auſſi embarraſſé, qu'on l'eſt ailleurs dans une mauvaiſe année.

Ce qui a introduit en Circaſſie cette coutume, qui paroît ſi étrange à d'autres Peuples, eſt pourtant une cauſe commune à tous les Peuples de la Terre; c'eſt la tendreſſe maternelle & l'intérêt.

Les Circaſſiens ſont pauvres, & leurs filles ſont belles, auſſi ce ſont elles dont ils font le plus de trafic. Ils fourniſſent de Beautez les Harems du Grand-Seigneur, le Sophi de Perſe, & ceux qui ſont aſſez riches pour acheter & pour entretenir cette marchandiſe précieuſe.

cieuse. Ils élévent ces filles en tout bien & en tout honneur à caraſſer les hommes, à former des danſes pleines de laſciveté & de moleſſe, à rallumer par tous les artifices les plus voluptueux le goût des Maîtres dédaigneux à qui elles ſont deſtinées. Ces pauvres créatures répétent tous les jours leur leçon avec leur mere, comme nos petites filles répétent leur Catéchiſme, ſans y rien comprendre.

Or, il arrivoit ſouvent qu'un pere & une mere, après avoir pris bien des peines pour donner une bonne éducation à leurs enfans, ſe voyoient tout-d'un-coup fruſtrez de leur eſpérance. La petite Vérole ſe mettoit dans la famille, une fille en mouroit, une autre perdoit un œil, une troiſiéme relevoit avec un gros nez, & les pauvres gens étoient ruïnez ſans reſſource. Souvent même quand la petite Vérole devenoit épidémique, le Commerce étoit interrompu pour pluſieurs années; ce qui cauſoit une notable diminution dans les Sérails de Perſe & de Turquie.

Une Nation commerçante eſt toûjours fort allerte ſur ſes intérêts, & ne néglige rien des connoiſſances qui peuvent être utiles à ſon Négoce; les Circaſſiens s'aperçûrent que ſur mille perſonnes il s'en trouvoit à peine une ſeule qui fût attaquée deux fois d'une petite Vérole bien complette; qu'à la vérité on eſſuïe quelquefois trois ou quatre petites Véroles, legéres,

géres, mais jamais deux qui soient décidées & dangereuses ; qu'en un mot, jamais on n'a véritablement cette maladie deux fois en sa vie. Ils remarquérent encore que quand les petites Véroles sont très-bénignes, & que leur éruption ne trouve à percer qu'une peau délicate & fine, elles ne laissent aucune impression sur le visage ; de ces observations naturelles ils conclurent que si un enfant de six mois, ou d'un an, avoit une petite Vérole bénigne, il n'en mourroit pas ; il n'en seroit pas marqué, & seroit quitte de cette maladie pour le reste de ses jours.

Il restoit donc pour conserver la vie & la beauté de leurs enfans, de leur donner la petite Vérole de bonne heure ; c'est ce que l'on fit en insérant dans le corps d'un enfant un bouton que l'on prit de la petite Vérole la plus complette, & en même-tems la plus favorable qu'on pût trouver.

L'expérience ne pouvoit pas manquer de réüssir. Les Turcs qui sont gens sensez, adoptérent bien-tôt après cette coutume, & aujourd'hui il n'y a point de Bacha dans Constantinople qui ne donne la petite Vérole à son fils & à sa fille en les faisant sévrer.

Il y a quelques gens qui prétendent que les Circassiens prirent autrefois cette coutume des Arabes ; mais nous laissons ce point d'histoire à éclaircir par quelque sçavant Bénédictin, qui ne manquera pas de composer là-dessus plusieurs fieurs Volumes *in-folio* avec les preuves. Tout ce que j'ai à dire fur cette matiére, c'eft que dans le commencement du Régne de Georges I. Madame de Wortley Montaigu, une des femmes d'Angleterre qui a le plus d'efprit, & le plus de force dans l'efprit, étant avec fon mari en Ambaffade à Conftantinople, s'avifa de donner fans fcrupule la petite Vérole à un enfant dont elle étoit accouchée en ce Païs. Son Chapelain eut beau lui dire que cette expérience n'étoit pas Chrétienne, & ne pouvoit réüffir que chez des Infidèles. Le fils de Madame de Wortley s'en trouva à merveille : Cette Dame de retour à Londres fit part de fon expérience à la Princeffe de Galles qui eft aujourd'hui Reine. Il faut avoüer que, Titres & Couronnes à part, cette Princeffe eft née pour encourager tous les Arts, & pour faire du bien aux hommes, c'eft un Philofophe aimable fur le Trône; elle n'a jamais perdu ni une occafion de s'inftruire, ni une occafion d'exercer fa générofité. C'eft elle qui ayant entendu dire qu'une fille de Milton vivoit encore, & vivoit dans la mifére, lui envoya fur le champ un prefent confidérable ; c'eft elle qui protége le fçavant Pere le Courayer ; c'eft elle qui daigna être la Médiatrice entre le Doêteur Clarck & Mr Leibnitz. Dès qu'elle eut entendu parler de l'Inoculation ou infertion de la petite Vérole, elle en fit faire l'é-

preuve

preuve sur quatre Criminels condamnez à mort, à qui elle sauva doublement la vie ; car non-seulement elle les tira de la potence, mais à la faveur de cette petite Vérole artificielle, elle prévint la naturelle qu'ils auroient probablement euë, & dont ils seroient morts dans un âge plus avancé.

La Princesse, assurée de l'utilité de cette épreuve, fit inoculer ses enfans. L'Angleterre suivit son exemple, & depuis ce tems dix mille enfans de famille, au moins, doivent ainsi la vie à la Reine & à Madame Wortley Montaigu; & autant de filles leur doivent leur beauté.

Sur cent personnes dans le monde soixante aux moins ont la petite Vérole ; de ces soixante vingt en meurent dans les années les plus favorables, & vingt en conservent pour toûjours de fâcheux restes. Voilà donc la cinquiéme partie des hommes que cette maladie tuë ou enlaidit sûrement. De tous ceux qui sont inoculez en Turquie ou en Angleterre, aucun ne meurt, s'il n'est infirme & condamné à mort d'ailleurs. Personne n'est marqué, aucun n'a la petite Vérole une seconde fois, suposé que l'inoculation ait été parfaite. Il est donc certain que si quelque Ambassadrice Françaife avoit raporté ce secret de Constantinople à Paris, elle auroit rendu un service éternel à la Nation. Le Duc de Villequier, Pere du Duc d'Aumont d'aujourd'hui, l'homme de France

le

le mieux cuonſtité & le plus ſain, ne ſeroit pas mort à la fleur de ſon âge : le Prince Soubiſe, qui avoit la ſanté la plus brillante n'auroit pas été emporté à l'âge de vingt-cinq ans : Monſeigneur, Grand-Pere de Loüis XV. n'auroit pas été enterré dans ſa cinquantiéme année. Vingt mille hommes morts à Paris de la petite Vérole en 1723. vivroient encore. Quoi donc ! Eſt-ce que les Français n'aiment point la vie ? Eſt-ce que leurs femmes ne ſe ſoucient point de leur beauté ? En vérité nous ſommes d'étranges gens ! Peut-être dans dix ans prendra-t'on cette méthode Anglaiſe, ſi les Curez & les Médecins le permettent ; ou bien les Français dans trois mois ſe ſerviront de l'Inoculation par fantaiſie, ſi les Anglais s'en dégoûtent par inconſtance.

J'aprends que depuis cent ans les Chinois ſont dans cet uſage ; c'eſt un grand préjugé que l'exemple d'une Nation qui paſſe pour être la plus ſage & la mieux policée de l'Univers. Il eſt vrai que les Chinois s'y prennent d'une façon différente : ils ne font point d'inciſion, ils font prendre la petite Vérole par le nez comme du tabac en poudre, cette façon eſt plus agréable ; mais elle revient au même, & ſert également à confirmer que ſi on avoit pratiqué l'inoculation en France, on auroit ſauvé la vie à des milliers d'hommes.

SUR

SUR LE
CHANCELIER BACON.

CHAPITRE XIV.

IL n'y a pas long-tems que l'on agitoit dans une compagnie célébre, cette question usée & frivole. Quel étoit le plus grand homme qu'il y ait eu sur la Terre, si c'étoit César, Aléxandre, Tamerlan, Cromwel, &c.

Quelqu'un répondit que c'étoit sans contredit Isaac Newton. Cet homme avoit raison; car si la vraïe Grandeur consiste à avoir reçû du Ciel un puissant génie, & à s'en être servi pour s'éclairer soi-même & les autres, un homme comme Mr Newton, tel qu'il s'en trouve à peine en dix siécles, est véritablement le grand homme; & ces Politiques & ces Conquérans, dont aucun siécle n'a manqué, ne sont d'ordinaire que d'illustres méchans. C'est à celui qui domine sur les esprits par la force de la Vérité, non à ceux qui font des esclaves par violence, c'est à celui qui connoît l'Univers, non à ceux qui le défigurent, que nous devons nos respects.

Puis donc que vous exigez que je vous parle des hommes célébres qu'a porté l'Angleterre,

re, je commencerai par les Bacons, les Lockes & les Newtons, &c. Les Généraux & les Miniſtres viendront à leur tour.

Il faut commencer par le fameux Baron de Vérulam, connu en Europe ſous le nom de Bacon, qui étoit fils d'un Garde des Sceaux, & fut long-tems Chancelier ſous le Roi Jacques I. Cependant au milieu des intrigues de la Cour & des occupations de ſa Charge, qui demandoient un homme tout entier, il trouva le tems d'être grand Philoſophe, bon Hiſtorien, Ecrivain élégant; & ce qui eſt encore plus étonnant, c'eſt qu'il vivoit dans un ſiécle où l'on ne connoiſſoit guére l'Art de bien écrire, encore moins la bonne Philoſophie. Il a été, comme c'eſt l'uſage parmi les hommes, plus eſtimé après ſa mort que de ſon vivant. Ses ennemis étoient à la Cour de Londres, ſes admirateurs étoient les Etrangers.

Lorſque le Marquis d'Effiat amena en Angleterre la Princeſſe Marie, fille de Henri le Grand, qui devoit épouſer le Roi Charles, ce Miniſtre alla viſiter Bacon, qui lors étant malade au lit le reçût les rideaux fermez. Vous reſſemblez aux Anges, lui dit d'Effiat; on entend toûjours parler d'eux, on les croit bien ſupérieurs aux hommes, & on n'a jamais la conſolation de les voir.

Vous ſçavez comment Bacon fut accuſé d'un crime qui n'eſt guére d'un Philoſophe, de s'être laiſſé corrompre par argent. Vous ſçavez

comment

comment il fut condamné par la Chambre des Pairs à une amende d'environ quatre cens mille Livres de notre monnoye, à perdre sa dignité de Chancelier & de Pair. Aujourd'hui les Anglais révèrent sa mémoire, au point qu'à peine avoüent-ils qu'il ait été coupable. Si vous me demandez ce que j'en pense, je me servirai pour vous répondre d'un mot que j'ai oüi dire à Mylord Bolingbroke. On parloit en sa presence de l'avarice dont le Duc de Marlborough avoit été accusé, & on en citoit des traits, sur lesquels on apeloit au témoignage de Mylord Bolingbroke, qui ayant été d'un parti contraire pouvoit peut-être avec bienféance dire ce qui en étoit. C'étoit un si grand homme, répondit-il, que j'ai oublié ses vices.

Je me bornerai donc à vous parler de ce qui a mérité au Chancelier Bacon l'estime de l'Europe.

Le plus singulier, & le meilleur de ses Ouvrages, est celui qui est aujourd'hui le moins lû & le plus utile ; je veux parler de son *Novum Scientiarum Organum*. C'est l'échaffaut avec lequel on a bâti la nouvelle Philosophie, & quand cet Edifice a été élevé, au moins en partie, l'échaffaut n'a plus été d'aucun usage.

Le Chancelier Bacon ne connoissoit pas encore la Nature, mais il sçavoit & indiquoit tous les chemins qui ménent à elle. Il avoit méprisé de bonne heure ce que les Universitez apeloient

peloient la Philosophie, & il faisoit tout ce qui dépendoit de lui, afin que ces Compagnies, instituées pour la perfection de la Raison humaine, ne continuassent pas de la gâter par leurs *quiddités*, leurs horreurs du vuide, leurs formes substantielles, & tous ces mots impertinens, que non-seulement l'ignorance rendoit respectables ; mais qu'un mélange ridicule avec la Religion avoit rendu sacrés.

Il est le Pere de la Philosophie expérimentale. Il est bien vrai qu'avant lui on avoit découvert des secrets étonnans : on avoit inventé la Boussole, l'Imprimerie, la gravure des Estampes, la Peinture à l'huile, les Glaces, l'Art de rendre en quelque façon la vûë aux Vieillards par les Lunettes qu'on apelle Besicles, la poudre à Canon, *&c*. On avoit cherché, trouvé, & conquis un Nouveau Monde. Qui ne croiroit que ces sublimes découvertes eussent été faites par les plus grands Philosophes, & dans des tems bien plus éclairez que le nôtre ? Point du tout, c'est dans le tems de la plus stupide barbarie que ces grands changemens ont été faits sur la Terre. Le hazard seul a produit presque toutes ces inventions, & il y a même bien de l'aparence que ce qu'on apelle Hazard a eu grande part dans la découverte de l'Amérique ; du moins a-t-on toûjours crû que Christophe Colomb n'entreprit son voyage que sur la foi d'un Capitaine

de

de Vaisseau, qu'une tempête avoit jetté jusqu'à la hauteur des Isles Caraïbes. Quoi qu'il en soit, les hommes sçavoient aller au bout du Monde ; ils sçavoient détruire des Villes avec un tonnerre artificiel, plus terrible que le tonnerre véritable ; mais ils ne connoissoient pas la circulation du Sang, la pesanteur de l'Air, les loix du mouvement, la Lumiére, le nombre de nos Planétes, &c. Et un homme qui soutenoit une Thèse sur les Catégories d'Aristote, sur l'Universel *à parte rei*, ou telle autre sottise, étoit regardé comme un prodige.

Les inventions les plus étonnantes & les plus utiles ne sont pas celles qui font le plus d'honneur à l'Esprit humain. C'est à un instinct méchanique, qui est chez la plûpart des hommes, que nous devons la plûpart des Arts, & nullement à la saine Philosophie.

La découverte du Feu, l'Art de faire du Pain, de fondre & de préparer les Métaux, de bâtir des Maisons, l'invention de la Navette, sont d'une toute autre nécessité que l'Imprimerie & la Boussolle ; cependant ces Arts furent inventez par des hommes encore sauvages.

Quel prodigieux usage les Grecs & les Romains ne firent-ils pas depuis des Méchaniques ! Cependant on croyoit de leur tems qu'il y avoit des Cieux de Crystal, & que les Etoiles étoient de petites Lampes qui tomboient
quelquefois

quelquefois dans la Mer ; & un de leurs plus grands Philosophes, après bien des recherches, avoit trouvé que les Astres étoient des cailloux qui s'étoient détachez de la Terre.

En un mot, personne avant le Chancelier Bacon n'avoit connu la Philosophie expérimentale ; & de toutes les épreuves Physiques qu'on a faites depuis lui, il n'y en a presque pas une qui ne soit indiquée dans son Livre. Il en avoit fait lui-même plusieurs. Il fit des espéces de Machines Pneumatiques par lesquelles il devina l'élasticité de l'Air. Il a tourné tout autour de la découverte de sa pesanteur. Il y touchoit ; cette vérité fut saisie par Torricelli. Peu de tems après, la Physique expérimentale commença tout d'un coup à être cultivée à la fois dans presque toutes les parties de l'Europe. C'étoit un tresor caché dont Bacon s'étoit douté, & que tous les Philosophes encouragez par sa promesse s'efforcérent de déterrer.

On voit dans son Livre en termes exprès, cette Attraction nouvelle dont Mr. Newton passe pour l'inventeur.

Il faut chercher, dit Bacon, s'il n'y auroit point une espéce de force Magnétique qui opére entre la Terre & les choses pesantes, entre la Lune & l'Océan, entre les Planetes, &c. En un autre endroit il dit : il faut ou que les corps graves soient poussez vers le centre de la Terre, ou qu'ils en soient mutuellement attirez ; & en ce

dernier

dernier cas, il est évident que plus les corps en tombans s'aprocheront de la Terre, plus fortement ils s'attireront. Il faut, poursuit-il, expérimenter si la même Horloge à poids ira plus vîte sur le haut d'une Montagne, ou au fond d'une Mine. Si la force des poids diminuë sur la Montagne & augmente dans la Mine, il y a aparence que la Terre a une vraïe attraction.

Ce Précurseur de la Philosophie a été aussi un Ecrivain élégant, un Historien, un bel Esprit.

Ses Essais de Morale sont très-estimez, mais ils sont faits pour instruire, plûtôt que pour plaire : & n'étant ni la Satire de la Nature humaine, comme les Maximes de la Rochefoucault, ni l'Ecole du Scepticisme, comme Montagne, ils sont moins lûs que ces deux Livres ingénieux.

Sa vie de Henri VII. a passé pour un Chef-d'Oeuvre ; mais comment se peut-il faire que quelques personnes osent comparer un si petit Ouvrage avec l'Histoire de notre illustre Mr de Thou ?

En parlant de ce fameux Imposteur Perkin, fils d'un Juif converti, qui prit si hardiment le nom de Richard IV. Roi d'Angleterre, encouragé par la Duchesse de Bourgogne, & qui disputa la Couronne à Henri VII. voici comme le Chancelier Bacon s'exprime : " Envi-
" ron ce tems le Roi Henri fut obsédé d'es-
" prits malins par la magie de la Duchesse de
" Bourgogne, qui évoqua des Enfers l'ombre
" d'Edoüard

„ d'Edoüard IV. pour venir tourmenter le
„ Roi Henri. Quand la Duchesse de Bour-
„ gogne eut instruit Perkin, elle commença à
„ délibérer par quelle région du Ciel elle fe-
„ roit paroître cette Comette, & elle résolut
„ qu'elle éclateroit d'abord sur l'horison de
„ l'Irlande. „

Il me semble que notre sage de Thou ne donne guére dans ce Phœbus, qu'on prenoit autrefois pour du Sublime, mais qu'à present on nomme avec raison Galimatias.

Tome IV.   K   SUR

SUR
Mr LOCKE.

CHAPITRE XV.

Jamais il ne fut peut-être un esprit plus sage, plus méthodique, un Logicien plus exact que Mr. Locke; cependant il n'étoit pas grand Mathématicien. Il n'avoit jamais pû se soumettre à la fatigue des calculs, ni à la sécheresse des véritez Mathématiques, qui ne presentent d'abord rien de sensible à l'esprit; & personne n'a mieux éprouvé que lui, qu'on pouvoit avoir l'esprit Géométre, sans le secours de la Géometrie. Avant lui de grands Philosophes avoient décidé positivement ce que c'est que l'Ame de l'homme, mais puisqu'ils n'en sçavoient rien du tout, il est bien juste qu'ils ayent tous été d'avis différens.

Dans la Gréce, berceau des Arts & des Erreurs, & où l'on poussa si loin la grandeur & la sottise de l'Esprit humain, on raisonnoit comme chez nous sur l'Ame.

Le divin Anaxagoras, à qui on dressa un Autel pour avoir apris aux hommes que le
Soleil

Soleil étoit plus grand que le Péloponnèse, que la neige étoit noire, & que les Cieux étoient de pierre, affirma que l'Ame étoit un Esprit aërien, mais cependant immortel. Diogène, un autre que celui qui devint Cynique après avoir été faux-monnoyeur, assuroit que l'Ame étoit une portion de la substance même de Dieu; & cette idée au moins étoit brillante. Epicure la composoit de parties comme le corps.

Aristote, qu'on a expliqué de mille façons, parce qu'il étoit inintelligible, croyoit, si l'on s'en raporte à quelques-uns de ses Disciples, que l'Entendement de tous les hommes étoit une seule & même Substance.

Le divin Platon, Maître du divin Aristote, & le divin Socrate, Maître du divin Platon, disoient l'Ame corporelle & éternelle. Le Démon de Socrate lui avoit apris sans doute ce qui en étoit. Il y a des gens à la vérité qui prétendent qu'un homme, qui se vantoit d'avoir un Génie familier, étoit indubitablement un fou, ou un fripon; mais ces gens-là sont trop difficiles.

Quant à nos Peres de l'Eglise, plusieurs dans les premiers Siécles ont cru l'Ame humaine, les Anges & Dieu corporels. Le monde se raffine toûjours. S. Bernard, selon l'aveu du Pere Mabillon, enseigna à propos de l'Ame, qu'après la mort elle ne voyoit pas

Dieu dans le Ciel; mais qu'elle converſoit ſeulement avec l'Humanité de Jeſus-Chriſt. On ne le crut pas cette fois ſur ſa parole, l'avanture de la Croiſade avoit un peu décrédité ſes oracles. Mille Scolaſtiques ſont venus enſuite, comme le Docteur irréfragable (*), le Docteur ſubtil (†), le Docteur Angélique (‡), le Docteur Séraphique (§), le Docteur Chérubique, qui tous ont été bien ſûrs de connoître l'Ame très-clairement; mais qui n'ont pas laiſſé d'en parler comme s'ils avoient voulu que perſonne n'y entendit rien. Notre Descartes, né non pour découvrir les erreurs de l'Antiquité, mais pour y ſubſtituer les ſiennes, & entraîné par cet Eſprit ſyſtématique qui aveugle les plus grands hommes, s'imagina avoir démontré que l'Ame étoit la même choſe que la Penſée, comme la Matiére, ſelon lui, eſt la même choſe que l'Etenduë. Il aſſûra bien que l'on penſe toûjours, & que l'Ame arrive dans le corps pourvûë de toutes les notions métaphyſiques, connoiſſant Dieu, l'eſpace infini, ayant toutes les idées abſtraites, remplie enfin de belles connoiſſances, qu'elle oublie malheureuſement en ſortant du ventre de la mere.

Le

(*) Hales.
(†) Scot.
(‡) S. Thomas.
(§) S. Bonaventure.

Le P. Mallebranche de l'Oratoire, dans ſes illuſions ſublime, n'admet point les idées innées, mais il ne doutoit pas que nous ne viſſions tout en Dieu, & que Dieu, pour ainſi dire, ne fût notre Ame.

Tant de Raiſonneurs ayans fait le Roman de l'Ame, un Sage eſt venu qui en a fait modeſtement l'Hiſtoire. Mr Locke a dévelopé à l'Homme la Raiſon humaine, comme un excélent Anatomiſte explique les reſſorts du Corps humain; il s'aide par-tout du flambeau de la Phiſique, il oſe quelquefois parler affirmativement, mais il oſe auſſi douter. Au lieu de définir tout-d'un-coup ce que nous ne connoiſſons pas, il examine par degrez ce que nous voulons connoître, il prend un enfant au moment de ſa naiſſance, il ſuit pas à pas les progrès de ſon Entendement, il voit ce qu'il a de commun avec les Bêtes, & ce qu'il a au-deſſus d'elles. Il conſulte ſur-tout ſon propre témoignage, la conſcience de ſa penſée.

Je laiſſe, dit-il, à diſcuter à ceux qui en ſçavent plus que moi, ſi notre Ame exiſte avant ou après l'organization de notre corps; mais j'avouë qu'il m'eſt tombé en partage une de ces Ames groſſiéres qui ne penſent pas toûjours; & j'ai même le malheur de ne pas concevoir qu'il ſoit plus néceſſaire à l'Ame de penſer toûjours, qu'au corps d'être toûjours en mouvement.

Pour moi je me vante de l'honneur d'être en ce point auſſi ſtupide que Mr Locke. Perſonne ne me fera jamais croire que je penſe toûjours, & je ne me ſens pas plus diſpoſé que lui à imaginer que quelques ſemaines après ma conception, j'étois une fort ſçavante Ame, ſçachant alors mille choſes que j'ai oubliées en naiſſant, & ayant fort inutilement poſſédé dans *l'uterus* des connoiſſances, qui m'ont échapé dès que j'ai pu en avoir beſoin, & que je n'ai jamais bien pu raprendre depuis.

Mr Locke, après avoir ruïné les idées innées, après avoir bien renoncé à la vanité de croire qu'on penſe toûjours, ayant bien établi que toutes nos idées nous viennent par les Sens, ayant examiné nos idées ſimples, celles qui ſont compoſées, ayant ſuivi l'Eſprit de l'homme dans toutes ſes opérations, ayant fait voir combien les Langues que les hommes parlent ſont imparfaites, & quel abus nous faiſons des termes à tous momens; il vient enfin à conſidérer l'étenduë ou plûtôt le néant des connoiſſances humaines. Ce fut dans ce Chapitre qu'il oſa avancer modeſtement ces paroles : " Nous ne ſerons peut-être jamais „ capables de connoître ſi un Etre purement „ matériel penſe ou non. „ Ce diſcours ſage parut à plus d'un Théologien une déclaration ſcandaleuſe, que l'Ame eſt matérielle & mortelle.

telle. Quelques Anglais dévots à leur maniére fonnérent l'allarme. Les fuperftitieux font dans la Société ce que les poltrons font dans une Armée ; ils ont & donnent des terreurs paniques. On cria que Mr Locke vouloit renverfer la Religion ; il ne s'agiſſoit pourtant pas de Religion dans cette affaire : c'étoit une queſtion purement philofophique , très-indépendante de la Foi & de la Révélation. Il ne falloit qu'examiner fans aigreur s'il y a de la contradiction à dire , la Matiére peut penfer , & fi Dieu peut communiquer la Penfée à la Matiére. Mais les Théologiens commencent trop fouvent par dire que Dieu eſt outragé, quand on eſt pas de leurs avis ; c'eſt trop reſſembler aux mauvais Poëtes , qui crioient que Defpréaux parloit mal du Roi , parce qu'il fe mocquoit d'eux. Le Docteur Stillingfleet s'eſt fait une réputation de Théologien modéré, pour n'avoir pas dit pofitivement des injures à Mr Locke. Il entra en lice contre lui , mais il fut battu , car il raifonnoit en Docteur , & Locke en Philofophe inſtruit de la force & de la foibleſſe de l'Efprit humain, & qui fe battoit avec des armes dont il connoiſſoit la trempe.

Si j'ofois parler après Mr Locke, fur un fujet fi délicat, je dirois : Les hommes difputent depuis long-tems fur la nature & fur l'immortalité de l'Ame ; à l'égard de fon immortalité,

K 4   il

il est impossible de la démontrer, puisqu'on dispute encore sur sa nature; qu'assurément il faut connoître à fond un Etre créé, pour decider s'il est immortel ou non. La Raison humaine est si peu capable de démontrer par elle-même l'immortalité de l'Ame, que la Religion a été obligée de nous la révéler. Le bien commun de tous les hommes demande qu'on croie l'Ame immortelle : la Foi nous l'ordonne; il n'en faut pas davantage, & la chose est presque décidée. Il n'en est pas de même de sa nature; il importe peu à la Religion de quelle Substance soit l'Ame, pourvû qu'elle soit vertueuse. C'est une Horloge qu'on nous a donné à gouverner; mais l'Ouvrier ne nous a pas dit de quoi le ressort de cette Horloge est composé.

Je suis Corps & je pense, je n'en sçai pas davantage. Si je ne consulte que mes foibles lumiéres, irai-je attribuer à une cause inconnuë ce que je puis si aisément attribuer à la seule cause seconde que je connois un peu ? Ici tous les Philosophes de l'Ecole m'arrêtent en argumentans, & disent : Il n'y a dans le Corps que de l'étenduë & de la solidité, & il ne peut avoir que du mouvement & de la figure. Or, du mouvement, de la figure, de l'étenduë & de la solidité ne peuvent faire une pensée; donc l'Ame ne peut pas être matiére. Tout ce grand raisonnement répété tant de fois, se
réduit

réduit uniquement à ceci : Je ne connois que très-peu de chose de la Matiére, j'en devine imparfaitement quelques propriétés : Or je ne sçai point du tout si ces propriétés peuvent être jointes à la pensée ; Donc, parce que je ne sçai rien du tout, j'assûre positivement que la Matiére ne sçauroit penser. Voilà nettement la maniére de raisonner de l'Ecole.

Mr Locke diroit avec simplicité à ces Messieurs : Confessez du moins que vous êtes aussi ignorans que moi : votre imagination ni la mienne ne peuvent concevoir comment un corps a des idées ; & comprenez-vous mieux comment une Substance, telle qu'elle soit, a des idées ? Vous ne concevez ni la Matiére ni l'Esprit, comment osez-vous assûrer quelque chose ? Que vous importe que l'Ame soit un de ces Etres incompréhensibles qu'on apelle Matiére, ou un de ces Etres incompréhensibles qu'on apelle Esprit ? Quoi ! Dieu, le Créateur de tout, ne peut-il pas éterniser ou anéantir votre Ame à son gré, quelle que soit sa substance ?

Le Superstitieux vient à son tour, & dit qu'il faut brûler pour le bien de leurs Ames, ceux qui soupçonnent qu'on peut penser avec la seule aide du Corps ; mais que diroit-il, si c'étoit lui-même qui fût coupable d'irreligion ? En effet, quel est l'homme qui osera assûrer, sans une impiété absurde, qu'il est impossible au Créateur de donner à la Matiére la pensée & le sentiment ? Voyez, je vous prie, à quel embarras vous êtes réduits, vous qui bornez ainsi la puissance du Créateur. Les Bêtes ont les mêmes organes que nous, les mêmes perceptions ; elles ont de la mémoire, elles combinent quelques idées. Si Dieu n'a pas pû animer la Matiére, & lui donner le sentiment, il faut de deux choses l'une, ou que les Bêtes soient de pures Machines, ou qu'elles ayent une Ame spirituelle.

Il me paroît démontré que les Bêtes ne peuvent être de simples Machines, voici ma preuve : Dieu leur a fait précisément les mêmes organes de sentiment que les nôtres ; donc, si elles ne sentent point, Dieu a fait un ouvrage inutile : or Dieu, de votre aveu même, ne fait rien en vain ; donc il n'a point fabriqué tant d'organes de sentiment, pour qu'il n'y eût point de sentiment ; donc les Bêtes ne sont point de pures Machines. Les Bêtes, selon vous, ne peuvent pas avoir une Ame spirituelle ; donc malgré vous il ne reste autre chose à dire, sinon que Dieu a donné aux organes des Bêtes, qui sont matiére, la faculté de sentir & d'apercevoir, que vous apellez Instinct dans elles. Eh ! qui peut empêcher Dieu de communiquer à nos organes plus déliés cette faculté de sentir, d'apercevoir, & de penser, que nous apellons Raison humaine ? De

quelque

quelque côté que vous vous tourniez, vous êtes obligés d'avoüer votre ignorance, & la puissance immense du Créateur. Ne vous révoltez donc plus contre la sage & modeste Philosophie de Locke : loin d'être contraire à la Religion, elle lui serviroit de preuve, si la Religion en avoit besoin ; car quelle Phisosophie plus religieuse, que celle qui n'affirmant que ce qu'elle conçoit clairement, & sçachant avoüer sa foiblesse, vous dit qu'il faut recourir à Dieu, dès qu'on examine les premiers principes ?

D'ailleurs, ils ne faut jamais craindre qu'aucun sentiment Philosophique puisse nuire à la Religion d'un Païs. Nos Mystéres ont beau être contraires à nos démonstrations, ils n'en sont pas moins révérés par nos Philosophes Chrétiens, qui sçavent que les objets de la Raison & de la Foi sont de différente nature. Jamais les Philosophes ne feront une Secte de Religion ; pourquoi ? C'est qu'ils n'écrivent point pour le Peuple, & qu'ils sont sans enthousiasme. Divisez le Genre-Humain en vingt parts, il y en a dix-neuf composées de ceux qui travaillent de leurs mains, & qui ne sçauront jamais s'il y a eu un Mr Locke au monde ; dans la vingtiéme partie qui reste, combien trouve-t-on peu d'hommes qui lisent ? & parmi ceux qui lisent, il y en a vingt qui lisent des Romans, contre un qui étudie en Philosophie.

losophie. Le nombre de ceux qui pensent est excessivement petit, & ceux-là ne s'avisent pas de troubler le monde.

Ce n'est ni Montagne, ni Locke, ni Bayle, ni Spinosa, ni Hobbes, ni Mylord Shaftsbury, ni Mr Collins, ni Mr Toland, ni Flud, ni Beker, ni M. le Comte de Boulainviliers, &c. qui ont porté le flambeau de la Discorde dans leur Patrie ; ce sont, pour la plûpart, des Théologiens, qui ayans eu d'abord l'ambition d'être Chefs des Sectes, ont eu bien-tôt celle d'être Chefs de partis. Que dis-je ? tous ces Livres de Philosophes modernes, mis ensemble, ne feront jamais dans le monde autant de bruit seulement, qu'en a fait autrefois la dispute des Cordeliers sur la forme de leurs Manches & de leurs Capuchons.

SUR
DESCARTES
ET
NEWTON.

CHAPITRE XVI.

UN Français qui arrive à Londres, trouve les choses bien changées en Philosophie comme dans tout le reste. Il a laissé le Monde plein, il le trouve vuide. A Paris on voit l'Univers composé de Tourbillons, de Matiére subtile; à Londres on ne voit rien de cela. Chez vous c'est la pression de la Lune qui cause le flux de la Mer: chez les Anglais c'est la Mer qui gravite vers la Lune; de façon que quand vous croyez que la Lune devroit nous donner Marée haute, ces Messieurs croyent qu'on doit avoir Marée basse, ce qui malheureusement ne peut se vérifier. Car il auroit fallu pour s'en éclaircir, examiner la Lune & les Marées au premier instant de la Création.

Vous remarquerez encore que le Soleil, qui en France n'entre pour rien dans cette affaire, y contribuë ici environ pour son quart. Chez vos Cartésiens tout se fait par une impulsion, qu'on ne comprend guére ; chez Mr Newton c'est par une attraction dont on ne connoît pas mieux la cause. A Paris vous vous figurez la Terre faite comme un Melon ; à Londres elle est aplatie des deux côtés. La Lumiére pour un Cartésien existe dans l'air ; pour un Newtonien elle vient du Soleil en six minutes & demie. Votre Chimie fait toutes ses opérations avec des Acides, des Alkalis, & de la Matiére subtile ; l'Attraction domine jusques dans la Chimie Anglaise.

L'essence même des choses a totalement changé. Vous ne vous accordez ni sur la définition de l'Ame, ni sur celle de la Matiére. Descartes assure que l'Ame est la même chose que la Pensée, & Mr Locke lui prouve assez bien le contraire.

Descartes assure encore que l'étenduë seule fait la Matiére, Newton y ajoute la solidité.

Voilà de furieuses contrariétés !

Non nostrum inter vos tantas componere lites.

Ce fameux Newton, ce Destructeur du Systéme Cartésien, mourut au mois de Mars de l'an passé 1727. Il a vécu honoré de ses compatriotes, & a été enterré comme un Roi qui auroit fait du bien à ses Sujets.

On

On a lu avec avidité & l'on a traduit en Anglais l'Eloge de Mr Newton, que Mr de Fontenelle a prononcé dans l'Academie des Sciences. Mr de Fontenelle eſt le Juge des Philoſophes, on attendoit en Angleterre ſon jugement comme une déclaration ſolemnelle de la ſupériorité de la Philoſophie Anglaiſe. Mais quand on a vu qu'il comparoit Descartes à Newton, toute la Société Royale de Londres s'eſt ſoulevée; loin d'acquieſcer au jugement, on a critiqué le Diſcours. Pluſieurs même (& ceux-là ne ſont pas les plus Philoſophes) ont été choquez de cette comparaiſon, ſeulement parce que Descartes étoit Français.

Il faut avoüer que ces deux grands Hommes ont été bien différens l'un de l'autre dans leur conduite, dans leur fortune, & dans leur Philoſophie.

Descartes étoit né avec une imagination brillante & forte, qui en fit un homme ſingulier dans la vie privée, comme dans ſa maniére de raiſonner; cette imagination ne put ſe cacher même dans ſes Ouvrages Philoſophiques, où l'on voit à tous momens des comparaiſons ingénieuſes & brillantes. La Nature en avoit preſque fait un Poëte; & en effet il compoſa pour la Reine de Suéde un divertiſſement en vers, que pour l'honneur de ſa mémoire on n'a pas fait imprimer.

Il eſſaya quelque tems du métier de la guerre,

re, & depuis étant devenu tout-à-fait Philoſophe, il ne crut pas indigne de lui de faire l'amour. Il eut de ſa Maîtreſſe une fille nommée *Francine* qui mourut jeune, & dont il regretta beaucoup la perte. Ainſi il éprouva tout ce qui apartient à l'humanité.

Il crut long-tems qu'il étoit néceſſaire de fuïr les hommes, & ſur-tout ſa Patrie, pour philoſopher en liberté.

Il avoit raiſon; les hommes de ſon tems n'en ſçavoient pas aſſez pour l'éclairer, & n'étoient guére capables que de lui nuire.

Il quitta la France, parce qu'il cherchoit la Vérité qui étoit perſécutée alors par la miſérable Philoſophie de l'Ecole; mais il ne trouva pas plus de raiſon dans les Univerſitez de la Hollande où il ſe retira. Car dans le tems qu'on condamnoit en France les ſeules propoſitions de ſa Philoſophie qui fuſſent vraïes; il fut auſſi perſécuté par les prétendus Philoſophes de Hollande, qui ne l'entendoient pas mieux, & qui voyans de plus près ſa gloire, haïſſoient davantage ſa perſonne. Il fut obligé de ſortir d'Utrecht: il eſſuya l'accuſation d'Athéïſme, derniére reſſource des calomniateurs, & lui, qui avoit employé toute la ſagacité de ſon eſprit à chercher de nouvelles preuves de l'exiſtence d'un Dieu, fut ſoupçonné de n'en point reconnoître.

Tant de perſécutions ſupoſoient un très-grand

grand mérite & une réputation éclatante; aussi avoit-il l'un & l'autre. La Raison perça même un peu dans le monde à travers les ténèbres de l'Ecole, & les préjugez de la superstition populaire. Son nom fit enfin tant de bruit, qu'on voulut l'attirer en France par des récompenses. On lui proposa une pension de mille écus. Il vint sur cette espérance, paya les frais de la Patente qui se vendoit alors, n'eut point la pension, & s'en retourna philosopher dans sa solitude de Nord-Hollande, dans le tems que le grand Galilée, à l'âge de 80. ans, gémissoit dans les prisons de l'Inquisition, pour avoir démontré le mouvement de la Terre.

Enfin, il mourut à Stokolm d'une mort prématurée, & causée par un mauvais régime, au milieu de quelques Sçavans ses ennemis, & entre les mains d'un Médecin qui le haïssoit.

La carriére du Chevalier Newton a été toute différente. Il a vécu 85. ans, toûjours tranquile, heureux & honoré dans sa Patrie.

Son grand bonheur a été non-seulement d'être né dans un Païs libre; mais dans un tems où les impertinences Scholastiques étans bannies, la Raison seule étoit cultivée, & le monde ne pouvoit être que son écolier, & non son ennemi.

Une oposition singuliére dans laquelle il se trouve avec Descartes, c'est que dans le cours d'une si longue vie, il n'a eu ni passion ni
foiblesse.

foibleſſe. Il n'a jamais aproché d'aucune femme : c'eſt ce qui m'a été confirmé par le Médecin & le Chirurgien entre les bras de qui il eſt mort : on peut admirer en cela Newton, mais il ne faut pas blâmer Descartes.

L'opinion publique en Angleterre ſur ces deux Philoſophes, eſt que le premier étoit un Rêveur, & que l'autre étoit un Sage.

Très-peu de perſonnes à Londres liſent Descartes dont effectivement les Ouvrages ſont devenus inutiles ; très-peu liſent auſſi Newton, parce qu'il faut être fort ſçavant pour le comprendre. Cependant tout le monde parle d'eux, on n'accorde rien aux François, & on donne tout à l'Anglais. Quelques gens croyent que ſi l'on ne s'en tient plus à l'horreur du Vuide, ſi l'on ſçait que l'Air eſt peſant, ſi l'on ſe ſert de Lunettes d'aproche, on en a l'obligation à Newton ; il eſt ici l'Hercule de la Fable, a qui les ignorans attribuoient tous les faits des autres Héros.

Dans une Critique qu'on a fait à Londres du Diſcours de M. de Fontenelle, on a oſé avancer que Descartes n'étoit pas un grand Géométre. Ceux qui parlent ainſi, peuvent ſe reprocher de battre leur nourrice. Descartes a fait un auſſi grand chemin du point où il a trouvé la Géométrie juſqu'au point où il l'a pouſſée, que Newton en ait fait après lui. Il eſt le premier qui ait enſeigné la maniére de
donner

donner les équations algébraïques des Courbes. Sa Géométrie, graces à lui, devenuë commune, étoit de fon tems fi profonde, qu'aucun Profeffeur n'ofa entreprendre de l'expliquer, & qu'il n'y avoit guére en Hollande que Schotten, & en France que Fermat, qui l'entendiffent.

Il porta cet efprit de Géométrie & d'invention dans la Dioptrique, qui devint, entre fes mains, un Art tout nouveau, & s'il s'y trompa en quelque chofe c'eft qu'un homme, qui découvre de nouvelles Terres, ne peut tout-d'un-coup en connoître toutes les propriétez. Ceux qui viennent après lui, & qui rendent ces Terres fertiles, lui ont au moins l'obligation de la découverte. Je ne nierai pas que tous les autres Ouvrages de Mr Descartes fourmillent d'erreurs.

La Géométrie étoit un Guide que lui-même avoit en quelque façon formé, & qui l'auroit conduit fûrement dans fa Phyfique ; cependant il abandonna à la fin ce Guide, & fe livra à l'Efprit de Syftême. Alors fa Philofophie ne fut plus qu'un Roman ingénieux tout au plus, & vraifemblable pour les Philofophes du même tems. Il fe trompa fur la nature de l'Ame, fur les loix du mouvement, fur la nature de la Lumiére. Il admit des idées innées, il inventa de nouveaux Elémens, il créa un Monde, il fit l'Homme à fa mode ; & on dit avec raifon que l'Homme de Descartes n'eft

en

en effet que celui de Descartes, fort éloigné de l'Homme véritable.

Il poussa ses erreurs métaphysiques, jusqu'à prétendre que deux & deux font quatre, parce que Dieu l'a voulu ainsi ; mais ce n'est point trop dire qu'il étoit estimable, même dans ses égaremens. Il se trompa, mais ce fut au moins avec méthode, & de conséquence en conséquence. Il détruisit les Chiméres absurdes dont on infatuoit la Jeunesse depuis 2000 ans. Il aprit aux hommes de son tems à raisonner, & à se servir contre lui-même de ses armes. S'il n'a pas payé en bonne monnoye, c'est beaucoup d'avoir décrié la fausse.

Je ne crois pas qu'on ose à la vérité comparer en rien sa Philosophie avec celle de Newton ; la premiére est un Essai, la seconde est un Chef-d'Oeuvre. Mais celui qui nous a mis sur la voye de la vérité, vaut peut-être celui qui a été depuis au bout de cette carriére.

Descartes donna la vûë aux aveugles : ils virent les fautes de l'Antiquité, & les siennes ; la route qu'il ouvrit est depuis lui devenuë immense. Le petit Livre de Rohault a fait pendant quelque tems une Physique complette ; aujourd'hui tous les Recüeils des Académies de l'Europe ne font pas même un commencement de Systême. En aprofondissant cet abîme, il s'est trouvé infini.

HISTOIRE

HISTOIRE
DE
L'ATTRACTION.

CHAPITRE XVII.

JE n'entrerai point ici dans une explication Mathématique de ce qu'on apelle l'Attraction, ou la Gravitation : je me borne à l'Histoire de cette nouvelle propriété de la Matiére, devinée long-tems avant Newton & démontrée par lui ; c'est donner en quelque façon l'Histoire d'une création nouvelle.

Copernic, ce Christophe Colomb de l'Astronomie, avoit à peine apris aux hommes le véritable ordre de l'Univers, si long tems défiguré ; il avoit à peine fait voir que la Terre tourne, & sur elle-même, & dans un espace immense, lorsque tous les Docteurs firent à peu près les mêmes objections que leurs devanciers avoient faites contre les Antipodes. S. Augustin en niant ces Antipodes avoit dit : *Eh quoi ! ils auroient donc la tête en bas*, & ils tomberoient dans le Ciel ? Les Docteurs disoient à Copernic : Si la Terre tournoit sur elle-

elle-même, toutes ses parties se détacheroient & tomberoient dans le Ciel. Il est certain que la Terre tourne, répondoit Copernic, & que ses parties ne s'envolent pas; il faut donc qu'une Puissance les dirige toutes vers le Centre de la Terre; & probablement, dit-il, cette propriété existe dans tous les Globes, dans le Soleil, dans la Lune, dans les Etoiles; c'est un attribut donné à la Matiére par la Divine Providence. C'est ainsi qu'il s'explique dans son premier Livre *des Révolutions célestes*, sans avoir osé, ni peut-être pu aller plus loin.

Kepler qui suivit Copernic, & qui perfectionna l'admirable découverte du vrai Systême du Monde, aprocha un peu du Systême de la Pesanteur universelle: on doit dans son Traité de l'Etoile de Mars, des veines encore mal formées de cette Mine dont Newton a tiré son Or. Kepler admet non-seulement une tendance de tous les Corps terrestres au centre, mais aussi des Astres les uns vers les autres. Il ose entrevoir & dire, que si la Terre & la Lune n'étoient pas retenuës dans leurs Orbites, elles s'aprocheroient l'une de l'autre, elles s'uniroient. Cette vérité étonnante étoit obscurcie chez lui de tant de nuages & de tant d'erreurs, qu'on a dit qu'il l'avoit devinée par instinct.

Cependant le grand Galilée, parlant d'un principe plus méchanique, examinoit quelle est la la chute des corps sur la Terre. Il trouvoit que, si un corps tombe dans le premier tems, par exemple, d'une seule toise, il parcourt trois toises dans le second tems, & que dans le troisiéme tems il parcourt cinq toises ; & qu'ainsi, puisque 5, 3 & 1 font 9. & qu'au bout de ce troisiéme tems le corps à parcouru en tout 9. toises, il se trouve que 9. étant le quarré de trois, les espaces parcourus sont toûjours comme le quarré des tems.

Il s'agissoit ensuite de sçavoir trois choses. 1. Si les corps tomboient également vîte sur la Terre, abstraction faite de la résistance de l'Air? 2. Quel espace parcouroient ces corps en effet dans une minute? 3. Si, à quelque distance que ce fut du centre de notre Globe, les chûtes seroient les mêmes. Voilà en partie ce que le Chancelier Bacon proposoit d'examiner.

Il est bien singulier que Descartes, le plus grand Géométre de son tems, ne se soit pas servi de ce fil dans le Labyrinthe qu'il s'étoit bâti lui-même. On ne trouve nulle trace de ces véritez dans ses ouvrages : aussi n'est-il pas surprenant qu'il se soit égaré

Il voulut créer un Univers. Il fit une Philosophie comme on fait un bon Roman : tout parut vraisemblable & rien ne fut vrai. Il imagina des Elémens, des Tourbillons, qui sembloient rendre une raison plausible de tous les

Mystéres

Mystéres de la Nature ; mais en Philosophie, il faut se défier de ce qu'on croit entendre trop aisément, aussi-bien que des choses qu'on n'entend pas.

La Pesanteur, la chûte accélérée des corps sur la Terre, la révolution des Planettes dans leurs Orbites, leurs rotations autour de leur axe, tout cela n'est que du mouvement. Or, *disoit Descartes*, le mouvement ne peut être conçu que par impulsion ; donc que tous ces corps sont poussez. Mais par quoi le sont-ils ? Tout l'espace est plein donc, il est rempli d'une matiére très-subtile, puisque nous ne l'apercevons pas ; donc cette matiére va d'Occident en Orient, puisque c'est d'Occident en Orient que toutes les Planettes sont entraînées. Ainsi de supositions en supositions, & de vraisemblances en vraisemblances, on a imaginé un vaste Tourbillon de Matiére subtile, dans lequel les Planettes sont entraînées autour du Soleil : on a créé encore un autre Tourbillon particulier qui nage dans le grand, & qui tourne journellement autour de la Planette. Quand tout cela est fait, on prétend que la pesanteur dépend de ce mouvement journalier ; car, dit-on, la Matiére subtile, qui tourne autour de notre petit Tourbillon, doit avoir incomparablement plus de force centrifuge, & repousser par conséquent tous les corps vers la Terre. Voilà la cause de la pesanteur dans le Systême Cartésien.

Mr

Mr Newton semble anéantir sans ressource tous ces Tourbillons grands & petits, & celui qui emporte les Planétes autour du Soleil, & celui qui fait tourner chaque Planéte sur elle-même.

Premiérement, à l'égard du prétendu petit Tourbillon de la Terre, il est prouvé qu'il doit perdre petit à petit son mouvement; il est prouvé que, si la Terre nage dans un fluide, ce fluide doit être de la même densité que la Terre; & si ce fluide est de la même densité, tous les corps que nous remuons, doivent éprouver une résistance extrême. De plus, tout solide, mû dans un fluide aussi dense que lui, perd toute sa vîtesse avant d'avoir parcouru 3. de ses diamétres; & cela seul détruit sans ressource tout Tourbillon.

2. A l'égard des grands Tourbillons, ils sont encore plus chimériques; il est impossible de les accorder avec les régles de Kepler dont la vérité est démontrée. Mr Newton fait voir que la révolution du fluide, dans lequel Jupiter est suposé entraîné, n'est pas avec la révolution du fluide de la Terre, comme la révolution de Jupiter est avec celle de la Terre. Il prouve que les Planétes faisans leurs révolutions dans des Ellipses, & par conséquent étans bien plus éloignées les unes des autres dans leurs Aphélies, & un peu plus proches dans leurs Périhélies, la Terre, par exemple, dévroit aller plus vîte, quand elle est plus près de Vénus & de Mars,

Tome IV. L puisque

puisque le fluide qui l'emporte étant alors plus pressé, doit avoir plus de mouvement; & cependant c'est alors même que le mouvement de la Terre est plus ralenti.

Il prouve qu'il n'y a point de matière céleste qui aille d'Occident en Orient, puisque les Comètes traversent ces espaces, tantôt de l'Orient à l'Occident, tantôt du Septentrion au Midi.

Enfin, pour mieux trancher encore, s'il est possible, toute difficulté, il prouve, & même par des expériences, que le Plein est impossible, & il nous ramène le Vuide qu'Aristote & Descartes avoient banni du Monde.

Ayant par toutes ces raisons, & par beaucoup d'autres encore, renversé les Tourbillons du Cartésianisme, il desespéroit de pouvoir connoître jamais s'il y a un principe secret dans la Nature qui cause à la fois le mouvement de tous les Corps célestes, & qui fait la pesanteur sur la Terre. S'étant retiré en 1666. à cause de la peste, à la Campagne près de Cambridge, un jour qu'il se promenoit dans son Jardin, & qu'il voyoit des fruits tomber d'un Arbre, il se laissa aller à une méditation profonde sur cette Pesanteur, dont tous les Philosophes ont cherché si long-tems la cause en vain, & dans laquelle le vulgaire ne soupçonne pas même de mystère; il se dit à lui-même, de quelque hauteur dans notre Hémisphère que tombassent ces corps, leur chûte seroit certainement

ment dans la progreſſion découverte par Galilée, & les eſpaces parcourus par eux ſeroient
comme les quarrez de tems. Ce pouvoir qui
fait deſcendre les corps graves, eſt le même,
ſans aucune diminution ſenſible, à quelque
profondeur qu'on ſoit dans la Terre, & ſur la
plus haute Montagne; pourquoi ce pouvoir ne
s'étendroit-il pas juſqu'à la Lune ? Et s'il eſt
vrai qu'il pénétre juſque-là, n'y a-t-il pas grande aparence que ce pouvoir la retient dans ſon
Orbite, & détermine ſon mouvement ? Mais
ſi la Lune obéït à ce principe, tel qu'il ſoit,
n'eſt-il pas encore très-raiſonnable de croire
que les autres Planétes y ſont également ſoûmi-
ſes ? Si ce pouvoir exiſte, ce qui eſt prouvé
d'ailleurs, il doit augmenter en raiſon renver-
ſée des quarrez des diſtances. Il n'y a donc plus
qu'à examiner le chemin que feroit un corps
grave en tombant ſur la Terre d'une hauteur
médiocre, & le chemin que feroit dans le même tems un corps qui tomberoit de l'Orbite
de la Lune; pour en être inſtruit, il ne s'agit
plus que d'avoir la meſure de la Terre, & la
diſtance de la Lune à la Terre.

Voilà comment Mr Newton raiſonna. Mais
on n'avoit alors en Angleterre que de très-fauſ-
ſes meſures de notre Globe. On s'en raportoit
à l'eſtime incertaine des Pilotes, qui comptoient ſoixante mille d'Angleterre pour un degré; au lieu qu'il en falloit compter près de ſoixante

xante & dix. Ce faux calcul ne s'accordant pas avec les conclusions que Mr Newton vouloit tirer, il les abandonna. Un Philosophe médiocre & qui n'auroit eu que de la vanité, eût fait quadrer comme il eût pû la mesure de la Terre avec son Systême ; Mr Newton aima mieux abandonner alors son projet. Mais depuis que Mr Picart eut mesuré la Terre exactement, en traçant cette Méridienne qui fait tant d'honneur à la France, Mr Newton reprit ses premiéres idées ; & il trouva son compte avec le calcul de Mr Picart.

C'est une chose qui me paroît toûjours admirable, qu'on ait découvert de si sublimes veritez avec l'aide d'un Quart de Cercle, & d'un peu d'Arithmétique.

La circonférence de la Terre est de cent vingt-trois millions, deux cens quarante-neuf mille, six cens pieds ; de cela seul peut suivre le Systême de l'attraction.

Dès qu'on connoît la circonférence de la Terre, on connoît celle de l'Orbite de la Lune, & le diamétre de cette Orbite. La révolution de la Lune dans cette Orbite se fait en vingt-sept jours, sept heures, quarante-trois minutes ; donc il est démontré que la Lune dans son mouvement moyen, parcourt cent quatre-vingt-sept mille, neuf cens soixante pieds de Paris par minute. Et par un Théorême connu, il est démontré que la force centrale qui feroit

tomber

tomber un corps de la hauteur de la Lune, ne le feroit tomber que de quinze pieds de Paris dans la premiére minute. Maintenant si la régle, par laquelle les corps pesent, gravitent, s'attirent en raison inverse des quarrez des distances, est vraïe, si c'est le même pouvoir qui agit suivant cette régle dans toute la Nature, il est évident que la Terre étant éloignée de la Lune de 60. demi-diamétres, un corps grave doit tomber sur la Terre de quinze pieds dans la premiére seconde, & de cinquante-quatre mille pieds dans la premiére minute.

Or est-il qu'un corps grave tombe en effet de quinze pieds dans la premiére seconde, & parcourt dans la premiére minute cinquante-quatre mille pieds, lequel nombre est le quarré de soixante multiplié par quinze. Donc les corps pesent en raison inverse des quarrez des distances ; donc le même pouvoir fait la pesanteur sur la Terre, & retient la Lune dans son Orbite, étant démontré que la Lune pese sur la Terre, qui est le centre de son mouvement particulier. Il est démontré d'ailleurs que la Terre & la Lune pesent sur le Soleil, qui est le centre de leur mouvement annuel.

Les autres Planétes doivent être soûmises à cette Loi générale, & si cette Loi existe, ces Planétes doivent suivre les régles trouvées par Kepler. Toutes ces régles, tous ces raports, sont en effet gardez par les Planétes avec la dernière exactitude. Donc le pouvoir de la gravitation fait peser toutes les Planétes vers le Soleil, de même que notre Globe.

Enfin, la réaction de tout corps étant proportionnelle à l'action, il demeure certain que la Terre pese à son tour sur la Lune, & que le Soleil pese sur l'une & sur l'autre: que chacun des Satellites de Saturne pese sur les quatre, & les quatre sur lui: tous cinq sur Saturne, Saturne sur tous: qu'il en est ainsi de Jupiter; & que tous ces Globes sont attirés par le Soleil réciproquement attiré par eux.

Ce pouvoir de gravitation agit à proportion de la matiére que renferment les corps. C'est une vérité que Mr Newton a démontrée par des expériences. Cette nouvelle découverte a servi à faire voir que le Soleil, centre de toutes les Planétes, les attire toutes en raison directe de leurs masses combinées avec leur éloignement. De-là s'élevant par degrez jusqu'à des connoissances qui sembloient n'être pas faites pour l'Esprit humain, il ose calculer combien de matiére contient le Soleil, & combien il s'en trouve dans chaque Planéte.

Son seul principe des loix de la gravitation rend raison de toutes les inégalitez aparentes dans le cours des Globes célestes. Les variations de la Lune deviennent une suite nécessaire de ces loix. Le flux & le reflux de la Mer est encore un effet très-simple de cette attraction,

tion. La proximité de la Lune dans son plein, & quand elle est nouvelle, & son éloignement dans ses quartiers, combinez avec l'action du Soleil, rendent une raison sensible de l'élévation & de l'abaissement de l'Océan.

Après avoir rendu compte par sa sublime Théorie du cours & des inégalitez des Planétes, il assujettit les Cométes au frein de la même loi.

Il prouve que ce sont des corps solides qui se meuvent dans la sphére de l'action du Soleil, & décrivent une ellipse si excentrique & si aprochante de la parabole, que certaines Cométes doivent mettre plus de cinq cens ans dans leur révolution.

Le sçavant Mr Halley croit que la Cométe de 1680. est la même qui parut du tems de Jules-Céfar. Celle-là sur-tout sert plus qu'une autre à faire voir que les Cométes sont des corps durs & opaques, car elle descendit si près du Soleil, qu'elle n'en étoit éloignée que d'une sixiéme partie de son disque ; elle put par conséquent acquérir un degré de chaleur deux mille fois plus violent que celui du fer le plus enflâmé. Elle auroit été dissoute & consommée en peu de tems, si elle n'avoit pas été un corps opaque. La mode commençoit alors de deviner le cours des Cométes. Le célébre Mathématicien Jacques Bernoulli conclut par son Systême, que cette fameuse Cométe de 1680. reparoîtroit le 17

Mai 1729. Aucun Aftronome de l'Europe ne fe coucha cette nuit du 17 Mai, mais la fameufe Cométe ne parut point. Il y a au moins plus d'adreffe, s'il n'y a pas plus de fûreté, à lui donner cinq cens foixante & quinze ans pour revenir. Pour Mr Whifton, il a férieufement affirmé que du tems du Déluge, il y avoit eu une Cométe qui avoit inondé notre Globe, & il a eu l'injuftice de s'étonner qu'on fe foit un peu mocqué de cette idée. L'Antiquité penfoit à peu près dans le goût de Mr Whifton ; elle croyoit que les Cométes étoient toûjours les avant-couriéres de quelque grand malheur fur la Terre. Mr Newton au contraire foupçonne qu'elles font très-bienfaifantes, & que les fumées qui en fortent, ne fervent qu'à fecourir & à vivifier les Planétes, qui s'imbibent dans leurs cours de toutes ces particules que le Soleil a détachées des Cométes. Ce fentiment eft du moins plus probable que l'autre. Ce n'eft pas tout, fi cette force de gravitation, d'attraction, agit dans tous les Globes céleftes ; elle agit fans doute fur toutes les parties de ces Globes. Car fi les corps s'attirent en raifon de leurs maffes, ce ne peut être qu'en raifon de la quantité de leurs parties, & fi ce pouvoir eft logé dans le tout, il l'eft fans doute dans la moitié, il l'eft dans le quart, dans la huitiéme partie, ainfi jufqu'à l'infini.

Ainfi voilà l'attraction qui eft le grand reffort

fort qui fait mouvoir toute la Nature. Mr Newton avoit bien prévû, après voir démontré l'exiftence de ce principe, qu'on fe révolteroit contre fon feul nom; dans plus d'un endroit de fon Livre il précautionne fon Lecteur contre ce nom même. Il l'avertit de ne le pas confondre avec les qualitez occultes des Anciens, & de fe contenter de connoître qu'il y a dans tous les corps une force centrale qui agit, d'un bout de l'Univers à l'autre, fur les corps les plus proches, & fur les plus éloignez, fuivant les Loix immuables de la Méchanique.

Il eft étonnant qu'après les proteftations folemnelles de ce grand Homme, Mr Saurin & Mr de Fontenelle lui ayent reproché nettement les chiméres du Péripatétifme : Mr Saurin dans les Mémoires de l'Académie de 1709. & Mr de Fontenelle dans l'Eloge même de Mr Newton.

Prefque tous les Français, fçavans & autres, ont répété ce reproche. On entend dire partout, pourquoi Mr Newton ne s'eft-il pas fervi du mot d'Impulfion que l'on comprend fi bien, plûtôt que du terme d'Attraction qu'on ne comprend pas ?

Mr Newton auroit pu répondre à ces Critiques : Premiérement, vous n'entendez pas plus le mot d'Impulfion que celui d'Attraction; & fi vous ne concevez pas pourquoi un corps tend vers le centre d'un autre corps, vous n'i-

L 5   maginez

maginez pas plus par quelle vertu un corps en peut pousser un autre.

Secondement, je n'ai pu admettre l'Impulsion; car il faudroit pour cela que j'eusse connu qu'une Matiére céleste pousse en effet les Planétes; or, non-seulement je ne connois point cette matiére, mais j'ai prouvé qu'elle n'existe pas.

Troisiémement, je ne me sers du mot d'Attraction que pour exprimer un effet que j'ai découvert dans la Nature, effet certain & indisputable d'un principe inconnu, qualité inhérente dans la Matiére, dont de plus habiles que moi trouveront, s'ils peuvent, la cause.

Que nous avez-vous donc apris? insiste-t'on encore? & pourquoi tant de calculs, pour nous dire ce que vous-même ne comprenez pas?

Je vous ai apris (pourroit continuer Mr Newton) que la méchanique des forces centrales fait seule mouvoir les Planétes & les Comètes dans des proportions marquées. Je suis, continueroit-il, dans un cas bien différent des Anciens; ils voyoient, par exemple, l'eau monter dans les pompes, & ils disoient l'eau monte, parce qu'elle a horreur du vuide. Mais moi, je suis dans le cas de celui qui auroit remarqué le premier que l'eau monte dans les pompes, & qui laisseroit à d'autres le soin d'expliquer la cause de cet effet. L'Anatomiste qui a dit le premier que le bras se remuë,

parce

parce que les muscles se contractent, enseigna aux hommes une vérité incontestable ; lui en aura-t'on moins d'obligation, parce qu'il n'a pas sçû pourquoi les muscles se contractent ? La cause du ressort de l'air est inconnuë, mais celui qui a découvert ce ressort, a rendu un grand service à la Physique. Le ressort que j'ai découvert étoit plus caché & plus universel ; ainsi on doit m'en sçavoir plus de gré. J'ai découvert une nouvelle propriété de la Matiére, un des secrets du Créateur, j'en ai calculé, j'en ai démontré les effets, peut-on me chicaner sur le nom que je lui donne ?

Ce sont les Tourbillons qu'on peut apeler une qualité occulte, puisqu'on n'a jamais prouvé leur existence : l'Attraction au contraire est une chose réelle, puisqu'on en démontre les effets, & qu'on en calcule les proportions. La cause de cette cause est dans le sein de Dieu.

Procedes huc, & non ibis amplius.

SUR L'OPTIQUE DE Mr NEWTON.

CHAPITRE XVIII.

UN nouvel Univers a été découvert par les Philosophes du dernier Siécle, & ce Monde nouveau étoit d'autant plus difficile à connoître, qu'on ne se doutoit pas même qu'il existât. Il sembloit aux plus sages que c'étoit une témérité insensée d'oser seulement songer qu'on pût deviner par quelles loix les Corps célestes se meuvent, & comment la Lumiére agit. Galilée par ses découvertes astronomiques, Kepler, par ses calculs, Descartes, au moins en partie dans sa Dioptrique, & Newton dans tous ses Ouvrages, ont vû la méchanique des ressorts du Monde. Dans la Géométrie on a assujetti l'infini au calcul, la circulation du sang dans les Animaux & de la séve

dans

dans les Végetables ont changé pour nous la Nature. Une nouvelle maniére d'exifter a été donnée au corps dans la Machine pneumatique. Les objets fe font raprochez de nos yeux à l'aide des Télefcopes. Enfin, ce que Mr Newton a découvert fur la Lumiére, eft digne de tout ce que la curiofité des hommes pouvoit attendre de plus hardi, après tant de nouveautez.

Jufqu'à Antonio de Dominis, l'Arc-en-ciel avoit paru un miracle inexplicable. Ce Philofophe devina & expliqua que c'étoit un effet néceffaire de la pluïe & du Soleil. Defcartes rendit fon nom immortel par un expofé encore plus mathématique de ce Phénomène fi naturel; il calcula les réfléxions & les réfractions de la lumiére dans les goutes de pluïe, & cette fagacité eut alors quelque chofe de divin.

Mais qu'auroit-il dit, fi on lui avoit fait connoître qu'il fe trompoit fur la nature de la lumiére, qu'il n'avoit aucune raifon d'affurer que c'étoit un corps globuleux, s'étendant par tout l'Univers, qui n'attend pour être mis en action que d'être pouffé par le Soleil, ainfi qu'un long bâton qui agit à un bout, quand il eft preffé par l'autre; qu'il eft très-vrai qu'elle eft dardée par le Soleil, & qu'enfin la lumiére eft tranfmife du Soleil à la Terre en près de fept minutes, quoiqu'un boulet de canon, confervant toûjours fa vîteffe, ne puiffe faire ce

chemin

chemin qu'en vingt-cinq années ? Quel eût été son étonnement si on lui eût dit : Il est faux que la lumiére se réfléchisse réguliérement en rebondissant sur les corps solides : il est faux que les corps soient transparens, quand ils ont des pores larges ; & il viendra un homme qui démontrera ces paradoxes, & qui anatomisera un seul raïon de lumiére avec plus de dextérité, que le plus habile Artiste ne disséque le corps humain ?

Cet homme est venu. Mr Newton avec le seul secours du Prisme a démontré aux yeux, que la lumiére est un amàs de raïons colorez, qui tous ensemble donnent la couleur blanche ; un seul raïon est divisé par lui en sept raïons, qui viennent tous se placer, sur un linge ou sur un papier blanc, dans leur ordre, l'un au-dessus de l'autre & à d'inégales distances. Le premier est couleur de feu, le second citron, le troisiéme jaune, le quatriéme verd, le cinquiéme bleu, le sixiéme indigo, le septiéme violet. Chacun de ces raïons tamisé ensuite par cent autres prismes, ne changera jamais la couleur qu'il porte, de même qu'un or épuré ne s'altére plus dans les creusets ; & pour surabondance de preuve que chacun de ces raïons élémentaires porte en soi ce qui fait sa couleur à nos yeux, prenez un petit morceau de bois jaune, par exemple, & exposez-le au raïon couleur de feu, & le bois se teint à l'instant

en

en couleur de feu; expofez-le au raïon verd, il prend la couleur verte, & ainfi du refte.

Quelle eft donc la caufe des couleurs dans la Nature? Rien autre chofe que la difpofition des corps à réfléchir les raïons d'un certain ordre, & à abforber tous les autres.

Quelle eft donc cette fecrette difpofition? Il démontre que c'eft uniquement l'épaiffeur des petites parties conftituantes dont un corps eft compofé. Et comment fe fait cette réfléxion? On penfoit que c'étoit parce que les raïons rebondiffoient comme une balle fur la furface d'un corps folide. Point du tout. Mr Newton a apris aux Philofophes étonnez, que la lumiére fe réfléchit, non des furfaces mêmes; mais, fans toucher aux furfaces, qu'elle rejaillit du fein des pores, & enfin du vuide même. Il leur a apris que les corps font opaques en partie, parce que leurs pores font larges; que plus les pores d'un corps font petits, plus le corps eft tranfparent; ainfi le papier qui réfléchit la lumiére quand il eft fec, la tranfmet quand il eft huilé, parce que l'huile rempliffant fes pores, les rend beaucoup plus petits.

C'eft-là qu'examinant l'extrême porofité des corps, chaque partie ayant fes pores, & chaque partie de fes parties ayant les fiens, il fait voir qu'on n'eft point affuré qu'il y ait un pouce cubique de matiére folide dans l'Univers; tant notre efprit eft éloigné de concevoir ce

que

que c'est que la Matière. Ayant ainsi décomposé la lumiére, & ayant porté la sagacité de ses découvertes jusqu'à démontrer le moyen de connoître la couleur composée par les couleurs primitives, il fait voir que ces raïons élémentaires, séparez par le moyen du prisme, ne sont arrangez dans leur ordre, que parce qu'ils sont réfractez en cet ordre même; & c'est cette propriété inconnuë jusqu'à lui de se rompre dans cette proportion, c'est cette réfraction inégale des raïons, ce pouvoir de réfracter le rouge moins que la couleur orangée, &c. qu'il nomme réfrangibilité. Les raïons les plus réfléxibles sont les plus réfrangibles, de-là il fait voir que le même pouvoir cause la réfléxion & la réfraction de la lumiére.

Tant de merveilles ne sont que le commencement de ses découvertes; il a trouvé le secret de voir les vibrations & les secousses de lumiére qui vont & viennent sans fin, & qui transmettent la lumiére ou la réfléchissent selon l'épaisseur des parties qu'elles rencontrent. Il a osé calculer l'épaisseur des particules d'air nécessaire entre deux verres posez l'un sur l'autre, l'un plat, l'autre convéxe d'un côté, pour opérer telle transmission ou réfléxion, & pour faire telle ou telle couleur.

De toutes ces combinaisons, il trouve en quelle proportion la lumiére agit sur les corps, & les corps agissent sur elle.

Il a si bien vû la lumiére, qu'il a déterminé à quel point l'art de l'augmenter, & d'aider nos yeux par des Téléscopes, doit se borner.

Descartes, par une noble confiance bien pardonnable à l'ardeur que lui donnoient les commencemens d'un Art presque découvert par lui, espéroit voir dans les Astres, avec des Lunettes d'aproche, des objets aussi petits que ceux qu'on discerne sur la Terre.

Newton a montré qu'on ne peut plus perfectionner les Lunettes à cause de cette réfraction & de cette réfrangibilité même, qui en nous raprochans les objets, écartent trop les raïons élémentaires ; il a calculé dans ces verres la proportion de l'écartement des raïons rouges & des raïons bleus, & portant la démonstration dans des choses dont on ne soupçonnoit pas même l'existence, il examine les inégalitez que produit la figure du verre, & celle que fait la réfrangibilité. Il trouve que le verre objectif de la Lunette étant convexe d'un côté & plat de l'autre, si le côté plat est tourné vers l'objet, le défaut qui vient de la construction & de la position du verre, est cinq mille fois moindre que le défaut qui vient par la réfrangibilité ; & qu'ainsi ce n'est pas la figure des verres qui fait qu'on ne peut perfectionner les Lunettes d'aproche, mais qu'il faut s'en prendre à la nature même de la lumiére.

Voilà pourquoi il inventa un Téléscope qui

montre les objets par réfléxion, & non point par réfraction.

Il étoit encore peu connu en Europe, quand il fit cette Découverte. J'ai vû un petit Livre composé environ ce tems-là, dans lequel en parlant du Télescope de Newton, on le prend pour un Lunetier : *Artifex quidam Anglus nomine Newton*. La renommée l'a bien vangé depuis.

HISTOIRE DE L'INFINI.

CHAPITRE XIX.

Les premiers Géométres se sont aperçûs, sans doute, dès l'onziéme ou douziéme proposition, que s'ils marchoient sans s'égarer, ils étoient sur le bord d'un abîme, & que les petites véritez incontestables qu'ils trouvoient, étoient entourées de l'Infini. On l'entrevoïoit, dès qu'on songeoit qu'un côté d'un quarré ne peut jamais mesurer la diagonale, ou que des circonférences de Cercles différens passeront toûjours entre un Cercle & sa tangente, &c. Quiconque cherchoit seulement la racine du nombre 6. voyoit bien que c'étoit un nombre entre deux & trois ; mais quelque division qu'il pût faire, cette racine dont il aprochoit toûjours ne se trouvoit jamais. Si l'on considéroit une ligne droite coupant une autre ligne droite perpendiculairement, on les voyoit

voyoit se couper en un point indivisible; mais si elles se coupoient obliquement, on étoit forcé, ou d'admettre un point plus grand qu'un autre, ou de ne rien comprendre dans la nature des points & dans le commencement de toute grandeur.

La seule inspection d'un Cone droit étonnoit l'esprit; car sa base qui est un Cercle, contient un nombre infini de lignes. Son sommet est quelque chose qui différe infiniment de la ligne. Si on coupoit ce Cone parallèlement à son axe, on trouvoit une figure qui s'aprochoit toûjours de plus en plus des côtez du triangle formé par le Cone, sans jamais le rencontrer. L'Infini étoit par-tout, comment connoître l'air d'un Cercle? comment celle d'une courbe quelconque?

Avant Apollonius le Cercle n'avoit été étudié que comme mesure des Angles, & comme pouvant donner certaines moyennes proportionnelles. Ce qui prouve en passant que les Egyptiens, qui avoient enseigné la Géométrie aux Grecs, avoient été de très-médiocres Géomètres, quoiqu'assez bons Astronomes. Apollonius entra dans le détail des Sections coniques. Archiméde considéra le Cercle comme une figure d'une infinité de côtez, & donna le raport du diamétre à la circonférence tel que l'Esprit humain peut le donner. Il quarra la parabole; Hypocrate de Chio quarra les lunules du Cercle.

La duplication du cube, la trisection de l'angle

l'angle, inabordables à la Géométrie ordinaire, & la quadrature du Cercle impoffible à toute Géométrie, furent l'inutile objet des recherches des Anciens. Ils trouvérent quelques fecrets fur leur route, comme les Chercheurs de la Pierre philofophale. On connoît la Ciffoïde de Dioclès, qui aproche de fa directrice fans jamais l'atteindre, la Concoïde de Nicomède qui eft dans le même cas, la Spirale d'Archimède. Tout cela fut trouvé fans Algèbre, fans ce calcul qui aide fi fort l'Efprit humain, & qui femble le conduire fans l'éclairer.

Que deux Arithméticiens, par exemple, ayent un compte à faire, que le premier le faffe de tête voyant toûjours fes nombres prefens à fon efprit : & que l'autre opére fur le papier par une régle de routine, mais fûre, dans laquelle il ne voit jamais la vérité qu'il cherche qu'après le réfultat, & comme un homme qui y eft arrivé les yeux fermez ; voilà à peu près la différence qui eft entre un Géométre fans calcul, qui confidére des figures & voit leurs raports, & un Algébrifte qui cherche ces raports par des opérations qui ne parlent point à l'efprit. Mais on ne peut aller loin avec la premiére méthode : elle eft peut-être réfervée pour des Etres fupérieurs à nous. Il nous faut des fecours qui aident & qui prouvent notre foibleffe. A mefure que la Géométrie s'eft étenduë, il a fallu plus de ces fecours.

Hariot

Hariot Anglais, Viette Poitevin, & surtout le fameux Descartes, employérent les signes, les lettres. Descartes soumit les courbes à l'Algèbre, & réduisit tout en équations Algébraïques.

Du tems de Descartes, Cavalliero, Religieux d'un Ordre des Jésuates qui ne subsiste plus, donna au public en 1635. la Géométrie des indivisibles : Géométrie toute nouvelle, dans laquelle les plans sont composez d'une infinité de lignes, & les solides d'une infinité de plans. Il est vrai qu'il n'osoit pas plus prononcer le mot d'Infini en Mathématique, que Descartes en Physique. Ils se servoient l'un & l'autre du terme adouci d'*Indéfini*; cependant Roberval en France avoit les mêmes idées, & il y avoit alors à Bruges un Jésuite qui marchoit à pas de Géant dans cette carriére par un chemin différent. C'étoit Grégoire de S. Vincent, qui, en prenant pour but une erreur, & croïant avoir trouvé la Quadrature du Cercle, trouva en effet des choses admirables. Il réduisit l'Infini même à des raports finis, il connut l'Infini en petit & en grand. Mais ces recherches étoient noyée dans trois *infolio* : elles manquoient de méthode; &, qui pis est, une erreur palpable qui terminoit le Livre, nuisit à toutes les véritez qu'il contenoit.

On cherchoit toûjours à quarrer des courbes. Descartes se servoit des tangentes : Fermat,

mat, Conseiller de Touloufe, employoit fa régle de *maximis & minimis* ; régle qui méritoit plus de juſtice que Descartes ne lui en rendit, Wallis Anglais en 1655. donna hardiment l'Arithmétique des infinis, & des ſuites infinies en nombre.

Mylord Brounker ſe ſervit de cette ſuite pour quarrer une hyperbole. Mercator de Holſtein eut grande part à cette invention ; mais il s'agiſſoit de faire ſur toutes les courbes ce que le Lord Brounker avoit ſi heureuſement tenté. On cherchoit une méthode générale d'aſſujettir l'Infini à l'Algèbre, comme Descartes y avoit aſſujetti le Fini : c'eſt cette méthode que trouva Newton à l'âge de vingt-trois ans ; auſſi admirable en cela que notre jeune Mr Cléraut, qui à l'âge de treize ans, vient de faire imprimer un Traité de la meſure des Courbes à double courbure. La méthode de Newton a deux parties, le calcul différentiel & le calcul intégral.

Le différentiel conſiſte à trouver une quantité plus petite qu'aucune aſſignable, laquelle priſe une infinité de fois, égale la quantité donnée ; & c'eſt ce qu'en Angleterre on apelle la méthode des fluentes ou des fluxions.

L'intégral conſiſte à prendre la ſomme totale des quantitez différentielles.

Le célébre Philoſophe Leibnitz & le profond Mathématicien Bernoulli ont tous deux revendiqué, l'un le calcul différentiel, l'autre
le

le calcul intégral ; il faut être capable d'inventer des choses si sublimes, pour oser s'en attribuer l'honneur. Pourquoi trois grands Matématiciens cherchans tous la vérité ne l'auront-ils pas trouvée ? Torricelli, la Loubére, Descartes, Roberval, Pascal, n'ont-ils pas tous démontré, chacun de leur côté, les propriétez de la Cicloïde, nommée alors la Roulette ? N'a-t-on pas vû souvent des Orateurs traitans le même sujet, employer les mêmes pensées sous des termes différens ? Les signes dont Newton & Leibnitz se servoient étoient différens, & les pensées étoient les mêmes.

Quoi qu'il en soit, l'Infini commença alors à être traité par le calcul. On s'accoutuma insensiblement à recevoir des infinis plus grands les uns que les autres. Cet Edifice si hardi effraya un des Architectes. Leibnitz n'osa apeler ces infinis que des incomparables ; mais Mr de Fontenelles vient enfin d'établir ces différens ordres d'infinis sans aucun ménagement, & il faut qu'il ait été bien sûr de *son fait* pour l'avoir osé.

DE LA CHRONOLOGIE
DE NEWTON.

Qui fait le Monde moins vieux de 500. ans.

CHAPITRE XX.

IL me reste à vous parler d'un autre Ouvrage plus à la portée du Genre Humain ; mais qui se sent toûjours de cet esprit créateur que Mr. Newton portoit dans toutes ses recherches. C'est une Chronologie toute nouvelle; car dans tout ce qu'il entreprenoit, il falloit qu'il changeât les idées reçûës par les autres hommes.

Accoutumé à débroüiller des cahos, il a voulu porter au moins quelque lumiére dans celui des Fables anciennes confonduës avec l'Histoire, & fixer une Chronologie incertaine. Il est vrai qu'il n'y a point de famille, de Ville, de Nation, qui ne cherche à reculer son origine. De plus, les premiers Historiens sont les plus négligens à marquer les dattes. Les Livres étoient moins communs mille fois qu'aujourd'hui, par conséquent étans moins exposés à la critique, on trompoit le monde plus

plus impunément; & puisqu'on a évidemment supofé des faits, il eft affez probable qu'on à aufli fupofé des dattes.

En général, il parut à Mr. Newton que le Monde étoit de cinq cens ans plus jeune que les Chronologiftes ne le difent. Il fonde fon idée fur le cours ordinaire de la Nature, & fur les Obfervations aftronomiques.

On entend ici par le cours de la Nature, le tems de chaque génération des hommes. Les Egyptiens s'étoient fervis les premiers de cette maniére incertaine de compter, quand ils voulurent écrire les commencemens de leur Hiftoire. Ils comptoient 341 générations depuis Menès jufqu'à Sethon; & n'ayans pas de dattes fixes, ils évaluérent trois générations à 100 ans. Ainfi ils comptérent du régne de Menès au régne de Sethon 11340 années.

Les Grecs, avant de compter par Olympiades, fuivirent la méthode des Egyptiens, & étendirent un peu la durée des générations, pouffans chaque génération jufqu'à quarante années.

Or en cela les Egyptiens & les Grecs fe trompérent dans leur calcul. Il eft bien vrai que, felon le cours ordinaire de la Nature, trois générations font environ cent à fix vingt ans; mais il s'en faut bien que trois régnes tiennent ce nombre d'années. Il eft très-évident, qu'en général les hommes vivent plus longtems que les Rois ne régnent. Ainfi un homme me qui voudra écrire l'Histoire, sans avoir des dattes précises, & qui sçaura qu'il y a eu neuf Rois chez une Nation, aura grand tort s'il compte 300. ans pour ces neuf Rois. Chaque génération est d'environ 30. ans, chaque régne est d'environ vingt, l'un portant l'autre. Prenez les 30 Rois d'Angleterre depuis Guillaume le Conquérant jusqu'à George I. ils ont régné 648 ans, ce qui réparti sur les 30. Rois, donne à chacun 21 ans & demi de règne. Soixante-trois Rois de France ont régné, l'un portant l'autre, chacun à peu près vingt ans. Voilà le cours ordinaire de la Nature. Donc les Anciens se sont trompés, quand ils ont égalé en général la durée des régnes à la durée des générations ; donc ils ont trop compté ; donc il est à propos de retrancher un peu de leur calcul.

Les observations astronomiques semblent prêter encore un plus grand secours à notre Philosophe. Il paroît plus fort en combattant sur son terrain.

Vous sçavez que la Terre, outre son mouvement annuel qui l'emporte autour du Soleil d'Occident en Orient dans l'espace d'une année, a encore une révolution singulière tout-à-fait inconnuë jusqu'à ces derniers tems. Ses poles ont un mouvement très-lent de rétrogradation d'Orient en Occident, qui fait que chaque jour leur position ne répond pas précisément au même point du Ciel. Cette différence insensible en une année, devient assez forte avec le tems; & au bout de 72 ans, on trouve que la différence est d'un degré, c'est-à-dire, de la 360 partie de tout le Ciel. Ainsi après 72 années le Colure de l'Equinoxe du Printems qui passoit par un Fixe, répond à une autre Fixe. De-là vient que le Soleil, au lieu d'être dans la partie du Ciel où étoit le Belier du tems d'Hipparque, se trouve répondre à cette partie du Ciel où étoit le Taureau; & que les Gemeaux sont à la place où le Taureau étoit alors. Tous les Signes ont changé de place; cependant nous retenons toûjours la maniére de parler des Anciens. Nous disons que le Soleil est dans le Belier au printems, par la même condescendance que nous disons que le Soleil tourne.

Hipparque fut le premier chez les Grecs, qui s'aperçût de quelque changement dans les Constellations par raport aux Equinoxes, ou plûtôt qui l'aprit des Egyptiens. Les Philosophes attribuérent ce mouvement aux Etoiles; car alors on étoit bien loin d'imaginer une telle révolution dans la Terre. On la croyoit dans tous sens immobile. Ils créérent donc un Ciel où ils attachérent toutes les Etoiles, & donnérent à ce Ciel un mouvement particulier, qui le faisoit avancer vers l'Orient, pendant que toutes les Etoiles sembloient faire leur route journaliére d'Orient en Occident.

A

A cette erreur ils en ajoutérent une seconde bien plus essentielle. Ils crurent que le Ciel prétendu des Etoiles fixes avançoit d'un degré vers l'Orient en cent années. Ainsi ils se trompérent dans leur calcul astronomique, aussi-bien que dans leur Systême phisique. Par exemple, un Astronome auroit dit alors, l'Equinoxe du Printems a été du tems d'un tel Observateur dans un tel signe, à une telle Etoile. Il a fait deux degrés de chemin depuis cet Observateur jusqu'à nous : or deux degrés valent 200 ans ; donc cet Observateur vivoit 200 ans avant moi. Il est certain qu'un Astronome qui auroit raisonné ainsi, se seroit trompé justement de cinquante-quatre ans. Voilà pourquoi les Anciens, doublement trompés, composérent leur grande Année du Monde, c'est-à-dire, de la révolution de tout le Ciel, d'environ 36000 ans. Mais les Modernes sçavent que cette révolution imaginaire du Ciel des Etoiles, n'est autre chose que la révolution des poles de la Terre qui se fait en 25900 ans. Il est bon de remarquer ici en passant, que Mr Newton, en déterminant la figure de la Terre, a très-heureusement expliqué la raison de cette révolution.

Tout ceci posé, il reste pour fixer la Chronologie, de voir par quelle Etoile le Colure des Equinoxes coupe aujourd'hui l'Ecliptique au Printems, & de sçavoir s'il ne se trouve point quelque Ancien qui nous ait dit en quel point l'Ecliptique étoit coupé de fon tems, par le même Colure des Equinoxes.

Clément Aléxandrin raporte que Chiron, qui étoit de l'Expédition des Argonautes, obferva les Conftellations au tems de cette fameufe Expédition, & fixa l'Equinoxe du Printems au milieu du Belier, l'Equinoxe d'Automne au milieu de la Balance, le Solftice de notre Eté au milieu du Cancre, & le Solftice d'Hiver au milieu du Capricorne.

Long-tems après l'Expédition des Argonautes, & un an avant la Guerre du Péloponnèfe, Meton obferva que le point du Solftice d'Eté paffoit par le fixiéme degré du Cancre.

Or chaque Signe du Zodiaque eft de 30 degrés. Du tems de Chiron, le Solftice étoit à la moitié du Signe, c'eft-à-dire, au quinziéme degré ; un an avant la Guerre du Péloponnèfe ; il étoit au huitiéme ; donc il avoit retardé de fept degrés (un degré vaut 72 ans); donc du commencement de la Guerre du Péloponnèfe, à l'entreprife des Argonautes, il n'y a que fept fois 72 ans, qui font 504 ans, & non pas 700 années, comme le difoient les Grecs. Ainfi en comparant l'état du Ciel d'aujourd'hui à l'état où il étoit alors, nous voyons que l'Expédition des Argonautes doit être placée 209 ans avant Jefus-Chrift, & non pas environ 1400 ans ; & que par conféquent, le Monde eft moins vieux d'environ 500 ans

qu'on

qu'on ne penfoit. Par-là toutes les Epoques font raprochées, & tout eft fait plus tard qu'on ne le dit. Je ne fçai fi ce Syftême ingénieux fera une grande fortune, & fi l'on voudra fe réfoudre fur ces idées à réformer la Chronologie du Monde. Peut-être les Sçavans trouveroient-ils que ç'en feroit trop, d'accorder à un même homme, l'honneur d'avoir perfectionné à la fois la Phifique, la Géométrie, & l'Hiftoire ; ce feroit une efpéce de Monarchie univerfelle dont l'amour propre s'accommode mal-aifément. Auffi dans le tems que de très-grands Philofophes l'attaquoient fur l'Attraction, d'autres combattoient fon Syftême Chronologique. Le tems qui dévroit faire voir à qui la victoire eft duë, ne fera peut-être que laiffer la difpute indécife.

Il eft bon, avant de quitter Newton, d'avertir que l'Infini, l'Attraction, & le Cahos de la Chronologie, ne font pas les feuls abîmes où il ait foüillé. Il s'eft avifé de commenter l'Apocalypfe. Il y trouve que le Pape eft l'Antechrift, & il explique ce Livre incompréhenfible à peu près comme tous ceux qui s'en font mêlés. Aparemment qu'il a voulu par ce Commentaire confoler la race humaine de la fupériorité qu'il avoit fur elle.

DE LA
TRAGÉDIE.

CHAPITRE XXI.

Les Anglais avoient déja un Théâtre aussi-bien que les Espagnols, quand les Français n'avoient encore que des tréteaux. Shakespear, qui passoit pour le Corneille des Anglais, fleurissoit à peu près dans le tems de Lopez de Vega; il créa le Théâtre, il avoit un génie plein de force & de fécondité, de naturel & de sublime, sans la moindre étincelle de bon goût, & sans la moindre connoissance des régles. Je vais vous dire une chose hazardée, mais vraïe, c'est que le mérite de cet Auteur a perdu le Théâtre Anglais; il y a de si belles Scénes, des morceaux si grands & si terribles répandus dans ses Farces monstrueuses qu'on apele Tragédies, que ces Piéces ont toûjours été joüées avec un grand succès. Le tems, qui seul fait la réputation des hommes, rend à la fin leurs défauts respectables. La plûpart des idées bizarres & gigantesques de cet Auteur ont acquis,

quis, au bout de 150. ans, le droit de paſſer pour ſublimes. Les Auteurs modernes l'ont preſque tous copié. Mais ce qui réüſſiſſoit en Shakeſpear, eſt ſifflé chez eux, & vous croyez bien que la vénération qu'on a pour cet Ancien, augmente à meſure que l'on mépriſe les Modernes. On ne fait pas réfléxion qu'il ne faudroit pas l'imiter, & le mauvais ſuccès des Copiſtes fait ſeulement qu'on le croit inimitable. Vous ſçavez que dans la Tragédie du More de Veniſe, Piéce très-touchante, un mari étrangle ſa femme ſur le Théâtre, & que quand la pauvre femme eſt étranglée, elle s'écrie qu'elle meurt très-injuſtement. Vous n'ignorez pas que dans Hamlet, des Foſſoyeurs creuſent une foſſe en buvans, en chantans des Vaudevilles, & en faiſans ſur les têtes des morts qu'ils rencontrent, des plaiſanteries convenables à gens de leur métier; mais ce qui vous ſurprendra, c'eſt qu'on a imité ces ſottiſes. Sous le régne de Charles II. qui étoit celui de la politeſſe, & l'âge des Beaux Arts, Otway dans ſa Veniſe ſauvée, introduit le Sénateur Antonio & ſa Courtiſane Naki au milieu des horreurs de la Conſpiration du Marquis de Bedémar. Le vieux Sénateur Antonio fait auprès de ſa Courtiſane toutes les ſingeries d'un vieux débauché impuiſſant & hors du bon ſens. Il contrefait le Taureau & le Chien, il mord les jambes de ſa Maîtreſſe qui lui donne des coups de pieds &

des coups de foüet. On a retranché de la Piéce d'Otway ces bouffonneries faites pour la plus vile canaille ; mais on a laiffé dans le Jules-Céfar de Shakefpear les plaifanteries des Cordonniers & des Savetiers Romains, introduits fur la Scène avec Caffius & Brutus. Vous vous plaindrez fans doute que ceux qui jufqu'à prefent vous ont parlé du Théâtre Anglais, & furtout de ce fameux Shakefpear, ne vous ayent encore fait voir que fes erreurs, & que perfonne n'ait traduit aucun de ces endroits frapans qui demandent grace pour toutes fes fautes. Je vous répondrai qu'il eft bien aifé de raporter en Profe les fottifes d'un Poëte, mais très-difficile de traduire fes beaux Vers. Tous les Grimauds qui s'érigent en critiques des Ecrivains célébres, compilent des Volumes. J'aimerois mieux deux pages qui nous fiffent connoître quelque beauté ; car je maintiendrai toûjours avec tous les gens de bon goût, qu'il y a plus à profiter dans douze Vers d'Homére & de Virgile, que dans toutes les Critiques qu'on a faites de ces deux grands Hommes.

 J'ai hazardé de traduire quelques morceaux des meilleurs Poëtes Anglais, en voici un de Shakefpear. Faites grace à la copie en faveur de l'Original, & fouvenez-vous toûjours, quand vous voyez une traduction, que vous ne voyez qu'une foible Eftampe d'un beau Tableau. J'ai choifi le Monologue de la Tragédie de Hamlet

ET DE PHILOSOPHIE. 275

let qui est sçû de tout le monde, & qui commence par ces Vers :

To be, or not to be ! that is the Question! &c.

C'est Hamlet Prince de Dannemark qui parle.

Demeure, il faut choisir & passer à l'instant
De la vie à la mort, ou de l'être au néant.
Dieux cruels, s'il en est, éclairez mon courage.
Faut-il vieillir courbé sous la main qui m'outrage,
Suporter, ou finir mon malheur & mon sort ?
Qui suis-je ? Qui m'arrête ? Et qu'est-ce que la Mort ?
C'est la fin de nos maux, c'est mon unique azile,
Après de longs transports, c'est un sommeil tranquile.
On s'endort, & tout meurt, mais un affreux réveil
Doit succéder peut-être aux douceurs du sommeil.
On nous menace, on dit que cette courte Vie
De tourmens éternels est aussi-tôt suivie.
O Mort ! moment fatal ! affreuse Eternité !
Tout cœur à ton seul nom se glace épouvanté.
Eh ! qui pourroit sans toi suporter cette vie :
De nos Prêtres menteurs benir l'hypocrisie :
D'une indigne Maîtresse encenser les erreurs :
Ramper sous un Ministre, adorer ses hauteurs ;
Et montrer les langueurs de son ame abattuë
A des Amis ingrats qui détournent la vûë ?
La Mort seroit trop douce en ces extrémitez,

M 6 Mais

Mais le fcrupule parle, & nous crie, Arrêtez ?
Il défend à nos mains cet heureux homicide,
Et d'un Héros guerrier, fait un Chrétien timi-
    de, &c.

  Ne croyez pas que j'aye rendu ici l'Anglais mot pour mot ; malheur aux faifeurs de traductions littérales, qui traduifans chaque parole énervent le fens. C'eft bien-là qu'on peut dire que la lettre tuë, & que l'efprit vivifie.

  Voici encore un paffage d'un fameux Tragique Anglais ; c'eft Dryden Poëte du tems de Charles II. Auteur plus fecond que judicieux, qui auroit une réputation fans mélange, s'il n'avoit fait que la dixiéme partie de fes Ouvrages.

  Ce morceau commence ainfi :

When I confider Life 'tis all a Cheat,
Yet fool'd by Hope Men favour the Deceit, &c.

De deffeins en regrets, & d'erreurs en defirs
Les mortels infenfés proménent leur folie
Dans des malheurs prefens, dans l'efpoir des
    plaifirs.
Nous ne vivons jamais, nous attendons la vie.
Demain, demain, dit-on, va combler tous nos
    vœux.
Demain vient, & nous laiffe encor plus malheu-
    reux.
Quelle eft l'erreur, hélas ! du foin qui nous dé-
    vore,
                              Nul

Nul de nous ne voudroit recommencer son cours.
De nos premiers momens nous maudissons l'aurore,
Et de la nuit qui vient, nous attendons encore
Ce qu'ont envain promis les plus beaux de nos jours, &c.

C'est dans ces morceaux détachez que les les Tragiques Anglais ont jusques-ici excélé. Leurs Piéces presque toutes barbares, dépourvûës de bienséance, d'ordre & de vraisemblance, ont des lueurs étonnantes au milieu de cette nuit. Le stile est trop empoulé, trop hors de la nature, trop copié des Ecrivains Hébreux, si remplis de l'enflure Asiatique; mais aussi il faut avoüer que les échasses du stile figuré, sur lesquelles la Langue Anglaise est guindée, élévent l'esprit bien haut, quoique par une marche irréguliére. Le premier Anglais qui ait fait une Piéce raisonnable, & écrite d'un bout à l'autre avec élégance, c'est l'illustre Mr Addison. Son Caton d'Utique est un Chef-d'œuvre pour la diction, & pour la beauté des Vers. Le rôle de Caton est à mon gré fort au-dessus de celui de Corneilie dans le Pompée de Corneille; car Caton est grand sans enflûre, & Corneilie, qui d'ailleurs n'est pas un personnage nécessaire, vise quelquefois au galimathias. Le Caton de Mr Addison me paroît le plus beau personnage qui soit sur

aucun

aucun Théâtre, mais les autres rôles de la Piéce n'y répondent pas; & cet ouvrage si bien écrit est défiguré par une intrigue froide d'amour, qui répand sur la Piéce une langueur qui la tuë.

La coutume d'introduire de l'amour, à tort & à travers, dans les Ouvrages dramatiques, passa de Paris à Londres vers l'an 1660. avec nos rubans, & nos perruques. Les femmes qui y parent les Spectacles, comme ici, ne veulent plus souffrir qu'on leur parle d'autres choses que d'amour. Le sage Addison eut la molle complaisance de plier la sévérité de son caractére aux mœurs de son tems, & gâta un Chef-d'œuvre pour avoir voulu plaire.

Depuis lui les Piéces sont devenuës plus réguliéres, le Peuple plus difficile, les Auteurs plus corrects & moins hardis. J'ai vû des Piéces nouvelles fort sages, mais froides. Il semble que les Anglais n'ayent été faits jusqu'ici que pour produire des beautez irréguliéres. Les monstres brillans de Shakespear plaisent mille fois plus que la sagesse moderne. Le génie poëtique des Anglais ressemble jusqu'à present à un Arbre touffu, planté par la Nature, jettant au hazard mille rameaux, & croissant inégalement avec force. Il meurt, si vous voulez forcer sa Nature, & le tailler en Arbre des Jardins de Marli.

SUR

SUR LA COMEDIE.

CHAPITRE XXII.

JE ne sçai comment le sage & ingénieux Mr de Muralt, dont nous avons les Lettres sur les Anglais & sur les Français, s'est borné, en parlant de la Comédie, à critiquer un Comique nommé Shadwell. Cet Auteur étoit assez méprisé de son tems. Il n'étoit point le Poëte des honnêtes gens. Ses Piéces, goûtées pendant quelques representations par le Peuple, étoient dédaignées par tous les gens de bon goût, & ressembloient à tant de Piéces que j'ai vû en France attirer la foule & révolter les Lecteurs, & dont on a pu dire, tout Paris les court. Mr de Muralt auroit dû, ce semble, nous parler d'un Auteur excélent qui vivoit alors, c'étoit Mr Wicherley qui fut long-tems l'Amant déclaré de la Maîtresse la plus illustre de Charles II. Cet homme qui passoit sa vie dans le plus grand monde, en connoissoit parfaitement les vices & les ridicules, & les peignoit du pinceau le plus ferme, & des couleurs les plus vraïes. Il a fait un Misantrope qu'il a imité de Moliére. Tous les traits de Wicherley sont plus forts & plus
hardis

hardis que ceux de notre Misantrope ; mais aussi ils ont moins de finesse & de bienséance. L'Auteur Anglais a corrigé le seul défaut qui soit dans la Piéce de Moliére ; ce défaut est le manque d'intrigue & d'intérêt. La Piéce Anglaise est interressante, & l'intrigue en est ingénieuse : elle est trop hardie, sans doute, pour nos mœurs ; c'est un Capitaine de Vaisseau plein de valeur, de franchise & de mépris pour le Genre Humain. Il a un ami sage & sincére dont il se défie, & une Maîtresse dont il est tendrement aimé, sur laquelle il ne daigne pas jetter les yeux ; au contraire, il a mis toute sa confiance dans un faux ami, qui est le plus indigne homme qui respire, & il a donné son cœur à la plus coquette & à la plus perfide de toutes les femmes. Il est bien assûré que cette femme est une Pénelope, & ce faux ami un Caton. Il part pour s'aller battre contre les Hollandois, & laisse tout son argent, ses pierreries, & tout ce qu'il a au monde à cette femme de bien, & recommande cette femme elle-même à cet ami fidèle sur lequel il compte si fort. Cependant le véritable honnête-homme, dont il se défie tant, s'embarque avec lui, & la Maîtresse qu'il n'a pas seulement daigné regarder, se déguise en Page, & fait le voyage, sans que le Capitaine s'apperçoive de son sexe, de toute la Campagne.

Le Capitaine ayant fait sauter son Vaisseau dans un combat, revient à Londres, sans secours,

cours, sans Vaisseau & sans argent, avec son Page & son ami, ne connoissant ni l'amitié de l'un ni l'amour de l'autre. Il va droit chez la perle des femmes, qu'il compte retrouver avec sa Cassette & sa fidélité. Il la retrouve, mariée avec l'honnête fripon à qui il s'étoit confié, & on ne lui a pas plus gardé son dépôt que le reste. Mon homme a toutes les peines du monde à croire qu'une femme de bien puisse faire de pareils tours ; mais pour l'en convaincre mieux, cette honnête Dame devient amoureuse du petit Page, & veut le prendre à force ; mais comme il faut que justice se fasse, & que dans une Piéce de Théâtre, le vice soit puni, & la vertu récompensée, il se trouve à la fin du compte que le Capitaine se met à la place du Page, couche avec son Infidèle, fait cocu son traître ami, lui donne un bon coup d'épée au travers du corps, reprend sa Cassette, & épouse son Page. Vous remarquerez qu'on a encore lardé cette Piéce d'une Comtesse de Pimbesche, vieille plaideuse, parente du Capitaine, laquelle est bien la plus plaisante créature & le meilleur caractére qui soit au Théâtre.

Wicherley a encore tiré de Moliére une Piéce non moins singuliére, & non moins hardie, c'est une espéce d'Ecole des femmes.

Le principal personnage de la Piéce est un drôle à bonnes fortunes, la terreur des maris

de

de Londres, qui pour être plus sûr de son fait, s'avise de faire courir le bruit, que dans sa derniére maladie les Chirurgiens ont trouvé à propos de le faire Eunuque. Avec cette belle réputation tous les maris lui aménent leurs femmes, & le pauvre n'est plus embarrassé que du choix. Il donne sur-tout la préférence à une petite campagnarde qui a beaucoup d'innocence & de tempérament ; & qui fait son mari cocu avec une bonne foi qui vaut mieux que la malice des Dames les plus expertes. Cette Piéce n'est pas, si vous voulez, l'Ecole des bonnes mœurs, mais en vérité c'est l'Ecole de l'esprit & du bon comique.

Un Chevalier Vanbrugh a fait des Comédies encore plus plaisantes, mais moins ingénieuses. Ce Chevalier étoit un homme de plaisir, & par-dessus cela Poëte & Architecte. On prétend qu'il écrivoit avec autant de délicatesse & d'élégance qu'il bâtissoit grossiérement. C'est lui qui a bâti le fameux château de Blenheim, pesant & durable monument de notre malheureuse bataille d'Hochstet. Si les apartemens étoient seulement aussi larges que les murailles sont épaisses, ce Château seroit assez commode.

On a mis dans l'Epitaphe de Vanbrugh, qu'on souhaitoit que la Terre ne lui fût point legére, attendu que de son vivant il l'avoit si inhumainement chargée.

Ce Chevalier ayant fait un tour en France
avant

avant la belle Guerre de 1701. fut mis à la Baſtille, & y reſta quelque-tems ſans avoir jamais pû ſçavoir ce qui lui avoit attiré cette diſtinction de la part de notre Miniſtére. Il fit une Comédie à la Baſtille, & ce qui eſt à mon ſens fort étrange, c'eſt qu'il n'y a dans cette Piéce aucun trait contre le Païs dans lequel il eſſuya cette violence.

Celui de tous les Anglais qui a porté le plus loin la gloire du Théâtre comique, eſt feu Mr Congréve. Il n'a fait que peu de Piéces, mais toutes ſont excélentes dans leur genre. Les régles du Théâtre y ſont rigoureuſement obſervées. Elles ſont pleines de caractéres nuancés avec une extrême fineſſe : on n'y eſſuye pas la moindre mauvaiſe plaiſanterie ; vous y voyez par-tout le langage des honnêtes gens avec des actions de fripon, ce qui prouve qu'il connoiſſoit bien ſon monde, & qu'il vivoit dans ce qu'on apelle la bonne compagnie.

Ses Piéces ſont les plus ſpirituelles & les plus exactes, celles de Vanbrugh les plus gaïes, & celles de Wicherley les plus fortes. Il eſt à remarquer, qu'aucun de ces Beaux Eſprits n'a mal parlé de Moliére ; il n'y a que les mauvais Auteurs Anglais qui ayent dit du mal de ce grand Homme. Ce ſont les mauvais Muſiciens d'Italie qui mépriſent Lully ; mais un Buononcini l'eſtime & lui rend juſtice.

L'Angleterre a encore de bons Poëtes Comiques,

miques, tels que le Chevalier Steele, & Mr Cibber excélent Comédien, & d'ailleurs Poëte du Roi; titre qui paroît ridicule, mais qui ne laiffe pas de donner mille écus de rente & de beaux Priviléges. Notre grand Corneille n'en a pas eu tant.

Au refte, ne me demandez pas que j'entre ici dans le moindre détail de ces Piéces Anglaifes dont je fuis fi grand Partifan, ni que je vous raporte un bon mot ou une plaifanterie des Wicherleys & des Congréves: on ne rit point dans une traduction. Si vous voulez connoître la Comédie Anglaife, il n'y a d'autre moyen pour cela que d'aller à Londres, d'y refter trois ans, d'aprendre bien l'Anglais, & de voir la Comédie tous les jours. Je n'ai pas grand plaifir en lifant Plaute & Ariftophane, pourquoi? C'eft que je ne fuis ni Grec, ni Romain. La fineffe des bons mots, l'allufion, l'à-propos, tout cela eft perdu pour un étranger.

Il n'en eft pas de même dans la Tragédie. Il n'eft queftion chez elle que de grandes paffions, & de fottifes héroïques confacrées par de vieilles erreurs de Fables ou d'Hiftoire. Oedipe, Electre, apartiennent aux Efpagnols, aux Anglais, & à nous comme aux Grecs. Mais la bonne Comédie eft la peinture parlante des ridicules d'une Nation, &, fi vous ne connoiffez pas la Nation à fond, vous ne pouvez guére juger de la peinture.

SUR LES SEIGNEURS QUI CULTIVENT LES LETTRES.

CHAPITRE XXIII.

IL a été un tems en France où les Beaux-Arts étoient cultivez par les premiers de l'Etat. Les Courtifans fur-tout s'en mêloient malgré la diffipation, le goût des riens, la paffion pour l'intrigue, toutes Divinitez du Païs. Il me paroît qu'on eft actuellement à la Cour dans tout un autre goût que celui des Lettres ; peut-être dans peu de tems la mode de penfer reviendra-t'elle. Un Roi n'a qu'à vouloir ; on fait de cette Nation-ci tout ce qu'on veut. En Angleterre communément on penfe, & les Lettres y font plus en honneur qu'ici. Cet avantage eft une fuite néceffaire de la forme de leur Gouvernement. Il y a à Londres environ huit cens perfonnes qui ont

le

le droit de parler en Public, & de soutenir les intérêts de la Nation. Environ cinq ou six mille prétendent au même bonheur à leur tour. Tout le reste s'érige en Juge de tous ceux-ci, & chacun peut faire imprimer ce qu'il pense sur les affaires publiques; ainsi toute la Nation est dans la nécessité de s'instruire. On n'entend parler que des Gouvernemens d'Athènes & de Rome. Il faut bien, malgré qu'on en ait, lire les Auteurs qui en ont traité. Cette étude conduit naturellement aux Belles-Lettres. En général les hommes ont l'esprit de leur état. Pourquoi d'ordinaire nos Magistrats, nos Avocats, nos Médecins, & beaucoup d'Ecclésiastiques, ont-ils plus de Lettres, de goût & d'esprit que l'on n'en trouve dans toutes les autres professions? C'est que réellement leur état est d'avoir l'esprit cultivé, comme celui d'un Marchand est de connoître son négoce. Il n'y a pas long-tems qu'un Seigneur Anglais fort jeune me vint voir à Paris, en revenant d'Italie. Il avoit fait en Vers une description de ce Païs-là aussi poliment écrite que tout ce qu'ont fait le Comte de Rochester & nos Chaulieux, nos Sarasins & nos Chapelles. La Traduction que j'en ai faite est si loin d'atteindre à la force & à la bonne plaisanterie de l'Original, que je suis obligé d'en demander sérieusement pardon à l'Auteur, & à ceux qui entendent l'Anglais. Cependant comme je n'ai pas d'autre moyen de faire connoître les Vers de Mylord Harvey, les voici dans ma Langue.

Qu'ai-je donc vû dans l'Italie ?
Orgüeil, Aſtuce, & Pauvreté,
Grands Complimens, peu de Bonté,
Et beaucoup de Cérémonie.

L'extravagante Comédie,
Que ſouvent l'Inquiſition (*)
Veut qu'on nomme Religion;
Mais qu'ici nous nommons folie.

La Nature en vain bienfaiſante
Veut enrichir ces Lieux charmans,
Des Prêtres la main deſolante
Etouffe ſes plus beaux preſens.

Les Monſignors, ſoi-diſans Grands,
Seuls dans leurs Palais magnifiques
Y ſont d'illuſtres fainéans,
Sans argent & ſans domeſtiques.

Pour

(*) Il entend ſans doute les Farces que certains Prédicateurs joüent dans les Places publiques.

Pour les Petits, fans liberté,
Martyrs du joug qui les domine,
Ils ont fait vœu de pauvreté,
Priant Dieu par oifiveté,
Et toûjours jeunans par famine.

Ces beaux lieux du Pape benis
Semblent habités par les Diables;
Et les Habitans miférables
Sont damnés dans le Paradis.

SUR LE COMTE DE ROCHESTER ET Mʀ. WALLER.

CHAPITRE XXIV.

Tout le monde connoît la réputation du Comte de Rocheſter. Mr. de St. Evremond en a beaucoup parlé, mais il ne nous a fait connoître du fameux Rocheſter, que l'homme de plaiſir; l'homme à bonnes fortunes. Je voudrois faire connoître en lui l'homme de génie, & le grand Poëte. Entre autres Ouvrages qui brilloient de cette imagination ardente qui n'apartenoit qu'à lui, il a fait quelques Satires ſur les mêmes ſujets que notre célèbre Deſpréaux avoit choiſis. Je ne ſçai rien de plus utile pour ſe perfectionner le goût, que la comparaiſon des grands Génies qui ſe ſont exercés ſur les mêmes matiéres. Voici comme Mr. Deſpréaux parle contre la Raiſon humaine dans ſa Satire ſur l'Homme.

Cependant à le voir plein de vapeurs legéres,
Soi-même se bercer de ses propres chiméres,
Lui seul de la Nature est la base & l'apui,
Et le dixiéme Ciel ne tourne que pour lui.
De tous les Animaux il est ici le Maître ;
Qui pourroit le nier, poursuis-tu ? Moi peut-être.
Ce Maître prétendu qui leur donne des loix,
Ce Roi des Animaux, combien a-t'il de Rois !

 Voici à peu près comme s'exprime le Comte de Rochester dans sa Satire sur l'Homme. Mais il faut que le Lecteur se ressouvienne toûjours que ce sont ici des traductions libres des Poëtes Anglais, & que la gêne de notre versification, & les bienséances délicates de notre Langue, ne peuvent donner l'équivalent de la licence impétueuse du stile Anglais.

Cet esprit que je hais, cet esprit plein d'erreur,
Ce n'est pas ma Raison, c'est la tienne, Docteur;
C'est la Raison frivole, inquiéte, orgueïlleuse,
Des sages Animaux rivale dédaigneuse,
Qui croit entr'eux & l'Ange occuper le milieu,
Et pense être ici-bas l'image de son Dieu.
Vil atôme imparfait, qui croit, doute, dispute,
Rampe, s'éléve, tombe, & nie encore sa chûte.
Qui nous dit je suis libre, en nous montrant ses
  fers,
Et dont l'œil trouble & faux croit percer l'Univers.

Allez,

Allez, révérends Fous, bienheureux Fanatiques,
Compilez bien l'Amas de vos Riens Scholastiques,
Peres de Visions, & d'Enigmes sacrez,
Auteurs du Labyrinthe, où vous vous égarez ;
Allez obscurément éclaircir vos mystéres,
Et courez dans l'Ecole adorer vos chiméres.
Il est d'autres erreurs, il est de ces Dévots
Condamnez par eux-mêmes à l'ennui du repos.
Ce Mystique encloîtré, fier de son indolence,
Tranquile au sein de Dieu ; qu'y peut-il faire ?
  Il pense.
Non, tu ne penses point, misérable, tu dors :
Inutile à la Terre, & mis au rang des morts,
Ton esprit énervé croupit dans la molesse.
Réveille-toi, sois homme, & sors de ton yvresse.
L'homme est né pour agir, & tu prétens penser ?

 Que ces idées soient vraïes ou fausses, il est toûjours certain qu'elles sont exprimées avec une énergie qui fait le Poëte. Je me garderai bien d'examiner la chose en Philosophe, & de quitter ici le pinceau pour le compas : mon unique but dans cette Lettre est de faire connoître le génie des Poëtes Anglais, & je vais continuer sur ce ton.

 On a beaucoup entendu parler du célébre Waller en France. La Fontaine, St. Evremond & Bayle ont fait son éloge ; mais on ne connoît de lui que son nom. Il eut à peu près

à Londres la même réputation que Voiture eut à Paris, & je crois qu'il la méritoit mieux. Voiture vint dans un tems où l'on fortoit de la barbarie, & où l'on étoit encore dans l'ignorance. On vouloit avoir de l'efprit, & on n'en avoit point encore. On cherchoit des tours au lieu de penfées. Les faux brillans fe trouvent plus aifément que les pierres précieufes. Voiture, né avec un génie frivole & facile, fut le premier qui brilla dans cette aurore de la Littérature Françaife. S'il étoit venu après les grands Hommes qui ont illuftré le Siécle de Louis XIV. ou il auroit été inconnu, ou l'on n'auroit parlé de lui que pour le méprifer, ou il auroit corrigé fon ftile. Mr. Defpréaux le loüe, mais c'eft dans fes premiéres Satires, c'eft dans le tems que le goût de Defpréaux n'étoit pas encore formé : il étoit jeune, & dans l'âge où l'on juge des hommes, par la réputation & non pas par eux-mêmes. D'ailleurs, Defpréaux étoit fouvent bien injufte dans fes loüanges & dans fes cenfures. Il loüoit Ségrais que perfonne ne lit ; il infultoit Quinault que tout le monde fçait par cœur ; & il ne dit rien de la Fontaine. Waller meilleur que Voiture, n'étoit pas encore parfait. Ses Ouvrages galans refpirent la grace, mais la négligence les fait languir, & fouvent les penfées fauffes les défigurent. Les Anglais n'étoient pas encore parvenus de
fon

son tems à écrire avec correction. Ses Ouvrages sérieux sont pleins d'une vigueur qu'on n'attendroit pas de la molesse de ses autres Piéces. Il a fait un éloge funèbre de Cromwel, qui avec ses défauts passe pour un Chef-d'œuvre. Pour entendre cet Ouvrage, il faut sçavoir que Cromwel mourut le jour d'une tempête extraordinaire. La Piéce commence ainsi :

Il n'est plus, c'en est fait, soumettons - nous au sort,
Le Ciel a signalé ce jour par des tempêtes,
Et la voix du tonnerre éclatant sur nos têtes
  Vient d'annoncer sa mort.

Par ses derniers soupirs il ébranle cette Isle,
Cette Isle que son bras fit trembler tant de fois,
  Quand dans le cours de ses Exploits,
  Il brisoit la tête des Rois,
Et soumettoit un Peuple, à son joug seul docile.

Mer, tu t'en es troublée ; ô Mer, tes flots émus
Semblent dire en grondans aux plus lointains rivages
Que l'effroi de la Terre & ton Maître n'est plus.
Tel au Ciel autrefois s'envola Romulus,
Tel il quitta la Terre au milieu des orages,
Tel d'un Peuple guerrier il reçut les hommages ;
Obéï dans sa vie, à sa mort adoré,
Son Palais fut un Temple, &c.

C'est à propos de cet éloge de Cromwel que Waller fit au Roi Charles II. cette réponse qu'on trouve dans le Dictionnaire de Bayle. Le Roi, à qui Waller venoit, selon l'usage des Rois & des Poëtes, de presenter une Piéce farcie de loüanges, lui reprocha qu'il avoit fait mieux que Cromwel. Waller répondit, *Sire, nous autres Poëtes nous réüssissons mieux dans les fictions que dans les vérités.* Cette réponse n'étoit pas si sincére que celle de l'Ambassadeur Hollandois qui, lorsque le même Roi se plaignoit que l'on avoit moins d'égards pour lui que pour Cromwel, répondit, *Ah ! Sire, ce Cromwel étoit tout autre chose.* Mon but n'est pas de faire un Commentaire sur le caractére de Waller, ni de personne. Je ne considére les gens après leur mort que par leurs Ouvrages ; tout le reste est pour moi anéanti. Je remarque seulement, que Waller, né à la Cour avec soixante mille Livres de rente, n'eût jamais ni le sot orgueïl, ni la nonchalance d'abandonner son talent. Les Comtes de Dorset & de Roscommon, les deux Ducs de Buckingham, Milord Halifax, & tant d'autres, n'ont pas crû déroger en devenans de très-grands Poëtes & d'illustres Ecrivains. Leurs Ouvrages leur font plus d'honneur que leurs noms. Ils ont cultivé les Lettres comme s'ils en eussent attendu leurs fortunes. Ils ont de plus rendu les Arts respectables aux yeux

ET DE PHILOSOPHIE. 295

du Peuple, qui en tout a besoin d'être mené par les Grands, & qui pourtant se régle moins sur eux en Angleterre qu'en aucun lieu du Monde.

SUR
Mʀ POPE
ET QUELQUES AUTRES
POËTES FAMEUX.

CHAPITRE XXV.

JE voulois vous parler de Mr. Prior un des plus aimables Poëtes d'Angleterre, que vous avez vû ici Plénipotentiaire & Envoyé Extraordinaire en 1712. Je comptois vous donner aussi quelques idées des Poësies de Mylord Roscommon, de Mylord Dorset; mais je sens qu'il me faudroit faire un gros Livre, & qu'après bien de la peine, je ne vous donnerois qu'une idée fort imparfaite de tous ces Ouvrages. La Poësie est une espéce de Musique, il faut l'entendre pour en juger. Quand je vous traduis quelques morceaux de ces Poësies étrangéres, je vous notte imparfaitement leur Musique; mais je ne puis exprimer le goût de leur chant.

Il y a sur-tout un Poëme Anglais que je desespérerois de vous faire connoître, il s'apelle *Hudibras*. Le sujet est la Guerre civile, & la Secte des Puritains tournée en ridicule. C'est Don Quichotte, c'est notre Satire Ménippée fondus ensemble. C'est de tous les Livres que j'ai jamais lûs, celui où j'ai trouvé le plus d'esprit, mais c'est aussi le plus intraduisible. Qui croiroit qu'un Livre qui saisit tous les ridicules du Genre Humain, & qui a plus de pensées que de mots, ne pût souffrir la traduction ? C'est que presque tout y fait allusion à des avantures particuliéres. Le plus grand ridicule tombe sur-tout sur les Théologiens que peu de gens du monde entendent. Il faudroit à tout moment un Commentaire, & la plaisanterie expliquée cesse d'être plaisanterie. Tout Commentateur de bons mots est un sot. Voilà pourquoi on n'entendra jamais bien en France les Livres de l'ingénieux Docteur Swift, qu'on apelle le Rabelais d'Angleterre. Il a l'honneur d'être Prêtre comme Rabelais, & de se mocquer de tout comme lui. Mais on lui fait grand tort, selon mon petit sens, de l'apeler de ce nom. Rabelais dans son extravagant & inintelligible Livre, a répandu une extrême gaïeté & une plus grande impertinence. Il a prodigué l'érudition, les ordures, & l'ennui. Un bon Conte de deux pages est acheté par des Volumes de sottises. Il n'y a que quelques personnes d'un goût bizarre qui se piquent d'entendre & d'estimer tout cet Ouvrage. Le reste de la Nation rit des plaisanteries de Rabelais & méprise le Livre; on le regarde comme le premier des Boufons. On est fâché qu'un homme qui avoit tant d'esprit en ait fait un si misérable usage. C'est un Philosophe yvre, qui n'a écrit que dans le tems de son yvresse.

Mr Swift est Rabelais dans son bon sens, & vivant en bonne compagnie. Il n'a pas à la vérité la gaïeté du premier ; mais il a toute la finesse, la raison, le choix, le bon goût qui manque à notre Curé de Meudon. Ses vers sont d'un goût singulier & presque inimitable. La bonne plaisanterie est son partage en vers & en prose ; mais pour le bien entendre, il faut faire un petit voyage dans son païs.

Vous pouvez plus aisément vous former quelque idée de Mr Pope. C'est, je crois, le Poëte le plus élégant, le plus correct, & ce qui est encore beaucoup, le plus harmonieux qu'ait eu l'Angleterre. Il a réduit les siflemens aigres de la Trompette Angloise aux sons doux de la Flûte. On peut le traduire, parce qu'il est extrêmement clair, & que ses sujets pour la plûpart sont généraux & du ressort de toutes les Nations.

On connoîtra bien-tôt en France son Essai sur la Critique, par la Traduction en vers qu'en qu'en fait Mr l'Abbé du Renel.

Voici un morceau de son Poëme de la Boucle de Cheveux que je viens de traduire avec ma liberté ordinaire : car encore une fois, je ne sçai rien de pis que de traduire un Poëme mot pour mot.

Umbriel à l'inſtant, vieil Gnome rechigné,
Va d'une aîle peſante & d'un air renfrongné
Chercher en murmurant la Caverne profonde,
Où loin des doux raïons que répand l'œil du Monde,
La Déeſſe aux vapeurs a choiſi ſon ſéjour :
Les triſtes Aquilons y ſiflent à l'entour,
Et le ſoufle mal ſain de leur aride halaine
Y porte aux environs la fiévre & la migraine.
Sur un riche Sofa, derriére un Paravent,
Loin des flambeaux, du bruit, des parleurs & du vent,
La quinteuſe Déeſſe inceſſamment repoſe,
Le cœur gros de chagrin, ſans en ſçavoir la cauſe;
N'ayant penſé jamais, l'eſprit toûjours troublé,
L'œil chargé, le teint pâle, & l'hypocondre enflé.
La médiſante Envie eſt aſſiſe auprès d'elle,
Vieil Spectre féminin, décrépite pucelle,
Avec un air dévot déchirant ſon prochain,
Et chanſonnant les gens, l'Evangile à la main.
Sur un lit plein de fleurs négligemment panchée,
Une jeune Beauté non loin d'elle eſt couchée;

C'est l'Affectation qui graſſaïe en parlant,
Ecoute ſans entendre, & lorgne en regardant.
Qui rougit ſans pudeur, & rit de tout ſans joye,
De cent maux différens prétend qu'elle eſt la proïe,
Et pleine de ſanté ſous le rouge & le fard,
Se plaint avec moleſſe, & ſe pâme avec art.

Si vous liſez ce morceau dans l'Original au lieu de le lire dans cette foible traduction, vous le compareriez à la deſcription de la Moleſſe dans le Lutrin. En voilà bien honnêtement pour les Poëtes Anglais. Je vous ai touché un petit mot de leurs Philoſophes. Pour de bons Hiſtoriens je ne leur en connois pas encore. Il a fallu qu'un Français ait écrit leur Hiſtoire. Peut-être le génie Anglais, qui eſt ou froid ou impétueux, n'a pas encore ſaiſi cette éloquence naïve, & cet air noble & ſimple de l'Hiſtoire. Peut-être auſſi l'Eſprit de parti qui fait voir trouble a décrédité tous leurs Hiſtoriens. La moitié de la Nation eſt toûjours l'ennemie de l'autre. J'ai trouvé des gens qui m'ont aſſuré que Mylord Marlborough étoit un poltron, & que Mr Pope étoit un ſot; comme en France quelques Jéſuites trouvent Paſcal un petit eſprit, & quelques Janſéniſtes diſent que le Pere Bourdaloue n'étoit qu'un bavard.

Marie Stuart eſt une ſainte Héroïne pour les Jacobites; pour les autres c'eſt une débauchée,

chée, adultére, homicide. Ainſi en Angleterre on a des Factums & point d'Hiſtoire. Il eſt vrai qu'il y a à preſent un Mr Gordon, excélent Traducteur de Tacite, très-capable d'écrire l'Hiſtoire de ſon Païs. Mais Mr Rapin de Thoyras l'a prévenu. Enfin, il me paroît que les Anglais n'ont point de ſi bons Hiſtoriens que nous : qu'ils n'ont point de véritables Tragédies ; qu'ils ont des Comédies charmantes, & des morceaux de Poëſie admirables, & des Philoſophes qui dévroient être les Précepteurs du Genre Humain.

Les Anglais ont beaucoup profité des Ouvrages de notre Langue. Nous dévrions à notre tour emprunter d'eux après leur avoir prêté. Nous ne ſommes venus, les Anglais & nous, qu'après les Italiens, qui en tout ont été nos Maîtres, & que nous avons ſurpaſſez en quelques choſes. Je ne ſçai à laquelle des trois Nations il faudra donner la préférence ; mais heureux celui qui ſçait ſentir leurs différens mérites, & qui n'a point la ſottiſe de n'aimer que ce qui vient de ſon Païs.

SUR

SUR LA SOCIETÉ ROYALE
ET SUR LES ACADEMIES.

CHAPITRE XXVI.

Les Anglais ont eu quelque tems avant nous une Académie des Sciences, mais elle n'eſt pas ſi bien réglée que la nôtre, & cela par la ſeule raiſon peut-être qu'elle eſt ancienne ; car ſi elle avoit été formée après l'Académie de Paris, elle en auroit adopté quelques ſages loix, & eût perfectionné les autres.

La Société Royale de Londres manque de deux choſes les plus néceſſaires aux hommes, des récompenſes & des régles. C'eſt une petite fortune ſûre à Paris pour un Géométre, pour un Chimiſte, qu'une place à l'Académie. Au contraire, il en coûte à Londres pour être de la Société Royale. Quiconque dit en Angleterre, j'aime les Arts, & veux être de la Société, en eſt dans l'inſtant. Mais en France, pour être Membre & Penſionnaire de l'Académie, ce n'eſt pas aſſez d'être amateur, il faut être ſçavant, & diſputer la place contre des concurrens, d'autant plus redoutables, qu'ils ſont animés par la gloire, par l'intérêt, par la difficulté même, & par cette infléxibilité
d'eſprit

d'esprit que donne d'ordinaire l'étude opiniâtre des Sciences de calcul.

L'Académie des Sciences est sagement bornée à l'étude de la Nature, & en vérité c'est un champ assez vaste pour occuper cinquante ou soixante personnes. Celle de Londres a mêlé long-tems indifféremment la Littérature à la Phisique. Il me semble qu'il est mieux d'avoir une Académie particuliére pour les Belles Lettres, afin que rien ne soit confondu, & qu'on ne voye point une Dissertation sur les coëffures des Romains à côté d'une centaine de courbes nouvelles.

Puisque la Societé de Londres a peu d'ordre & nul encouragement, & que celle de Paris est sur un pied tout oposé, il n'est pas étonnant que les Mémoires de notre Académie soient supérieurs aux leurs. Des Soldats bien disciplinés & bien payés, doivent à la longue l'emporter sur des Volontaires. Il est vrai que la Société Royale a eu un Newton, mais elle ne l'a pas produit. Il y avoit même peu de ses confréres qui l'entendissent. Un génie comme Mr. Newton apartenoit à toutes les Académies de l'Europe, parce que toutes avoient beaucoup à aprendre de lui.

Le fameux Docteur Swift forma le dessein, dans les derniéres années du régne de la Reine Anne, d'établir une Académie pour la Langue à l'exemple de l'Académie Françaife. Ce projet

projet étoit apuyé par le Comte d'Oxford, Grand Treforier, & encore plus par le Vicomte Bolingbroke Secrétaire d'Etat, qui avoit le don de parler fur le champ dans le Parlement avec autant de pureté, que Swift écrivoit dans fon Cabinet, & qui auroit été le protecteur & l'ornement de cette Académie. Les Membres qui la devoient compofer étoient des hommes dont les Ouvrages dureront autant que la Langue Anglaife. C'étoient ce Docteur Swift, Mr Prior, que nous avons vu ici Miniftre public, & qui en Angleterre a la même réputation que la Fontaine a parmi nous : c'étoient Mr. Pope, le Boileau d'Angleterre, Mr. Congréve qu'on peut en apeler le Moliére ; plufieurs autres dont les noms m'échapent ici, auroient tous fait fleurir cette Compagnie dans fa naiffance. Mais la Reine mourut fubitement, les Whigs fe mirent dans la tête de faire pendre les Protecteurs de l'Académie ; ce qui, comme vous voyez bien, fut mortel aux Belles-Lettres. Les Membres de ce Corps auroient eu un grand avantage fur les premiers qui compoférent l'Académie Françaife. Swift, Prior, Congréve, Dryden, Pope, Addifon, &c. avoient fixé la Langue Anglaife par leurs Ecrits, au lieu que Chapelain, Colletet, Caffaigne, Faret, Cotin, nos premiers Académiciens, étoient l'oprobre de notre Nation, & que leurs noms

font

font devenus si ridicules, que si quelque Auteur passable avoit le malheur de s'apeler aujourd'hui Chapelain ou Cotin, il seroit obligé de changer de nom.

Il auroit fallu sur-tout que l'Académie Anglaise se fût proposé des occupations toutes différentes de la nôtre. Un jour un Bel-Esprit de ce païs-là me demanda les Mémoires de l'Académie Françaife. Elle n'écrit point de Mémoires, lui répondis-je ; mais elle a fait imprimer soixante ou quatre-vingt Volumes de complimens. Il en parcourut un ou deux. Il ne put jamais entendre ce stile, quoiqu'il entendit fort bien tous nos bons Auteurs. Tout ce que j'entrevois, me dit-il, dans ces beaux Discours, c'est que le Récipiendaire ayant assûré que son prédécesseur étoit un grand homme, que le Cardinal de Richelieu étoit un très-grand homme, le Chancelier Séguier un assez grand homme ; le Directeur lui répond la même chose, & ajoûte que le Récipiendaire pourroit bien aussi être une espéce de grand homme, & que pour lui Directeur il n'en quitte pas sa part.

Il est aisé de voir par quelle fatalité presque tous ces Discours Académiques ont fait si peu d'honneur à ce Corps. *Vitium est temporis potiùs quam hominis.* L'usage s'est insensiblement établi, que tout Académicien répéteroit ces Eloges à sa réception : ç'a été une espéce de loi d'ennuïer le public. Si l'on cherche ensuite

pourquoi

pourquoi les plus grands Génies qui font entrés dans ce Corps ont fait quelquefois les plus mauvaises Harangues, la raison en est encore bien aisée ; c'est qu'ils ont voulu briller, c'est qu'ils ont voulu traiter nouvellement une matiére toute usée. La nécessité de parler, l'embarras de n'avoir rien à dire, & l'envie d'avoir de l'esprit, sont trois choses capables de rendre ridicule même le plus grand homme. Ne pouvans trouver des pensées nouvelles, ils ont cherché des tours nouveaux, & ont parlé sans penser, comme des gens qui mâcheroient à vuide, & feroient semblant de manger en périssans d'inanition.

Au lieu que c'est une loi dans l'Académie Française, de faire imprimer tous ces Discours par lesquels seuls elle est connuë ; ce dévroit être une loi de ne les imprimer pas.

L'Académie des Belles Lettres s'est proposé un but plus sage, & plus utile : c'est de presenter au public un Recuëil de Mémoires remplis de recherches & de critiques curieuses. Ces Mémoires sont déja estimés chez les Etrangers. On souhaiteroit seulement, que quelques matiéres y fussent plus aprofondies, & qu'on n'en eût point traité d'autres. On se feroit, par exemple, fort bien passé de je ne sçai quelle Dissertation sur les prérogatives de la Main droite sur la Main gauche, & de quelques autres recherches, qui, sous un titre moins
ridicule,

ridicule, n'en font guéres moins frivoles.

L'Académie des Sciences dans fes recherches plus difficiles & d'une utilité plus fenfible, embraffe la connoiffance de la Nature & la perfection des Arts. Il eft à croire que des études fi profondes & fi fuivies, des calculs fi exacts, des découvertes fi fines, des vûës fi grandes, produiront enfin quelque chofe qui fervira au bien de l'Univers.

C'eft dans les fiécles les plus barbares que fe font faites les plus utiles découvertes. Il femble que le partage des tems les plus éclairés, & des Compagnies les plus fçavantes, foit de raifonner fur ce que des ignorans ont inventé. On fçait aujourd'hui après les longues difputes de Mr. Huygens & de Mr. Renaud la détermination de l'angle le plus avantageux d'un gouvernail de vaiffeau avec la quille ; mais Chriftophe Colomb avoit découvert l'Amérique fans rien foupçonner de cet angle.

Je fuis bien loin d'inférer de-là qu'il faille s'en tenir feulement à une pratique aveugle; mais il feroit heureux que les Phyficiens & les Géométres joigniffent autant qu'il eft poffible la pratique à la fpéculation.

Faut-il que ce qui fait plus d'honneur à l'Efprit humain, foit fouvent ce qui eft le moins utile ! Un homme avec les quatre régles d'Arithmétique & du bon fens devient un grand Négociant, un Jacques Cœur, un Delmet, un
Bernard,

Bernard, tandis qu'un pauvre Algébriste passe sa vie à chercher dans les nombres des raports & des propriétez étonnantes, mais sans usage, & qui ne lui aprendront pas ce que c'est que le Change. Tous les Arts sont à peu près dans ce cas. Il y a un point, passé lequel les recherches ne sont plus que pour la curiosité. Ces véritez ingénieuses inutiles ressemblent à des Etoiles, qui placées trop loin de nous ne nous donnent point de clarté.

Pour l'Académie Françoise, quel service ne rendroit-elle pas aux Lettres, à la Langue, & à la Nation, si au lieu de faire imprimer tous les ans des complimens, elle faisoit imprimer les bons Ouvrages du siécle de Loüis XIV. épurez de toutes les fautes de langage qui s'y sont glissées? Corneille & Moliére en sont pleins. La Fontaine en fourmille. Celles qu'on ne pourroit pas corriger, seroient au moins marquées. L'Europe qui lit ces Auteurs, aprendroit par eux notre Langue avec sureté. Sa pureté seroit à jamais fixée. Les bons Livres Français imprimez avec soin aux dépens du Roi, seroient un des plus glorieux Monumens de la Nation. J'ai oüi dire que Mr Despréaux avoit fait autrefois cette proposition, & qu'elle a été renouvelée par un homme dont l'esprit, la sagesse, & la saine critique sont connus; mais cette idée a eu le sort de beaucoup d'autres projets utiles, d'être aprouvée & d'être négligée.

SUR LES PENSÉES DE MR. PASCAL.

CHAPITRE XXVII.

Voici des remarques critiques que j'ai faites depuis long-tems sur les Pensées de M. Pascal. Ne me comparez point ici, je vous prie, à Ezéchias, qui voulut faire brûler tous les Livres de Salomon. Je respecte le génie & l'éloquence de Pascal; mais plus je les respecte, plus je suis persuadé qu'il auroit lui-même corrigé beaucoup de ces pensées qu'il avoit jettées au hazard sur le papier, pour les examiner ensuite; & c'est en admirant son génie que je combats quelques-unes de ses idées.

Il me paroît qu'en général l'esprit dans lequel M. Pascal écrivit ces Pensées, étoit de montrer l'homme dans un jour odieux. Il s'acharne à nous peindre tous méchans & malheureux. Il écrit contre la Nature humaine, à peu près comme il écrivoit contre les Jésuites. Il impute à l'essence de notre nature ce qui n'apartient qu'à certains hommes: il dit éloquemment des injures au Genre Humain. J'ose prendre

dre le parti de l'Humanité contre ce Misantrope sublime. J'ose assurer que nous ne sommes ni si méchans, ni si malheureux qu'il le dit : je suis de plus très-persuadé que s'il avoit suivi dans le Livre qu'il méditoit, le dessein qui paroît dans ses pensées, il auroit fait un Livre plein de paralogismes éloquens & de faussetez admirablement déduites. Je crois même que tous ces Livres qu'on a fait depuis peu pour prouver la Religion Chrétienne, sont plus capables de scandaliser que d'édifier. Ces Auteurs prétendent-ils en sçavoir plus que Jesus Christ & ses Apôtres ? C'est vouloir soutenir un Chêne en l'entourant de roseaux ; on peut écarter ces roseaux inutiles sans craindre de faire tort à l'Arbre. J'ai choisi avec discrétion quelques pensées de Pascal. J'ai mis les réponses au bas. Au reste, on ne peut trop répéter ici combien il seroit absurde & cruel de faire une affaire de parti de cette critique des Pensées de Pascal. Je n'ai de parti que la vérité. Je pense qu'il est très-vrai que ce n'est pas à la Métaphysique de prouver la Religion Chrétienne, & que la Raison est autant au-dessous de la Foi, que le fini est au-dessous de l'infini. Je suis Métaphysicien avec Locke ; mais Chrétien avec S. Paul.

I. PENSÉE DE PASCAL.

Les grandeurs & les misères de l'Homme sont tellement

lement visibles, qu'il faut nécessairement que la véritable Religion nous enseigne qu'il y a en lui quelque grand principe de grandeur, & en même-tems quelque grand principe de misére. Car il faut que la véritable Religion connoisse à fond notre nature, c'est-à-dire, qu'elle connoisse tout ce qu'elle a de grand & tout ce qu'elle a de misérable, & la raison de l'un & de l'autre : il faut encore qu'elle nous rende raison des étonnantes contrariétez qui s'y rencontrent.

I. Cette maniére de raisonner paroît fausse & dangereuse ; car la fable de Prométhée & de Pandore, les Androgines de Platon, les Dogmes des anciens Egyptiens, & ceux de Zoroastre rendroient aussi-bien raison de ces contrariétez aparentes. La Religion Chrétienne n'en demeurera pas moins vraye, quand même on n'en tireroit pas ces conclusions ingénieuses qui ne peuvent servir qu'à faire briller l'esprit. Il est nécessaire pour qu'une Religion soit vraïe, qu'elle soit révélée, & point du tout qu'elle rende raison de ces contrariétez prétenduës ; elle n'est pas plus faite pour vous enseigner la Métaphysique que l'Astronomie.

I I.

Qu'on examine sur cela toutes les Religions du monde, & qu'on voye s'il y en a une autre que la Chrétienne qui y satisfasse ; sera-ce celle qu'enseignoient les Philosophes qui nous proposent pour tout bien, un bien qui est en nous ? Est-ce-là le vrai bien ?

I I.

II. Les Philosophes n'ont point enseigné de Religion : ce n'est pas leur Philosophie qu'il s'agit de combattre. Jamais Philosophe ne s'est dit inspiré de Dieu ; car dès-lors il eût cessé d'être Philosophe & il eût fait le Prophête. Il ne s'agit pas de sçavoir si Jesus-Christ doit l'emporter sur Aristote ; il s'agit de prouver que la Religion de Jesus-Christ est la véritable, & que celles de Mahomet, des Payens, & toutes les autres, sont fausses.

III.

Et cependant sans ce Mystére, le plus incompréhensible de tous, nous sommes incompréhensibles à nous-mêmes. Le nœud de notre condition prend ses retours & ses plis dans l'abîme du Péché originel ; de sorte que l'homme est plus inconcevable sans ce Mystére, que ce Mystére n'est inconcevable à l'homme.

III. Est-ce raisonner que de dire ; *L'homme est inconcevable, sans ce Mystére inconcevable?* Pourquoi vouloir aller plus loin que l'Ecriture ? N'y a-t'il pas de la témérité à croire qu'elle a besoin d'apui, & que ces idées Philosophiques peuvent lui en donner ?

Qu'auroit répondu Mr Pascal à un homme qui lui auroit dit : Je sçai que le Mystére du péché originel est l'objet de ma foi & non de ma raison. Je conçois fort bien sans Mystére ce que c'est que l'Homme ; je vois qu'il vient au monde comme les autres Animaux ; que l'accouchement des meres est plus douloureux à mesure qu'elles sont plus délicates, que quelquefois des femmes & des animaux femelles meurent dans l'enfantement; qu'il y a quelquefois des enfans mal organisez qui vivent privez d'un ou deux sens & de la faculté du raisonnement; que ceux qui sont le mieux organisez sont ceux qui ont les passions les plus vives; que l'amour de soi-même est égal chez tous les hommes, & qu'il leur est aussi nécessaire que les cinq sens; que cet amour propre nous est donné de Dieu pour la conservation de notre Etre, & qu'il nous a donné la Religion pour régler cet amour propre; que nos idées sont justes, ou inconséquentes, obscures, ou lumineuses, selon que nos organes sont plus ou moins solides, plus ou moins déliez, & selon que nous sommes plus ou moins passionnez; que nous dépendons en tout de l'air qui nous environne, des alimens que nous prenons, & que dans tout cela, il n'y a rien de contradictoire.

L'homme n'est point une énigme, comme vous vous le figurez pour avoir le plaisir de la deviner. L'homme paroît être à sa place dans la Nature, supérieur aux animaux auxquels il est semblable par les organes, inférieur à d'autres Etres auxquels il ressemble probablement par la pensée. Il est comme tout ce que nous voyons mêlé de mal & de bien, de plaisir & de peine. Il est pourvû de passions pour agir,

Tome IV. O &

& de raison pour gouverner ses actions. Si l'Homme étoit parfait, il seroit Dieu, & ces prétenduës contrariétés que vous apelez contradictions, sont les ingrédiens nécessaires qui entrent dans le composé de l'Homme, qui est comme le reste de la Nature ce qu'il doit être. Voilà ce que la raison peut dire; ce n'est donc point la raison qui aprend aux hommes la chûte de la Nature humaine, c'est la Foi seule à laquelle il faut avoir recours.

IV.

Suivons nos mouvemens, observons-nous nous-mêmes, & voyons si nous n'y trouverons pas les caractéres vivans de ces deux natures.

Tant de contradictions se trouveroient-elles dans un sujet simple?

Cette duplicité de l'Homme est si visible, qu'il y en a qui ont pensé que nous avions deux ames, un sujet simple leur paroissant incapable de telles & si soudaines variétez, d'une présomption démesurée à un horrible abattement de cœur.

IV. Nos diverses volontez ne sont point des contradictions dans la Nature, & l'Homme n'est point un sujet simple. Il est composé d'un nombre innombrable d'organes. Si un seul de ses organes est un peu altéré, il est nécessaire qu'il change toutes les impressions du cerveau, & que l'animal ait de nouvelles pensées & de nouvelles volontez. Il est très-vrai que nous sommes tantôt abbattus de tristesse, tantôt enflez de présomption, & cela doit être

quand

quand nous nous trouvons dans des situations opofées. Un Animal que son Maître caresse & nourrit, & un autre qu'on égorge lentement & avec adresse pour en faire une dissection, éprouvent des sentimens bien contraires; aussi faisons-nous, & les différences qui sont en nous sont si peu contradictoires, qu'il seroit contradictoire qu'elles n'existassent pas. Les foux qui ont dit que nous avions deux ames, pouvoient par la même raison nous en donner trente ou quarante; car un homme dans une grande passion a souvent trente ou quarante idées différentes de la même chose, & doit nécessairement les avoir selon que cet objet lui paroît sous différentes faces.

Cette prétenduë duplicité de l'Homme est une idée aussi absurde que métaphysique; j'aimerois autant dire que le Chien qui mort & qui caresse est double; que la Poule qui a tant de soin de ses petits, & qui ensuite les abandonne jusqu'à les méconnoître, est double; que la glace qui represente des objets différens est double; que l'Arbre qui est tantôt chargé, tantôt dépoüillé de feüilles, est double. J'avoüe que l'Homme est inconcevable en un sens, mais tout le reste de la Nature l'est aussi; & il n'y a pas plus de contradictions aparentes dans l'Homme que dans tout le reste.

V.

Ne point parier que Dieu est, c'est parier qu'il n'est

n'est pas. Lequel prendrez-vous donc ? Pesons le gain & la perte en prenans le parti de croire que Dieu est. Si vous gagnez, vous gagnez tout, si vous perdez, vous ne perdez rien ; pariez donc qu'il est sans hésiter. Oüi, il faut gager ; mais je gage peut-être trop. Voyons, puisqu'il y a pareil hazard de gain & de perte, quand vous n'auriez que deux vies à gager pour une, vous pourriez encore gager.

V. Il est évidemment faux de dire. Ne point parier que Dieu est, c'est parier qu'il n'est pas. Car celui qui doute & demande à s'éclaircir, ne parie assûrément ni pour, ni contre.

Dailleurs, cet Article paroît un peu indécent & puérile : cette idée de jeu, de perte & de gain, ne convient point à la gravité du sujet.

De plus, l'intérêt que j'ai à croire une chose, n'est pas une preuve de l'existence de cette chose. Je vous donnerai, me dites-vous, l'Empire du Monde, si je crois que vous ayez raison. Je souhaite alors de tout mon cœur que vous ayez raison, mais jusqu'à ce que vous me l'ayez prouvé, je ne puis vous croire. Commencez, pourroit-on dire à M. Pascal, par convaincre ma raison : j'ai intérêt sans doute, qu'il y ait un Dieu ; mais si dans votre Systême Dieu n'est venu que pour si peu de personnes, si le petit nombre des Elûs est si effrayant, si je ne puis rien du tout par moi-même, dites-moi, je vous prie, quel intérêt j'ai à vous croire ? N'ai-je pas un intérêt visible à être persuadé du contraire? De quel front osez-vous me montrer un bonheur

heur infini, auquel d'un million d'hommes, un seul à peine a droit d'aspirer ? Si vous voulez me convaincre, prenez-vous-y d'une autre façon, & n'allez pas tantôt me parler de jeu de hazard, de pari, de croix & de pile, & tantôt m'effrayer par les épines que vous semez sur le chemin que je veux & que je dois suivre. Votre raisonnement ne serviroit qu'à faire des Athées, si la voix de toute la nature ne nous crioit qu'il y a un Dieu avec autant de force que ces subtilitez ont de foiblesses.

VI.

En voyant l'aveuglement & les miséres de l'homme, & ces contrariétez étonnantes qui se découvrent dans sa nature, & regardant tout l'Univers muet, & l'homme sans lumière, abandonné à lui-même, & comme égaré dans ce recoin de l'Univers, sans sçavoir qui l'y a mis, ce qu'il y est venu faire, ce qu'il deviendra en mourant, j'entre en effroi comme un homme qu'on auroit porté endormi dans une Isle deserte & effroyable, & qui s'éveilleroit sans connoître où il est, & sans avoir aucun moyen d'en sortir; & sur cela j'admire comment on n'entre pas en desespoir d'un si misérable état.

VI. En lisant cette réfléxion, je reçois une Lettre d'un de mes amis qui demeure dans un Païs fort éloigné (*). Voici ses paroles:

" Je suis ici comme vous m'y avez laissé, ni plus

―――――――――

(*) Il a depuis été Ambassadeur, & est devenu un homme très-considérable. Sa Lettre est de 1728. elle existe en Original.

„ plus gai, ni plus triſte, ni plus riche, ni plus
„ pauvre, joüiſſant d'une ſanté parfaite, ayant
„ tout ce qui rend la vie agréable; ſans amour,
„ ſans avarice, ſans ambition & ſans envie, &
„ tant que tout cela durera, je m'apellerai har-
„ diment un homme très-heureux.

Il y a beaucoup d'hommes auſſi heureux que lui : Il en eſt des hommes comme des animaux; tel Chien couche & mange avec ſa Maîtreſſe, tel autre tourne la broche, & eſt tout auſſi content, tel autre devient enragé, & on le tuë. Pour moi, quand je regarde Paris ou Londres, je ne vois aucune raiſon pour entrer dans ce deſeſpoir dont parle M. Paſcal; je vois une Ville qui ne reſſemble en rien à une Iſle deſerte; mais peuplée, opulente, policée, & où les hommes ſont heureux autant que la Nature humaine le comporte. Quel eſt l'homme ſage qui ſera plein de deſeſpoir, parce qu'il ne ſçait pas la nature de ſa penſée, parce qu'il ne connoît que quelques attributs de la Matiére, parce que Dieu ne lui a pas révélé ſes ſecrets? Il faudroit autant ſe deſeſpérer de n'avoir pas quatre pieds & deux aîles.

Pourquoi nous faire horreur de notre être ? Notre exiſtence n'eſt point ſi malheureuſe qu'on veut nous le faire accroire. Regarder l'Univers comme un Cachot, & tous les hommes comme des Criminels qu'on va exécuter, eſt l'idée d'un Fanatique; croire que le Monde eſt un lieu de délices où l'on ne doit avoir que
du

du plaisir, c'est la rêverie d'un Sibarite. Penser que la Terre, les Hommes & les Animaux sont ce qu'ils doivent être dans l'ordre de la Providence, est, je crois, d'un homme sage.

VII.

Les Juifs pensent que Dieu ne laissera pas éternellement les autres Peuples dans ces ténèbres ; qu'il viendra un Libérateur pour tous, qu'ils sont au monde pour l'annoncer, qu'ils sont formez exprès pour être les Hérauts de ce grand Avénement, & pour apeler tous les Peuples à s'unir à eux dans l'attente de ce Libérateur.

VII. Les Juifs ont toûjours attendu un Libérateur ; mais leur Libérateur est pour eux & non pour nous ; ils attendent un Messie qui rendra les Juifs Maîtres des Chrétiens, & nous espérons que le Messie réünira un jour les Juifs aux Chrétiens ; ils pensent précisément sur cela, le contraire de tout ce que nous pensons.

VIII.

La Loi par laquelle ce Peuple est gouverné, est tout ensemble la plus ancienne Loi du Monde, la plus parfaite, & la seule qui ait toûjours été gardée sans interruption dans un état. C'est ce que Philon Juif montre en divers lieux, & Joséphe admirablement contre l'Appien, où il fait voir qu'elle est si ancienne, que le nom même de Loi n'a été connu des plus anciens, que plus de mille ans après ; en sorte qu'Homére qui a parlé de tant de Peuples ne s'en est jamais servi ; & il est aisé de juger de la perfection de cette Loi par sa simple lecture, où l'on voit qu'on y a pourvû à toutes choses avec tant de sagesse, tant d'équité, tant de jugement, que les plus anciens Législateurs Grecs

Grecs & Romains en ayans quelque lumiére, en ont emprunté leurs principales Loix ; ce qui paroît par celles qu'ils apellent des douzes Tables, & par les autres preuves que Joséphe en donne.

VIII. Il est très-faux que la Loi des Juifs soit la plus ancienne, puisqu'avant Moïse leur Législateur, ils demeuroient en Egypte, le Païs de la Terre le plus renommé pour ses sages Loix, par lesquelles les Rois étoient jugez après la mort.

Il est très-faux que le nom de Loi n'ait été connu qu'après Homére : il parle des Loix de Minos dans l'Odissée. Le mot de Loi est dans Hésiode : & quand le nom de Loi ne se trouveroit ni dans Hésiode, ni dans Homére, cela ne prouveroit rien. Il y avoit des Rois & des Juges ; donc il y avoit des Loix.

Il est encore très-faux que les Grecs & les Romains ayent pris des Loix des Juifs. Ce ne peut être dans les commencemens de leurs Républiques, car alors ils ne pouvoient connoître les Juifs ? Ce ne peut être dans le tems de leur grandeur, car alors ils avoient pour ces Barbares un mépris connu de toute la Terre. Voyez comme Cicéron les traite en parlant de la prise de Jérusalem par Pompée.

IX.

Ce Peuple est encore admirable dans sa sincérité. Ils gardent avec amour & fidélité le Livre où Moïse déclare qu'ils ont toûjours été ingrats envers Dieu, & qu'il sçait qu'ils le feront encore plus après sa mort ;

mais

mais qu'il apelle le Ciel & la Terre à témoin contre eux, qu'il le leur a assez dit ; qu'enfin Dieu s'irritant contre eux, les dispersera par tous les Peuples de la Terre : que comme ils l'ont irrité en adorans des Dieux qui n'étoient point leurs Dieux, il les irritera en apelant un Peuple qui n'étoit pas son Peuple. Cependant ce Livre qui les desbonore en tant de façons, ils le conservent aux dépens de leur vie ; c'est une sincérité qui n'a point d'exemple dans le monde, ni sa racine dans la nature.

IX. Cette sincérité a par-tout des exemples & n'a sa racine que dans la Nature. L'orgueïl de chaque Juif est interressé à croire que ce n'est point sa détestable politique, son ignorance des Arts, sa grossiéreté qui l'a perdu ; mais que c'est la colére de Dieu qui le punit ; il pense avec satisfaction qu'il a fallu des miracles pour l'abattre, & que sa Nation est toûjours la bien-aimée du Dieu qui la châtie.

Qu'un Prédicateur monte en Chaire, & dise aux Français : *Vous êtes des misérables qui n'avez ni cœur, ni conduite ; vous avez été battus à Hochstet & à Ramilly, parce que vous n'avez pas sçû vous défendre*, il se fera lapider ; mais s'il dit : " Vous êtes des Catholiques chéris de Dieu ;
„ vos péchez infâmes avoient irrité l'Eternel
„ qui vous livra aux hérétiques à Hochstet & à
„ Ramilly ; mais quand vous êtes revenus au
„ Seigneur, alors il a beni votre courage, à Dé-
„ nain ; ces paroles le feront aimer de l'Audi-
„ toire „.

O 5 X.

X.

S'il y a un Dieu, il ne faut aimer que lui & non les Créatures.

X. Il faut aimer & très-tendrement les créatures ; il faut aimer sa Patrie, sa femme, son pere, ses enfans, & il faut si bien les aimer que Dieu nous les fait aimer malgré nous. Les principes contraires sont propres à faire des raisonneurs inhumains ; & cela est si vrai que Pascal abusant de ce principe traitoit sa sœur avec dureté & rebutoit ses services, de peur de paroître aimer une créature ; c'est ce qui est écrit dans sa Vie. S'il falloit en user ainsi quelle seroit la Société humaine ?

XI.

Nous naissons injustes, car chacun tend à soi, cela est contre tout ordre. Il faut tendre au général, & la pente vers soi est le commencement de tout desordre en guerre, en police, en œconomie, &c.

XI. Cela est selon tout ordre ; il est aussi impossible qu'une société puisse se former & subsister, sans amour propre, qu'il seroit impossible de faire des enfans sans concupiscence, de songer à se nourrir sans apetit. C'est l'amour de nous-mêmes qui assiste l'amour des autres ; c'est par nos besoins mutuels que nous sommes utiles au genre humain ; c'est le fondement de tout commerce ; c'est l'éternel lien des hommes ; sans lui il n'y auroit pas eu un Art inventé, ni une société de dix personnes formée ; c'est cet amour propre que chaque animal a reçû çû de la nature, qui nous avertit de respecter celui des autres. La Loi dirige cet amour propre & la Religion le perfectionne. Il est bien vrai que Dieu auroit pû faire des créatures uniquement attentives au bien d'autrui ; dans ce cas les Marchands auroient été aux Indes par charité, & le Maçon eût scié de la pierre pour faire plaisir à son prochain. Mais Dieu a établi les choses autrement, n'accusons point l'instinct qu'il nous donne, & faisons-en l'usage qu'il commande.

XII.

Le sens caché des Prophéties, ne pouvoit induire en erreur, & il n'y avoit qu'un Peuple aussi charnel que celui-là qui s'y pût méprendre.

Car quand les biens sont promis en abondance, qui les empêchoit d'entendre les véritables biens, sinon leur cupidité qui déterminoit ce sens aux biens de la Terre?

XII. En bonne foi le Peuple le plus spirituel de la Terre l'auroit-il entendu autrement ? Ils étoient esclaves des Romains ; ils attendoient un Libérateur qui les rendroit victorieux, & qui feroit respecter Jérusalem dans tout le Monde ; comment avec les lumiéres de leur Raison, pouvoient-ils voir ce Vainqueur, ce Monarque dans Jesus pauvre & mis en croix ? Comment pouvoient-ils entendre par le nom de leur Capitale une Jérusalem céleste ; eux à qui le Décalogue n'avoit pas seulement parlé de l'immortalité de l'Ame ? Comment un Peuple si attaché à la Loi pouvoit-il sans une lumiére supérieure, reconnoître dans les Prophêties qui n'étoient pas leur Loi, un Dieu caché sous la figure d'un Juif circoncis, qui par sa Religion nouvelle a détruit & rendu abominables la Circoncision & le Sabbat, fondemens sacrés de la Loi Judaïque? Adorons Dieu sans vouloir percer ses Mystéres.

XIII.

Le tems du premier Avénement de Jesus Christ est prédit, le tems du second ne l'est point, parce que le premier devoit être caché; au lieu que le second doit être éclatant, & tellement manifeste que ses ennemis même le reconnoîtront.

XIII. Le tems du second avénement de Jesus-Christ, a été prédit encore plus clairement que le premier; Mr. Pascal avoit aparemment oublié que Jesus-Christ dans le Chapitre vingt-un de Saint Luc dit expressement :

„ Lorsque vous verrez une Armée environ-
„ ner Jérusalem, sçachez que la desolation est
„ proche. Jérusalem sera foulée aux pieds,
„ & il y aura des Signes dans le Soleil & dans
„ la Lune & dans les Etoiles; les flots de la
„ Mer feront un très-grand bruit. Les vertus
„ des Cieux seront ébranlées, & alors ils ver-
„ ront le Fils de l'homme qui viendra sur une
„ nuée avec une grande puissance & une gran-
„ de majesté. Cette génération ne passera pas
„ que ces choses ne soient accomplies.

Cependant la génération passa & ces choses ne s'accomplirent point à la lettre. En quelque
tems

tems que St. Luc ait écrit, il est certain que Titus prit Jérusalem & qu'on ne vit ni de Signes dans les Etoiles, ni le Fils de l'Homme dans les nuës. Mais enfin si ce second Avénement n'est point encore arrivé, si cette prédiction ne s'est point accomplie dans le tems qui paroît marqué, c'est à nous de nous taire, de ne point interroger la Providence, & de croire tout ce que l'Eglise enseigne.

XIV.

Le Messie, selon les Juifs charnels, doit être un grand Prince temporel. Selon les Chrétiens charnels, il est venu nous dispenser d'aimer Dieu & nous donner des Sacremens qui opérent tout sans nous : ni l'un ni l'autre n'est la Religion Chrétienne, ni Juive.

XIV. Cet Article est bien plûtôt un trait de satire qu'une réfléxion Chrétienne. On voit que c'est aux Jésuites qu'on en veut ici ; mais en vérité aucun Jésuite a-t'il jamais dit que Jesus-Christ est *venu nous dispenser d'aimer Dieu?* La dispute sur l'amour de Dieu, est une pure dispute de mots, comme la plûpart des autres querelles scientifiques, qui ont causé des haines si vives & des malheurs si affreux. Il paroît encore un autre défaut dans cet Article. C'est qu'on y supose que l'attente d'un Messie, étoit un point de Religion chez les Juifs : c'étoit seulement une idée consolante répanduë parmi cette Nation. Les Juifs espéroient un Libérateur ; mais il ne leur étoit pas ordonné d'y croire, comme article de foi. Toute leur Religion étoit renfermée.

mée dans le Livre de la Loi. Les Prophètes n'ont jamais été regardez par les Juifs comme Législateurs. XV.

Pour examiner les Prophéties il faut les entendre. Car si l'on croit qu'elles n'ont qu'un sens, il est sûr que le Messie ne sera point venu, mais si elles ont deux sens, il est sûr qu'il sera venu en Jesus-Christ.

XV. La Religion Chrétienne est si véritable, qu'elle n'a pas besoin de preuves douteuses. Or si quelque chose pouvoit ébranler les fondemens de cette sainte & raisonnable Religion, c'est ce sentiment de Mr. Pascal. Il veut que tout ait deux sens dans l'Ecriture; mais un homme qui auroit le malheur d'être incrédule, pourroit lui dire : Celui qui donne deux sens à ses paroles, veut tromper les hommes, & cette duplicité est toûjours punie par les Loix; comment donc pouvez-vous, sans rougir, admettre dans Dieu ce qu'on punit & ce qu'on déteste dans les hommes? Que dis-je! avec quel mépris & avec quelle indignation ne traitez-vous pas les Oracles des Payens, parce qu'ils avoient deux sens? Qu'une Prophétie soit accomplie à la lettre, oserez-vous soutenir que cette Prophétie est fausse, parce qu'elle ne sera vraïe qu'à la lettre, parce qu'elle ne répondra pas à un sens mystique qu'on lui donnera? Non fans doute, cela seroit absurde. Comment donc une Prophétie qui n'aura pas été réellement accomplie, deviendra-t'elle vraïe dans un sens mystique? Quoi! de vraïe, vous ne pouvez

pas

pas la rendre fauſſe ; & de fauſſe, vous ne pourriez pas la rendre vraïe? Voilà une étrange difficulté. Il faut s'en tenir à la Foi ſeule dans ces matiéres ; c'eſt le ſeul moyen de finir toute diſpute.

XVI.

La diſtance infinie des Corps aux Eſprits, figure la diſtance infiniment plus infinie des Eſprits à la Charité ; car elle eſt ſurnaturelle.

XVI. Il eſt à croire que Mr Paſcal n'auroit pas employé ce galimathias dans ſon Ouvrage, s'il avoit eu le tems de le faire.

XVII.

Les foibleſſes les plus aparentes ſont des forces à ceux qui prennent bien les choſes. Par exemple, les deux Généalogies de S. Matthieu & de S. Luc ; il eſt viſible que cela n'a pas été fait de concert.

XVII. Les Editeurs des Penſées de Paſcal auroient-ils dû imprimer cette Penſée, dont l'expoſition ſeule eſt peut-être capable de faire tort à la Religion ? A quoi bon dire que ces Généalogies, ces points fondamentaux de la Religion Chrétienne ſe contrarient, ſans dire en quoi elles peuvent s'accorder. Il falloit preſenter l'antidote avec le poiſon. Que penſeroit-on d'un Avocat qui diroit : Ma Partie ſe contredit ; mais cette foibleſſe eſt une force pour ceux qui ſçavent bien prendre les choſes.

XVIII.

Qu'on ne nous reproche donc plus le manque de clarté, puiſque nous en faiſons profeſſion ; mais que l'on reconnoiſſe la vérité de la Religion, dans le peu de lumiére que nous en avons, & dans l'indifférence que nous avons de la connoître. XVIII.

XVIII. Voilà d'étranges marques de vérité qu'aporte Pascal. Quelles autres marques a donc le mensonge ? Quoi ! il suffiroit pour être crû de dire, *je suis obscure, je suis inintelligible*; il seroit bien plus sensé de ne presenter aux yeux que les lumiéres de la Foi, au lieu de ces ténèbres d'érudition.

XIX.

S'il n'y avoit qu'une Religion, Dieu seroit trop manifeste.

XIX. Quoi ! vous dites que s'il n'y avoit qu'une Religion, Dieu seroit trop manifeste ? Eh oubliez-vous que vous dites à chaque page, qu'un jour il n'y aura qu'une Religion ; selon vous, Dieu sera donc alors trop manifeste.

XX.

Je dis que la Religion Juive ne consistoit en aucune de ces choses, mais seulement en l'amour de Dieu; & que Dieu réprouvoit toutes les autres choses.

XX. Quoi ! Dieu réprouvoit tout ce qu'il ordonnoit lui-même avec tant de soin aux Juifs, & dans un détail si prodigieux ? N'est-il pas plus vrai de dire que la Loi de Moyse consistoit & dans l'amour, & dans le culte. Ramener tout à l'amour de Dieu, sent bien moins l'amour de Dieu, que la haine que tout Janséniste a pour son prochain Moliniste.

XXI.

La chose la plus importante à la vie, c'est le choix d'un Métier ; le hazard en dispose, la coutume fait les Maçons, les Soldats, les Couvreurs.

XXI.

XXI. Qui peut donc déterminer les Soldats, les Maçons & tous les Ouvriers méchaniques, sinon ce qu'on apelle hazard & la coutume ? Il n'y a que les Arts de génie ausquels on se détermine de soi-même ; mais pour les Métiers que tout le monde peut faire, il est très-naturel & très-raisonnable que la coutume en dispose.

XXII.

Que chacun examine sa pensée, il la trouvera toûjours occupée au passé & à l'avenir. Nous ne pensons presque point au present, & si nous y pensons, ce n'est que pour en prendre la lumière pour disposer l'avenir. Le present n'est jamais notre but ; le passé & le present sont nos moyens, le seul avenir est notre objet.

XXII. Il est faux que nous ne pensions point au present, nous y pensons en étudians la Nature, & en faisans toutes les fonctions de la vie nous pensons aussi beaucoup au futur. Remercions l'Auteur de la Nature de ce qu'il nous donne cet instinct qui nous emporte sans cesse vers l'avenir : le tresor le plus précieux de l'homme est cette *espérance* qui nous adoucit nos chagrins, & qui nous peint des plaisirs futurs dans la possession des plaisirs presens. Si les hommes étoient assez malheureux pour ne s'occuper jamais que du present : on ne semeroit point, on ne bâtiroit point, on ne planteroit point, on ne pourvoyeroit à rien ; on manqueroit de tout au milieu de cette fausse joüissance. Un esprit comme Mr Pascal, pouvoit-il donner

donner un lieu commun auſſi faux que celui-là ? La Nature a établi que chaque homme joüiroit du preſent en ſe nourriſſant, en faiſant des enfans, en écoutant des ſons agréables, en occupant ſa faculté de penſer & de ſentir ; & qu'en ſortant de ces états, ſouvent au milieu de ces états même, il penſeroit au lendemain, ſans quoi il périroit de miſére aujourd'hui. Il n'y a que les enfans & les imbéciles qui ne penſent qu'au preſent ; faudra-t'il leur reſſembler ?

XXIII.

Mais quand j'y ai regardé de plus près, j'ai trouvé que cet éloignement que les hommes ont du repos, & demeurer avec eux-mêmes, vient d'une cauſe bien effective, c'eſt-à-dire, du malheur naturel de notre condition foible & mortelle, & ſi miſérable que rien ne nous peut conſoler, lorſque rien ne nous empêche d'y penſer, & que nous ne voyons que nous.

XXIII. Ce mot *ne voir que nous*, ne forme aucun ſens. Qu'eſt-ce qu'un homme qui n'agiroit point, & qui eſt ſupoſé ſe contempler ? Non-ſeulement je dis que cet homme ſeroit un imbécile, inutile à la Société ; mais je dis que cet homme ne peut exiſter. Car que cet homme contempleroit-il ? ſon corps, ſes pieds, ſes mains, ſes cinq Sens ? ou il ſeroit un idiot, ou bien, il feroit uſage de tout cela ; reſteroit-il à contempler ſa faculté de penſer ? Mais il ne peut contempler cette faculté qu'en l'exerçant, ou il ne penſera à rien, ou bien il penſera aux idées qui lui ſont déja venuës, ou il en compoſera de nouvelles ; or il ne peut avoir d'idées que du de-

SUR LES PENSÉES DE PASC. 331

hors. Le voilà donc néceſſairement occupé, ou de ſes ſens, ou de ſes idées, le voilà donc hors de ſoi, ou imbécile.

Encore une fois il eſt impoſſible à la Nature humaine de reſter dans cet engourdiſſement imaginaire ; il eſt abſurde de le penſer, il eſt inſenſé d'y prétendre. L'homme eſt né pour l'action, comme le feu tend en haut & la pierre en bas. N'être point occupé, & n'exiſter pas, eſt la même choſe pour l'Homme ; toute la différence conſiſte dans les occupations douces ou tumultueuſes, dangereuſes, ou utiles.

XXIV.

Les hommes ont un inſtinct ſecret qui les porte à chercher le divertiſſement & l'occupation au-dehors, qui vient du reſſentiment de leur miſére continuelle ; & ils ont un autre inſtinct qui reſte de la grandeur de leur premiére nature, qui leur fait connoître que le bonheur n'eſt en effet que dans le repos.

XXIV. Cet Inſtinct ſecret étant le premier principe & le fondement néceſſaire de la Société, il vient plûtôt de la bonté de Dieu, & il eſt plûtôt l'inſtrument de notre bonheur, qu'il n'eſt le reſſentiment de notre miſére. Je ne ſçai pas ce que nos premiers Peres faiſoient dans le Paradis terreſtre ; mais ſi chacun d'eux n'avoit penſé qu'à ſoi, l'exiſtence du Genre Humain étoit bien hazardée. N'eſt-il pas abſurde de penſer qu'ils avoient des ſens parfaits, c'eſt-à-dire, des inſtrumens d'actions parfaits, uniquement pour la contemplation ? Et n'eſt-il pas plaiſant

que

que des têtes pensantes, puissent imaginer que la paresse est un titre de grandeur, & l'action un rabaissement de notre nature ?

XXV.

C'est pourquoi lorsque Cinéas disoit à Pirrus, qui se proposoit de joüir du repos avec ses amis, après avoir conquis une grande partie du Monde, qu'il feroit mieux d'avancer lui-même son bonheur, en joüissant dès-lors de ce repos, sans l'aller chercher par tant de fatigues : il lui donnoit un conseil qui recevoit de grandes difficultez, & qui n'étoit guére plus raisonnable que le dessein de ce jeune Ambitieux : l'un & l'autre supposoit que l'Homme se pût contenter soi-même & de ses biens presens, sans remplir le vuide de son cœur d'espérances imaginaires, ce qui est faux ; Pirrus ne pouvoit être heureux, ni devant, ni après avoir conquis le Monde.

XXV. L'exemple de Cinéas est bon dans les Satires de Despréaux ; mais non dans un Livre Philosophique. Un Roi sage peut être heureux chez lui, & de ce qu'on nous donne Pirrus pour un fou, cela ne conclud rien pour le reste des hommes.

XXVI.

On doit donc reconnoître que l'Homme est si malheureux, qu'il s'ennuyeroit même, sans aucune cause étrangére d'ennui, par le propre état de sa condition.

XXVI. Au contraire, l'Homme est si heureux en ce point, & nous avons tant d'obligation à l'Auteur de la Nature, qu'il a attaché l'ennui à l'inaction, afin de nous forcer par-là à être utiles au prochain & à nous-mêmes.

XXVII.

D'où vient que cet homme qui a perdu depuis peu

son fils unique, & qui accablé de procès & de querelles, étoit ce matin si troublé, n'y pense plus maintenant ? Ne vous en étonnez pas : il est tout occupé à voir par où passera un cerf que ses chiens poursuivent avec ardeur depuis six heures. Il n'en faut pas davantage pour l'Homme ; quelque plein de tristesse qu'il soit, si l'on peut gagner sur lui de le faire entrer en quelque divertissement, le voilà heureux pendant ce tems-là.

XXVII. Cet homme fait à merveille, la dissipation est un reméde plus sûr contre la douleur, que le Quinquina contre la fiévre ; ne blâmons point en cela la Nature, qui est toûjours prête à nous secourir. Loüis XIV. alloit à la chasse le jour qu'il avoit perdu quelqu'un de ses enfans, & il faisoit fort sagement.

XXVIII.

Qu'on s'imagine un nombre d'hommes dans les chaînes, & tous condamnez à la mort, dont les uns étans chaque jour égorgez à la vûë des autres, ceux qui restent voyent leur propre condition dans celle de leurs semblables, & se regardant les uns les autres avec douleur, & sans espérance attendent leur tour. C'est l'image de la condition des hommes.

XXVIII. Cette comparaison assurément n'est pas juste ; des malheureux enchaînez qu'on égorge l'un après l'autre sont malheureux, non-seulement parce qu'ils souffrent, mais encore parce qu'ils éprouvent ce que les autres hommes ne souffrent pas. Le sort naturel d'un homme n'est ni d'être enchaîné, ni d'être égorgé ; mais tous les hommes sont faits comme les Animaux, les Plantes pour croître, pour vivre un certain tems, pour produire leur semblable, & pour mourir. On peut dans une Satire montrer l'Homme tant qu'on voudra du mauvais côté; mais pour peu qu'on se serve de sa raison, on avouëra que de tous les Animaux l'Homme est le plus parfait, le plus heureux, & celui qui vit le plus long-tems. Au lieu donc de nous étonner & de nous plaindre du malheur & de la briéveté de la vie, nous devons nous étonner, & nous féliciter de notre bonheur & de sa durée. A ne raisonner qu'en Philosophe, j'ose dire qu'il y a bien de l'orgueil & de la témérité à prétendre, que par notre nature nous devons être mieux que nous ne sommes.

XXIX.

Car enfin si l'Homme n'avoit pas été corrompu, il joüiroit de la vérité, & de la félicité avec assurance, &c. tant il est manifeste que nous avons été dans un degré de perfection dont nous sommes tombez.

XXIX. Il est sûr par la Foi & par notre Révélation, si au-dessus des lumiéres des hommes, que nous sommes tombez; mais rien n'est moins manifeste par la Raison. Car je voudrois bien sçavoir si Dieu ne pouvoit pas sans déroger à sa justice créer l'Homme tel qu'il est aujourd'hui; & ne l'a-t'il pas même créé pour devenir ce qu'il est? L'état present de l'homme n'est-il pas un bienfait du Créateur? Qui vous a dit que Dieu vous en devoit davantage? Qui vous a dit que votre être exigeoit plus de connoissances & plus de bonheur? Qui vous a dit qu'il en
comporte

comporte davantage ? Vous vous étonnez que Dieu a fait l'Homme si borné, si ignorant, si peu heureux ; que ne vous étonnez-vous qu'il ne l'ait pas fait plus borné, plus ignorant, plus malheureux ? Vous vous plaignez d'une vie si courte & si infortunée ? remerciez Dieu de ce qu'elle n'est pas plus courte & plus malheureuse. Quoi donc ! selon vous, pour raisonner conséquemment il faudroit que tous les hommes accusassent la Providence, hors les Métaphysiciens qui raisonnent sur le Péché originel !

X X X.

Le Péché originel est une folie devant les hommes ; mais on le donne pour tel.

XXX. Par quelle contradiction trop palpable dites-vous donc que ce Péché originel est manifeste ? Pourquoi dites-vous que tout nous en avertit ? Comment peut-il en même-tems être une folie, & être démontré par la Raison ?

X X X I.

Les Sages parmi les Payens qui ont dit qu'il n'y a qu'un Dieu, ont été persécutés, les Juifs haïs, les Chrétiens encore plus.

XXXI. Ils ont été quelquefois persécutés, de même que le feroit aujourd'hui un homme qui viendroit enseigner l'adoration d'un Dieu indépendante du Culte reçû. Socrate n'a pas été condamné pour avoir dit, *il n'y a qu'un Dieu* ; mais pour s'être élévé contre le Culte extérieur du Païs, & pour s'être fait des ennemis puissans fort mal à propos. A l'égard des Juifs, ils

étoient

étoient haïs, non parce qu'ils ne croyoient qu'un Dieu, mais parce qu'ils haïſſoient ridiculement les autres Nations ; parce que c'étoient des Barbares, qui maſſacroient ſans pitié leurs ennemis vaincus ; parce que ce vil Peuple, ſuperſtitieux, ignorant, privé des Arts, privé du Commerce, mépriſoit les Peuples les plus policés. Quant aux Chrétiens, ils étoient haïs des Payens, parce qu'ils tendoient à abattre la Religion & l'Empire, dont ils vinrent enfin à bout ; comme les Proteſtans ſe ſont rendus les Maîtres dans les mêmes Païs où ils furent long-tems haïs, perſécutés & maſſacrés.

XXXII.

Combien les Lunettes nous ont-elles découvert d'Aſtres qui n'étoient point pour nos Philoſophes d'auporavant ! On attaquoit hardiment l'Ecriture, ſur ce qu'on y trouve, en tant d'endroits, du grand nombre des Etoiles : il n'y en a que 1022. *diſoit-on, nous le ſçavons.*

XXXII. Il eſt certain que la Sainte-Ecriture en matiére de Phyſique, s'eſt toûjours proportionnée aux idées reçûës ; ainſi elle ſupoſe que la Terre eſt immobile, que le Soleil marche, &c. Ce n'eſt point du tout par un rafinement d'Aſtronomie qu'elle dit, que les Etoiles ſont innombrables ; mais pour s'accorder aux idées vulgaires. En effet, quoique nos yeux ne découvrent qu'environ 1022 Etoiles, & encore avec bien de la peine, cependant quand on regarde

SUR LES PENSÉES DE PASC. 337

regarde le Ciel fixement, la vûë éblouïe croit alors en voir une infinité ; l'Ecriture parle donc felon ce préjugé vulgaire, car elle ne nous a pas été donnée pour faire de nous des Phyficiens, & il y a grande aparence que Dieu ne révéla ni a à Abacuc, ni à Baruc, ni à Michée qu'un jour un Anglais nommé Famftead, mettroit dans fon Catalogue près de 3000. Etoiles aperçûës avec le Téléfcope.

Voyez, je vous prie, quelle conféquence on tireroit du fentiment de Pafcal. Si les Auteurs de la Bible ont parlé du grand nombre des Etoiles en connoiffance de caufe, ils étoient donc infpirez fur la Phyfique. Et comment de fi grands Phyficiens ont-ils pû dire que la Lune s'eft arrêtée, à midi fur Aïalon, & le Soleil fur Gabaon, dans la Paleftine : qu'il faut que le Bled pourriffe pour germer & produire, & cent autres chofes femblables ?

Concluons donc que ce n'eft pas la Phyfique, mais la Morale qu'il faut chercher dans la Bible, qu'elle doit faire des Chrétiens & non les Philofophes.

XXXIII.

Eft-ce courage à un homme mourant d'aller dans la foibleffe & dans l'agonie affronter un Dieu tout puiffant & éternel ?

XXXIII. Cela n'eft jamais arrivé, & ce ne peut être que dans un violent tranfport au cerveau qu'un homme dife, je croi un Dieu & je le brave.

Tome IV. P XXXIV.

XXXIV.

Je crois volontiers les Histoires dont les témoins se font égorger.

XXXIV. La difficulté n'est pas seulement de sçavoir si on croira des témoins qui meurent pour soutenir leur déposition, comme ont fait tant de Fanatiques; mais encore si ces témoins sont effectivement morts pour cela, si on a conservé leurs dépositions, s'ils ont habité les Païs où on dit qu'ils sont morts. Pourquoi Joséphe, né dans le tems de la mort du Christ, Joséphe ennemi d'Hérode, Joséphe peu attaché au Judaïsme, n'a-t-il pas dit un mot de tout cela? Voilà ce que Mr Pascal eût débroüillé avec succès, comme ont fait depuis tant d'Ecrivains éloquens.

XXXV.

Les Sciences ont deux extrémitez qui se touchent, la premiére est la pure ignorance naturelle où se donnent tous les hommes en naissans, l'autre extrémité, est celle où arrivent les grandes ames, qui ayans parcouru tout ce que les hommes peuvent sçavoir, trouvent qu'ils ne sçavent rien, & se rencontrent dans cette même ignorance d'où ils étoient partis.

XXXV. Cette pensée est un pur sophisme, & la fausseté consiste dans ce mot d'*ignorance* qu'on prend en deux sens différens. Celui qui ne sçait ni lire ni écrire est un ignorant; mais un Mathématicien, pour ignorer les principes cachez de la Nature, n'est pas au point d'ignorance dont il étoit parti, quand il commença à aprendre à lire. Mr Newton ne sçavoit pas pourquoi

quoi l'homme remuë son bras, quand il le veut ; mais il n'en étoit pas moins sçavant sur le reste ; celui qui ne sçait point l'Hébreu & qui sçait le Latin est sçavant par comparaison avec celui qui ne sçait que le Français.

XXXVI.

Ce n'est pas être heureux que de pouvoir être réjoüi par le divertissement ; car il vient d'ailleurs, & de dehors, ainsi il est dépendant, & par conséquent sujet à être troublé par mille accidens qui font les afflictions inévitables.

XXXVI. Celui-là est actuellement heureux qui a du plaisir, & ce plaisir ne peut venir que de dehors ; nous ne pouvons avoir de sensations ni d'idées que par les objets extérieurs ; comme nous ne pouvons nourrir notre corps qu'en y faisans entrer des subsistances étrangéres qui se changent en la nôtre.

XXXVII.

L'extrême esprit est accusé de folie, comme l'extrême défaut ; rien ne passe pour bon que la médiocrité.

XXXVII. Ce n'est point l'extrême esprit, c'est l'extrême vivacité & volubilité de l'esprit qu'on accuse de folie ; l'extrême esprit est l'extrême justesse, l'extrême finesse, l'extrême étenduë oposée diamétralement à la folie.

L'extrême *défaut d'esprit* est une manque de conception, un vuide d'idées ; ce n'est point la folie, c'est la stupidité. La folie est un dérangement dans les organes qui fait voir plusieurs objets trop vîte, ou qui arrête l'imagination sur un feul avec trop d'aplication & de violence ; ce n'eft point non plus la médiocrité qui paffe pour bonne, c'eft l'éloignement des deux vices opofez, c'eft ce qu'on apelle jufte milieu & non médiocrité. On ne fait cette remarque & quelques autres dans ce goût que pour donner des idées précifes. C'eft plûtôt pour éclaircir que pour contredire.

XXXVIII.

Si notre condition étoit véritablement heureufe, il ne faudroit pas nous divertir d'y penfer.

XXXVIII. Notre condition eft précifément de penfer aux objets extérieurs avec lefquels nous avons un raport néceffaire. Il eft faux qu'on puiffe divertir un homme de penfer à la condition humaine ; car à quelque chofe qu'il aplique fon efprit, il l'aplique à quelque chofe de lié néceffairement à la condition humaine ; & encore une fois penfer à foi avec abftraction des chofes naturelles, c'eft ne penfer à rien, je dis à rien du tout ; qu'on y prenne bien garde.

Loin d'empêcher un homme de penfer à fa condition, on ne l'entretient jamais que des agrémens de fa condition ; on parle à un Sçavant de réputation & de Science, à un Prince de ce qui a raport à fa grandeur, à tout homme on parle de plaifir. XXXIX.

Les grands & les petits ont mêmes accidens, mêmes fâcheries & mêmes paffions. Mais les uns font au haut de la rouë & les autres près du centre, & ainfi moins agités par les mêmes mouvemens.

XXXIX.

XXXIX. Il eſt faux que les petits ſoient moins agitez que les grands, au contraire leurs deſeſpoirs ſont plus vifs, parce qu'ils ont moins de reſſource. De cent perſonnes qui ſe tuënt à Londres & ailleurs, il y en a quatre-vingt-dix-neuf du bas peuple, & à peine une d'une condition relevée. La comparaiſon de la roüe eſt ingénieuſe & fauſſe. X L.

On n'aprend pas aux hommes à être honnêtes gens, & on leur aprend tout le reſte ; & cependant ils ne ſe piquent de ſçavoir que la ſeule choſe qu'ils n'aprennent point.

XL. On aprend aux hommes à être honnêtes gens, & ſans cela peu parviendroient à l'être. Laiſſez votre fils dans ſon enfance prendre tout ce qu'il trouvera ſous ſa main, à quinze ans il volera ſur le grand chemin : loüez-le d'avoir dit un menſonge, il deviendra faux témoin : flâtez ſa concupiſcence, il ſera ſûrement débauché ; on aprend tout aux hommes, la vertu, la Religion. X L I.

Le ſot projet qu'a eu Montagne de ſe peindre, & cela non pas en paſſant & contre ſes Maximes, comme il arrive à tout le monde de faillir ; mais par ſes propres maximes, & par un deſſein premier & principal ! Car de dire des ſottiſes par hazard & par foibleſſe, c'eſt un mal ordinaire ; mais d'en dire à deſſein, c'eſt ce qui n'eſt pas ſuportable, & d'en dire de telles que celle-là.

XLI. Le charmant projet que Montagne a eu de ſe peindre naïvement, comme il a fait ! Car il a peint la Nature Humaine ; & le pauvre projet de Nicole, de Mallebranche, de Pascal, de décrier Montagne!

XLII.

Lorsque j'ai considéré d'où vient qu'on ajoûte tant de foi à tant d'Imposteurs, qui disent qu'ils ont des remédes, jusqu'à mettre souvent sa vie entre leurs mains, il m'a paru que la véritable cause est, qu'il y a de vrais remédes: car il ne seroit pas possible qu'il y en eût tant de faux, & qu'on y donnât tant de créance, s'il n'y en avoit de véritables. Si jamais il n'y en avoit eu, & que tous les maux eussent été incurables, il est impossible que les hommes se fussent imaginé qu'ils en pourroient donner, & encore plus, que tant d'autres eussent donné créance à ceux qui se fussent vantez d'en avoir; de même que si un homme se vantoit d'empêcher de mourir, personne ne le croiroit, parce qu'il n'y a aucun exemple de cela. Mais comme il y a eu quantité de remédes qui se sont trouvez véritables par la connoissance même des plus grands hommes, la créance des hommes s'est pliée par-là; parce que la chose ne pouvant être niée en général, puisqu'il y a des effets particuliers qui sont véritables, le Peuple, qui ne peut pas discerner lesquels d'entre ces effets particuliers sont les véritables, les croit tous. De même ce qui fait qu'on croit tant de faux effets de la Lune, c'est qu'il y en a de vrais, comme le flux de la Mer.

Ainsi il me paroît aussi évidemment qu'il n'y a tant de faux miracles, de fausses révélations, de sortiléges, que parce qu'il y en a de vrais.

XLII. Il me semble que la Nature Humaine n'a pas besoin du vrai pour tomber dans le faux. On a imputé mille fausses influences à la Lune, avant qu'on imaginat le moindre raport véritable avec le flux de la Mer. Le premier homme me qui a été malade, a cru sans peine le premier Charlatan ; personne n'a vû de Loupsgaroux, ni de Sorciers, & beaucoup y ont cru ; personne n'a vû de transmutation de Métaux, & plusieurs ont été ruïnez par la créance de la Pierre Philosophale. Les Romains, les Grecs, le Payens, ne croyoient-ils donc aux faux Miracles, dont ils étoient inondez, que parce qu'ils en avoient vû de véritables ?

XLIII.

Le Port régle ceux qui sont dans un Vaisseau ; mais où trouverons-nous ce point dans la Morale ?

XLIII. Dans cette seule maxime reçûë de toutes les Nations : " Ne faites pas à autrui ce " que vous ne voudriez pas qu'on vous fît.

XLIV.

Ferox gens nullam esse vitam sine armis putat. Ils aiment mieux la mort que la paix : les autres aiment mieux la mort que la guerre. Toute opinion peut être préférée à la vie dont l'amour paroît si fort & si naturel.

XLIV. C'est des Catalans que Tacite a dit cela ; mais il n'y en a point dont on ait dit & dont on puisse dire *elle aime mieux la mort que la guerre.*

XLV.

A mesure qu'on a plus d'esprit, on trouve qu'il y a plus d'hommes originaux. Les gens du commun ne trouvent pas de différence entre les hommes.

XLV. Il a très-peu d'hommes vraiment originaux : presque tous se gouvernent, pensent & sentent par l'influence de la coutume & de l'éducation.

ducation. Rien n'eſt ſi rare qu'un eſprit qui marche dans une route nouvelle; mais parmi cette foule d'hommes qui vont de compagnie, chacun a de petites différences dans la démarche, que les vûës fines aperçoivent.

XLVI.

Il y a donc de deux ſortes d'eſprits : l'un de pénétrer vivement & profondément les conſéquences des principes, & c'eſt-là l'eſprit de juſteſſe; l'autre de comprendre un grand nombre de principes ſans les confondre, & c'eſt-là l'eſprit de Géométrie.

XLVI. L'Uſage veut, je crois aujourd'hui, qu'on apelle *eſprit géométrique*, l'eſprit méthodique & conſéquent.

XLVII.

La mort eſt plus aiſée à ſuporter ſans y penſer, qu la penſée de la mort ſans péril.

XLVII. On ne peut pas dire qu'un homme ſuporte la mort aiſément ou malaiſément quand il n'y penſe point du tout. Qui ne ſent rien, ne ſuporte rien.

XLVIII.

Tout notre raiſonnement ſe réduit à céder au ſentiment.

XLVIII. Notre raiſonnement ſe réduit à céder au ſentiment, en fait de goût, non en fait de ſcience.

XLIX.

Ceux qui jugent d'un Ouvrage par régle, ſont à l'égard des autres, comme ceux qui ont une Montre, à l'égard de ceux qui n'en ont point. L'un dit, il y a deux heures que nous ſommes ici : l'autre dit, il n'y n'y a que trois quarts d'heure ; je regarde ma Montre, je dis à l'un, vous vous ennuyez, & à l'autre le tems ne vous dure guére.

XLIX. En Ouvrage de goût, en Musique, en Poësie, en Peinture, c'est le goût qui tient lieu de Monrte ; & celui qui n'en juge que par régles en juge mal.

L.

César étoit trop vieux, ce me semble, pour s'aller amuser à conquérir le Monde : cet amusement étoit bon à Aléxandre : c'étoit un jeune homme qu'il étoit difficile d'arrêter ; mais César devoit être plus mûr.

L. L'on s'imagine d'ordinaire qu'Aléxandre & César sont sortis de chez eux dans le dessein de conquérir la Terre ; ce n'est point cela. Aléxandre succéda à Philippe dans le Généralat de de la Gréce, & fut chargé de la juste entreprise de vanger les Grecs des injures du Roi de Perse ; il battit l'ennemi commun, & continua ses conquêtes jusqu'à l'Inde, parce que le Royaume de Darius s'étendoit jusqu'à l'Inde ; de même que le Duc de Marlborough seroit venu jusqu'à Lyon sans le Maréchal de Villars.

A l'égard de César, il étoit un des premiers de la République : il se broüilla avec Pompée, comme les Jansénistes avec les Molinistes, & alors ce fut à qui s'extermineroit ; une seule bataille, où il n'y eut pas dix mille hommes de tuez, décida de tout.

Au reste, la pensée de Mr Pascal est peutêtre fausse en un sens. Il falloit la maturité de

César pour se démêler de tant d'intrigues, & il est étonnant qu'Aléxandre, à son âge, ait renoncé au plaisir pour faire une guerre si pénible. L I.

C'est une plaisante chose à considérer, de ce qu'il y a des gens dans le monde qui ayans renoncé à toutes les Loix de Dieu & de la Nature, s'en sont fait eux-mêmes ausquelles ils obéïssent exactement, comme, par exemple, les Voleurs, &c.

LI. Cela est encore plus utile que plaisant à considérer ; car cela prouve que nulle Société d'hommes ne peut subsister un seul jour sans loix. Il en est de toute Société comme du Jeu, il n'y en a point sans régle.

L I I.

L'Homme n'est ni Ange, ni Bête : & le malheur veut que, qui veut faire l'Ange, fait la Bête.

LII. Qui veut détruire les passions au lieu de les régler, veut faire l'Ange.

L I I I.

Un Cheval ne cherche point à se faire admirer de son compagnon : on voit bien entr'eux quelque sorte d'émulation à la course, mais c'est sans conséquence ; car étans à l'étable le plus pesant & le plus mal-taillé ne céde pas pour cela son avoine à l'autre. Il n'en est pas de même parmi les hommes, leur vertu ne se satisfait pas d'elle-même, & ils ne sont point contens s'ils n'en tirent avantage contre les autres.

LIII. L'Homme le plus mal-taillé ne céde pas non plus son pain à l'autre, mais le plus fort l'enléve au plus foible ; & chez les Animaux & chez les hommes, les gros mangent les petits.

L I V.

LIV.

Si l'Homme commençoit par s'étudier lui-même, il verroit combien il est incapable de passer outre. Comment se pourroit-il faire qu'une partie connût le tout ? Il aspirera peut-être à connoître au moins les parties avec lesquelles il a de la proportion ; mais les parties du Monde ont toutes un tel raport & un tel enchaînement l'une avec l'autre, que je crois impossible de connoître l'une sans l'autre & sans le tout.

LIV. Il ne faudroit point détourner l'homme de chercher ce qui lui est utile par cette considération qu'il ne peut tout connoître.

*Non possis oculos quantùm contendere Lynceus ;
Non tamen idcirco contemnas lippus inungi.*

Nous connoissons beaucoup de véritez : nous avons trouvé beaucoup d'inventions utiles : consolons-nous de ne pas sçavoir les raports qui peuvent être entre une Araignée & l'Anneau de Saturne ; & continuons à examiner ce qui est à notre portée.

L V.

Si la foudre tomboit sur les lieux bas ; les Poëtes & ceux qui ne sçavent raisonner que sur les choses de cette nature, manqueroient de preuves.

LV. Une comparaison n'est preuve ni en Poësie, ni en Prose : elle sert en Poësie d'embellissement, & en Prose elle sert à éclaircir & à rendre les choses plus sensibles ; les Poëtes qui ont comparé les malheurs des grands à la foudre qui frappe les Montagnes, feroient des comparaisons contraires, si le contraire arrivoit.

LVI.

C'est cette composition d'esprit & de corps qui a fait que presque tous les Philosophes ont confondu les idées des choses, & attribué aux corps ce qui n'apartient qu'aux esprits ; & aux esprits ce qui ne peut convenir qu'aux corps.

LVI. Si nous sçavions ce que c'est qu'esprit, nous pourrions nous plaindre de ce que les Philosophes lui ont attribué ce qui ne lui apartient pas ; mais nous ne connoissons ni l'esprit, ni le corps ; nous n'avons aucune idée de l'un, & nous n'avons que des idées très-imparfaites de l'autre ; donc nous ne pouvons sçavoir quelles sont leurs limites.

LVII.

Comme on dit beauté poëtique, on dévroit dire, beauté géométrique & beauté médicinale ; cependant on ne le dit point & la raison en est, qu'on sçait bien quel est l'objet de la Géométrie & quel est l'objet de la Médecine ; mais on ne sçait pas en quoi consiste l'agrément qui est l'objet de la Poësie. On ne sçait ce que c'est que ce modèle naturel qu'il faut imiter, & à faute de cette connoissance, on a inventé de certains termes bisarres, Siécle d'or, Merveille de nos jours, fatal Laurier, bel Astre, &c. & on apelle ce jargon beauté poëtique. Mais qui s'imaginera une femme vétuë sur ce modèle, verra une jolie Demoiselle toute couverte de miroirs & de chaînes de laiton.

LVII. Cela est très-faux : on ne doit point dire beauté géométrique, ni beauté médicinale ; parce qu'un Théoréme & une purgation n'affectent point les sens agréablement, & qu'on ne donne le nom de beauté qu'aux choses qui

charment

charment les sens, comme la Musique, la Peinture, l'Eloquence, la Poësie, l'Architecture régulière, &c.

La raison qu'apporte Mr Pascal est toute aussi fausse : on sçait très-bien en quoi consiste l'objet de la Poësie : Il consiste à peindre avec force, netteté, délicatesse & harmonie, la Poësie est l'éloquence harmonieuse. Il falloit que Mr Pascal eût bien peu de goût pour dire que *fatal Laurier*, *bel Astre*, & autres sottises, sont des beautez poëtiques ; & il falloit que les Editeurs de ces Pensées fussent des personnes bien peu versées dans les Belles-Lettres, pour imprimer une réfléxion si indigne de son illustre Auteur.

Je ne vous envoïe point mes autres Remarques sur les Pensées de Mr Pascal qui entraîneroient des discussions trop longues. C'est assez d'avoir cru apercevoir quelques erreurs d'inattention dans ce grand Génie ; c'est une consolation pour un esprit aussi borné que le mien d'être bien persuadé que les plus grands Hommes se trompent comme le Vulgaire.

F I N.

TABLE

TABLE

Des principales matiéres contenuës dans ce Tome.

A

ACADE'MIE. Projet d'une Académie Anglaife pour perfectionner la Langue, 304. Raifons qui le firent échoüer, *ibid.* Rélféxions fur l'Académie Françaife, & fur celle des Sciences, 305. Utilité dont l'Académie Françaife pourroit être en France aux Belles-Lettres, 308

Addiſſon. Défaut confidérable dans fa belle Tragédie de Caton, 277

Ame. Ignorance des Anciens fur la nature de l'Ame. Sentiment des Peres, des Docteurs Scholaſtiques, & des nouveaux Philofophes, 219

Anaxagoras. Son Sentiment fur la nature de l'Ame, 219

Angleterre. C'eſt proprement le Païs des Sectaires, 174. Voyez Presbytériens. Pourquoi les Lettres y font plus en honneur qu'en France, 186

Antonio. Perfonnage ridicule d'une Tragédie d'Otway, 273

Argonautes. Newton a fixé le tems de leur Expédition 209 ans avant J.C. 270

Ariſtote. Il n'a eû tant de Commentateurs que parce qu'il eſt inintelligible, 219

Aſtronomie. Ufage que Newton a fait de cette Science pour rectifier la Chronologie, 268

Attraction. Newton a pris fon Syſtême de l'Attraction du Chancelier Bacon, 215. Explication de ce Syſtême, 242. Juſtification du nom d'Attraction, 248

B

PRINCIPALES MATIERES.

B

BACON (le Chancelier). Son caractere & son Eloge, 211. Réfléxions curieuses sur ses découvertes Philosophiques & sur ses Ouvrages, 212. Critique de son Histoire de Henri VII. 216

Baptême. Idée que les Quakers en ont, 157

Barbarie. C'est dans les Siécles les plus barbares, qu'on a découvert les Inventions les plus utiles, 297

Barclay (Robert), Auteur de l'*Exposition de Foi* des Quakers, Ouvrage très-estimé, 153. Il le presente au Roi Charles II. 165

Bastille. Sir John Vanbrugh étant en France est mis à la Bastille sans sçavoir pourquoi, 282

Bernard (St.) Opinion singuliére de ce Pere sur l'état des Ames après la mort, 219

Bernoulli. S'il est l'Inventeur du Calcul intégral, 263

Bolingbroke (Mylord) regardé comme un des Défenseurs de l'Eglise Anglicane, 186. Réponse noble & ingénieuse de ce Seigneur au sujet du Duc de Marlborough, 212

Brounker (le Lord) trouve la quadrature de l'Hyperbole, 263

C

CHARTA (MAGNA). Edit célébre que les Anglais regardent comme le fondement de leurs libertez. Examen de cette Piéce, 196

Chinois. Ils pratiquent depuis plus de deux cens ans l'Insertion de la petite Vérole, 209

Chronologie. Nouvelles découvertes de Newton dans cette Science, 266. Principes sur lesquels il les a établies, *ibid.*

Cibber (Mr.) Poëte Anglais, & excélent Comédien, 283

Circassiens. Ces Peuples ont inventé l'Insertion de la petite Vérole. Raisons qu'ils ont eû pour prendre cet usage. 204

Clarke (le Docteur) célébre Théologien, Partisan du Socianisme, 184. Son caractére, *ibid.* Son attachement pour cette Secte lui coûte sa fortune, 185

Clergé.

Clergé. Quelle est son autorité en Angleterre, 175. Il méne une vie plus réguliére que le Clergé de France, 177. La plûpart des Ministres sont pédans, & peu propres à la Société, & pourquoi, *ibid.* Ils sçavent s'enyvrer sans scandale, *ibid.*

Comédie. Les Anglais ont des Comédies d'une grande beauté, mais pour les goûter il faut sçavoir leur Langue, parce qu'elles perdent trop dans la traduction, 283. Moyen pour les bien connoître, 284

Cometes. Expliquées par Newton. Sentiment de quelques autres Philosophes, 247

Commerce. Etat florissant du Commerce en Angleterre, 200. Noble simplicité des riches Marchands de Londres, 201

Communes. L'Origine de la Chambre des Communes est fort obscure, 197. De quelle maniére son Autorité s'est accruë, *ibid.*

Congréve. Célébre Poëte Anglais, il a fait quelques Comédies excélentes. Son caractére, 283

Couleurs. Différentes couleurs des Rayons de la lumiére fixées par Newton, 254. Cause des couleurs dans la Nature, 255

Courayer (le Pere) sçavant Moine de France. Il a écrit en faveur des Ordinations des Anglais. Opinion qu'on a de son Ouvrage en France & en Angleterre, 176

Courtisans François. Quelles sont leurs Divinitez? 285

Cromwell. Il persécute les Quakers, parce que leur Religion leur défend de combattre, 261

D

*D*ESCARTES. Son caractére. Abregé de sa Vie. Jugement sur ses Talens, sur ses Ouvrages, & sur ses progrès dans la Philosophie, la Géométrie, &c. 231. Comparé à Newton, *ibid.* Newton a détruit la plûpart de ses principes, 240

Différence remarquable entre la Comédie & la Tragédie, 284

Dominis. (Antonio de) Il explique le premier la cause de l'Arc-en-Ciel, 253

Dryden.

PRINCIPALES MATIERES.

Dryden. Excélent Poëte Anglais. Son caractére, 276. Traduction d'un bel endroit de ses Ouvrages, *ibid.*

E

ECOLE DES FEMMES, Comédie de Moliére imitée par Wicherley sous le nom de *Country Wife*, 281

Effiat. (le Marquis d') Compliment ingénieux de ce Seigneur au Chancelier Bacon, 211

Enthousiaste. De quelle difficulté il est de ramener un Enthousiaste à la raison, 153

Epitaphe de Sir John Vanbrugh, 282

Erreur des Anglais sur la mesure de la Terre, rectifiée par Newton, 243

Essence. Celle de la Matiére, suivant Newton, ne consiste pas seulement dans l'Etenduë ; & celle de l'Ame n'est point la Pensée suivant Locke, oposez l'un & l'autre à Descartes, 230

Eugéne (le Prince) emprunte cinq millions des Marchands de Londrès, 201

F

FERMAT, le seul Français du tems de Descartes, qui fût capable d'entendre sa Géométrie, 234

Flotes. Les Anglais en 1723. en avoient tout à la fois en Mer trois des plus puissantes, 200

Fontenelle. (Mr de) Il a fait l'Eloge de Newton. Les Anglais se sont plaints qu'il ait comparé Descartes à ce Philosophe, 231. Il a attaqué le Système de l'Attraction, 248

Fox (George), Auteur de la Secte des Quakers. Son caractére & ses Avantures, 162

Francine. Maîtresse de Descartes dont il eut une fille, 232

Français. Quelle opinion ils ont de l'Angleterre, 191. Descartes peu estimé de plusieurs Anglais par la seule raison qu'il étoit Français, 231

G

GALILE'E mis à l'Inquisition pour avoir démontré le mouvement de la Terre, 233

Générations.

Générations. Quelle proportion il y a entre leur durée & celle des Régnes, 266

Géométrie des Infinis. Sublimes découvertes de Newton dans cette Science, 263

Gordon. (Mr.) bel Esprit de Londres, connu par plusieurs Ouvrages, 301

Gouvernement. Divers changemens du Gouvernement d'Angleterre, 193. Maniére dont on y léve les Taxes & les Impots, 198

Grands-Hommes. Réponse à la Question, quel est le plus grand homme qui ait été jusqu'à present. 210

Guerres. Civiles de France, aussi cruelles & plus folles que celles d'Angleterre, 191

H

*H*AINE entre les Presbytériens & les Episcopaux d'Angleterre, à peu près pareille à celle des Jansénistes & des Jésuites, avec cette différence que les premiers gardent mieux les dehors, 181

Halley. (le Docteur.) Son sentiment par raport à la Cométe de 1680. 247

Hipparque. Philosop. Grec. Ses Observations Astronomiques, 268

Historiens. Les Anglais manquent de bons Historiens, 300

Hollande. Descartes y fut persécuté parce qu'on n'y comprenoit point sa Philosophie, 232

Hudibras. Poëme fameux de *Bulter.* Jugement sur cet Ouvrage, 297

Hyperbole. Sa quadrature trouvée par le Lord Brounker, 263

I

*I*MPOTS. De quelle maniére ils se lévent en Angleterre, 198

Impulsion. Ce mot n'est pas plus intelligible en Philosophie que celui d'*Attraction*, 249

Infinis. Géométrie des Infinis merveilleusement aprofondie par Newton, 260

Insertion. Méthode venuë d'Asie pour prévenir la petite Vérole. Origine de cette Invention, 204. Histoire

PRINCIPALES MATIERES.

Hiſtoire curieuſe de la maniére dont elle a été aportée en Angleterre, 206. Effets qu'elle a produit dans ce Païs, 208. Utilité dont elle pourroit être ailleurs & ſurtout en France, *ibid.* On dit que les Chinois la pratiquent il y a longtems, 209

Inventions. On remarque que les Inventions les plus utiles & les plus conſidérables, ſont dûës aux Siécles les plus ignorans & les plus barbares, 213

L

LANGUE Anglaiſe. Il faut la ſçavoir pour juger du mérite des Anglais, & pour connoître le prix de leurs Ouvrages d'eſprit, 284

Leibnitz. S'il eſt l'Inventeur du calcul des Fluxions, 281

Liberté. Amour des Anglais pour la Liberté. Il va juſqu'à les rendre jaloux de celle des autres, 190. Fondement de leurs Libertez, 197. Examen de Libertez, *ibid.*

Locke. (Jean). Son caractére, 218. Idée de ſa Philoſophie, 221. Il eſt accuſé d'en vouloir à la Religion, 222

Lully, mépriſé par les Muſiciens ignorans d'Italie, & admiré par les plus habiles, 284

M

MACHINES. Si les Bêtes ſont de pures Machines? Raiſonnement de l'Auteur contre ce Sentiment, 225

Majeſté. Le Peuple Anglais traité de Majeſté par un Membre du Parlement, 187

Malebranche. Les Quakers eſtiment le P. Malebranche, & le regardent comme un des Partiſans de leur Secte, 160

Marchands de Londres. Leurs Richeſſes & leur généroſité, 201. Les plus gros Seigneurs n'y croïent pas le Commerce indigne d'eux. Exemples qui le prouvent, *ibid.*

Matiére. L'eſſence de la Matiere ſuivant Newton conſiſte dans la ſolidité & l'étenduë, 230

Meſure de la Circonférence du Globe terreſtre, 245

Milton

Milton. Une fille de ce grand Homme, fauvée de la miſére par les libéralitez de la Reine d'Angleterre, 207
Miſantrope de Moliére imité par Wycherley, ſous le nom de *Plain-Dealer*, 280
Montague (Mylady Wortley). On lui a l'obligation en Angleterre d'y avoir aporté le méthode de l'Inſertion. Eloge de cette Dame, 207
Murait (Mr.) dans ſes Lettres ſur les Anglais & les Français ne s'eſt point aſſez étendu ſur les Comédies d'Angleterre, 279

N

Newton (Sir Iſaac) Partiſan du Socinianiſme, 184. Le plus grand homme, au jugement de pluſieurs, qui ait été juſqu'à preſent, 210. Sa Philoſophie toute différente de celle de France, 230. On explique ſes principes les plus curieux & les plus importans, depuis la page 237. juſqu'à la page 271. Il s'eſt élevé à une eſpéce de Monarchie Univerſelle dans les Sciences, ibid.
Nord-Hollande. Lieu ou Deſcartes s'étoit retiré pour philoſopher, 233

O

Opacité. Cauſe de l'opacité des Corps découverte par Newton, 255
Optique. Admirables découvertes de Sir Iſaac Newton dans cette Science, 253. Méthode qu'il a priſe pour les faire, 254
Ordinations Anglicanes défenduës par le Pere Courayer. Quelle obligation les Anglais lui ont pour ſon Ouvrage? 176
Otway. Il a imité ridiculement Shakeſpear dans ſes défauts, 273
Oxford (le Comte d') regardé comme défenſeur de l'Egliſe Anglicane, ib. Il favoriſe le Projet d'une Académie, 304

P

Pairs. Les Pairs ſont le boulevard des Rois d'Angleterre contre l'autorité

PRINCIPALES MATIERES.

torité redoutable des Communes, 198. La Pairie ne confiste qu'en un titre, auquel il n'y a point de terres attachées, *ibid.*

Papes. Ancienne Tyrannie des Papes en Angleterre, 195

Parlement. Comparaison du Parlement d'Angleterre, avec les anciens Romains, 187. On examine si elle est juste, *ibid.* Réfléxions sur la liberté des Anglais, & sur l'autorité du Parlement, 188

Pen. (William) Chef des Quakers en Amérique, 167. C'est de lui que la Pensylvanie tire son nom, 170. Avantures de sa Vie. Ses Voyages. Ordre qu'il met parmi ses Sectateurs, *ibid.* Quelques-uns prétendent qu'il étoit Jésuite. Il s'est justifié de cette accusation, 172

Philosophie. Quelle obligation elle a au Chancelier Bacon, 213. à Descartes, 236. à Newton, 237

Picart (Mr.) Secours que Newton a tiré de lui pour confirmer son Systême, 244

Pope (Mr.) un des plus grands Poëtes d'Angleterre. Son caractére, 298. Traduction d'un bel endroit de ses Ouvrages, 299. *& suiv.* C'est le Boileau d'Angleterre, 300

Presbytériens. Ce qu'ils sont en Angleterre, 179. Différence entre les Ministres Presbytériens & ceux de l'Eglise Anglicane, 180. Le Presbytérianisme est la Secte la plus considérable d'Angleterre après la Religion dominante, 181

Prior. Poëte Anglais d'un mérite distingué, 296. Récompensé par un grand emploi, *ibid.*

Q

QUAKERS. Entretien de l'Auteur avec un ancien Quaker 150 Quelle opinion les Quakers ont du Baptême, 151. Usages de leurs Eglises, 155. Ils n'ont ni Prêtres ni Ministres, 156. Origine des Quakers, 161. Persécutions qu'ils eûrent à souffrir, & l'établissement de leur Doctrine, 162. Ils vont s'établir en Amérique, particulié-

ticuliérement en Penſylvanie , 170. Leur Secte diminue tous les jours en Angleterre. Raiſons de cela, 178
Qualité. Les Perſonnes de Qualité ſe font un honneur en Angleterre de cultiver les Lettres, 294

R

RABELAIS, jugement ſur cet Auteur, 297
Rayons. Différence des Raïons qui compoſent la lumiére ſuivant le Syſtême de Newton, 254
Régnes. Quelle proportion il y a entre la durée des Régnes & celle des Générations ? 267
Reine. Eloge de la Reine d'Angleterre. Elle protége les Sciences, 207
Religion. Pluralité de Religions néceſſaire pour le bonheur & la tranquilité des Anglais, 182
Retz (le Cardinal de) ſon caractére, 191
Revenu annuel. Un grand nombre de particuliers ſans titre , en Angleterre , ont deux cens mille francs de revenu, 199
Révolution ſinguliére de la Terre nouvellement découverte, 268
Rocheſter (le Comte de). Son éloge, 289. Bel endroit d'une de ſes Satires, 290
Romains. Comparaiſon des Anglais avec les Romains, 187
Royal Exchange. C'eſt le nom de la Bourſe de Londres. Belle idée de ce Lieu, 181

S

SCOTTHEN, le ſeul en Hollande, qui du tems de Deſcartes, fut capable d'entendre ſa Géométrie, 234
Sectes. L'Angleterre eſt proprement le Païs des Sectes, 174. Les Philoſophes ne formeront jamais de Sectes Religieuſes parce qu'ils ſont exempts d'enthouſiaſme, 226
Shakeſpear. Le premier Poëte qui ait mis le Théâtre en honneur en Angleterre, 272. Son caractére , 273. Le reſpect & l'admiration que les Anglais ont pour lui, produit de mauvais effets, *ibid.* Bel endroit d'une de

PRINCIPALES MATIERES.

de ses Tragédies traduite en Français, 275
Sociniens. De qui cette Secte est composée en Angleterre, 183. Newton & le Docteur Clarke favorisoient le Socinianisme, 184. Réfléxions sur l'état de cette Secte, 185
Soubise (le Prince de). Il meurt de la petite Vérole à la fleur de son âge, 208
Spectacles. Ils sont défendus à Londres le Dimanche, aussi-bien que les Cartes, & tout autre sorte de jeux, 180
Steele (Sir Richard.) Auteur de plusieurs bonnes Comédies, 283
Stilingfleet (le Docteur) s'est acquis la réputation de Théologien modéré, & pourquoi ? 223
Swift (le Docteur). Son caractére & son Eloge. Comparaison de cet Auteur avec Rabelais, 297

T

Telescope. Nouveau Téléscope de l'invention de Newton, 257
Théâtres. L'Angleterre a eû des Théâtres avant la France, 272
Théologiens. Espéce d'hommes d'un caractére incommode, & qui ne se renferment point assez dans les bornes de leur profession, 222. Beaucoup plus dangereux pour le Genre Humain que les Philosophes, 227
Thon (De). Auteur judicieux, jusque dans son stile, 217
Toris. Parti puissant en Angleterre, oposé aux Whigs, 175
Traduction. Divers Passages des Poëtes Anglais traduits par Mr de Voltaire. Shakespear, 275. De Dryden, 276. Qualitez nécessaires d'une bonne Traduction, 279. De Mylord Harvey, 287. Du Comte de Rochester, 290. De Waller, 290. De Mr. Pope, 293
Tragédies. Réfléxions sur l'état de la Tragédie en Angleterre, 277
Tutoyer. Les Quakers ne parlent qu'en tutoyans. Maniére dont ils justifient cet Usage, 158. Exemple d'un discours de ce genre adressé à Charles II. 165

V

TABLE, &c.

V

VANBRUH (Sir John). Auteur de plusieurs bonnes Comédies, & célébre Architecte. Son caractére & son Epitaphe. Il fait le Voyage de France, & il est mis à la Bastile, *ibid.* 282
Vérole (petite). Maniére de la prévenir par l'Insertion. Histoire curieuse de ce Reméde, 206. Ravages qu'elle fit à Paris en 1723. 208
Villequier (le Duc de). Sa mort à la fleur de son âge, *ibid.*
Voiture. Jugement sur le mérite de cet Auteur, 292

W

WALLER. Poëte Anglais. Son caractére & son Eloge, 291. Morceau de l'Eloge funébre qu'il fit de Cromwel, *ibid.* Réponse ingénieuse qu'il fit à Charles II. 294
Wallis (le Docteur). Ses progrès dans la Géométrie, 263
Warbeck (Perkin). Imposteur fameux en Angleterre sous le Régne de Henri VII. 216
Whigs. Parti considérable en Angleterre oposé aux Toris, 175
Whiston (Mr.) Son Sentiment sur le Déluge, 247
Wycherley, Auteur de plusieurs Comédies excélentes. Il a eû part aux faveurs de la plus fameuse des Maîtresses de Charles II. 280. Il a fort imité Moliére, sur tout dans le *Plain-Dealer*, *ibid.* Sujet de cette Comédie, *ibid.* & d'une autre intitulée *The Country Wife*, 281

Fin de la Table des principales Matiéres.

www.ingramcontent.com/pod-product-compliance
Lightning Source LLC
Chambersburg PA
CBHW071706300426
44115CB00010B/1328